익스틀란으로 가는 길

돈 후앙의 가르침 시리즈

익스틀란으로 가는 길

인디언 스승 돈 후앙, 완전무결한 전사의 삶을 말하다

카를로스 카스타네다 지음 | 김상훈 옮김

정신세계사

익스틀란으로 가는 길

ⓒ 카를로스 카스타네다, 1972

카를로스 카스타네다 짓고, 김상훈 옮긴 것을 정신세계사 정주득이 2015년 12월 24일 처음 펴내다. 이균형과 김우종이 다듬고, 김윤선이 꾸미고, 한서지업사에서 종이를, 영신사에서 인쇄와 제본을, 김영수가 기획과 홍보를, 하지혜가 책의 관리를 맡다. 정신세계사의 등록일자는 1978년 4월 25일(제1-100호), 주소는 03965 서울시 마포구 성산로4길6 2층, 전화는 02-733-3134, 팩스는 02-733-3144, 홈페이지는 www.mindbook.co.kr, 인터넷 카페는 cafe.naver.com/mindbooky이다.

2024년 10월 21일 펴낸 책(초판 제2쇄)

ISBN 978-89-357-0396-8 04200
       978-89-357-0379-1 (세트)

이 도서의 국립중앙도서관 출판시도서목록(CIP)은 서지정보유통지원시스템 홈페이지(http://seoji. nl.go.kr)와 국가자료공동목록시스템(http://www.nl.go.kr/kolisnet)에서 이용하실 수 있습니다. (CIP제어번호: CIP2015033480)

차례

서문 7

제1부 '세계 멈추기'

 1 우리를 둘러싼 세계로부터의 동의 21

 2 개인사 지우기 34

 3 자존심 없애기 48

 4 죽음은 조언자다 61

 5 책임지기 78

 6 사냥꾼이 되기 96

 7 접근하기 힘든 존재가 되기 114

 8 일상의 습관을 뒤흔들기 133

 9 지상에서의 마지막 전투 145

10 힘이 접근하도록 하기 162

11 전사의 마음가짐 188

12 힘의 전투 214

13 전사의 마지막 저항 242

14 힘의 걸음걸이 268

15 안 하기 308

16 힘의 반지 337

17 싸울 가치가 있는 적수 357

제2부 익스틀란으로 가는 길

18 주술사의 힘의 반지 383

19 세계 멈추기 406

20 익스틀란으로 가는 길 422

역자 해설 441

서문

1971년 5월 22일 토요일, 나는 1961년부터 긴밀한 관계를 유지해 왔던 야키 인디언 주술사 돈 후앙 마투스를 만나기 위해 멕시코의 소노라 주로 갔다. 나는 그날의 만남도 지난 10년 동안 내가 그의 제자로서 몇십 번이나 거듭해왔던 방문과 하등 다르지 않을 것이라고 지레짐작하고 있었다. 그러나 그날부터 며칠 동안에 걸쳐 일어났던 사건은 내게는 지극히 중대한 의미를 갖게 되었다. 돈 후앙과의 도제 관계는 바로 이 시점에서 종언을 맞이했기 때문이다. 내 마음대로 그만둔 것이 아니라, 정말로 도제 수업을 끝냈다는 뜻이다.

내 도제 수업에 관해서는 과거에 출간한 『돈 후앙의 가르침』과 『초인수업』의 두 권을 통해 이미 밝혔다.

주술사가 되기 위해서는 향向정신성 식물의 섭취로 유발되는 비일상적 현실 상태가 관건으로 작용한다는 것이 이 두 권의 책에 깔린 기본적인 전제였다.

그런 맥락에서, 돈 후앙은 그런 향정신성 식물 세 종류 ┃ 즉 짐슨 위드라는 이름으로 잘 알려진 다투라 이녹시아Datura inoxia, 페요테라고 불리는 로포포라 윌리엄시Lophophora williamsii, 그리고 실로시베 속

屬에 포함된 환각성 버섯의 이용법에 통달한 전문가였다.

이런 향정신성 식물들의 영향하에서 내가 지각한 세계는 너무나도 기괴하고 인상적이었던 탓에, 나는 그런 상태들이야말로 돈 후앙이 내게 가르치려고 시도한 것들을 이해하고 습득하기 위한 유일한 방식이라는 결론을 내리는 수밖에 없었다.

그 결론은 틀린 것이었다.

돈 후앙과 관련된 나의 연구가 다른 사람들에 의해 조금이라도 오해받는 것을 피할 목적으로, 나는 다음과 같은 논점들을 명확하게 밝히고자 한다.

지금까지 나는 돈 후앙을 문화적인 맥락에 놓고 보려는 시도를 아예 하지 않았다. 돈 후앙이 스스로를 야키 인디언으로 간주한다는 사실은 야키 인디언들이라면 모두 돈 후앙식의 주술을 구사한다거나 그것에 관해 알고 있다는 뜻이 아니다.

도제 수업이 진행되는 동안 돈 후앙과 내가 나눴던 대화는 모두 스페인어로 이루어졌으며, 내가 돈 후앙의 신념체계에 관해 정교한 설명을 들을 수 있었던 것은 전적으로 그가 유창한 스페인어를 구사했다는 사실에 기인한다.

내가 그런 신념체계를 주술이라고 부르고, 돈 후앙을 주술사라고 부르는 습관을 줄곧 유지해온 것은 돈 후앙 본인이 그런 범주를 사용했기 때문이다.

나는 도제 수업 초기부터 그가 한 말 대부분을 받아 적었고, 후반에 이르러서는 토씨 하나 빠뜨리지 않고 기록할 수 있었기 때문에 방대한 양의 현장기록을 축적할 수 있었다. 돈 후앙의 가르침의 극적인 통일성을 유지하면서도 독자들이 읽기 쉬운 형태로 바꾸기 위해서는 이 기록을 편집할 필요가 있었다. 그러나 이런 식으로 삭제된 부분들은 지금부터 내가 지적하려는 논점들과는 무관한, 별로 중요하지 않은 것들로 한정되었다고 생각한다.

돈 후앙과 관련된 나의 연구에서 나는 그를 주술사로 간주하며 그가 가진 지식의 '구성원(member)'이 되는 일에만 주력했다.

내 논지를 독자들에게 설명하기 위해서는 우선 주술의 기본적인 전제를 돈 후앙이 내게 알려준 그대로 설명할 필요가 있다. 주술사에게 일상적인 세계란 우리가 믿는 것 같은 현실도 아니고, '밖'에 존재하는 것도 아니라고 그는 말했다. 주술사에게 현실, 즉 우리가 아는 세계는 단지 하나의 기술記述이자 묘사에 불과하다고 말이다.

돈 후앙은 바로 이런 전제를 입증하는 일에 가장 큰 공을 들였다. 바꿔 말해서, 나를 둘러싼 세계라고 내가 믿어왔던 것은 단지 태어난 순간부터 강제적으로 주입받은 하나의 기술記述에 불과하다는 진정한 확신을 내 마음속에 심어주려고 했던 것이다.

어린아이와 접촉하는 모든 사람은 주위 세계를 끊임없이 묘사해 줌으로써 급기야는 어린아이가 바로 그런 식으로 세계를 지각하게끔 도와주는 교사나 마찬가지임을 돈 후앙은 지적했다. 우리가 그런 중차대한 순간을 기억 못하는 것은, 갓 태어난 어린아이에게는 비교 가능한 준거점 자체가 존재하지 않기 때문이다. 그러나 세계의 묘사에 접하는 순간부터 그 어린아이는 '구성원'이 된다. 따라서 그가 그런 묘사에 완전히 적응함으로써 성원成員들에게 요구되는 모든 지각적 해석을 적절히 행할 수 있는 시점부터, 그 어린아이는 구성원으로서의 '자격'을 완전히 갖추게 된다고 할 수 있겠다.

그렇다면 돈 후앙에게 우리의 일상 현실이란, 특정한 '자격'을 공유하는 개개의 구성원들이 교육을 통해 습득한, 공통적인 지각 해석의 끊임없는 흐름이라고 할 수 있다.

개인의 세계를 구성하는 지각 해석이 흐름을 가지고 있다는 생각은 그 흐름이 끊임없이 이어지며 의문의 대상이 되는 일이 거의 전무하다는 사실과도 부합한다. 사실, 우리가 아는 세계의 현실은 너무나도 당연한 것으로 간주되는 탓에 우리 현실이 여러 기술 중 하나에 불과하다는 주술의 기본 전제를 진지한 제안으로 받아들이기란 지극히 어렵다.

다행히도 내 도제 수업에서는 돈 후앙은 내가 이 명제를 진지하게 받아들이는지 안 받아들이는지의 여부에는 전혀 개의치 않았고, 나의 저항과 불신과 이해력의 결여에도 불구하고 계속 가르침의 요점을 밝히는 일에만 주력했다. 그래서, 주술의 스승으로서 돈 후앙은 우리가 대화를 나누기 시작한 바로 그 순간부터 내게 자신의 세계를 기술해주려고 애썼던 것이다. 내가 그런 그의 개념과 방법론을 이해하는 데 어려움을 겪은 것은 그의 기술 단위들이 나 자신의 그것과는 무관하며 상반되는 것이었다는 사실에 기인한다.

내가 배우는 것은 단순한 '바라보기(looking)'가 아닌 '보기(seeing)'이며, '보기'로 이어지는 첫 번째 단계는 '세계 멈추기'(stopping the world)라는 것이 그의 주장이었다.

나는 몇 년 동안이나 이 '세계 멈추기'라는 개념을 실제적으로는 아무 의미도 없는 불가해한 은유로 취급하고 있었다. 돈 후앙의 지식 체계를 이루는 기본 전제 중의 하나로서 이 개념이 가지는 의미와 중요성을 내가 완전히 깨달은 것은 도제 수업 막바지에 나눈 격의 없는 대화를 통해서였다.

그때 돈 후앙과 나는 이런저런 일들에 관해서 편하고 두서없는 잡담을 나누고 있었다. 나는 아홉 살배기 아들 때문에 골머리를 썩이고 있는 내 친구에 관해 얘기했다. 지난 4년 동안 어머니하고만 살아왔던 그 아이는 이제 내 친구와 함께 살게 되었는데, 아버지로서 그런 상황에 어떻게 대처해야 할지를 잘 모른다는 것이 문제였다. 내 친구에 의하면 그 아이는 학교에서는 말썽만 피우고 집중력도 없을뿐더러 아무 일에도 관심을 보이지 않는다고 했다. 툭하면 성질을 부리고 파괴적인 성향을 보일뿐더러 가출하는 버릇까지 있었다.

"그 친구가 골머리를 썩일 만하군." 돈 후앙은 웃으며 말했다.

내가 그 아이가 지금까지 저지른 '끔찍한' 행동에 대해 계속 설명하려고 하자 그는 내 말을 가로막았다.

"그 불쌍한 녀석에 관해서는 더 이상 얘기 안 해도 되네. 굳이 머릿속에서 그 아이의 행동을 떠올리면서 이러쿵저러쿵 논할 필요는 없어."

너무나도 느닷없고 단정적인 말투였지만, 곧 그는 씩 웃었다.

"그럼 내 친구는 어떻게 하면 되겠습니까?" 나는 물었다.

"최악의 선택은 그 아이를 억지로 자기한테 맞추려는 거겠지."

"그게 무슨 뜻이죠?"

"그 아이가 자네 친구가 원하지 않는 식으로 행동할 때도 때리거나 겁을 주면 안 된다는 뜻이야."

"단단히 혼을 내주지 않고 어떻게 아이를 다스릴 수 있단 말입니까?"

"자네 친구가 아닌 다른 사람에게 대신 때려달라고 해야지."

"사랑하는 아들을 어떻게 다른 사람의 손에 맡긴단 말입니까!" 나는 깜짝 놀라며 항의했다.

돈 후앙은 이런 나의 반응을 즐기는 듯한 표정으로 킥킥 웃었다.

"자네의 친구는 전사戰士가 아닐세. 전사였다면 다른 인간들을 무작정 힘으로 대하는 것이야말로 최악의 행동이라는 걸 알고 있을 테니까 말이야."

"그럼 전사는 어떻게 행동합니까?"

"전사는 전략에 따라 행동하네."

"여전히 무슨 말인지 모르겠습니다."

"자네 친구가 전사라면 아들이 '세계를 멈출' 수 있도록 도와줄 거라는 뜻이야."

"어떻게 하면 그럴 수 있습니까?"

"자체적인 힘이 필요해. 주술사가 되어야겠지."

"하지만 제 친구는 주술사가 아니지 않습니까."

"그럴 경우는 보통 수단을 동원해서라도 자기 아들이 세계에 대해 가지고 있는 개념을 바꾸도록 해야 해. 그러면 '세계를 멈출' 수는 없지만 똑같은 효과를 볼 수 있지."

나는 좀더 자세히 설명해달라고 말했다.

"내가 자네 친구라면 누군가를 고용해서 그 어린애 엉덩이를 때려주라고 하겠네. 나라면 빈민굴로 가서 가장 무시무시한 몰골을 한 사내를 고를 거야."

"단지 어린 소년한테 겁을 주기 위해서 말입니까?"

"멍청하기는. 어린 소년에게 겁을 줄 목적에서만 그러는 게 아냐. 그 어린 녀석의 버릇을 고치려면 그런 행동 자체를 '멈춰야' 하지만, 아버지가 때리는 것 가지고서는 안 돼.

다른 인간을 '멈추기' 위해서는 그는 그 집단의 압력이 미치는 곳 밖에 있어야 하네. 그러면 언제든 자기가 원하는 방향으로 압력을 가할 수 있으니까 말이야."

그야말로 황당한 소리였지만, 이 생각은 묘하게 내 마음을 끌었다.

돈 후앙은 왼팔꿈치를 낮은 탁자처럼 쓰는 나무 상자 위에 괴고 왼쪽 손바닥에 턱을 얹고 앉아 있었다. 눈은 감았지만 눈알이 움직이는 것을 알 수 있었다. 나는 그가 닫힌 눈꺼풀을 투과해서 나를 보고 있다는 인상을 받았다. 그런 생각을 하자 두려움이 몰려왔다.

"제 친구가 어린 자식을 어떻게 해야 하는지에 대해 더 얘기해주십시오."

"빈민가로 가서 가장 추하게 생긴 폐인을 신중하게 고르라고 하게. 아직도 좀 기력이 남아 있는, 젊은 폐인을 말이야."

돈 후앙은 내게 그런 인물을 이용한 기묘한 계략을 설명해주었다. 우선 그 폐인에게 내 친구를 따라가거나, 아니면 그가 아들과 함께 갈 예정인 장소로 미리 가서 기다리고 있으라고 일러둔다. 그리고 아이가 어떤 식으로든 못된 짓을 하면 아버지는 그 폐인에게 미리 약속해둔 신호를 보낸다. 그러면 그 사내는 숨어 있던 곳에서 뛰어나와서 아이를 붙잡고, 엉덩이에서 불이 날 정도로 볼기를 때려야 한다.

"그 사내한테 혼쭐이 난 뒤에는, 어린 자식이 자신감을 되찾을 수 있도록 아버지 쪽에서 어떤 식으로든 도울 필요가 있네. 이런 과정을 서너 번 거친다면 그 아이는 모든 것에 관해 다른 느낌을 가지게 될 거야. 세계에 관한 생각 자체를 바꾸는 거지."

"너무나도 무서웠던 나머지 상처받기라도 하면 어쩌려고요?"

"무서움 따위에 상처받는 사람은 아무도 없어. 마음의 상처는 자기를 언제나 따라다니면서 때리고, 또 이래라저래라 강요하는 사람이 있을 때나 생기는 거라네.

그 아이가 좀 얌전해진 뒤에는 마지막으로 한 가지 할 일이 있다고 자네 친구한테 알리게. 죽은 아이의 시체가 필요해. 병원이나, 진료소 따위에 알아보면 될지도 모르겠군. 거기로 자기 아들을 데리고 가서 반드시 그 죽은 아이의 시체를 보여줘야 하네. 그리고 그 아이가 왼손으로 시체를 한 번 만지게 하는 거야. 시체의 배만 제외하면 어떤 부위라도 상관없네. 그 일을 끝마치면 자네 친구 아들은 새사람

이 될 걸세. 예전과는 전혀 다른 세계가 펼쳐지는 거지.“

　나는 돈 후앙이 나와 몇 년을 교유하면서, 다름 아닌 나를 상대로 방금 내 친구에게 제안했던 것과 동일한 ㅣ 규모의 차이가 있기는 해도 ㅣ 계략을 구사해왔다는 사실을 깨달았다. 내가 그 사실을 지적하자, 돈 후앙은 지금까지 줄곧 "세계를 멈추는" 법을 내게 가르치려고 시도했다고 대답했다.

　"자넨 아직 그러지는 못했지만 말이야." 그는 미소 지으며 말했다. "자넨 워낙 고집불통이라서 뭘 해도 소용이 없더군. 조금만 고집이 덜했다면 지금쯤은 내가 가르쳐준 기법들 중 하나를 써서 '세계를 멈추는' 법을 터득하고도 남았을 텐데 말이야."

　"무슨 기법을 말하시는 겁니까?"

　"지금까지 내가 자네에게 한 얘기들은 모두 '세계를 멈추기' 위한 기법이었다네."

　이런 대화를 한 지 몇 달 뒤에 돈 후앙은 마침내 내게 '세계를 멈추는' 방법을 전수하는 데 성공했다.

　내 인생의 기념할 만한 사건이라고 할 수 있는 그 일은 나로 하여금 10년 동안의 내 연구를 자세히 재검토하게 만들었다. 그 결과 도제 수업에서 향정신성 식물들이 수행하는 역할에 관한 나의 가설이 그릇되었다는 사실이 명백해졌다. 그것들은 주술사에 의한 세계 기술記述의 필수불가결한 일부가 아니라, 단지 내가 다른 방법으로는 지각하지 못했던 기술의 일부를 내가 받아들일 수 있는 형태로 '굳혀'주기 위한 보조 수단에 불과했던 것이다. 스스로의 표준적인 현실에 천착했던 탓에, 나는 돈 후앙의 입장에서는 거의 장님에 벙어리나 마찬가지였다. 따라서 그가 향정신성 식물의 사용을 장려한 이유는 전적으로 나의 그런 둔감함 탓이었다.

내 필드워크 전체를 재검토하면서 나는 돈 후앙이 도제 수업이 시작된 바로 그 시점에 그가 '세계를 멈추는 방법'이라고 부르는 것에 관한 새로운 기술記述을 내게 전수했다는 사실을 깨닫기에 이르렀다. 과거에 출간한 두 권의 책에서 그 기록이 빠져 있었던 것은 그것이 향정신성 식물들의 사용과는 직접적인 관계가 없었기 때문이다. 그러나 이제 나는 돈 후앙의 가르침의 전체성을 염두에 두고 삭제된 부분들을 원래의 정당한 자리에 복귀시켜놓았다. 이 책의 처음 열일곱 장을 이루고 있는 것은 바로 그 가르침이며, 마지막 세 장은 내가 '세계를 멈춘' 사건의 현장 보고에 해당한다.

요약하자면 내가 처음 도제 수업을 받기 시작했을 때는 내가 몰랐던 또 하나의 현실, 즉 주술적 관점에서 기술된 세계가 존재했다고 할 수 있다.

주술사이자 교사인 돈 후앙은 바로 그런 현실의 기술記述을 내게 전수해주었다. 따라서 내가 경험한 10년 동안의 도제 수업은 그런 기술을 소화함으로써 | 진도를 나갈수록 점점 더 복잡해지는 부분들을 덧붙이면서 | 그 미지의 현실을 구축하기 위한 과정이었다고 할 수 있다.

도제 관계를 끝맺었다는 것은 내가 확실하고 정확한 방식으로 세계의 이 새로운 기술을 터득했고, 그 결과 이 새로운 기술에 상응하는 세계의 새로운 기술을 이끌어낼 수 있는 능력을 갖추게 되었다는 사실을 의미한다. 바꿔 말해서, 나는 구성원으로서의 '자격'을 획득했던 것이다.

돈 후앙은 '보기(see)' 위해서는 우선 '세계를 멈춰야' 한다고 말했다. 이 경우 '세계를 멈춘다'는 표현은 지극히 적절하다고 할 수 있다. 왜냐하면 이것은 지각 해석의 흐름 │ 보통은 끊기지 않고 계속 이어지는 │ 이, 그 흐름과는 이질적인 일련의 상황에 의해 정지됨으로써 일상 현실을 변성시킨 모종의 자각의식 상태를 가리키는 용어이기 때문이다. 내 경우 통상적인 지각 해석의 흐름을 정지시킨 이질적인 상황은 주술에 의한 세계 기술이었다. 돈 후앙이 알려준 '세계를 멈추기' 위한 필요조건은 당사자의 확신이었다. 바꿔 말해서, 당사자는 이 새로운 기술의 전모를 완전히 내재화함으로써 옛 기술을 전복시켜야 하고, 그 과정에서 우리의 지각의 타당성이나 우리를 둘러싼 세계의 현실은 절대로 의문의 대상이 될 수 없다는 교조적인 확신을 타파해야 한다.

일단 '세계를 멈춘' 후의 다음 단계는 '보기'였다. 돈 후앙이 말하는 '보기'에 대해서는, '우리가 학습을 통해 현실이라고 부르게 된 기술 바깥에 존재하는 세계의 부름에 호응呼應하는 행위'라고 정의하고 싶다.

내가 강조하고 싶은 것은 이 모든 단계들은 오직 그것들이 속한 기술의 맥락에서만 이해될 수 있다는 점이다. 돈 후앙이 처음부터 내게 전수하고 싶어하던 것이 바로 그런 기술이라는 점을 감안하면,

나는 그의 가르침을 그곳으로 진입하기 위한 유일한 근거로 삼는 수밖에 없다. 그런 고로, 지금부터 돈 후앙의 말을 가감 없이 전하려고 한다.

카를로스 카스타네다, 1972년.

제1부

'세계 멈추기'

1
우리를 둘러싼 세계로부터의 동의

"약초에 관해서 아주 풍부한 지식을 갖고 있는 분이라는 얘기를 들었습니다." 나는 나이 든 인디언을 향해 말했다.

인사를 시켜준 내 친구는 밖으로 나가버렸고, 우리는 방금 통성명을 끝낸 참이었다. 노인은 자기 이름이 후앙 마투스라고 했다.

"자네 친구가 그러던가?" 그는 무심한 말투로 물었다.

"예. 그러더군요."

"난 약초를 딴다네. 정확하게 말하자면, 약초들 쪽에서 따게 해준다고 해야겠지."

우리는 애리조나 주의 어느 버스 정류소에 있었다. 나는 그를 향해 지극히 정중한 스페인어로 질문을 해도 되겠느냐고 타진했다. "귀하(caballero)는 제가 질문을 하는 것을 허락할 용의가 있으십니까?"

'말'에서 파생된 '카바예로'라는 단어는 원래는 기사騎士나 말에 탄 귀족을 의미하는 단어다.

노인은 묻는 듯한 표정으로 나를 보았다.

"난 말 없는 기사일세." 잠시 후 그는 파안일소破顔一笑하면서 이렇게 덧붙였다. "방금 말했듯이 내 이름은 후앙 마투스야."

노인의 미소가 왠지 마음에 들었다. 나는 상대가 명쾌한 것을 선호하는 성격이라고 판단하고 단도직입적으로 과감하게 부딪쳐보기로 했다.

나는 약초를 수집하고 연구하는 일에 관심이 있으며, 특히 내가 로스앤젤레스의 대학에서 꽤 오랫동안 연구해온 환각성 선인장인 페요테에 특히 흥미를 가지고 있다고 설명했다.

나는 이런 나의 설명이 매우 진지했다고 느꼈다. 적어도 내 귀에는 매우 신중하고 완벽하게 믿을 만한 설명처럼 들렸던 것이다.

노인은 천천히 고개를 저었다. 나는 상대방의 침묵에 우쭐해진 나머지 다시 만나 페요테에 관해 얘기를 나눈다면 틀림없이 서로에게 이익이 될 것이라고 덧붙이기까지 했다.

노인이 고개를 들고 내 눈을 똑바로 바라본 것은 바로 그때의 일이었다. 지극히 강렬한 시선이었다. 그러나 위협적이라거나 딱히 압도적이지는 않았고, 시선으로 나를 꿰뚫었다는 표현 쪽이 더 정확하다. 나는 그 즉시 말문이 막혔고, 더 이상 나 자신에 관해 떠벌릴 수가 없었다. 우리의 만남은 그렇게 끝났다. 그러나 노인은 내게 일말의 희망을 남겨두고 떠났다. 나중에 한 번 자기 집에 들르라고 말했던 것이다.

돈 후앙의 시선이 내게 준 충격을 설명하려면, 경험상 이 사건이 내게 얼마나 특이한 경험이었는지를 부각시키지 않고서는 힘들다. 인류학 공부를 시작하고 돈 후앙을 만났을 무렵, 나는 이미 설득의 달인이 되어 있었다. 이미 몇 년 전에 집을 떠나왔으므로, 이제는 내 일은 내가 알아서 할 수 있다는 자부심도 있었다. 연구대상에게서 퇴짜를 맞을 경우에는 상대를 회유해서 양보를 이끌어내거나, 논쟁을 벌이거나, 화를 내서라도 목적을 달성하는 식이었다. 그조차도 효과를 보지 못할 경우에는 징징거리거나 불평을 늘어놓았다. 바꿔 말해서, 어떤 상황에 처하든 간에 뭔가 할 일은 있었다는 뜻이다. 그러나 그날 오후, 나는 나의 그런 행동력이 돈 후앙에 의해 놀랄 정도로 신속하고 결정적으로 저지당한다는 초유의 사태를 경험한 것이다. 그렇다고 그가 단순히 내 말문을 막았다는 뜻은 아니다. 논쟁을 벌이던 상대방에 대한 존경심에 밀려 결국 한 마디도 반론을 내놓지 못하는 경우는 과거에도 종종 있었지만, 그런 경우에조차도 마음속으로는 화를 내거나 좌절감을 느끼는 것이 보통이었다. 그러나 돈 후앙의 시선은 내가 일관성 있는 생각을 하는 것조차 불가능하게 만들었던 것이다.

나는 그 엄청난 시선의 힘에 완전히 사로잡혔고, 반드시 그를 찾아내겠다고 결심했다.

향후 여섯 달 동안 나는 아메리카 인디언들의 페요테 사용법, 특히 평원平原 인디언 부족들 사이에서 회자되는 페요테 컬트에 관한 예비조사에 몰두했다. 나는 입수가능한 모든 문헌을 훑어보았고, 준비가 되었다는 판단이 서자 다시 애리조나 주로 갔다.

1960년 12월 17일 토요일

현지 인디언들을 상대로 길고 힘든 탐문을 한 끝에 가까스로 그의 집을 찾아냈다. 내가 그의 집 앞에 도착해서 차를 세운 것은 이른 오후의 일이었다. 그는 나무로 된 우유병 상자에 앉아 있었는데, 나를 알아보는 눈치였다. 내가 차에서 내리자 그는 인사를 건넸다.

우리는 잠시 이런저런 덕담을 교환했다. 잠시 후 나는 우리가 처음 만났을 때 내가 매우 기만적으로 행동했다는 사실을 평이한 표현을 써서 솔직히 고백했다. 그때 나는 페요테에 관해 많은 걸 안다고 장담했지만, 실제로는 아무것도 몰랐다고 말이다. 그는 나를 빤히 쳐다보았다. 매우 상냥한 눈빛이었다.

나는 이번 만남에 앞서 여섯 달 동안 관계문헌을 읽으며 준비를 했기 때문에 이번에는 정말로 상당한 지식을 갖췄다고 말했다.

그는 웃었다. 그가 내가 한 말의 어떤 부분을 재미있게 느꼈다는 점은 명백했다. 나는 내가 웃음거리가 되었다는 사실에 조금 당혹해하며 분개했다.

그는 내가 불편해한다는 사실을 알아차리고, '당신이야 좋은 의미에서 그렇게 노력했겠지만 이번 만남을 위해 준비를 갖출 방법 따위는 아예 존재하지 않는다'는 식으로 대답했다.

나는 그가 방금 한 말에 어떤 숨은 의미가 있는지 물어봐도 좋을지 망설였지만 결국 그러지 않았다. 그러나 그는 내 감정을 읽은 듯 방금 한 말이 무슨 뜻인지를 설명해주었다. 그는 나의 고백이 옛날 어떤 왕이 박해하고 죽이기까지 했던 어떤 사람들에 관한 옛날이야 기를 생각나게 한다고 말했다. 그 이야기에 의하면 박해받던 사람들은 박해자들과 똑같은 외모를 하고 있었고, 단지 어떤 단어들을 그들에게만 맞는 특이한 방법으로 발음하는 것을 고집했다고 했다. 그들의 이런 결점은 물론 피할 수 없는 증거가 되었다. 왕은 주요 교차로 몇 군데에 방책을 설치하고 휘하의 관리로 하여금 그곳을 지나가는 사람에게 열쇠가 되는 어떤 특정 단어를 발음하게 했다. 왕의 방식대로 그 단어를 발음하는 사람들은 살려주었지만, 그러지 못하는 사람들은 그 자리에서 처형되었다. 그러던 어느 날 어떤 젊은이가 왕이 좋아하는 방식대로 그 단어를 발음하는 법을 터득함으로써 방책을 무사통과하기로 결심했다는 것이 이 이야기의 전환점이었다.

돈 후앙은 씩 웃으며 그 청년이 그런 발음법을 터득하기까지는 실제로 '여섯 달'이 걸렸다고 말했다. 그러다가 그 젊은이가 드디어 절체절명의 시험을 받는 날이 왔다. 젊은이는 자신감에 찬 태도로 방책까지 가서 그곳을 지키고 있는 관리가 문제의 단어를 발음해보라고 명령하기를 기다렸다.

여기서 돈 후앙은 지극히 연극적인 태도로 이야기를 멈추고 나를 바라보았다. 이것은 매우 작위적이고 약간 진부한 행동이라는 느낌을 받았지만 나는 그냥 장단을 맞춰주었다. 나는 예전에도 유사한 이야기를 들은 적이 있었다. 독일에 사는 유대인들에 관한 얘기였고, 그들이 어떤 단어들을 발음하는 것만으로도 유대인임을 알아낼 수 있었다는 줄거리였다. 어떤 식의 결말인지도 알고 있었다. 문제의 관리는 열쇠가 되는 단어를 잊어버리고 그와 매우 비슷한 단어를 대신 발음해보라고 요구했지만, 젊은이는 그 단어를 정확하게 발음하는 법은 몰랐다는 줄거리다.

돈 후앙은 내가 질문해주기를 기다리는 기색이었기 때문에 나는 그의 기대에 부응해주기로 했다.

"그래서 그 젊은이는 어떻게 됐습니까?" 나는 가급적 순진한 표정으로, 흥미를 느낀 시늉을 하며 물었다.

"그 젊은이는 워낙 똑똑했기 때문에 그 관리가 열쇠가 되는 단어를 잊어버렸다는 사실을 단박에 알아차렸고, 관리가 뭐라고 하기도 전에 자신은 여섯 달 동안이나 준비를 해왔다고 고백했다네."

그는 또다시 연극적으로 말을 멈추더니 짓궂은 눈빛으로 나를 쳐다보았다. 이번에 허를 찔린 사람은 나였다. 그 젊은이가 고백했다는 얘기는 전혀 들어본 적이 없었기 때문이다. 이 이야기가 어떻게 끝날지도 종잡을 수가 없었다.

"흐음, 그래서 어떻게 됐습니까?" 나는 정말로 흥미를 느끼고 물었다.

"물론 그 젊은이는 그 자리에서 처형당했다네." 그는 이렇게 말하고 폭소를 터뜨렸다.

나는 그가 내 호기심을 끌어낸 방법이 마음에 들었고, 나 자신의 경우에다 그 이야기를 빗댄 방식도 마음에 들었다. 사실, 내 상황에 맞추기 위해서 만들어낸 듯한 이야기였다. 그는 지극히 미묘하고 예술적인 방법으로 나를 놀리고 있었다. 나는 그와 함께 웃었다.

잠시 후 나는 내가 한 이야기가 아무리 멍청하게 들렸을지라도 약초 지식을 습득하고 싶다는 말만은 진심이라고 말했다.

"나는 걷기를 무척 좋아한다네." 돈 후앙은 대답했다.

나는 그가 의도적으로 화제를 돌려 대답을 회피하고 있다고 생각했다. 그렇다고 해서 끈질긴 질문으로 그의 마음을 상하게 하고 싶지는 않았다.

그는 함께 사막에서 짧은 산책을 할 생각이 없느냐고 물었다. 나는 사막을 걷는 일이야말로 내가 원했던 바라고 맞장구쳤다.

"이건 소풍이 아닐세." 그는 경고했다.

나는 함께 일하고 싶다는 내 말이 진심임을 밝혔다. 약초사용법에 관한 정보라면 뭐든지 알고 싶고, 그의 시간과 노고에 합당한 보수를 지불할 용의가 있다고 말이다.

"저한테 고용되는 겁니다. 소정의 임금을 지불하겠습니다."

"얼마나 줄 건데?" 그가 물었다.

나는 그의 목소리에서 탐욕스러운 기색을 느꼈다.

"얼마든 적절한 액수를."

"그럼 내가 쓰는 시간을… 자네의 시간으로 지불하게."

실로 묘한 인물이었다. 내가 무슨 애긴지 모르겠다고 하자 약초에 관해서는 할 말이 아예 없기 때문에 돈을 받는 것 자체가 논외라는 대답이 돌아왔다.

그는 날카로운 눈으로 나를 보았다.

"호주머니에 든 손으로 뭘 하고 있나?" 그는 이맛살을 찌푸리며 물었다. "자네 꼬추 가지고 장난이라도 치는 거야?"

이것은 내가 입은 방풍 재킷의 거대한 호주머니 안에 들어 있는 조그만 공책에 대한 언급이었다. 나는 실제로 호주머니에 손을 넣은 채로 메모를 하고 있었다.

내가 그 사실을 알리자 그는 껄껄 웃었다.

나는 대놓고 받아 적음으로써 그의 마음을 어지럽히고 싶지 않았다고 변명했다.

"쓰고 싶으면 얼마든지 쓰게. 그런다고 내 마음이 어지러워지지는 않으니."

우리는 거의 껌껌해질 때까지 집 주위의 사막을 돌아다녔다. 그는 아무런 약초도 보여주지 않았고, 그것들에 대해 언급하지도 않았다. 우리는 커다란 관목 곁에 멈춰 서서 잠시 휴식을 취했다.

"식물이란 매우 특이한 존재라네." 그는 내게 시선을 주지 않고 말했다. "살아 있고, 느끼는 존재이지."

그가 이 말을 한 순간 강한 돌풍이 불어와서 우리 주위의 사막 덤불을 뒤흔들었다. 덤불은 시끄럽게 덜그럭거렸다.

"방금 들었나?" 그는 마치 더 잘 들어보려는 듯이 오른손을 귓가에 갖다 대고 물었다. "나뭇잎하고 바람도 내 말에 동의하는군."

나는 웃었다. 나는 돈 후앙을 소개해준 친구한테 워낙 괴팍한 노인이니 조심하라는 경고를 들었다. 그래서 '나뭇잎도 동의한다'는 표현도 그의 괴팍스러움에서 나온 것이라고 지레짐작했던 것이다.

28

우리는 잠시 더 걸었지만 그는 여전히 어떤 식물이 약초인지를 알려주지도 않았고, 무엇을 채집하려고도 하지 않았다. 돈 후앙은 그냥 덤불을 슬쩍슬쩍 만지며 그 사이를 누볐을 뿐이었다. 잠시 후 그는 멈춰 서서 바위 위에 앉더니 잠시 쉬면서 주위를 둘러보라고 했다.

나는 계속 대화를 나누자고 주장했고, 식물, 특히 페요테에 관해 정말로 알고 싶다고 다시금 강조했다. 금전적으로 모종의 사례를 할 용의도 있으니 제발 내 정보제공자가 되어달라고 간청했던 것이다.

"돈은 내지 않아도 돼. 무슨 질문이든 해도 좋네. 그럼 내가 아는 게 뭐고, 그걸로 어떤 일을 할 수 있는지를 가르쳐주지."

돈 후앙은 이런 방식에 동의하느냐고 내게 물었다. 나는 크게 기뻐했다. 그러자 그는 알쏭달쏭한 말을 덧붙였다. "아마 식물에 관해서는 전혀 배울 게 없을지도 몰라. 그것들에 관해서는 아예 할 말이 없거든."

나는 이것이 무슨 소리인지, 그가 무슨 뜻에서 이런 말을 한 것인지를 이해하지 못했다.

"방금 뭐라고 하셨는지?"

그는 같은 말을 세 번 뒤풀이했다. 그러자 공군의 비행기가 저공을 통과하며 우리가 있는 지역 전체를 진동으로 뒤흔들어놓았다.

"봤지! 세계가 방금 내가 한 말에 동의했잖나." 그는 왼손을 귓가에 대며 말했다.

매우 재미있는 노인이었다. 그의 웃음소리에는 전염력이 있었다.

"당신은 애리조나 출신입니까, 돈 후앙?" 그가 나의 정보제공자라는 사실을 강조하기 위해 나는 물었다.

돈 후앙은 나를 쳐다보며 그렇다고 고개를 끄덕였다. 피곤한 눈치였다. 동공 아래에 흰 부분이 보였다.

"그럼 이 근방에서 태어나셨습니까?"

그는 역시 고개를 끄덕이는 것으로 대답을 대신했다. 긍정의 몸짓인 것처럼 보였지만, 곰곰이 생각에 잠긴 사람이 신경질적으로 고개를 까닥하는 듯한 느낌도 있었다.

"그럼 자넨 어디 출신인가?"

"저는 남아메리카에서 왔습니다."

"그건 아주 넓은 지역인데. 남아메리카 전체에서 왔다는 건가?"

나를 바라보는 그의 눈은 또다시 날카로워져 있었다.

내가 태어났을 당시의 상황을 설명하려고 하자 그는 내 말을 가로막았다.

"그런 점에서 우린 비슷해. 나는 지금은 여기 살긴 해도 본디 소노라 주 출신의 야키 인디언이라네."

"그렇습니까! 제가 태어난 곳은 ㅣ"

그는 내가 말을 끝마칠 틈을 주지 않았다.

"아네, 알아. 자넨 어디서 왔든 간에 자네야. 내가 소노라 주에서 온 야키인 것처럼 말이야."

돈 후앙의 눈은 아주 밝게 반짝였고 그의 웃음소리는 묘하게도 나를 불안하게 만들었다. 마치 거짓말을 하다가 들킨 듯한 기분이었다. 나는 묘한 죄책감을 느꼈다. 마치 내가 모르거나 언급하고 싶지 않은 뭔가를 상대가 알고 있는 듯한 느낌이랄까.

나의 이 묘한 당혹감은 눈덩이처럼 불어났다. 돈 후앙도 그것을 알아차렸던 것이 틀림없다. 일어서서 읍내의 식당에서 밥을 먹고 싶으냐고 물어왔기 때문이다.

그의 집으로 돌아가서 읍내로 차를 타고 나가면서 기분은 좀 나아졌지만, 완전히 긴장이 풀린 것은 아니었다. 이유를 꼬집어 말할 수는 없었지만, 왠지 위협받고 있는 듯한 기분이었다.

식당에서 그에게 맥주를 시켜주려고 하자 술은 전혀 안 하고, 맥주조차도 안 마신다는 대답이 돌아왔다. 나는 그런 그의 말을 믿지 않고 속으로 웃었다. 돈 후앙에게 나를 소개해준 친구는 그 노인은 대부분의 시간을 맛이 간 상태에서 보낸다고 말했기 때문이다. 그가 술에 관해 거짓말을 했다고 해도 나는 개의치 않았지만 말이다. 나는 그가 좋았다. 그와 함께 있으면 마치 마음을 위안받는 느낌이었다.

그래도 내 얼굴에는 의심하는 듯한 표정이 드러난 것이 틀림없다. 돈 후앙이, 젊은 시절에는 술을 마셨지만 어느 날 그냥 끊었다고 덧붙였기 때문이다.

"무엇을 끊든 간에, 본인이 원하기만 한다면 언제든 그렇게 삶에서 떼어내버릴 수 있다는 사실을 아는 사람은 거의 없지." 그는 손가락으로 딱 하는 소리를 내며 말했다.

"담배나 술을 그렇게 쉽게 끊을 수 있단 말입니까?"

"당연하지!" 그는 확신에 찬 어조로 말했다. "담배나 술은 아무것도 아냐. 정말로 끊고 싶다면 그런 건 문제조차도 안 돼."

바로 그 순간, 커피 머신 속에서 끓고 있던 물이 갑자기 한 번 크게 쿨렁거리는 소리를 냈다.

"방금 들었지!" 돈 후앙은 눈을 반짝이며 외쳤다. "끓는 물이 내 말에 동의했어."

그런 다음 잠시 침묵하다가 이렇게 덧붙였다. "사람은 주위의 모든 것에서 동의를 얻을 수 있다네."

그가 이렇게 말한 바로 그 순간, 커피 기계는 가슴이 철렁할 정도로 커다란 소리로 쿨렁거렸다.

돈 후앙은 커피 기계를 바라보며 나직하게 "고맙네"라고 말했고, 고개를 끄덕이더니 폭소를 터뜨렸다.

나는 아연실색했다. 웃음소리가 좀 크다 싶었지만 돈 후앙이 나를 정말로 즐겁게 한 것은 사실이었다.

나의 '정보제공자'와의 진정한 첫 만남은 거기서 그렇게 끝났다. 그는 식당 문간에서 내게 작별 인사를 했다. 이제 몇몇 친구들을 만나러 가야 하지만, 다음 주말쯤에 다시 만나러 오고 싶다고 나는 말했다.

"언제 집에 계십니까?" 나는 물었다.

돈 후앙은 나를 찬찬히 훑어보았다.

"언제든 자네가 올 때면."

"정확히 언제 오게 될지는 아직 모릅니다만."

"신경 쓰지 말고 그냥 오기만 하면 돼."

"혹시 그때 집에 안 계시면?"

"있을 거야." 그는 미소 지으며 자리를 떴다.

나는 그를 쫓아가서 다음번에 카메라를 가져와서 그와 그의 집 사진을 찍어도 되느냐고 물었다.

"그건 논외일세." 그는 이맛살을 찌푸리며 말했다.

"그럼 테이프 녹음기는 어떻습니까? 그것도 안 되나요?"

"유감이지만 그것도 절대로 안 돼."

그의 이런 반응에 마음이 상한 나는 찌무룩한 어조로 그런 것들을 거부해야 할 논리적인 이유가 무엇인지 모르겠다고 말했다.

돈 후앙은 안 된다는 듯이 고개를 가로저었다.

"그럴 생각일랑 아예 하지도 말게." 돈 후앙은 단호한 어조로 말했다. "앞으로도 나를 보고 싶거든 다시는 입에도 올리지 말라고."

나는 마지막으로 힘없는 불평을 늘어놓았다. 내 연구에 사진과 녹음기록은 필수불가결한 것이라고 말했던 것이다. 그러자 돈 후앙은 우리가 하는 일에서 필수불가결한 것은 실제로는 단 하나밖에는 없다고 대꾸했다. 그것은 바로 '정령(spirit)'이라고 그는 말했다.

"정령 없이는 그 무슨 일도 할 수 없어. 그리고 자네에게 없는 건 바로 그거야. 그러니 사진 따위가 아니라 그걸 걱정하라고."

"도대체 그게 무슨…?"

그는 날카로운 손짓으로 내 말을 막은 후 몇 번 뒷걸음질을 쳤다.

"꼭 다시 들리게." 그는 나직하게 말하고 잘 가라는 듯이 손을 흔들었다.

2
개인사 지우기

1960년 12월 22일 목요일

돈 후앙은 집 안에서 벽에 등을 기대고 앉아 있었다. 그는 우유를 담았던 나무상자를 뒤집어놓고 나더러 편히 앉으라고 말했다. 담배를 보루째로 사온 나는 그에게 담배를 권했다. 그는 담배를 피우지 않는다고 대답했지만, 선물로 생각하겠다며 받았다. 우리는 사막의 밤 추위 따위를 주제로 잡담을 나눴다.

나는 혹시 내가 그의 평소 일과를 방해한 것은 아닌지 물었다. 그는 찡그린 듯한 표정으로 나를 쳐다보더니 자기에게는 일과 따위는 없으므로 원한다면 오후 내내 여기 있어도 좋다고 했다.

그때 나는 가계도와 혈연관계도를 가지고 있었는데, 돈 후앙의 도움을 받아 내용을 채워넣을 작정이었다. 내가 읽은 민족지民族誌 문헌을 바탕으로 이 일대의 인디언 부족들의 문화적 특징으로 알려진 것들을 나열한 긴 목록도 준비해왔다. 돈 후앙과 함께 이 목록을 훑어보며 그에게 익숙한 사항들을 가려낼 작정이었다.

우선 혈연관계도부터 시작했다.

"돈 후앙, 아버지를 뭐라고 부르셨습니까?" 나는 물었다.

"아빠라고 불렀네." 그는 매우 진지한 얼굴로 대답했다.

조금 신경에 거슬리기는 했지만, 상대가 이해하지 못한 것이라고 생각하고 그냥 진도를 나아갔다.

도표를 보여주고 공란 하나는 아버지, 다른 공란은 어머니 이름을 넣기 위한 것이라고 설명했고, 영어와 스페인어로 아버지와 어머니를 뜻하는 단어들을 참고삼아 말했다.

어머니 이름부터 물어보는 편이 나았을까 하는 생각이 들었다.

"어머니는 뭐라고 부르셨습니까?" 나는 물었다.

"엄마라고 불렀는데." 돈 후앙은 순진한 어조로 대답했다.

"아니, 그게 아니라 아버지와 어머니의 이름이 있지 않습니까? 그게 뭐였습니까?" 나는 참을성 있고 정중한 목소리를 내려고 노력했다.

돈 후앙은 머리를 긁적이더니 멍청한 표정으로 나를 보았다.

"맙소사! 허를 찔렸군. 생각을 좀 해봐야겠어."

그는 잠시 주저하는가 싶더니 뭔가 기억났다는 듯한 표정을 떠올렸다. 나는 받아 쓸 준비를 했다.

"흐음." 그는 심각하게 숙고하는 듯한 어조로 말했다. "내가 어떻게 그들을 불렀느냐고? 아빠, 아빠! 엄마, 엄마! 하고 불렀지."

나도 모르게 웃어버렸다. 박눌하게 대답하는 그의 표정은 정말로 우스꽝스러웠고, 그 시점에서는 이 황당한 노인이 나를 놀리고 있는 건지, 아니면 정말로 내 질문을 이해 못할 정도로 멍청한 것인지 확신이 없었기 때문이다. 나는 인내력을 총동원해서 내 질문은 매우 진지한 것이며 내 연구를 위해서 이 도표를 채우는 것은 매우 중요한 일이라고 설명했다. 족보와 개인사의 개념을 이해시키려고 했던 것이다.

"아버지와 어머니 이름이 무엇이었습니까?" 나는 물었다.

그는 맑고 상냥한 눈으로 나를 쳐다보았다.

"그런 허튼일로 시간을 낭비하지 말게." 나직했지만 의외로 강한 말투였다.

뭐라고 대답해야 할지 알 수 없었다. 마치 전혀 딴 사람이 말한 듯한 느낌이었다. 조금 전만 해도 그는 머리를 긁적이는 아둔한 인디언이었는데, 다음 순간에는 서로의 역할이 완전히 역전되어 있었던 것이다. 아둔한 사람은 나였고, 상대방은 이제 형언할 수 없는 눈빛으로 나를 응시하고 있었다. 오만함이나 반항심, 증오, 멸시의 눈빛이 아니라, 상냥하고 맑으며 나를 꿰뚫어보는 듯한 눈빛이었다.

"내겐 개인사라는 게 전혀 없네." 잠시 후 돈 후앙은 운을 뗐다. "어느 날 내겐 개인사가 더 이상 필요하지 않다는 걸 깨달았고, 술을 끊는 것처럼 끊어버렸던 거야."

이 말이 무슨 뜻인지 나는 이해하지 못했다. 갑자기 불편하고 위협을 받은 듯한 기분이 된 나는 질문을 해도 괜찮다고 약속하지 않았느냐고 따졌다. 그는 질문해도 전혀 상관없다는 대답을 되풀이했다.

"내겐 더 이상 개인사가 없네." 돈 후앙은 내 속을 떠보는 듯한 표정으로 말했다. "더 이상 그게 필요 없다고 느낀 바로 그날에 버렸거든."

나는 이 말에 숨겨진 의미를 찾으려고 노력하며 그를 빤히 쳐다보았다.

"어떻게 자기 개인사를 버릴 수가 있단 말입니까?" 나는 논쟁적인 기분이 되어 물었다.

"우선 그걸 버리려는 욕구가 있어야 해. 그런 다음에는 조화롭게, 조금씩 그걸 끊어내야 하지."

"왜 그런 욕구가 필요하단 말입니까?" 나는 외쳤다.

나는 나 자신의 개인사에 대해 강한 애착을 가지고 있었다. 우리 일족의 뿌리는 깊었고, 그런 것이 없으면 나의 삶 자체에서 연속성이나 목적이 사라질 거라고 확신하고 있었던 것이다.

"그럼 개인사를 끊어낸다는 것이 무슨 뜻인지부터 설명해주시겠습니까."

"그냥 내버린다는 뜻이야." 그는 잘라 말했다.

나는 무슨 뜻인지 이해 못하겠다고 끈질기게 달라붙었다.

"그럼 당신을 예로 들어보죠. 당신은 야키 인디언입니다. 그 사실을 바꿀 수는 없지 않습니까."

"내가?" 돈 후앙은 미소 지으며 말했다. "자네가 그걸 어떻게 알아?"

"바로 그겁니다! 이 시점에서 저는 그런 확신을 가질 수 없지만, 당신은 그걸 알잖습니까. 중요한 건 바로 그겁니다. 개인사라는 건 본디 그런 것이고 말입니다."

나는 마침내 뚜렷하게 내 생각을 그에게 알렸다고 생각했다.

"내가 야키인지 아닌지를 내가 알고 있다고 해서 그게 개인사는 되지 않아." 돈 후앙은 대꾸했다. "누군가 다른 사람이 그 사실을 알아야 비로소 개인사가 되는 거라네. 보장할 수 있는데, 나에 대해 그런 확신을 가진 사람은 아무도 없다네."

나는 그때까지 돈 후앙이 한 말을 서투르게나마 받아 적고 있었다. 나는 쓰는 것을 멈추고 그를 쳐다보았다. 도무지 그를 이해할 수가 없었다. 나는 돈 후앙에 관해 내가 받은 인상을 머릿속에서 모두 검토해보았다. 처음 만났을 때 나를 바라보던 그의 불가해한 눈빛, 주위의 것들 모두에게서 동의를 받았다고 주장했을 때의 매력적인 느낌, 자꾸 신경이 쓰이는 그의 유머감각과 기민함, 어머니와 아버지에 대해 물어보았을 때 그가 떠올렸던 진짜로 멍청한 표정, 그리고 의외의 설득력으로 나를 아연실색케 만든 언사 따위를 말이다.

"자넨 내가 누군지 몰라. 그렇지?" 그는 마치 내 생각을 읽은 듯이 말했다. "자넨 내가 누구 또는 무엇인지를 결코 알 수 없을 거야. 왜냐하면 내겐 개인사라는 게 없거든."

돈 후앙은 내게 아버지가 있었는지를 물었다. 당연히 있었다고 하자 그는 바로 우리 아버지 같은 존재를 예로 들 작정이었다고 하면서 아버지가 나에 대해 어떻게 생각하고 있었는지를 떠올려보라고 재촉했다.

"자네 아버지는 자네에 관해 모든 걸 알고 있었어. 자네라는 존재를 완전히 파악하고 있었던 거지. 자네가 누군지, 무엇을 하는지도 알고, 세상의 그 어떤 것도 자네에 관한 그의 의견을 바꿀 수는 없었어."

돈 후앙은 나를 아는 모든 사람은 나에 관해서 어떤 관념을 갖고 있으며, 모든 것을 동원해서 그 관념을 강화하는 사람은 다름 아닌 나 자신임을 지적했다. "무슨 얘긴지 모르겠나?" 그는 극적인 어조로 말했다. "자넨 자네의 부모와 친척과 친구들에게 자네가 하는 모든 일을 털어놓음으로써 자네 자신의 개인사를 갱신해갈 필요를 느끼지. 그런 반면, 아무 개인사도 없는 사람은 아무 설명도 할 필요가 없어. 그런 사람이 어떤 행동을 하든지 그에게 화를 내거나 환멸을 느끼는 사람은 없어. 그 무엇보다도 가장 중요한 것은, 사념思念으로써 자네를 속박하는 사람이 없어진다는 점이야."

무슨 뜻인지 퍼뜩 이해가 갔다. 나 자신 거의 같은 결론에 도달할 뻔했던 적이 있지만 숙고해보지는 않은 개념이었다. 사실 개인사가 아예 없다는 것은 적어도 지적인 맥락에서는 매우 매력적인 개념이다. 그와 동시에 그런 생각은 위협적이고 불쾌한 고독감을 불러일으켰다. 나는 이런 감정에 관해서 돈 후앙과 토론해보고 싶었지만 결국 그러지는 않았다. 지금 이 상황 자체에 어딘가 지독하게 아귀가 맞지 않는 부분이 존재했다. 나 같은 대학생과는 달리 '세련된' 지적 훈련을 받지 않은 것이 명백한 늙은 인디언과 철학적인 논쟁을 벌이다니 실로 우스꽝스럽지 않은가. 나는 상대방의 족보에 관해 물으려는 나의 원래 의도가 엉뚱한 곳으로 흘러가버렸다는 느낌을 받았다.

"이 도표에 넣을 이름을 가르쳐달라고 했는데 어쩌다가 이런 얘기로 흘러갔는지 모르겠습니다." 나는 원래 주제로 되돌아가려고 시도했다.

"알고 보면 지독하게 단순한 일이야. 우리가 이런 얘기를 하게 된 건 사람의 과거에 관해 질문한다는 건 정신 나간 짓이라고 내가 말했기 때문이지."

돈 후앙의 어조는 단호했다. 도저히 그의 고집을 꺾을 수 있을 것 같지 않았기 때문에 나는 전술을 바꿨다.

"개인사를 갖지 않는다는 건 다른 야키들도 하는 일입니까?"

"내가 하는 일이야."

"어디서 그러는 법을 배웠습니까?"

"살아오면서 배웠다네."

"혹시 당신 아버지한테 배운 겁니까?"

"아니. 나 자신이 독학으로 습득했다고 해두세. 지금부터 내가 그 비밀을 자네에게 알려주겠네. 빈손으로 돌아가는 일이 없도록 말이야."

돈 후앙은 극적으로 목소리를 낮추며 속삭였다. 나는 그의 과장된 연기를 보고 웃음을 터뜨렸다. 그가 그런 방면에 놀랄 정도의 재능을 갖고 있다는 점은 인정하는 수밖에 없었다. 나는 지금 타고난 배우를 보고 있다는 생각이 뇌리를 스쳤다.

"받아 적게나." 돈 후앙은 짐짓 생색을 내는 투로 말했다. "그러지 못할 이유가 어디 있어? 자넨 뭘 쓸 때가 가장 편한 것 같기도 하고."

나는 돈 후앙을 쳐다보았다. 그는 내 눈빛에서 당혹감을 읽은 것이 틀림없다. 박장대소했기 때문이다.

"모든 개인사는 지워버리는 게 최선이야." 돈 후앙은 느리게 말했다. 내가 서투르게나마 그의 말을 모두 받아 적을 시간을 주려는 듯이. "그러면 귀찮게 나를 방해하는 타인의 사념들로부터 자유로워질 수 있거든."

나는 내 귀를 의심했고, 순간적으로 극도의 혼란을 맛보았다. 돈 후앙은 내 얼굴 표정에서 내면의 갈등을 읽었던 것이 틀림없다. 그 즉시 그것을 파고들었기 때문이다.

"자네의 경우를 예로 들어보지. 지금 자네는 내 말이 대체 무슨 소리인지도 잘 몰라. 그건 내가 나의 개인사를 완전히 지워버렸기 때문일세. 나는 나와 내 인생 주위를 안개로 감싸는 식으로 조금씩 개인사를 지워나갔다네. 그리고 지금은 내가 누군지, 내가 뭘 하는지를 확실하게 아는 사람은 아무도 없어."

"하지만 당신 입으로 자기가 누군지 안다고 하지 않았습니까?" 나는 끼어들었다.

"내가… 절대로 그렇지 않다는 점을 보장하지." 돈 후앙은 이렇게 외치고는 나의 깜짝 놀란 표정에 폭소를 터뜨리며 데굴데굴 굴렀다.

돈 후앙이 이 대답을 내놓기 전에 조금 뜸을 들였기 때문에, 나는 자신이 누군지는 당연히 안다는 대답이 돌아올 줄로 예상하고 있었다. 그러나 그는 정반대의 대답을 함으로써 완전히 나의 허를 찔렀다. 내게 그의 이런 계략은 매우 위협적으로 느껴졌고, 두려움을 불러일으키기까지 했다.

"오늘 자네에게 알려줄 작은 비밀은 바로 그거였어." 그는 나직한 목소리로 말했다. "내 개인사에 관해 아는 사람은 아무도 없다네. 내가 누군지, 뭘 하는지 아는 사람은 전무해. 나조차도 예외가 아냐."

돈 후앙은 눈을 가늘게 떴다. 나를 보고 있는 것이 아니라 내 오른쪽 어깨 너머를 바라보고 있는 듯했다. 그는 허리를 곧게 펴고 책상다리를 하고 앉아 있었지만 너무나도 편안해 보였다. 그 순간 그는 강건함의 화신처럼 보였다. 내가 소싯적에 즐겨 읽던 낭만적인 서부 개척물에 등장하는, "붉은 피부의 전사"라고 불리던 인디언 추장의 모습이 떠올랐을 정도였다. 이런 낭만적인 생각에 빠져 있던 중에 지극히 기이한 양면적인 감정이 몰려왔다. 나는 진심으로 돈 후앙을 좋아했지만, 그와 동시에 그가 죽도록 무서웠다.

돈 후앙의 기이한 응시는 한동안 계속되었다.

"나는 이 모든 것인데 어떻게 내가 누군지를 알 수 있겠나?" 그는 턱을 돌려 주위를 가리켜 보이며 말했다.

돈 후앙은 나를 흘끗 보더니 미소 지었다.

"자네는 조금씩 자네 주위를 안개로 에워싸야 하네. 그 어떤 것도 당연하게 받아들일 수 없고, 그 어떤 것도 확실하거나 현실적이지 않은 수준에 도달할 때까지 주위의 모든 것을 지워버리는 거야. 자네의 문제는 자네가 너무 현실적이라는 점이야. 자네의 노력은 너무 현실적이고, 자네가 느끼는 감정도 너무 현실에 밀착해 있어. 어떤 일이든 곧이곧대로 받아들이면 안 돼. 자넨 스스로를 지우기 시작해야 하네."

"무슨 목적으로요?" 나는 도전적인 어조로 되물었다.

그 시점에서 나는 그가 나의 행동을 통제하려고 한다는 사실을 확신했다. 지금까지 살아오면서 다른 사람에게 감 놔라 배 놔라 하는 소리를 들을 때마다 나는 인내의 한계점에 도달하곤 했다. 내 행동을 누가 지시한다는 생각을 떠올리기만 해도 방어적인 태도로 돌변할 정도였다.

"자넨 약초에 관해 배우고 싶다고 했지." 돈 후앙은 침착한 어조로 말했다. "자넨 뭔가를 공짜로 얻을 작정이야? 자넨 지금 이게 뭐라고 생각하나? 자네가 내게 질문을 하면 나는 아는 걸 가르쳐주겠다고 합의하지 않았나. 그것도 싫다면 나도 더 이상 할 말은 없네."

돈 후앙의 섬뜩할 정도의 직설적인 언사가 심기에 거슬렸지만, 나는 떨떠름한 어조로 그의 말이 옳다고 시인했다.

"그럼 이렇게 표현해보지. 자넨 약초에 관해 배우고 싶어하지. 하지만 그것들은 말로 설명할 수 있는 것이 아니니까, 자넨 우선 자네의 개인사부터 지워야 하네."

"어떻게요?"

"간단한 일부터 시작하게. 자네가 실제로 뭘 하는지를 남에게 알리지 않는 식으로 말이야. 그런 뒤에는 자네를 잘 아는 모든 사람들로부터 떨어져 나와야 하네. 그렇게 하면 자넨 자네 주위를 안개로 감쌀 수 있어."

"하지만 그건 말도 안 되는 소립니다." 나는 항의했다. "왜 사람들이 저를 알면 안 됩니까? 안다고 해서 뭐가 문제입니까?"

"문제는 사람들은 일단 자네를 안 뒤에는 자네라는 존재를 당연하게 받아들이게 되고, 바로 그 순간부터 자넨 그들의 사념의 결박에서 헤어나올 수 없게 된다는 점이야. 개인적으로 나는 남에게 전혀 알려지지 않았다는 사실로부터 비롯되는 궁극적인 자유를 선호한다네. 사람들이 자네라는 사람을 아는 것과는 달리, 그 누구도 나를 확고부동하게 알지는 못해."

"하지만 그러면 거짓말을 하는 꼴이지 않습니까."

"난 거짓이나 진실 따위에는 관심이 없네." 돈 후앙은 가열한 어조로 말했다. "거짓은 오직 자네가 개인사를 갖고 있을 때만 거짓인 거야."

나는 의도적으로 다른 사람들을 어리둥절하게 하거나 오도하는 것을 좋아하지 않는다고 반박했다. 그러자 나는 어차피 모든 사람들을 오도하고 있지 않느냐는 대답이 돌아왔다.

이 노인에게 내 인생의 아픈 곳을 찔렸다는 생각이 들었다. 나는 정색하고 방금 한 말이 무슨 뜻인지를 묻거나, 내가 항상 주위 사람들을 어리둥절하게 한다는 걸 어떻게 알았느냐고 힐문하지는 않았다. 그러는 대신 나는 그의 말에 직접적으로 반응했다. 즉, 설명을 늘어놓는 식으로 자기변호를 시도했던 것이다. 나는 내 가족과 친구들이 나를 신뢰할 수 없는 인간으로 본다는 사실을 통절하게 자각하고는 있지만, 지금까지 살아오면서 실제로는 거짓말을 한 적이 한 번도 없다고 주장했다.

"자넨 거짓말하는 데는 도가 트지 않았나. 도대체 왜 그러는지는 자네도 몰랐지만 말이야. 이젠 알고 있겠지만."

나는 항의했다.

"저를 신뢰할 수 없다고 생각하는 사람들에게 제가 얼마나 넌더리를 내고 있는지 모르시겠습니까?"

"하지만 자넨 신뢰할 수 없는 인물이 맞아." 돈 후앙은 확신에 찬 어조로 대답했다.

"빌어먹을, 난 결코 그런 사람이 아니라고요!" 나는 외쳤다.

내가 이렇게 분통을 터뜨리는 것을 본 돈 후앙은 진지해지기는커녕 미친 듯이 웃기 시작했다. 나는 이 잘난 척하는 노인이 정말로 가증스러웠다. 유감스럽게도 그의 지적은 옳았지만 말이다.

잠시 후 내가 화를 가라앉히자 그는 다시 말하기 시작했다.

"개인사가 없는 사람은 무슨 얘기를 하더라도 거짓말이 될 수가 없다네. 자네의 문제는 모든 사람에게 자네의 모든 행동을 강박적으로 설명하는 것과 동시에 자네가 하는 행동의 신선함과 참신함을 유지하려고 한다는 거야. 하지만 자기가 뭘 했는지를 모조리 설명한 뒤에는 더 이상 그런 감정을 느낄 수가 없으니까, 진도를 나아가기 위해서라도 거짓말을 늘어놓는 거지."

나는 이런 대화 내용에 엄청난 당혹감을 느끼고 있었다. 그래서 나는 돈 후앙이 한 말에 대해 개인적인 감상을 떠올리거나 그 뜻이 뭔지를 곰곰이 생각하는 대신, 대화 전체를 최대한 자세하게 기록하는 일에만 온 정신을 집중했다.

"지금부터는 다른 사람들에게 보여주고 싶은 걸 그냥 보여주라고.

단, 자네가 어떻게 그랬는지는 자세히 설명하지 말고 말이야."

"비밀을 지키는 건 무립니다!" 나는 외쳤다. "그런 행동은 제겐 아무 쓸모도 없단 말입니다."

"그럼 자네 쪽에서 변해!" 그는 잘라 말했다. 사나운 눈빛을 번득이며.

돈 후앙은 기묘한 야생동물 같은 느낌을 주었다. 그러나 그의 의견은 너무나도 사리 정연했고, 그것을 표현하는 방식 또한 탁월했다. 나의 짜증은 곧 혼란스러운 초조함으로 바뀌었다.

"알다시피 우리에겐 두 가지 선택밖에는 없네. 모든 걸 확실하고 현실적인 걸로 받아들이거나, 아니면 안 그러거나 둘 중 하나야. 처음 선택을 따른다면 우린 우리들 자신과 우리를 둘러싼 세계에 대해 지독한 따분함을 느끼기 마련이지. 하지만 두 번째를 선택해서 개인사를 지우면 자기 주위에 안개를 발생시킴으로써 정말로 흥미진진하고 불가해한 상태에 이르게 돼. 다른 사람들뿐만 아니라 본인조차도 도대체 어느 구멍에서 토끼가 뛰쳐나올지를 전혀 모르는 상태라고나 할까."

개인사를 지워버리면 단지 불안감만 증폭될 것이라고 나는 반박했다.

"그 무엇도 확실하지 않은 상태에서는 누구든 정신을 바짝 차리기 마련이라네. 단 한 순간도 긴장을 늦출 수가 없는 거지. 마치 모든 걸 아는 것처럼 행동하는 삶보다, 도대체 어느 덤불 뒤에 토끼가 숨어 있는지를 모르고 사는 삶 쪽이 훨씬 더 흥미진진하다는 생각이 안 드나?"

그런 다음 돈 후앙은 한참 동안 한 마디도 하지 않았다. 한 시간 가까이 완전한 침묵이 이어졌다. 나도 무슨 질문을 해야 할지 종잡을 수가 없었다. 그는 일어서더니, 내 차로 근처의 읍내까지 태워다 달라고 말했다.

이유는 모르겠지만 그와의 대화는 완전히 내 진을 빼놓았다. 운전 중에도 졸음이 몰려왔다. 돈 후앙은 잠깐 차를 멈추라고 하더니, 긴장을 풀고 싶거든 도로 옆에 있는 작은 언덕의 평탄한 정상까지 올라가서 머리를 동쪽에 놓고 엎드리라고 했다.

상당히 다급한 어조였다. 반론하고 싶은 생각은 나지 않았다. 입을 열기 귀찮을 정도로 지친 상태였기 때문인지도 모르겠다. 나는 그 언덕을 올라 그가 하라는 대로 했다.

나는 그런 자세로 불과 2, 3분 눈을 붙인 것만으로도 충분히 기력을 회복했다.

돈 후앙은 읍내 한복판에서 내려달라고 했다.

"다시 들르게." 그는 차에서 내리면서 말했다. "꼭 그래야 해."

3
자존심 없애기

돈 후앙을 소개해준 친구를 만나서 지난 두 차례의 방문에 관해 대화를 나눌 기회가 있었다. 내가 시간낭비를 하고 있다는 것이 친구의 견해였다. 내가 돈 후앙과 했던 대화를 빠짐없이 얘기해주자, 내가 정신 나간 노인의 언행을 과장하고 낭만적으로 미화하고 있을 뿐이라는 대답이 돌아왔다.

내게 정신 나간 노인을 낭만적으로 미화할 이유는 전혀 없었다. 내 성격에 관한 돈 후앙의 신랄한 비판은 내가 그에게 느낀 호감을 심각하게 약화시키면 시켰지 결코 증대시키지는 않았기 때문이다. 그러나 돈 후앙의 지적이 언제나 적절하고 명확했으며 정확 무쌍했다는 사실은 인정하는 수밖에 없었다.

당시 내가 빠져 있던 딜레마를 요약하자면 이렇다. 나는 돈 후앙이 현실세계에 대한 나의 선입관을 교란하는 탁월한 능력을 가졌다는 사실을 받아들이기도 힘들었지만, "그 늙은 인디언은 그냥 머리가 돈 거야"라는 내 친구의 의견에도 찬성할 수가 없었던 것이다.

그래서 결론을 내리기 전에 한 번 더 만나보기로 마음먹었다.

1960년 12월 28일 수요일

돈 후앙의 집에 도착하자마자 그는 산책을 하자며 사막의 관목림 쪽으로 나를 데려갔다. 내가 선물로 가져온 식료품이 담긴 봉투에는 눈길조차도 주지 않았다. 내가 오기를 기다리고 있었던 기색이었다.

우리는 몇 시간 동안이나 걸었다. 돈 후앙은 약초를 채집하거나 내게 보여주지는 않았지만, 그 대신 그가 '올바른 걸음걸이'라 부르는 동작을 가르쳐주었다. 가볍게 손을 오므린 채로 걸으면, 길과 주위 환경에 계속 집중할 수 있다고 그는 말했다. 그것에 반해 나의 평소 걸음걸이는 기력을 쇠하게 하는 나쁜 걸음걸이이므로 무엇이든 손에 들고 걸어다니면 안 된다고 했다. 무엇인가를 꼭 가지고 다녀야 한다면 배낭이나 그물주머니, 숄더백 따위를 쓰라는 얘기였다. 걸을 때 두 손을 특별한 위치에 두면 원기를 북돋워줄 뿐만 아니라 주의력 또한 증강된다고 그는 주장했다.

딱히 반론하기도 뭐했기 때문에 나는 그가 말한 대로 양손을 오므리고 계속 걸었다. 나의 주의력이나 체력에 무슨 변화가 온 것 같지는 않았지만 말이다.

우리는 아침에 걷기 시작했고, 정오 무렵에 멈춰서 휴식을 취했다. 땀을 흘리던 나는 수통의 물을 들이키려고 했지만 돈 후앙은 그러려는 나를 가로막으며 한 모금만 마시는 편이 낫다고 말했다. 그는 누리끼리한 관목에서 잎사귀 몇 개를 뜯어와서 씹기 시작했다. 나한테도 몇 개 주면서, 천천히 씹으면 갈증이 사라질 것이라고 장담했다. 갈증은 사라지지 않았지만, 딱히 불쾌해지지도 않았다.

돈 후앙은 내 마음을 읽은 듯 내가 '올바른 걸음걸이'로 걷거나 이 잎사귀들을 씹어도 별로 효과를 못 보는 것은 내가 젊고 강건한 데다가 몸 자체가 조금 멍청한 탓에 아무것도 느끼지 못하기 때문이라고 말했다.

돈 후앙은 웃음을 터뜨렸다. 나는 웃고 싶은 기분이 아니었지만 그는 그 사실이 한층 더 우스운 듯했다. 그는 방금 했던 말을 정정하여, 내 몸은 멍청하다기보다는 잠들어 있는 쪽에 가깝다고 말했다.

바로 그 순간 거대한 까마귀가 까악거리며 우리 머리 바로 위를 지나갔다. 나는 화들짝 놀랐고, 무안한 나머지 웃기 시작했다. 웃을 만한 상황이라고 느꼈기 때문인데, 놀랍게도 돈 후앙은 내 팔을 움켜잡고 마구 흔들며 나를 침묵하게 만들었다. 그의 얼굴에는 실로 진지한 표정이 떠올라 있었다.

"저건 농담이 아냐." 그는 엄한 어조로 말했다. 마치 사정을 다 알고 있는 듯한 말투였다.

나는 커피 기계를 가지고서도 웃었으면서 까마귀를 보고 웃는 나한테 화를 내는 건 모순임을 지적하면서 설명을 요구했다.

"방금 자네가 본 건 까마귀가 아냐!" 그는 외쳤다.

"하지만 제 눈에는 까마귀로 보였는데요."

"멍청한 친구 같으니, 자넨 아무것도 보지 않았어." 그는 퉁명스럽게 대꾸했다.

나는 돈 후앙의 이 같은 무례한 태도가 부당하다고 느꼈다. 나는 다른 사람을 화나게 하는 것을 좋아하지 않기 때문에 나와 함께 있을 기분이 아니라면 내 쪽에서 떠나겠노라고 그에게 말했다.

그러자 그는 마치 어릿광대의 재롱을 보기라도 한 것처럼 폭소했다. 내가 느끼는 짜증과 당혹감도 그의 웃음에 비례해서 늘어만 갔지만 말이다.

"자네는 매우 폭력적이야." 그는 가벼운 말투로 말했다. "스스로를 너무 심각하게 받아들이는군."

"하지만 그건 당신도 마찬가지 아닙니까?" 나는 불쑥 말했다. "나한테 화를 냈을 때 자기 자신을 너무 심각하게 받아들인 거 아닌가요?"

그러자 돈 후앙은 나한테 화를 낼 생각 따위는 추호도 없다고 말하며 날카로운 눈으로 나를 쳐다보았다.

"방금 자네가 목격한 건 이 세계로부터의 동의가 아니었네. 하늘을 날거나 까악거리는 까마귀는 결코 동의가 아냐. 그건 징조였다고!"

"무슨 징조?"

"자네에 관한 아주 중요한 지적이었어." 그는 아리송한 대답을 했다.

바로 그 순간 바람에 날린 관목의 마른 가지가 우리 발치에 떨어졌다.

"이건 동의야!" 돈 후앙은 이렇게 외치고 반짝이는 눈으로 나를 보더니 배를 잡고 웃었다.

나는 그가 나와 함께 돌아다니며 이 기묘한 게임의 규칙을 마음 내키는 대로 만들어냄으로써 나를 놀리고 있다는 느낌을 받았다. 마치 그는 웃어도 되지만 나는 웃으면 안 된다는 식으로 말이다. 나는 다시 짜증이 몰려오는 것을 느꼈고 나의 그런 생각을 털어놓았다.

돈 후앙은 전혀 짜증을 내거나 화난 기색을 보이지 않고 단지 계속 웃을 뿐이었다. 그의 웃음소리는 내 마음속에 한층 더 큰 고뇌와 좌절감을 불러일으켰다. 나는 그가 의도적으로 나를 깔아뭉개고 있다고 느꼈다. 내가 이 '현장조사'에 진저리를 내고 때려치울 결심을 한 것은 바로 이때였다.

나는 벌떡 일어서서 로스앤젤레스로 가야 하니 그의 집으로 돌아가야겠다고 말했다.

"앉게!" 돈 후앙은 엄한 어조로 말했다. "마치 짜증을 내는 할머니 같군. 아직 끝나지 않았으니까 떠나면 안 돼."

그에 대한 증오심이 몰려왔다. 어쩌면 이렇게 오만 무례할 수가 있는 걸까.

돈 후앙은 우스꽝스러운 멕시코 민요를 부르기 시작했다. 어떤 유명한 가수를 흉내 내고 있는 것이 분명했지만, 그는 어떤 구절은 길게 늘여 부르고 다른 구절은 짧게 줄여 부름으로써 노래 자체를 실로 포복절도할 물건으로 만들어놓았다. 참다 못한 내가 웃음을 터뜨렸을 정도였다.

"자넨 멍청한 노래를 듣고 이렇게 웃음을 터뜨리지. 하지만 그런 식으로 노래를 부르는 사내와 그것에 주의를 기울이는 사람들은 결코 웃는 법이 없네. 그 노래를 심각하게 받아들이거든."

"그게 무슨 뜻입니까?"

나는 돈 후앙이 이런 비유를 들고 나온 것은 의도적이라는 느낌을 받았다. 내가 까마귀를 심각하게 받아들이지 않고 웃은 것은 내가 그의 노래를 심각하게 받아들이지 않은 것과 똑같다고 지적할 생각으로 말이다. 그러나 돈 후앙은 내가 그 가수나 그의 노래를 좋아하는 사람과 마찬가지라고 말하며 나를 또 혼란에 빠뜨렸다. 제정신인 사람이라면 거들떠볼 리가 없는 허튼짓을 자랑스럽게 여기며 지독하게 진지하게 받아들이는 사람들과 나는 하등 다를 바가 없다고 말이다.

그러고는 마치 내 기억을 되살리려는 듯이 '약초 배우기'에 관해 그가 지금까지 해온 모든 말을 되풀이하기 시작했다. 그러면서 내가 정말로 배우고 싶다면 나는 내 행동의 대부분을 재구성할 필요가 있음을 강조했다.

짜증이 점점 북받쳐 올랐다. 급기야는 그의 말을 받아 적는 일조차 힘들어졌다. 그 일을 계속하기 위해서는 엄청난 노력을 기울여야 했다.

"자넨 스스로를 너무 심각하게 받아들여." 돈 후앙은 느린 어조로 말했다. "마음속에서 자기 자신을 너무나도 중요하다고 생각하는 거야. 그걸 바꿔야 해! 스스로를 너무나 높이 평가하는 나머지 모든 것에 대해 짜증을 낼 권리가 있다고 생각하고, 자기 마음대로 일이 풀리지 않으면 내던지고 떠나도 괜찮을 거라고 생각하는 거지. 자넨 그걸 자긍심이라고 여기는지도 모르겠지만, 그건 난센스야! 자넨 나약하고 건방질 뿐이라고!"

나는 반론을 전개하려고 했지만 돈 후앙은 귀를 기울일 생각이 없는 듯했다. 그는 내가 지금까지 살아오면서 뭐 하나 제대로 마무리한 일이 없는 것은 내가 나 자신에게 터무니없이 과대한 중요성을 부여해왔기 때문이라고 지적했다.

나는 돈 후앙의 확신에 찬 어조에 아연실색한 나머지 제대로 말을 잇지도 못했다. 물론 그의 지적은 모두 사실이었지만, 그 과정에서 나는 분노뿐만 아니라 불안감까지 느껴야 했다.

"자만심 또한 개인사처럼 내버려야 하는 것이라네." 돈 후앙은 극적인 어조로 말했다.

그 부분에 관해서 그와 논쟁을 벌일 생각은 추호도 없었다. 내가 지극히 불리한 상황에 몰려 있다는 점은 명백했기 때문이다. 그는 성에 찰 때까지 나를 자기 집으로 데려다줄 생각이 없었고, 나는 혼자서 그의 집을 찾아갈 수가 없었다. 결국 그의 곁에 머무는 수밖에 없었던 것이다.

돈 후앙은 갑자기 묘한 행동에 나섰다. 머리를 조금씩 율동적으로 떨며 주위의 공기 냄새를 킁킁 맡는 것처럼 보였던 것이다. 과도하다 싶을 정도로 뭔가에 집중하는 모습이었다. 그는 몸을 돌려 당혹감과 호기심이 뒤섞인 표정으로 나를 응시했고, 마치 뭔가 특별한 것을 찾는 것처럼 내 몸을 위아래로 훑어보기까지 했다. 그러더니 갑자기 일어나서 빠르게 걸어가기 시작했다. 거의 달리는 듯한 속도였다. 나는 그의 뒤를 따라갔다. 돈 후앙은 거의 한 시간 가까이 이렇게 빠른 보조를 유지했다.

마침내 그는 바위투성이의 언덕 옆에서 멈춰 섰다. 우리는 관목의 그늘에 앉았다. 뛰다시피 걸어온 탓에 나는 완전히 녹초가 되어 있었지만, 기분은 한결 나아져 있었다. 거의 들뜬 상태였다. 내가 생각하기에도 묘한 변화였다. 아까 그와 논쟁을 벌이다가 빠르게 걷기 시작했을 때만 해도 나는 화가 잔뜩 나 있었던 것이다.

"정말이지 묘하군요. 이렇게 기분이 좋아지다니."

멀리서 까마귀가 까악 하고 우는 소리가 들렸다. 돈 후앙은 오른쪽 귓가에 손가락을 갖다 대고 씩 웃었다.

"저건 징조야."

조그만 바위가 사면 아래로 굴러오더니 쾅 소리를 내며 사막 덤불에 격돌했다.

돈 후앙은 큰 소리로 웃으며 그 소리가 난 방향을 가리켰다.

"저건 동의였고."

그러고는 나 자신의 자존심에 관해 얘기할 준비가 되어 있느냐고 물었다. 나는 웃었다. 내가 얼마 전에 느꼈던 분노는 너무나도 멀게 느껴졌다. 어떻게 돈 후앙에게 그렇게 화를 낼 수 있었는지도 상상이 안 될 정도였다.

"저한테 무슨 일이 일어나고 있는지를 도무지 이해하지 못하겠습니다. 그렇게 화를 냈는데, 지금은 왜 화가 안 나는지를 말입니다."

"우리를 둘러싼 세계는 정말이지 불가사의하다네. 쉽게 비밀을 내놓으려 하지 않지."

알 수 없는 말이었지만 마음에 들었다. 매력적이고 불가해한 말이었다. 숨겨진 의미로 가득 차 있는 것인지, 아니면 순전한 헛소리에 불과한 것인지는 알 수 없었지만 말이다.

"만에 하나 이 사막으로 다시 올 일이 있다면, 오늘 멈춰 섰던 그바위 언덕 근처에는 가지 말게. 돌림병 피하듯이 피해야 해."

"왜요? 뭔가 문제라도?"

"지금은 그걸 설명할 때가 아냐. 지금은 자존심을 없애는 일에 집중해야 하네. 자네가 세상에서 가장 중요한 존재는 바로 자네라고 자네가 믿는 한 주위 세계를 제대로 이해하고 음미하는 건 불가능해. 지금 자네는 눈가리개를 단 말이나 마찬가지라네. 자네 눈에는 모든 것으로부터 떨어져 있는 자네 모습밖에는 비치지 않으니까 말이야."

돈 후앙은 잠시 나를 훑어보았다.

"여기 이 조그만 친구에게 말을 걸어보기로 하지." 그는 조그만 식물을 가리키며 말했다.

그는 무릎을 꿇고 그 풀을 어루만지며 말을 걸기 시작했다. 처음에는 뭐라고 하는지 알아들을 수가 없었지만, 곧 그는 스페인어로 그풀에게 말을 걸기 시작했다. 그는 잠시 그렇게 무의미한 말들을 중얼거리다가 일어섰다.

"식물을 향해서는 무슨 말을 해도 상관없어. 자네가 만들어낸 단어를 써도 좋아. 중요한 건 그걸 좋아한다는 감정이고, 그걸 동등한 존재로서 다루는 행위라네.”

식물을 채집하는 사람은, 그럴 때마다 그 식물을 향해 반드시 뜸 어가서 미안하다고 사과해야 하며, 언젠가는 본인의 몸을 그 음식으로 바칠 것을 약속해야 한다고 돈 후앙은 말했다.

“따라서 전체적으로 보면 식물하고 우리는 동등한 입장에 있어. 어느 쪽이 더 중요하거나 덜 중요하다고 말할 수는 없는 거지.

자, 자네도 이 조그만 식물에게 말을 걸어보게. 더 이상 스스로를 중요하게 느끼지 않는다고 고백하라고.“

식물 앞에 무릎을 꿇는 데까지는 갔지만, 도저히 말을 걸 수가 없었다. 멍청이가 된 듯한 기분으로 나는 웃음을 터뜨렸다. 그러나 화가 난 것은 아니었다.

돈 후앙은 내 등을 토닥이며 괜찮으니 걱정 말라고 했고, 적어도 나는 분통을 터뜨리지 않았음을 지적했다.

“지금부터 작은 식물들에게 말을 걸게. 모든 자존심이 사라질 때까지 말을 거는 거야. 다른 사람들 앞에서도 그럴 수 있을 정도로 익숙해질 때까지. 자, 저기 저 언덕 쪽으로 가서 혼자서 연습하게.”

입 밖에 내서 말하지 않고 마음속으로만 그러면 안 되느냐고 나는 물었다.

돈 후앙은 웃으며 내 머리를 툭 쳤다.

“안 돼! 식물의 대답을 들으려면 커다랗고 명확한 목소리로 말을 걸어야 해.”

나는 그가 지목한 곳으로 걸어가면서 그의 기이한 행동을 떠올리며 웃었다. 나는 식물들을 상대로 실제로 말을 걸어보기까지 했지만, 멍청이가 된 듯한 기분에 압도당해서 결국 그만두었다.

　적당한 시간이 흘렀다고 판단하고 나는 돈 후앙이 있는 곳으로 돌아갔다. 내가 식물들과 얘기를 나누지 않았다는 사실을 그가 알고 있음을 나는 확신하고 있었다.

　돈 후앙은 나를 쳐다보지 않고 곁에 앉으라고 시늉했다.

　"잘 보고 있게. 지금부터 이 조그만 친구와 말을 나눌 거야."

　돈 후앙은 조그만 식물 앞에서 무릎을 꿇더니 몇 분 동안이나 몸을 움직이고 뒤틀며 말을 걸고, 웃었다.

　나는 그가 마침내 미쳐버렸다고 생각했다.

　"이 조그만 식물은 자기가 맛있다고 내게 말했네." 그는 무릎을 펴고 일어서며 말했다. "한 줌쯤 뜯어먹으면 건강에 좋다는군. 저기 저쪽에 동료들이 한꺼번에 피어 있는 장소가 있다는 얘기도 했어."

　돈 후앙은 2백 미터쯤 떨어진 언덕 중턱을 가리켰다.

　"가서 확인해보자고."

　나는 그의 과장되고 연극적인 행동을 웃어넘겼다. 어차피 그는 이곳의 지형을 숙지하고 있고, 또 어디로 가면 식용식물이나 약초가 있는지를 잘 알고 있으므로 그런 군락지를 찾을 수 있을 것이 뻔했기 때문이다.

　문제의 장소를 향해 걸어가면서 그는 문득 생각났다는 듯이 그 식물은 식용도 되고 약초도 되니까 잘 기억해두라고 말했다.

나는 반쯤 농담하는 듯한 어조로 방금 그 식물한테서 그런 애기를 들었느냐고 되물었다. 돈 후앙은 발을 멈추고 믿기 힘들다는 듯한 표정으로 나를 훑어보더니 고개를 절레절레 흔들었다.

"아!" 그는 웃음을 터뜨렸다. "자네가 똑똑한 체하려다가 방금 얼마나 웃기는 소리를 했는지 아나. 내가 옛날부터 줄곧 알고 있던 일인데 왜 그런 애길 굳이 그런 조그만 식물한테서 또 들어야 한다는 거지?"

그 식물의 다양한 성질에 관해서는 오래전부터 잘 알고 있었으며, 아까 대화를 나눈 그 작은 식물은 문제의 지역에 같은 식물들이 군락을 이루고 있으며, 그 사실을 내게 가르쳐줘도 괜찮다고 했을 뿐이라고 돈 후앙은 설명했다.

언덕 중턱에 도달하자 같은 식물이 한꺼번에 피어 있는 곳과 마주쳤다. 웃음이 솟구쳤지만 돈 후앙은 그 식물들에게 고맙다는 말을 해야 한다며 나를 제지했다. 나는 나 자신의 행동을 강렬하게 의식했다. 도저히 그럴 수가 없었다.

돈 후앙은 자애롭게 웃으면서 또 내게 불가사의한 말을 건넸다. 그 뜻을 음미해보라는 듯이, 그는 서너 번 같은 말을 되풀이했다.

"우리 주위의 세계는 수수께끼라네. 그리고 인간은 그 밖의 것들보다 더 나은 존재가 아냐. 조그만 식물이 친절을 베풀었을 때는 응당 감사하는 게 도리야. 안 그런다면 우릴 안 놓아줄지도 모르고."

이런 말을 하며 나를 바라보는 돈 후앙의 눈초리는 나를 오싹하게 만들었다. 나는 황급히 식물들 앞에 허리를 굽히고 큰 소리로 "고맙습니다"라고 말했다.

돈 후앙은 경련하듯이 짧고 나직한 웃음을 터뜨렸다.

돈 후앙은 한 시간을 더 걷고 나서야 집을 향해 돌아가기 시작했다. 그러다가 내가 뒤처지면 돈 후앙은 멈춰 서서 기다려주곤 했다. 그는 내가 손가락을 구부리고 있는지를 확인했다. 구부리지 않은 상태였다. 그러자 돈 후앙은 언제든 그와 함께 걸을 때는 그의 행동을 관찰하고 흉내 내든지, 아니면 아예 따라오지 말라고 엄하게 말했다.

"애를 기다려주는 것처럼 마냥 자네를 기다려줄 수는 없어." 마치 야단치는 듯한 어조였다.

그의 말은 나를 엄청 당혹스럽게 만들었다. 이렇게 나이를 먹은 노인이 어떻게 나보다 훨씬 더 빨리 걸을 수 있단 말인가? 나는 탄탄하고 강인한 육체를 가지고 있다고 자부했지만, 노인인 돈 후앙의 발걸음조차도 못 따라잡아서 기다려달라고 해야 한다는 사실이 한심했다.

그런데 양손의 손가락을 느슨하게 구부리자 묘하게도 전혀 힘들이지 않고 돈 후앙의 엄청난 속보를 따라잡을 수 있었다. 이따금 손이 나를 앞으로 잡아당기는 듯한 느낌을 받았을 정도였다.

나는 고양감을 느꼈다. 이 괴팍한 늙은 인디언과 하릴없이 걸어간다는 행위가 즐거웠다. 나는 입을 열고 페요테를 구경시켜달라고 거듭 졸랐다. 돈 후앙은 나를 쳐다보았지만 아무 말도 하지 않았다.

4
죽음은 조언자다

"언제가 되면 페요테에 관해서 가르쳐주시겠습니까?" 나는 물었다.

돈 후앙은 대답하지 않았고, 예전에 그랬던 것처럼 마치 미친 사람을 보는 듯한 눈으로 나를 보았다.

나는 잡담을 나누다가도 이미 몇 번이나 같은 얘기를 꺼냈고, 그때마다 그는 이맛살을 찌푸리고 고개를 저었다. 이것은 부정이나 긍정이라기보다는 체념과 불신을 나타내는 몸짓이었다.

돈 후앙은 벌떡 일어섰다. 우리는 집 앞의 흙마루에 함께 앉아 있던 참이었다. 그는 거의 눈에 띄지 않을 정도로 고개를 까닥하며 따라오라는 시늉을 했다.

우리는 사막 남쪽에 있는 관목림으로 갔다. 걸어가면서 그는 내가 자존심과 개인사가 쓸모없다는 사실을 자각해야 한다고 되풀이해서 말했다.

"자네 친구들 말인데." 그는 느닷없이 나를 향해 몸을 돌리며 말했다. "자넨 오랫동안 알고 지내던 친구들과 빨리 인연을 끊어야 하네."

그런 정신 나간 제안을 자꾸 하는 것 자체가 바보 같다고 생각했지만 나는 아무 말도 하지 않았다. 그는 나를 빤히 바라보더니 웃기 시작했다.

한참을 그렇게 걸어가다가 멈춰 섰다. 내가 앉아서 쉬려고 하자 그는 20미터쯤 떨어진 곳으로 가서 식물 군락을 향해 뚜렷하고 커다란 목소리로 말을 걸라고 지시했다. 나는 불편하고 불안한 기분에 사로잡혔다. 그의 괴상한 요구는 도저히 받아들이기 힘든 것이었다. 너무나 바보가 된 듯한 기분이 들기 때문에 식물에게 말을 거는 짓 따위는 도저히 못하겠다고 나는 거듭 말했다. 그러자 돈 후앙은 자존심이 정말 엄청나다고만 짤막하게 대꾸했다. 그는 갑자기 어떤 결정을 내린 듯한 기색으로, 편하고 자연스럽게 그럴 수 있기 전에는 식물에게 말을 걸지 않아도 된다고 말했다.

"약초에 관해 배우고 싶다면서 아무런 노력도 하지 않으려 드는군." 그는 힐난하듯이 말했다. "도대체 뭘 하려는 건가?"

나는 그저 이런저런 약초의 사용법에 관한 진짜 정보를 얻고 싶을 뿐이고, 그래서 나의 정보제공자가 되어달라고 부탁하지 않았느냐고 말했다. 거기에 드는 시간과 노력을 벌충하기 위해서 사례금을 주겠다는 얘기까지 하지 않았느냐고 말이다.

"돈을 받으시지 그러십니까. 그러면 우리 두 사람 모두가 편해질 텐데요. 제가 당신을 고용하고 그 대가를 지불하면 저도 뭐든 당신에게 물어볼 수 있고요. 자, 어떻게 생각하십니까?"

돈 후앙은 경멸하듯이 나를 쳐다보며 입으로 무례한 소리를 냈다. 세게 숨을 내쉬면서 아랫입술과 혀를 진동시키면 나오는 소리였다.

"이게 내 대답일세." 그는 이렇게 말하고 내게 필시 떠올랐을 것이 틀림없는 경악의 표정을 보고 미친 듯이 웃었다.

쉽게 이겨낼 수 있는 사내가 아니라는 점은 명백했다. 고령임에도 불구하고 돈 후앙은 정력적인 데다가 믿기 힘들 정도로 힘이 셌다. 워낙 나이가 많으니 내게는 완벽한 '정보제공자'가 되어줄 거라고 생각했던 것은 오산이었다. 노인들이 가장 좋은 정보제공자가 될 수 있는 것은, 워낙 노쇠하면 나불거리는 것밖에는 할 일이 없기 때문이라는 선입견을 나는 가지고 있었다. 그런 생각과는 반대로, 돈 후앙은 연구대상으로서는 최악의 인물이었다. 다루기 힘들고 위험하다는 느낌까지 들었다. 그를 내게 소개해준 친구의 말이 옳았다. 돈 후앙은 괴짜 인디언 노인에 불과했다. 내 친구의 주장처럼 언제나 노망이 든 것처럼 행동하지는 않았지만, 그보다 더 안 좋았다. 아무래도 제정신이 아닌 것 같았기 때문이다. 또다시 지난번에 경험했던 지독한 의혹과 불안감이 몰려왔다. 그런 감정은 이미 극복했다고 생각했는데도 말이다. 사실 다시 이렇게 그를 찾아오기로 마음먹는 것은 전혀 어렵지 않았다. 그러나 그런 그와 함께 있고 싶어하는 나도 좀 제정신이라고는 할 수 없지 않나 하는 의구심이 생겨났다. 나의 자존심이 장애물이라고 하는 그의 주장에 내심 큰 감명을 받은 듯했다. 그러나 그런 생각은 단지 머릿속의 정당화에 불과했다. 돈 후앙의 묘한 행동과 마주칠 때마다 나는 불안한 마음에 당장 그 자리를 떠나고 싶어졌기 때문이다.

나는 우리가 서로 너무나도 다르기 때문에 가까워지는 것 자체가 불가능한 것 같다고 실토했다.

"우리 둘 중 하나는 변해야 하네." 돈 후앙은 지면을 내려다보며 말했다. "그게 누군지는 자네도 잘 알겠지만."

그는 멕시코 민요를 흥얼거리는가 싶더니 갑자기 고개를 들고 나를 바라보았다. 사납게 이글거리는 듯한 눈이었다. 나는 고개를 돌리거나 눈을 감고 싶었지만, 그의 눈에서 시선을 뗄 수가 없다는 사실을 깨닫고 대경실색했다.

돈 후앙은 방금 자기 눈에서 무엇을 보았는지 얘기해보라고 내게 말했다. 나는 아무것도 못 봤다고 대답했지만, 그는 자신의 눈빛으로 인해 무엇을 자각했는지를 실토해보라고 고집을 부렸다. 돈 후앙의 눈으로 인해 내가 자각한 것은 나 자신의 당혹스러운 기분뿐이며, 그가 나를 바라보는 방식이 매우 불편하게 느껴진다는 사실을 그가 알게 하기 위해 나는 악전고투를 해야 했다.

돈 후앙은 내 시선을 놓아주지 않고 꾸준히 응시를 계속했다. 대놓고 위협적이거나 심술궂다기보다는, 기이하고 불편한 시선에 가까웠다.

돈 후앙은 자기를 보니 새가 생각나느냐고 내게 물었다.

"새요?" 나는 놀라 되물었다.

그는 어린애처럼 킥킥거리더니 내게서 시선을 돌렸다.

"그래." 나직한 목소리였다. "새야, 아주 괴상한 새지!"

그는 다시 나와 시선을 마주치면서 기억해내라고 명령했다. 내가 아까 목격한 그의 눈빛을 예전에도 본 적이 있다는 사실을 자기는 '알고' 있다며, 믿기 힘들 정도의 확신을 담아 단언하는 것이었다.

그때 내게 떠오른 생각은 눈앞의 노인이 입을 열 때마다 나의 진실한 욕구와는 정반대되는 방향으로 나를 도발하고 있다는 것이었다. 나는 명백하게 반항적인 눈초리로 그의 시선을 맞받아쳤다. 그러자 그는 화를 내는 대신 웃기 시작했고 마치 야생마에라도 올라탄 것처럼 자기 허벅지를 철썩 치며 고함을 질렀다. 그런 다음 다시 진지한 얼굴이 되어, 내가 싸우기를 멈추고 그가 언급한 괴상한 새의 기억을 떠올리는 것은 정말로 중요한 일이라고 말했다.

"내 눈을 들여다보게."

놀랄 정도로 강렬한 눈빛이었다. 실제로 뭔가 생각나게 하는 듯한 부분이 있었지만 그게 뭔지 딱히 꼬집어 말하기가 힘들었다. 잠시 생각해보던 중에 나는 갑자기 깨달았다. 그의 눈이나 머리통의 모양이 아니라, 그의 시선에 깃든 차가운 사나움이 매의 눈초리를 생각나게 한다는 사실을 말이다. 바로 그 사실을 깨달은 순간 그는 고개를 비스듬하게 돌리고 나를 보고 있었고, 그 즉시 나의 마음은 완전한 혼돈 속으로 빠져 들어갔다. 한순간 돈 후앙의 얼굴 대신 매의 얼굴을 본 듯한 생각이 들었던 것이다. 눈 깜짝할 새에 지나간 데다가 워낙 동요하고 있었던 탓에 주의를 기울일 여유까지는 없었지만 말이다.

나는 흥분된 어조로 방금 그의 얼굴에서 맹세코 매의 얼굴을 보았다고 말했다. 돈 후앙은 또다시 웃음의 발작에 사로잡혔다.

나는 매들의 바로 그런 눈초리를 본 적이 있었다. 어릴 적에 매를 사냥하면서 말이다. 우리 할아버지의 소견으로는 내가 하는 일은 좋은 일이었다. 그는 레그혼 종種의 양계장을 가지고 있었고 매들의 존재는 그런 그의 생업에 위협으로 작용했기 때문이다. 따라서 그것들을 총으로 쏘아 잡는 것은 필요할 뿐만 아니라 '옳은' 일이었다. 지금 이 순간까지도 나는 내가 잡은 매들의 이글거리는 눈초리가 몇 년 동안이나 뇌리에서 떠나지 않았다는 사실을 까맣게 잊고 있었다. 그토록 오래된 과거의 기억은 이미 모두 잊었을 것으로 지레짐작하고 있었던 것이다.

"저는 매를 사냥한 적이 있습니다."

"나도 알아." 돈 후앙은 무덤덤하게 말했다.

이렇게 말한 돈 후앙의 목소리가 너무나도 확신에 차 있었기 때문에 나는 웃기 시작했다. 정말이지 황당무계한 인물이라는 생각이 들었다. 내가 매를 사냥했다는 사실을 정말로 알고 있다니, 어떻게 이렇게까지 뻔뻔스러울 수 있는 것일까. 나는 그에 대한 경멸의 감정이 솟구치는 것을 자각했다.

"왜 그렇게 화를 내나?" 돈 후앙이 정말로 걱정스럽다는 말투로 물었다.

나도 이유를 알 수 없었다. 돈 후앙은 지극히 묘한 방법으로 나를 탐색하기 시작했다. 나에게 다시 그를 바라보면서, 아까 그를 보고 떠올렸던 '정말로 괴상한 새'에 관해 얘기해보라고 재촉했던 것이다. 나는 그런 그의 지시에 반발하여 경멸 섞인 어조로, 그에게 얘기할 것은 아무것도 없다고 내뱉었다. 그러나 묻지 않을 수가 없었다. 도대체 그는 무슨 이유로 내가 매 사냥을 했던 걸 안다고 말했는지를 말이다. 그러자 돈 후앙은 그에 대한 대답 대신 나의 행동을 꼬집어, 내가 눈 깜짝할 새에 '입에 거품을 물 정도로' 격노하는 능력이 있는 실로 폭력적인 친구라고 빈정댈 뿐이었다. 하지만 나는 언제나 나 자신을 붙임성이 있고 느긋한 성격의 소유자로 간주하고 있었다. 나는 느닷없는 말과 행동으로 자제력을 잃게 만든 건 그의 책임이라고 반박했다.

"왜 화를 내는 건데?" 돈 후앙이 물었다.

나는 내 마음속의 감정과 반응을 살펴보았다. 사실 돈 후앙에게 화를 낼 이유는 아무것도 없었다.

그러자 그는 자기 눈을 들여다보면서 '기이한 매'에 관해 얘기해 보라고 다시 재촉했다. 나는 그가 이번에는 '정말로 괴상한 새' 대신 '기이한 매'라는 표현을 썼다는 사실을 깨달았다. 이런 표현의 변화는 나 자신의 기분변화를 요약한 것이라고 해도 무방하다. 갑자기 슬퍼졌기 때문이다.

돈 후앙은 실눈을 뜨더니 지나칠 정도로 극적인 목소리로, 자신은 지금 아주 기이한 매를 '보고' 있다고 말했다. 그러고는 정말로 눈앞의 매를 보고 있는 것처럼 같은 말을 세 번 되풀이했다.

"기억나지 않아?" 그가 물었다.

그런 기억은 전혀 없었다.

"그 매의 어디가 그렇게 기이하단 말입니까?"

"그건 자네가 잘 알지 않나."

나는 그가 무슨 얘기를 하고 있는지를 도무지 알 수 없어서 대답을 해주고 싶어도 못하겠다고 대답했다.

"나하고 싸우려 들지 마! 내가 아니라 자네 자신의 게으름과 싸우면서, 기억을 떠올려보라고."

도대체 돈 후앙이 무슨 소리를 하고 있는지를 이해해보려고 나는 머리를 쥐어짰다. 그가 제안한 대로 기억을 떠올려보려는 생각은 전혀 하지 못했다.

"자네는 예전에 많은 새를 보았던 적이 있어." 돈 후앙은 마치 내게 실마리를 주려는 듯이 말했다.

어렸을 적에 농장에 살면서 몇백 마리나 되는 새를 사냥한 적은 있다고 나는 대답했다.

그게 사실이라면 내가 사냥한 모든 괴상한 새들을 기억하는 데는 아무 문제도 없지 않느냐는 대답이 돌아왔다.

돈 후앙은 묻는 듯한 눈으로 나를 쳐다보았다. 마치 방금 내게 마지막 단서를 주었다는 듯이.

"수도 없이 많은 새를 사냥했기 때문에 일일이 기억이 나지 않습니다."

"그 새는 특별했어." 그는 거의 속삭이듯이 말했다. "그 새는 매였거든."

나는 도대체 돈 후앙이 무슨 얘기를 하려는 것인지를 알고 싶은 욕구에 다시 사로잡혔다. 나를 놀리려는 것일까? 아니면 진지한 얘기를 하고 있는 것일까? 긴 침묵이 흐른 뒤에 그는 기억해보라고 나를 거듭 독촉했다. 나는 상대의 이런 연극을 억지로 중지시키는 것은 무리라는 결론을 내렸다. 결국은 그의 비위를 맞춰주는 수밖에 없다.

"제가 사냥한 매를 얘기하시는 겁니까?" 나는 물었다.

"응." 그는 눈을 감은 채로 속삭였다.

"그럼 그 일은 제가 어렸을 적에 일어난 걸까요?"

"그래."

"하지만 지금 눈앞에 매가 보인다고 하시지 않았습니까."

"보여."

"도대체 저한테 뭘 하시려는 겁니까?"

"자네가 기억할 수 있도록 하려는 거야."

"뭐라고요? 하느님 맙소사!"

"햇살처럼 민첩한 매." 그는 내 눈을 들여다보며 말했다. 나는 심장이 멈추는 듯한 느낌을 받았다.

"자, 이제 나를 봐." 돈 후앙이 말했다.

그러나 나는 그러지 않았다. 그의 목소리는 마치 먼 곳에서 들려오는 듯했다. 엄청난 기억 하나가 나를 완전히 사로잡았기 때문이다. 하얀 매!

그 모든 일은 레그혼 병아리들의 수를 세던 할아버지가 분통을 터뜨린 데서부터 시작됐다. 병아리 수가 묘하게도 꾸준하게 줄어들고 있었기 때문이다. 할아버지는 닭장 건물을 자세히 지켜보겠다고 선언하고 몸소 실행에 옮겼다. 며칠 동안을 그렇게 지켜보다가 마침내 그는 발톱에 레그혼 영계를 움켜잡은 커다란 흰 새가 날아가는 광경을 목격했다. 그 새는 무척 빨랐다. 어디서 어느 각도로 날아오면 되는지를 안다는 점도 명백했다. 그 새는 나무 뒤쪽에서 급강하해서 영계를 움켜잡더니 두 나뭇가지 사이의 빈 공간을 누비며 날아가 버렸던 것이다. 너무나도 순식간에 일어난 일이었기 때문에 할아버지는 제대로 보지도 못했지만 나는 똑똑히 보았고, 그것이 매가 틀림없다는 사실을 확인했다. 할아버지는 내 말이 맞다면 그 매는 백색종白色種일 거라고 말했다.

우리는 이 백색종의 매와 전쟁을 시작했다. 두 번씩이나 총으로 쏘기까지 했다. 매는 한 번은 먹잇감을 떨어뜨리기까지 했지만, 결국 도망쳤다. 총으로 쏘아 잡기에는 너무나도 빨랐다. 머리도 아주 좋아서, 그 매는 할아버지의 양계장으로 다시는 사냥을 하러 오지 않았다.

할아버지가 그놈을 잡으라고 자꾸 채근하지만 않았다면 나도 그냥 잊고 내버려두었을 것이다. 결국 나는 두 달 동안이나 내가 살던 계곡 전체를 돌아다니며 백색종의 매를 추적했다. 나는 매의 습관을 연구했고, 그것이 어떤 경로로 날아갈지를 거의 직감으로 알 수 있는 단계에 이르렀다. 그러나 워낙 속도가 빠른 데다 느닷없이 출현하는 통에 나는 번번이 허를 찔렸다. 아마 마주칠 때마다 그 매가 먹잇감을 낚아채지 못하도록 방해할 수 있었다는 점을 자랑할 수는 있겠지만, 끝끝내 잡지는 못했다.

두 달 동안이나 이 하얀 매와의 전쟁을 벌이다가 딱 한 번 그것을 잡기 직전까지 간 적이 있었다. 그날은 하루종일 매를 쫓아다닌 탓에 무척 지친 상태였다. 나는 커다란 유칼립투스 나무 그늘에 쉬려고 앉았다가 이내 잠들었다. 그러다가 매가 발하는 날카로운 소리를 듣고 깨어났다. 나는 꼼짝하지 않고 눈만 떴고, 내가 있는 유칼립투스 나무의 가장 높은 나뭇가지에 희끄무레한 새가 앉아 있는 것을 보았다. 백색종의 매였다. 추적이 끝난 것이다. 현 위치에서 그것을 쏘아 잡는 것은 쉽지 않았다. 나는 누워 있었고, 매는 내게 등을 돌리고 있었다. 그러던 중 느닷없이 돌풍이 불어왔다. 나는 바람소리가 잦아들기 전에 슬그머니 나의 롱라이플 22구경 소총을 들어올려 매를 겨냥했다. 또 놓치는 일이 없도록 매가 나를 마주 보든가, 아니면 날기 시작할 때까지 기다릴 작정이었다. 그러나 하얀 매는 여전히 미동도 하지 않았다. 좀더 나은 위치에서 총을 쏘려면 사격위치를 바꿔야 했지만, 매는 워낙 날랬기 때문에 내가 그러는 즉시 날아가 버릴 것이다. 결국 기다리는 것이 최선이었다. 그래서 나는 하릴없이 오랜 시간을 기다렸다. 너무 오래 기다린 탓인지, 아니면 매와 내가 와 있는 장소가 워낙 적막했던 탓인지는 모르겠지만, 나는 갑자기 등골을 타고 올라오는 오싹한 한기를 느꼈다. 다음 순간 나는 그때까지 단 한 번도 하지 않았던 행동을 했다. 그냥 일어서서 그 자리를 떠났던 것이다. 고개를 돌려 매가 날아갔는지 확인조차 하지 않았다.

내가 이 하얀 매와의 마지막 해후를 딱히 중요시한 적은 한 번도 없었다. 그러나 내가 그것을 쏘지 않았다는 지극히 기이한 사실은 남아 있었다. 이미 몇십 마리의 매를 쏘아 잡은 전력이 있는 내가 말이다. 내가 자란 농장에서는 새를 쏘거나 그 밖의 다른 종류의 동물을 사냥하는 것은 지극히 일상적인 일이었다.

돈 후앙은 하얀 매에 관한 나의 이야기에 주의 깊게 귀를 기울였다.

"어떻게 그 하얀 매에 관해 아셨습니까?" 나는 이야기를 마치고 물었다.

"봤거든."

"어디서요?"

"자네 바로 앞에서."

더 이상 그를 반박할 마음은 사라져 있었다.

"그런 것들은 도대체 뭘 의미합니까?"

돈 후앙은 내게 그 하얀 새는 징조와도 같은 것이었고, 그것을 쏘아 잡지 않은 것은 실로 올바른 행동이었다고 말했다.

"자네의 죽음이 이른 경고를 보낸 거야." 그는 의미심장한 어조로 말했다. "죽음이 다가올 때는 언제나 오싹하는 한기를 느끼는 법이지."

"도대체 무슨 얘기를 하시는 겁니까?" 나는 불안한 어조로 되물었다.

대답 대신 돌아온 그의 나직한 웃음소리는 나를 한층 더 불안하게 만들었다.

"자넨 새에 관해 많은 걸 알아. 너무 많은 새들을 죽였으니까 말이야. 어떻게 기다리는지도 알지. 몇 시간이나 참을성 있게 기다려봤으니. 난 그걸 알아. 다 보이거든."

이 말을 듣고 나는 크나큰 내적 동요를 겪었다. 가장 짜증스러운 부분은 돈 후앙의 확신에 찬 태도였다. 나도 잘 모르는 나 자신의 인생 문제에 대해 확신하는 그의 교조적인 태도를 도저히 참기가 힘들었던 것이다. 나는 의기소침해진 나머지 돈 후앙이 허리를 굽히고 내 귓가에 대고 뭐라고 속삭일 때까지도 그가 다가온 것을 모르고 있었다. 내가 잘 알아듣지 못하자 그는 아무렇지도 않은 듯이 몸을 돌려 왼쪽에 있는 바위를 보라는 지시를 되풀이했다. 그는 바로 그곳에서 내 죽음이 나를 응시하고 있으며, 그가 보내는 신호에 맞춰 고개를 돌린다면 나도 그것을 볼 수 있을지 모른다고 말했다.

그는 눈빛으로 내게 신호를 보냈다. 나는 고개를 돌렸다. 문제의 바위 너머에서 뭔가 흘끗 움직이는 것을 본 것 같았다. 온몸이 오싹했고, 나도 모르게 배의 근육이 수축하면서 급격한 경련이 찾아왔다. 잠시 후 나는 정신을 차리고 내가 목격한 번득이는 그림자 같은 것은 너무 빨리 고개를 돌린 탓에 생겨난 착시 현상이라고 설명했다.

"죽음은 영원한 동반자라네." 돈 후앙은 지극히 진지한 표정으로 말했다. "죽음은 언제나 우리 왼쪽으로 팔을 뻗으면 닿는 곳에 있네. 자네가 하얀 매를 바라보고 있을 때 죽음도 자네를 바라보고 있었어. 죽음은 자네 귀에 대고 속삭였고, 그때 자넨 방금 자네가 느낀 것과 같은 오싹한 한기를 느꼈어. 죽음은 언제나 자네를 감시하고 있고, 자네 어깨를 툭 칠 때까지 언제나 그렇게 감시하고 있을 거야."

돈 후앙은 팔을 뻗어 내 어깨 위에 가볍게 갖다 대는 동시에 혀로 낮게 똑딱거리는 소리를 냈다. 이것은 내게 괴멸적인 효력을 끼쳤다. 나는 거의 토하기 직전까지 갔다.

"소싯적에 자네는 사냥감을 추적해서 참을성 있게 기다렸어. 죽음이 기다리는 것처럼. 자넨 죽음이 우리 왼쪽에 있다는 걸 알아. 자네가 그 하얀 매의 왼쪽에 있었던 것처럼."

그의 말은 내게 기이한 영향을 끼쳤고, 상황과는 걸맞지 않은 공포의 나락으로 나를 밀어넣었다. 나의 유일한 방어책은 그가 한 모든 말을 받아 적어야 한다는 강박감뿐이었다.

"죽음이 그런 식으로 우리를 쫓아온다는 사실을 알면서도 어떻게 그렇게 큰 자존심을 붙들고 있단 말인가?"

돈 후앙은 대답이 돌아올 것을 실제로는 기대하지 않는 기색이었다. 어차피 나도 아무 할 말이 없었다. 나는 기분이 변하는 것을 자각했다.

"다급할 때는 왼쪽으로 고개를 돌려 죽음의 조언을 구해야 하네. 그때 죽음이 어떤 몸짓을 해준다면 엄청난 양의 옹졸함을 내다버릴 수 있어. 죽음을 흘끗 보거나, 동반자가 곁에서 바라보고 있다는 느낌을 받았을 때도 마찬가지야."

돈 후앙은 다시 허리를 굽히더니 내 귓가에 대고 속삭였다. 그의 신호에 맞춰 왼쪽으로 갑자기 고개를 돌린다면 바위 위에 있는 내 죽음을 다시 볼 수 있을 것이라고 말이다.

그는 눈으로 거의 알아보지 못할 정도의 미세한 신호를 내게 보냈지만, 나는 차마 고개를 돌려 그쪽을 바라볼 수 없었다.

나는 그가 한 말을 다 믿겠으니 더 이상 압박하지 말아달라고 간청했다. 너무나도 두려웠기 때문이다. 그러자 돈 후앙은 또 배를 잡고 웃기 시작했다.

돈 후앙은 죽음이라는 문제에 관해서는 아무리 압박받아도 지나치지 않다고 지적했다. 나는 죽음에 관해 생각하는 것은 불안감과 두려움을 불러올 뿐이기 때문에 내겐 무의미하다고 반박했다.

"정말이지 별의별 헛소리를 다 듣는군! 죽음은 우리가 가질 수 있는 단 하나의 현명한 조언자야. 자네가 평소에 그러듯이 모든 게 엉망이 되어서 끝장이라는 생각이 들 때는 자네의 죽음 쪽으로 고개를 돌려 그게 사실인지 물어보게. 그럼 자네의 죽음은 그 생각이 틀렸다고 할 거야. 죽음의 접촉 밖에 있는 것은 전혀 중요하지 않다고 말이야. 자네의 죽음은 이렇게 대답할 걸세. '난 네게 아직 손을 대지 않았어'라고 말이야."

돈 후앙은 고개를 흔들었다. 내가 대답하기를 기다리는 기색이었지만 나는 할 말이 없었다. 나의 사념은 폭주하고 있었다. 그가 나의 자기중심벽自己中心癖에 통렬한 일격을 가한 탓이었다. 나 자신의 죽음이 개입된 싸움에서 옹졸하게도 돈 후앙에게 짜증을 느끼다니 쥐구멍에라도 들어가고 싶은 심정이었다.

돈 후앙은 나의 이런 기분 변화를 완전히 간파하고 있다는 생각이 들었다. 그에게 유리하도록 형세를 일변시켰다고나 할까. 그는 미소를 띠고 멕시코 노래를 흥얼거리기 시작했다.

한참 침묵하다가 그는 나직하게 말했다. "여기 있는 우리 두 사람 중 하나는 변해야 해. 그것도 빨리. 우리 중 한 사람은 죽음이 사냥꾼이고, 그것이 언제나 왼쪽에서 대기하고 있다는 사실을 다시 터득해야 하네. 우리 중 한 사람은 죽음에게 충고해줄 것을 간청하고, 마치 자기한테는 절대로 죽음의 손이 닿지 않을 거라는 식으로 살아가는 인간들 특유의 그 한심한 옹졸함을 내버려야 하네."

우리는 한 시간 이상을 침묵하다가 다시 일어나서 걷기 시작했다. 사막 덤불 사이를 몇 시간은 누볐던 것 같다. 이런 산책에 무슨 목적이 있는지를 나는 굳이 묻지 않았다. 신경이 쓰이지 않았기 때문이다. 어떻게 그랬는지는 모르지만 돈 후앙은 나의 내면에 있던 오래된 감정을, 이미 잊었다고 생각했던 감정을 불러일으켰다. 딱히 무슨 합리적인 이유도 없이 그냥 주위를 돌아다니는 행위의 순수한 기쁨을.

내가 흘끗 보았던 바위 위의 존재가 무엇이든 간에, 돈 후앙의 도움을 받아서라도 다시 보고 싶어졌다.

"다시 그 그림자를 보게 해주십시오."

"자네의 죽음을 보고 싶다, 이건가?" 그는 약간 비꼬는 듯한 어조로 되물었다.

한순간 나는 그 이름을 입 밖에 내기를 망설였다.

"예." 이윽고 나는 말했다. "제 죽음을 다시 볼 수 있게 해주십쇼."

"지금은 안 돼. 지금 자넨 너무 견고하거든."

"뭐라고요?"

돈 후앙은 웃기 시작했다. 이유는 모르겠지만 그의 웃음소리는 더이상 기분 나쁘고 능글맞게 들리지 않았다. 웃음소리의 고저나 크기나 느낌 자체가 달라진 것은 아니었다. 바뀐 것은 내 기분이었다. 임박한 죽음을 생각하니 과거의 두려움이나 짜증은 난센스로밖에는 느껴지지 않았다.

"그럼 식물에게 말을 걸게 해주십쇼."

돈 후앙은 폭소했다.

"자넨 이제 너무 상태가 좋아졌어." 그는 웃음을 참지 못하며 말했다. "한 극단에서 다른 극단으로 순식간에 이동한 것 같군. 좀 가만있게. 비밀을 알아내고 싶지 않은 이상 일부러 식물들에게 말을 걸 필요는 없고, 식물들에게 말을 걸려면 불굴의 의지가 필요하니까 말이야. 그러니까 그런 기특한 생각은 일단 접어둬. 자네의 죽음을 다시 볼 필요도 없네. 자네 주위에서 그 존재를 느끼는 것만으로도 충분해."

5
책임지기

1961년 4월 11일 화요일

나는 4월 9일 일요일 이른 아침 돈 후앙의 집에 도착했다.

"안녕하십니까, 돈 후앙. 이렇게 다시 만나 뵐 수 있어서 정말 기쁘군요!"

내가 이렇게 말하자 돈 후앙은 나를 쳐다보더니 나직하게 웃기 시작했다. 그는 주차 중인 내 차로 다가왔고, 내가 선물 삼아 가져온 식료품 상자들을 끌어모으는 동안 문을 연 채로 기다리고 있었다.

우리는 집으로 걸어가서 문간 옆에 앉았다.

내가 여기서 무엇을 하고 있는지를 정말로 자각한 것은 그때가 처음이었다. 석 달 동안 나는 '현장'으로 돌아가는 일을 실제로 고대하고 있었다. 마치 나의 내부에 설치된 시한폭탄이 터져서 갑자기 어떤 초월적인 기억이 되살아난 듯한 느낌이었다. 과거에는 내가 매우 참을성 있고 효율적인 인간이었음을 새삼 자각했다고나 할까.

나는 돈 후앙이 말문을 열기도 전에 나를 줄곧 괴롭혀왔던 의문을 입 밖에 냈다. 석 달 동안 나는 그 하얀 매의 기억에 집착하고 있었다. 나 자신도 잊고 있었던 기억을 도대체 돈 후앙은 어떻게 알아낸 것일까?

돈 후앙은 웃음을 터뜨렸지만 대답하지 않았다. 나는 제발 내 궁금증을 풀어달라고 간원했다.

"그건 아무것도 아냐." 그는 평소처럼 확신에 찬 어조로 말했다. "자네가 좀 이상하다는 건 누가 봐도 알아. 자넨 그냥 둔감할 뿐이라네. 그게 다야."

나는 그가 또 내 허를 찔러 가고 싶지 않은 막다른 골목으로 나를 밀어넣으려 한다고 느꼈다.

"죽음을 본다는 것이 정말로 가능합니까?" 나는 주제에서 벗어나지 않으려고 노력하며 말했다.

"물론 가능하네." 그는 웃으며 말했다. "우리와 함께 있잖아."

"그걸 어떻게 압니까?"

"난 노인일세. 나이를 먹으면 온갖 일들을 알게 되기 마련이지."

"저는 많은 노인을 알지만 그런 걸 안다고 한 사람은 한 명도 없었습니다. 그런데도 어떻게 당신만 그럴 수 있는 겁니까?"

"흐음, 내가 온갖 일들을 알고 있는 건 개인사가 없고, 내가 그 무엇에 비해 더 중요하다는 생각을 하지도 않으며, 내 죽음이 바로 내 곁에 앉아 있기 때문이라고 대답해두지."

돈 후앙은 왼팔을 뻗더니 손가락을 꿈틀거리며 마치 무엇인가를 쓰다듬는 듯한 시늉을 했다.

나는 웃었다. 그가 나를 어디로 이끌어가고 있는지를 알고 있었기 때문이다. 이 늙고 교활한 사내는 나의 과다한 자존심 운운하며 또 내 속을 뒤집어놓을 작정이겠지만, 이번에는 나도 크게 개의치 않았다. 과거의 내가 엄청난 인내심을 가지고 있었다는 기억은 내 마음속에서 묘한 고양감을 불러일으켰고, 바로 이런 느낌으로 인해 나는 돈 후앙에 대해 내가 느끼던 불안감과 과민함의 대부분을 떨쳐낼 수 있었기 때문이다. 그 대신 내가 느낀 것은 그의 행동거지에 대한 외경심이었다.

"도대체 당신 정체가 뭡니까?" 나는 물었다.

돈 후앙은 놀란 기색으로 둥그렇게 눈을 떴고, 마치 부엉이가 눈꺼풀을 여닫는 것처럼 눈을 끔벅였다. 눈꺼풀이 내려왔다가 올라갔지만 눈의 초점만은 여전히 맞아 있었다. 그의 이런 행동에 놀란 나는 흠칫 몸을 뺐다. 그는 어린애처럼 순진무구한 표정으로 폭소했다.

"난 후앙 마투스라고 하네. 앞으로도 잘 부탁하겠네." 그는 좀 과하다 싶을 정도로 정중한 어조로 말했다.

그러자마자 나는 나를 괴롭히던 또 하나의 질문을 던졌다. "우리가 만났던 첫날, 저한테 뭘 했던 겁니까?"

그가 나에게 보냈던 눈빛 얘기였다.

"나? 난 아무 일도 안 했네만." 그는 순진무구한 어조로 대답했다.

나는 그가 나를 바라보았을 때 어떤 느낌을 받았고, 또 그 즉시 말문이 막혀버렸다는 사실이 내 입장에서는 얼마나 받아들이기 힘든 이상한 일이었는지를 설명했다.

돈 후앙은 눈물이 나올 정도로 웃었다. 나는 또다시 그를 향한 적대감이 솟구치는 것을 자각했다. 이토록 진지하고 사려 깊은 나의 질문에 어떻게 저토록 조야한 '인디언적인' 반응을 보일 수 있단 말인가.

　돈 후앙은 이런 나의 감정을 감지했음이 틀림없다. 갑자기 웃음을 뚝 그쳤기 때문이다.

　나는 한참을 주저하다가 그의 웃음소리에 짜증을 느낀 것은 나한테 일어난 일이 무엇인지를 진지하게 이해하고 싶기 때문이라고 고백했다.

　"이해할 건 아무것도 없어." 그는 태연자약하게 대답했다.

　나는 그를 만난 이래 내게 잇달아 일어났던 기이한 사건들을 열거했다. 나를 바라보던 그의 불가해한 시선부터, 백색종의 매를 본 것과, 바위 위에서 그가 나의 죽음이라고 말한 그림자를 보았던 일까지 말이다.

　"왜 저한테 이런 일들을 하는 겁니까?" 나는 물었다.

　내 질문에 적의는 담겨 있지 않았다. 하필이면 왜 나한테 그러는지가 궁금했을 따름이다.

　"나더러 약초에 관해 뭘 아는지 가르쳐달라고 하지 않았나."

　나는 그의 대답에서 희미하게나마 신랄함을 읽었다. 마치 나를 어르는 듯한 어조였다.

　"하지만 지금까지 해주신 얘기들은 약초와는 전혀 상관이 없는 것이었잖습니까." 나는 반발했다.

　약초에 관해 배우려면 시간이 걸린다는 대답이 돌아왔다.

그와 더 이상 논쟁을 벌여보았자 무의미하다는 느낌을 받았다. 나는 나 자신의 안이하고 부조리한 결의가 얼마나 멍청한 것이었는지를 새삼 자각했다. 집에 있었을 때 나는 앞으로 돈 후앙을 상대할 때는 절대로 분통을 터뜨리거나 짜증을 내지 않겠노라고 결심했었는데 실제 상황에서는 그에게 퇴짜를 맞자마자 또 짜증스러운 기분에 사로잡혀버린 것이다. 그와 정상적으로 교류하는 방법 따위는 없다는 생각이 들었고, 그 사실이 화를 북돋았다.

"지금 이 순간, 자네의 죽음에 관해 생각해보게." 그는 느닷없이 말했다. "그건 팔을 뻗으면 닿는 거리에 있어. 죽음은 언제든 자네를 건드릴 수 있지. 그러니 자넨 한심한 생각이나 기분 따위를 즐길 시간 여유가 없어. 그 누구에게도 그런 여유는 없지.

우리가 처음 만났던 날에 내가 자네한테 뭘 했는지 알고 싶다고? 난 자네를 '보았고' 자네가 나에게 거짓말을 하고 있다고 생각하고 있는 것도 '보았네.' 그러니 자넨 엄밀하게는 내게 거짓말을 했다고 할 수 없어."

그의 설명을 들으니 한층 더 혼란스러워질 뿐이라고 나는 대답했다. 그러자 그가 자신의 행동을 설명하고 싶어하지 않는 데는 이유가 있으며, 설명할 필요 또한 없다는 대답이 돌아왔다. 그는 정말로 중요한 것은 행동이라고 말했다. 말을 하는 대신 행동에 나서라는 것이다.

돈 후앙은 돗자리를 꺼냈고, 꾸러미 하나를 베개 삼아 그 위에 누웠다. 편안한 자세를 취한 그는 내가 정말로 약초에 관해 배우고 싶거든 한 가지 더 할 일이 있다고 말했다.

"내가 처음 보았을 때의 자네, 그리고 지금 여기 와 있는 자네의 문제는, 자기가 하는 일에 책임을 지고 싶어하지 않는다는 점이야." 돈 후앙은 마치 내게 이해할 시간을 주려는 듯이 천천히 말했다. "그 버스 정류장에서 나한테 이런저런 얘기를 늘어놓았을 때 자넨 자기 말이 거짓이라는 사실을 자각하고 있었어. 왜 거짓말을 했나?"

연구를 위한 '중요 정보제공자'를 찾기 위해서였다고 나는 대답했다.

돈 후앙은 미소를 짓더니 멕시코 노래를 흥얼거리기 시작했다.

"뭔가를 결심한 사람은 끝장을 봐야 하는 법이야. 하지만 그걸 위해 하는 행동에는 책임을 져야 해. 무슨 일을 하든, 우선 자신이 왜 그런 행동에 나서는지부터 알아야 하네. 그런 다음에는 의문이나 후회를 느끼는 일 없이 행동에 나서는 거야."

돈 후앙은 나를 찬찬히 뜯어보았다. 뭐라고 대답해야 할지 알 수 없었다. 마침내 나는 거의 항의하는 듯한 어조로 내 생각을 알렸다.

"그런 건 불가능합니다!"

돈 후앙은 내가 왜 그렇게 생각하는지를 물었다. 다들 그렇게 행동하는 것이 이상적이라고 생각하고 있을지도 모르지만, 현실적으로 의심이나 후회에 빠지는 걸 피할 방법은 없지 않느냐는 것이 나의 반론이었다.

"물론 방법은 있어." 돈 후앙은 확신에 찬 어조로 대답했다.

"나를 보게나. 난 의문이나 후회 따위를 전혀 느끼지 않아. 나는 내가 하는 모든 일을 직접 결정하고 끝까지 책임을 지네. 내가 하는 가장 단순한 일, 이를테면 자네를 데리고 사막으로 산책 나가는 일조차도 내게는 죽음이 될 수도 있어. 죽음은 나를 몰래 따라다니고 있거든. 그런 고로, 의문이나 후회 따위를 느낄 여유는 내게 없네. 자네를 데리고 산책을 나간다는 행위의 결과가 죽음이라면, 난 죽어야 해.

그런 반면 자네는 자기가 불사의 존재이고, 불사의 존재가 내리는 결정은 취소나 후회나 의문의 대상이 될 수 있다고 생각하고 있어. 하지만 친구, 사냥꾼의 이름이 죽음인 세계에서는 후회나 의문을 느낄 시간이 없다네. 오직 결정을 내릴 시간만 있을 뿐이야."

나는 그가 묘사한 세계는 비현실적이라고 온 마음으로 반박했다. 왜냐하면 그런 세계는 이상화된 행동과, 단지 그렇게 행동해야 한다는 선언을 바탕으로 자의적으로 만들어진 세계이기 때문이라고 말이다.

나는 그에게 우리 아버지 얘기를 했다. 아버지는 건강한 마음은 건강한 몸에 깃드는 법이며, 젊은이라면 모름지기 격렬한 노동과 운동에 매진함으로써 몸을 단련해야 한다고 끊임없이 설교하는 버릇이 있었다. 아버지는 젊었다. 내가 여덟 살이었을 때 불과 스물일곱이었던 것이다. 여름이 되면 그는 교사로 근무하는 도시 학교에서 내가 살고 있던 조부모의 시골 농장으로 내려와서 나와 함께 적어도 한 달을 함께 보내곤 했다. 내게는 지옥과도 같은 한 달이었다. 한 번은 그런 우리 아버지의 행동은 내가 처한 현재 상황에도 딱 들어맞는다고 돈 후앙에게 푸념한 적조차 있다.

아버지는 농장에 도착하자마자 나를 데리고 긴 산책을 나가는 버릇이 있었다. 부자간에 흉금을 털어놓고 대화를 나누자는 명목이었는데, 그렇게 대화를 나누면서 그는 매일 아침 6시에 함께 수영을 하러 가자는 계획을 세웠다. 그는 밤이 되면 자명종을 5시 반에 맞춰놓고 잤다. 그래야 여유를 두고 일어나서 6시 정각에 물속에 뛰어들 수 있다는 이유에서였다. 새벽에 시계가 울리면 그는 벌떡 일어나서 안경을 쓰고, 창가로 가서 밖을 내다보곤 했다.

그 뒤에 아버지가 중얼거리던 목소리까지 생생하게 떠올릴 수 있다.

"흐음… 오늘은 좀 날이 흐리군. 어이, 5분만 더 잘게. 알았지? 5분 이상은 자지 않을 거야. 그냥 몸을 좀 풀면서 완전히 잠이 깰 때까지만 누워 있을게."

그러나 그는 예외 없이 10시까지 늦잠을 잤다. 아예 정오까지 깨지 않을 때도 있었다.

누가 보아도 믿지 못할 아버지의 이런 가짜 결심이야말로 나의 짜증을 불러일으킨 원흉임을 나는 돈 후앙에게 실토했다. 아버지는 매일 아침 똑같은 의식을 되풀이했다. 참다 못한 내가 자명종 시간을 맞추는 것을 거부함으로써 그의 기분을 상하게 한 날까지 말이다.

"그건 가짜 결심이 아닐세." 돈 후앙이 아버지 편을 들고 있다는 점은 명백했다. "단지 어떻게 잠을 깨는지를 몰라서 그랬던 거야."

"하여간에, 제가 언제나 비현실적인 결심을 미심쩍어하는 건 바로 그 때문입니다."

"그렇다면 진짜 결심이란 뭐라고 생각하나?" 돈 후앙은 의뭉스러운 미소를 떠올리며 물었다.

"아버지가 아침 6시가 아니라 오후 3시쯤에 수영을 하러 갈 수 있다는 걸 시인했다면 그건 진짜 결심이라고 할 수 있겠죠."

"그런 결심은 정신을 상하게 만들어." 돈 후앙은 지극히 진지한 표정으로 말했다.

어딘가 슬프게 들리기까지 하는 목소리였다. 우리는 오랫동안 침묵했다. 내가 느끼던 짜증스러운 기분은 사라졌다. 나는 아버지 생각을 했다.

"자네 아버지는 오후 3시에 수영하러 가고 싶지가 않았던 거야. 이해 못하겠나?" 돈 후앙이 말했다.

돈 후앙의 말을 듣고 나는 화들짝 놀랐다.

나는 우리 아버지가 의지박약이었으며, 결코 실행에 옮기지 않았던 비현실적인 행동으로 이루어진 아버지의 세계 또한 그와 마찬가지였다고 주장했다. 거의 고함을 지르듯이.

돈 후앙은 아무 말도 하지 않았고, 율동적으로 고개를 끄덕이기만 했다. 나는 엄청난 슬픔을 느꼈다. 아버지 생각을 하면 언제나 이렇게 소모되어버린 느낌을 받는다.

"자넨 자네 쪽이 더 강하다고 생각했어. 그렇지?" 돈 후앙은 잡담하듯이 말했다.

나는 그의 말이 사실임을 시인했고, 아버지 탓에 내가 겪어야 했던 온갖 감정적 혼란에 관해 얘기하기 시작했다. 그러나 돈 후앙은 나의 말을 가로막았다.

"아버지는 자네한테 못되게 굴었나?"

"아뇨."

"자네를 옹졸하게 대했나?"

"아뇨."

"자네를 위해 자기가 할 수 있는 모든 일을 해줬나?"

"예."

"그럼 자네 아버지의 어디가 문제라는 거지?"

나는 또다시 아버지는 의지박약이었다고 외치기 시작했지만, 이내 흠칫 놀라 목소리를 낮췄다. 돈 후앙에게 이런 식으로 심문받는 내가 좀 멍청하게 느껴졌기 때문이다.

"도대체 왜 이런 얘기를 하게 만드는 겁니까? 우린 약초 얘기를 나눌 예정 아니었습니까?"

나는 실로 짜증스럽고 의기소침한 상태였다. 다른 사람은 내 행동을 그렇게 마음대로 재단할 하등의 권리도 능력도 없다고 나는 내뱉었다. 그러자 돈 후앙은 배를 잡고 웃었다.

"화가 났을 때 자넨 언제나 그렇게 독선적이 되나보군. 안 그래?" 그는 이렇게 말하고 새처럼 눈을 깜박였다.

돈 후앙의 말은 옳았다. 나는 화가 나면 그것을 정당화하는 버릇이 있다.

"아버지 얘긴 이제 그만하죠." 나는 짐짓 가벼운 어조로 말했다. "약초 얘기를 하고 싶습니다."

"아니, 자네 아버지 얘기를 해야 해. 오늘은 그 부분부터 시작해야 하거든. 아버지보다 훨씬 더 강하다고 생각했다면 자넨 왜 혼자서 아침 6시에 수영을 하러 가지 않았나?"

나는 그런 질문은 도저히 진지하게 받아들이기 힘들다고 응수했다. 6시에 수영을 하러 간다는 것은 언제나 아버지의 희망이었지 나의 희망은 아니었기 때문이다.

"자네가 아버지의 그런 희망을 받아들인 순간부터 그건 자네 일이 된 거야." 돈 후앙은 툭 내뱉었다.

나는 결코 그런 결정을 받아들인 적이 없다고 반박했다. 아버지가 자기한테 한 약속을 못 지킨다는 사실을 언제나 알고 있었기 때문이다. 그러자 돈 후앙은 무감동한 어조로, 그러면 그때 왜 그런 의견을 아버지에게 직접 말하지 않았느냐고 물었다.

"아버지한테 그런 소리를 할 수 없지 않습니까." 내가 들어도 설득력이 떨어지는 설명이었다.

"왜?"

"우리 집에서 그런 일은 일어나지 않았습니다. 단지 그뿐입니다."

"자넨 자기 집에서 그보다 더한 일들도 하지 않았나." 그는 법정의 판사 같은 어조로 선언했다. "자네가 거기서 하지 않은 일이라고는 정신을 연마하는 일, 그거 딱 하나야."

돈 후앙의 이 말은 엄청난 충격을 불러일으키며 내 마음속에서 메아리쳤다. 그는 나의 모든 방어망을 무너뜨렸다. 더 이상 반박할 수가 없었다. 나는 메모하는 일에 열중하는 시늉을 함으로써 이 상황에서 도피해보려고 했다.

그러면서 마지막으로 미약한 설명을 시도했다. 나는 지금까지 살아오면서 아버지 같은 타입의 사람들을 많이 만나보았다. 그들은 아버지가 그랬던 것처럼 자기 계획에 나를 끌어들이려고 했고, 결국 나는 예외 없이 공중에 붕 뜬 듯한 상태로 남겨지곤 했다고 말이다.

　"그건 불평에 불과해." 돈 후앙은 나직하게 말했다. "자네가 지금까지 줄곧 그렇게 불평하면서 살아온 건 자네가 내린 결단에 스스로 책임을 지지 않기 때문이라네. 아침 6시에 수영을 하러 가자는 자네 아버지의 계획에 대해 자네가 책임을 졌다면, 자넨 수영을 하러 갔을 거야. 필요하다면 혼자 그러는 한이 있더라도 말이야. 자네 아버지의 그런 버릇을 간파했다면, 아버지가 다시 수영을 하러 가자는 제안을 또 내놓은 순간 단호하게 거절할 수도 있었어. 하지만 자넨 아무 말도 하지 않았지. 그런 고로 자넨 자네 아버지와 마찬가지로 의지가 박약한 인물이야.

　자기가 내린 결단에 책임을 진다는 건, 그걸 위해 죽을 각오가 되어 있어야 한다는 뜻이네."

　"잠깐, 잠깐!" 나는 말했다. "사람 말을 그렇게 뒤트는 법이 어딨습니까?"

　돈 후앙은 내가 얘기를 끝낼 틈을 주지 않았다. 나는 비현실적인 행동의 한 예로서 아버지를 들었을 뿐이고, 그런 어리석은 일을 위해 죽을 각오를 할 정도로 정신 나간 사람은 어디에도 없을 거라고 반박하려던 참이었다.

　"어떤 결단을 내리든 그건 중요하지 않아. 어떤 일이 다른 일보다 더 심각하거나 덜 심각한 법은 없어. 무슨 뜻인지 모르겠나? 죽음이 사냥꾼인 세계에는 결단의 경중 따위는 존재하지 않아. 사람에겐 오직 피할 수 없는 죽음 앞에서 내리는 결단밖에 없다네."

나는 아무 말도 할 수 없었다. 한 시간쯤 그렇게 침묵하고 있었던 것 같다. 돈 후앙은 돗자리 위에 미동도 않고 앉아 있었다. 그렇다고 잠든 것은 아니었다.

"돈 후앙, 왜 저한테 이런 얘기를 하는 겁니까? 왜 이런 일을 하는 거죠?"

"먼저 찾아온 사람은 자네야. 아니, 정확히는 그게 아니지. 자넨 내게 이끌려왔어. 그리고 난 자네에게 몸으로 표현해 보였네."

"뭐라고요?"

"자네는 아버지 대신 수영을 하러 감으로써 그에게 몸으로 표현해 보일 수 있었어. 하지만 자넨 그러지 않았어. 아마 너무 어려서인지도 모르겠군. 난 자네보다 오랜 세월을 살아왔네. 해결 못한 건 아무것도 없어. 따라서 나는 급할 것이 전혀 없는 삶을 살고 있기 때문에, 자네에게 이렇게 적절한 표현을 해줄 수 있는 거야."

오후가 되자 우리는 산책을 나갔다. 나는 쉽게 돈 후앙의 걸음을 따라갔지만 그의 엄청난 체력에는 감탄을 금할 수가 없었다. 워낙 민첩하고 확실하게 발을 디디는 그의 곁에 서면 나는 동작이 서투른 어린애나 마찬가지였다. 우리는 동쪽을 향해 갔다. 나는 돈 후앙이 걸으면서 말하는 것을 좋아하지 않는다는 사실을 깨닫고 있었다. 내가 말을 걸면 그는 언제나 멈춰 서서 대답하곤 했다.

두 시간쯤 걸어서 언덕에 도달했다. 돈 후앙은 땅바닥에 앉더니 나도 앉으라는 시늉을 했고, 짐짓 연극적인 어조로 지금부터 이야기를 하나 해주겠다고 말했다.

"옛날 옛적에 가난한 인디언 청년 하나가 도시의 백인들 사이에서 살고 있었다네," 하고 돈 후앙은 말했다. 그는 집도 없고 친척도 없고 친구도 없는 사내였다. 행운을 찾아 도시로 왔지만 그를 맞이한 것은 비참함과 고통뿐이었다. 이따금 노새처럼 일해서 몇 푼을 벌기는 했지만 그 돈으로는 끼니조차도 잇기 힘들었다. 결국은 음식을 구걸하거나 훔치는 수밖에 없었다.

어느 날 그 청년은 시장에 갔다. 시장에 잔뜩 쌓여 있는 좋은 물건들을 보고 반쯤 넋이 나간 몽롱한 상태로 길을 나아갔다. 워낙 넋이 나간 탓에 제대로 앞도 안 보고 걷다가 바구니에 발이 채여 넘어졌고, 어떤 노인의 무릎 위로 엎어졌다.

노인은 네 개의 커다란 조롱박을 지니고 있었고, 앉아 쉬면서 요기를 하려던 참이었다. 돈 후앙은 이 대목에서 의미심장한 미소를 떠올리면서, 그 노인은 청년과 이런 식으로 우연히 마주친 것을 매우 기이하게 여겼다고 말했다. 휴식을 방해받고 화를 내는 대신에 하필왜 이 청년이 자기 무릎 위에 엎어졌는지가 무척 궁금했던 것이다. 청년은 도리어 화를 벌컥 내며 비키라고 내뱉었다. 두 사람이 이렇게 마주친 궁극적인 이유에 관해서는 신경조차 쓰지 않고 말이다. 두 사람의 행로行路가 그 시점에서 실제로 교차했다는 사실을 전혀 깨닫지 못했던 것이다.

돈 후앙은 굴러가는 물건을 쫓아가는 사람의 동작을 흉내 냈다. 노인의 조롱박들은 땅에 떨어져 거리를 굴러가고 있었다. 그 광경을 본 청년은 오늘 먹을 음식을 찾아냈다고 생각했다.

그는 노인을 일으켜 세운 다음 무거운 조롱박들을 대신 들어주겠다고 말했다. 노인이 산에 있는 자기 집으로 돌아가는 길이라고 대답하자 청년은 적어도 중도까지는 배웅해주겠다며 고집을 부렸다.

산으로 가는 길에 들어선 노인은 도중에 그가 시장에서 사온 음식의 일부를 청년에게 주었다. 청년은 실컷 음식을 먹었다. 배가 불러 흡족함을 느꼈을 때, 청년은 자기가 든 조롱박들이 얼마나 무거운지를 깨닫고 그것들을 꽉 쥐었다.

돈 후앙은 눈을 뜨더니 짓궂은 표정으로 씩 웃었다. 청년은 "이 조롱박에 뭐가 들어 있소?"라고 물었다. 노인은 그 질문에 대답하는 대신 청년의 괴로움을 덜어주고 세상사에 관한 충고와 지혜를 줄 수 있는 동반자 내지는 친구를 만나게 해주겠다고 말했다.

돈 후앙은 양손으로 거창한 손짓을 해 보이더니, 그 노인은 청년이 난생처음 보는 아름다운 사슴을 불러냈다고 말했다. 사슴은 완벽하게 길이 든 상태여서 청년에게 다가와 그 주위를 돌기까지 했다. 사슴은 반짝반짝 빛나는 털가죽을 가지고 있었다. 이 광경에 넋을 잃은 청년은 그 즉시 이것이 '정령 사슴'이라는 사실을 간파했다. 그러자 노인은 이 사슴을 친구로 삼고 그 지혜를 얻고 싶다면 조롱박들만 내놓으면 된다고 말했다.

돈 후앙은 짐짓 야심적인 표정을 떠올리면서, 노인의 이런 청을 듣는 순간 청년의 옹졸한 욕망이 자극을 받았다고 이야기했다. 돈 후앙은 눈을 가늘게 뜨고 못된 표정을 짓더니 청년의 대사를 읊었다. "이 네 개의 커다란 조롱박에 들어 있는 것이 도대체 무엇이오?"

그러자 노인은 차분한 어조로 조롱박에는 음식, 즉 피놀레pinole와 물이 들어 있다고 대답했다. 돈 후앙은 여기서 얘기를 중지하더니 몇 번 원을 그리며 빙빙 돌았다. 무슨 행동인지는 알 수 없지만 이 동작이 이야기의 일부라는 점은 명백했다. 아무래도 청년이 빠진 고민을 표현하려는 듯했다.

물론 청년은 노인의 말을 한 마디도 믿지 않았다. 요술사임이 틀림없는 노인이 조롱박의 대가로 '정령 사슴'을 내줄 용의까지 있다면, 조롱박 속에는 상상을 초월하는 힘이 들어 있을 거라고 생각한 것이다.

돈 후앙은 또다시 얼굴을 뒤틀어 짓궂은 미소를 떠올렸다. 청년은 조롱박을 자기 것으로 만들겠다고 선언했다. 돈 후앙은 여기까지만 말하고 침묵했다. 아무래도 이야기는 여기서 끝인 듯했다. 돈 후앙은 계속 침묵을 지켰지만, 내가 질문하는 것을 기다리는 투가 역력했다. 그래서 나는 질문했다.

"그래서 그 젊은이는 어떻게 됐습니까?"

"노인의 조롱박을 빼앗았지." 그는 만족의 미소를 떠올리며 말했다.

또 침묵이 흘렀다. 나는 웃었다. 진짜배기 '인디언 이야기'를 들었다고 생각했기 때문이다.

돈 후앙은 반짝거리는 눈으로 나를 향해 미소 지었다. 어딘가 순진무구한 인상을 주는 미소였다. 그는 짧고 단속적인 웃음을 발하더니 내게 물었다. "조롱박들이 어떻게 됐는지는 알고 싶지 않나?"

"물론 알고 싶습니다. 얘기가 거기서 그냥 끝나서 아쉬웠거든요."

"아, 물론 그게 끝이 아냐." 돈 후앙은 짓궂은 눈빛이 되어 말했다. "젊은이는 노인의 조롱박들을 빼앗아서 호젓한 장소로 도망쳤고, 거기서 조롱박들을 열어 보았다네."

"안에 뭐가 들어 있었습니까?"

돈 후앙은 나를 흘끗 보았다. 마치 내가 머릿속에서 어떤 복잡한 생각을 굴리고 있는지를 다 알고 있는 듯한 느낌이었다. 그는 고개를 설레설레 흔들며 껄껄 웃었다.

"흐음." 나는 재차 독촉했다. "조롱박 안이 텅 비어 있었던 겁니까?"

"조롱박들 안에는 음식하고 물밖에 들어 있지 않았네. 젊은이는 화를 삭이지 못하고 그것들을 바위에 내던져서 박살 냈지."

나는 그 젊은이의 반응은 당연한 것 아니냐고 말했다. 누구든 그와 같은 입장이었다면 똑같은 행동을 했을 거라고 말이다.

그러자 돈 후앙은, 그 젊은이는 자기가 뭘 찾고 있는지를 모르는 어리석은 인물이라고 대답했다. 그는 '힘'이 무엇인지를 몰랐기 때문에 그것을 찾았는지 못 찾았는지도 알지 못했다. 그는 스스로 내린 판단에도 책임을 지지 않았고, 그 탓에 자기가 저지른 실수에 분통을 터뜨렸다는 것이다. 뭔가를 얻으려고 하다가 결국 아무것도 얻지 못한 꼴이다. 돈 후앙은 만약 내가 그 젊은이였고, 또 내가 내 성향에 따라 행동했다면, 나 또한 분통을 터뜨리고 회한에 젖었을 것이라고 말했다. 내가 잃은 것을 아쉬워하며 여생을 보냈을 것이라고 말이다.

그런 다음 돈 후앙은 노인의 행동의 의미를 설명해주었다. 노인은 교묘하게도 젊은이를 배불리 먹임으로써 '배부른 자의 만용'을 유도했고, 조롱박 안에 음식밖에 없다는 사실을 깨달은 젊은이는 분통을 터뜨리며 그것들을 박살 냈다는 얘기였다.

"젊은이가 자기가 내린 판단을 자각하고 거기에 대해 책임을 졌다면, 조롱박에 든 음식을 얻는 것만으로도 충분히 만족했을 걸세. 그랬더라면 음식도 힘이라는 사실을 깨달았을 가능성조차 있어."

6
사냥꾼이 되기

1961년 6월 23일 금요일

나는 자리에 앉자마자 돈 후앙에게 질문공세를 퍼부었다. 그는 대답하지 않고 성마른 태도로 손을 흔들어 조용히 하라는 시늉을 했다. 왠지 심각한 기색이었다.

"약초에 관해서 배우려고 애쓰던 동안에도 자넨 전혀 바뀐 데가 없다는 생각이 드는군." 그는 힐난하듯이 말했다.

그러고는 커다란 목소리로 그가 내게 권했던 온갖 인격적 변화들을 일일이 꼽기 시작했다. 나는 그런 변화에 대해 매우 진지하게 생각해보았지만 그것들 모두가 나의 핵심이라 할 수 있는 부분과는 완전히 상반되기 때문에 실행에 옮기는 것이 불가능하다고 대답했다. 그러자 돈 후앙은 단지 생각하는 것만으로는 충분하지 않고, 자기는 장난삼아 그런 권유를 한 것이 아니라고 대답했다. 나는 개인적인 삶을 조정하라는 그의 가르침을 거의 따르지 않았음을 시인했지만, 약초 사용법에 관해 배우고 싶은 것만은 진심이라고 대답했다.

길고 불편한 침묵이 흐른 뒤에 나는 과감하게 질문을 던졌다. "돈 후앙, 페요테에 관해 가르쳐주실 용의가 있습니까?"

배울 의지만 가지고서는 충분하지 않으며, 페요테 ㅣ 그때 그는 처음으로 그것을 '메스칼리토'라고 불렀다 ㅣ 의 지식은 결코 가볍게 볼 수 없는 중대한 사항이라는 대답이 돌아왔다. 더 이상 할 말이 없다는 투였다.

그러나 초저녁에 돈 후앙은 내게 문제를 하나 냈다. 해답에 관한 실마리를 전혀 주지도 않고서, 우리가 언제나 앉아 대화를 나누는 집 앞의 흙마루에서 이로운 장소 내지는 지점을 찾아내보라고 요구했던 것이다. 앉아 있으면 완전히 편안해지고 기력이 솟아나는 나만의 특정 지점이 있다는 것이 그의 주장이었다. 그날 밤, 흙마루 위에서 몸을 굴리는 방법으로 이 문제의 '지점'을 찾아보던 나는, 똑같이 검은 흙바닥 위의 특정 지점의 색깔이 변하는 것을 두 번 감지했다.

그러던 중 나는 녹초가 되어 내가 색깔 변화를 감지한 한 지점 위에서 잠들었다. 아침이 되자 돈 후앙은 나를 깨우고 내가 아주 성공적으로 문제를 풀었다고 선언했다. 내가 찾고 있던 이로운 지점뿐만 아니라, 그와는 정반대의 성격을 가진 적대적인 지점 또는 부정적 지점, 그리고 이 두 지점에 결부된 색채까지 알아냈기 때문이라고 그는 설명했다.

1961년 6월 24일 토요일

아침 일찍 우리는 사막의 관목림 쪽으로 갔다. 걸으면서 돈 후앙은 '이로운' 지점이나 '적대적인' 지점은 황야에 나간 인간에게는 필수적인 중요한 지식이라고 했다. 나는 페요테 쪽으로 화제를 돌리려고 했지만 돈 후앙은 아예 그것에 관해 언급하는 일 자체를 거부했고, 그가 먼저 말을 꺼내지 않는 한 절대로 화제에 올리지 말라고 경고까지 했다.

우리는 초목이 빽빽하게 자란 곳에 있는 높은 관목들의 그늘에 앉아 쉬었다. 우리를 에워싼 관목림은 아직도 물기를 머금고 있는 데다가 기온까지 높았기 때문에 파리들이 나를 성가시게 했지만, 돈 후앙은 전혀 개의치 않는 것처럼 보였다. 나는 그가 파리들을 그냥 무시하는 줄 알았지만 곧 파리들이 그의 얼굴에는 아예 앉으려고 하지도 않는다는 사실을 깨달았다.

"이렇게 트인 장소에 나왔을 때는 급하게 이로운 지점을 찾아야 하는 경우가 생긴다네." 돈 후앙은 말을 이었다. "쉬려는 장소가 나쁜 곳이 아닌지를 빨리 확인해야 하는 경우도 있고 말이야. 일전에 어떤 언덕 옆에 앉아 쉬었을 때 자네가 크게 동요하면서 화를 낸 적이 있었지. 그 지점은 자네의 적이었어. 조그만 까마귀가 경고해줬던 걸 기억하나?"

앞으로는 그 지점을 피해 다니라고 그가 강한 어조로 말했던 것이 생각났다. 내가 화를 낸 것은 그가 웃지 말라고 했기 때문이라는 것도.

"난 그때 머리 위를 날아갔던 까마귀는 나만을 위한 징조라고 생각했었지." 그가 말했다. "설마 까마귀들이 자네한테도 호의를 품고 있을 줄은 꿈에도 생각 못했어."

"무슨 얘기를 하시는 겁니까?"

"그 까마귀는 징조였다네. 까마귀에 관해 잘 안다면 자넨 그 장소에는 얼씬도 하지 않았을 거야. 하지만 언제나 까마귀가 와서 경고해주는 건 아냐. 그러니까 자네도 자기 힘으로 야영하거나 휴식하기에 적당한 장소를 찾아내는 법을 터득해야만 하네."

돈 후앙은 한동안 침묵했다가 갑자기 내게 몸을 돌리고 휴식하기에 적절한 장소를 찾으려면 눈을 모들뜨기(사팔뜨기)만 하면 된다고 말했다. 돈 후앙은 다 안다는 듯한 표정으로 나를 보더니 은밀한 어조로 흙마루 위에서 몸을 굴렸을 때 내가 한 일은 바로 그것이라고 말했고, 내가 두 지점과 그것들의 색깔을 알아낼 수 있었던 것도 바로 그 덕분임을 지적했다. 그는 그때 내가 해낸 일에 감명을 받은 기색을 감추지 않았다.

"저는 제가 그때 뭘 했는지 잘 모릅니다."

"눈을 모들떴던 거야." 그는 강한 어조로 말했다. "그게 바로 이로운 장소를 찾는 테크닉이거든. 지금은 기억 못해도 틀림없이 그랬을 거야."

돈 후앙은 자신도 그것을 완전히 터득하는 데는 몇 년이나 걸렸다고 하면서 이 테크닉에 관해 설명해주었다. 같은 상(像)을 보더라도 좌우의 눈이 완전히 따로따로 그것을 볼 수 있도록 천천히 훈련하면,

시각정보의 변환이 이루어지지 않기 때문에 세계를 이중二重으로 지각하는 것이 가능해진다고 했다. 돈 후앙에 의하면 이 이중 지각은 그 사람으로 하여금 육안으로는 지각하기 힘든 주위 환경의 변화를 감지할 수 있게 해준다고 한다.

돈 후앙은 다시 그래보라고 나를 구슬렸고, 그런다고 해서 시력에 악영향을 끼치거나 하는 일은 결코 없을 거라고 장담했다. 우선 가까운 곳에 있는 물체를 거의 곁눈질 하는 것처럼 바라보라고 그는 말했고, 커다란 덤불을 가리키며 시범을 해보였다. 돈 후앙이 문제의 덤불을 향해 믿기 힘들 정도로 빠른 시선을 흘끗흘끗 던지는 광경을 보고 있자니 묘한 느낌이 몰려왔다. 마치 불안해하며 눈앞의 것을 정시正視하지 못하는 동물의 눈을 보는 느낌이랄까.

한 시간쯤 그와 함께 걸으며 나는 그 무엇에도 초점을 맞추지 않으려고 노력했다. 그런 다음 돈 후앙은 좌우의 눈에 맺힌 상들을 분리해보라고 말했다. 한 시간이 더 지나자 지독한 두통이 몰려온 탓에 그만둬야 했다.

"우리가 쉴 수 있는 적절한 장소를 자네 힘으로 찾아낼 수 있을 것 같나?" 돈 후앙이 물었다.

그가 말하는 '적절한 장소'를 정하는 기준이 무엇인지 도통 알 수가 없었다. 돈 후앙은 빠르게 흘끗흘끗 보면 특이한 광경이 눈에 들어올 것이라고 참을성 있는 어조로 말했다.

"특이한 광경이 뭔가요?"

"진짜 광경이라기보다는 느낌에 더 가까운 것들이지. 앉아 쉴 만한 덤불이나 나무나 바위 따위를 바라보면, 자네 눈이 거기가 최상의 휴식처인지 아닌지를 느낌으로 알려줄 거야."

나는 이 느낌이라는 것이 무엇인지를 거듭 물었지만, 말로는 설명할 수 없었든지 아니면 단지 대답하고 싶지 않았던지 둘 중 하나였던 듯하다. 내가 연습 삼아 그런 장소를 찾아내면 제대로 눈을 썼는지 안 썼는지를 가르쳐주겠다는 대답이 돌아왔을 뿐이었다.

한순간 뭔가 반짝이는 것이 눈에 들어왔다. 처음에는 자갈 따위가 빛을 반사한 것이라고 생각했다. 눈의 초점을 거기 맞추면 보이지 않았지만, 그 주위를 흘끗흘끗 빠르게 훑으면 일종의 희미한 광채를 감지할 수 있었다. 나는 돈 후앙에게 그 장소를 가리켜 보였다. 빽빽한 덤불이 전혀 없는 탓에 햇빛에 노출된 평탄한 공터 한복판이었다. 나는 뭔가 반짝이는 것이 보인다고 설명했다.

"자네가 뭘 보든 난 상관 안 해. 설령 코끼리를 봤다 해도 말이야. 정말로 중요한 건 자네가 받은 느낌이야."

나는 아무 느낌도 받지 못했다. 돈 후앙은 의미심장한 표정으로 나를 보더니 그는 내가 선택한 지점에 나와 함께 앉아 쉬고 싶지만, 내가 그걸 직접 확인할 수 있도록 어딘가 다른 곳에 가서 앉아 있겠다고 말했다.

나는 그 자리에 가서 앉았다. 돈 후앙은 9 내지 12미터쯤 떨어진 곳에 앉아 흥미진진하다는 듯이 나를 보고 있었다. 몇 분이 흐르자 그는 껄껄 웃기 시작했다. 그의 웃음소리는 왠지 나를 불안하게 만들었다. 신경이 날카로워졌다고나 할까. 그가 나를 놀린다고 생각하자 분통이 치밀었다. 나는 내가 도대체 왜 이런 곳까지 와서 앉아 있어야 하는지 자문하기 시작했다. 돈 후앙을 상대로 내가 쏟아온 노력 전체에 뭔가 이상한 부분이 있다는 확신이 몰려왔다. 마치 그의 수중에서 춤추는 꼭두각시가 된 기분이었다.

갑자기 돈 후앙이 전속력으로 달려와서 내 팔을 움켜잡더니 3, 4 미터쯤 떨어진 곳까지 질질 끌고 갔다. 그는 내가 일어서는 것을 돕더니 이마에 맺힌 땀을 닦았다. 그제서야 나는 돈 후앙이 혼신의 힘을 쏟았다는 사실을 깨달았다. 그는 내 등을 툭툭 치며 내가 그릇된 장소를 고른 탓에 정말로 황급하게 나를 구해내야 했다고 말했다. 내가 앉아 있는 지점이 나의 감정 전체를 지배하려는 것을 보았기 때문이라는 것이 그가 댄 이유였다. 나는 웃었다. 돈 후앙이 나를 향해 돌진해오는 모습을 떠올리기만 해도 우스웠다. 실제로 젊은 사내처럼 달려왔던 것이다. 내게 달려들기 위해 그는 사막의 부드럽고 불그스름한 흙을 박차며 달려와야 했다. 나를 보며 웃고 있는가 했더니, 단 몇 초 만에 내 팔을 잡고 질질 끌어갔던 것이다.

잠시 후 그는 적절한 휴식장소를 계속 찾아보라고 나를 독촉했다. 우리는 계속 걸었지만 나는 그 무엇도 탐지하거나 '느끼지' 못했다. 아마 그보다 덜 긴장한 상태였다면 무엇인가를 알아차리거나 느꼈을지도 모르겠다. 그러나 더 이상 돈 후앙에게 화를 내고 있지는 않았다. 마침내 그는 어떤 바위를 가리켰고, 우리는 그곳에서 멈춰 섰다.

"낙담하진 말게." 돈 후앙이 말했다. "눈을 훈련하는 데는 오랜 시간이 걸린다네."

나는 아무 말도 하지 않았다. 아예 이해하지도 못하는 것을 두고 낙담할 생각은 없었다. 그러나 내가 돈 후앙을 찾아오기 시작한 이래, 그가 안 좋다고 지목한 장소에 앉았던 적이 세 번 있었는데, 그때마다 분통을 터뜨리고 거의 기함하기 직전까지 갔다는 사실은 인정하지 않을 수가 없었다.

　"눈으로 느끼는 것이 요령일세. 지금 자네 문제는 뭘 느껴야 하는지를 모른다는 거야. 하지만 계속 연습해보면 느낌이 올 거야."

　"제가 뭘 느껴야 하는지 미리 얘기해주시면 안 됩니까?"

　"그건 불가능해."

　"왜요?"

　"그 누구도 자네가 뭘 느껴야 하는지를 설명해줄 수 없기 때문이야. 그건 열도 아니고 빛도 아니고 눈부심도 아니고 색깔도 아냐. 그 이외의 어떤 것이지."

　"묘사해주실 수는 없습니까?"

　"아니. 내가 할 수 있는 일이라고는 자네에게 그 기법을 가르쳐주는 것뿐일세. 일단 눈에 맺히는 상을 분리하고 모든 걸 두 개씩 볼 수 있게 되면, 그 두 개의 상 사이에 있는 부분에 주의를 기울여야 하네. 뭐든 주목할 만한 변화는 그 부분에서 일어나거든."

　"어떤 종류의 변화를 얘기하시는 겁니까?"

　"그건 중요하지 않네. 중요한 건 거기서 자네가 받는 느낌이야. 사람마다 다르네. 오늘 자네는 광채를 봤지만 느낌이 결여됐기 때문에 아무 의미도 없어. 어떻게 느끼라고 내가 얘기해줄 수는 없네. 자네 스스로 터득해야 해."

우리는 잠시 묵묵히 휴식을 취했다. 돈 후앙은 모자로 얼굴을 가리고 마치 잠든 것처럼 꼼짝도 하지 않았다. 나는 메모를 하는 일에 몰두했다. 그러던 중 그가 갑자기 움직였기 때문에 나는 놀라서 움찔했다. 돈 후앙은 허리를 펴고 찌푸린 표정으로 나를 마주 보았다.

"자넨 사냥에 소질이 있어. 따라서 자넨 사냥을 배워야 해. 더 이상 약초 얘기는 하지 않기로 하세."

돈 후앙은 한순간 뺨을 부풀리는가 싶더니 솔직한 어조로 이렇게 덧붙였다. "어차피 우린 약초 얘기를 한 적도 없고 말이야. 안 그래?" 그는 웃었다.

우리는 남은 시간 동안 사방을 쏘다녔다. 돈 후앙은 방울뱀에 대해 믿기 힘들 정도로 상세한 설명을 해주었다. 방울뱀이 어디에 둥지를 트는지, 어떻게 이동하는지, 계절마다 습관이 어떻게 다른지, 어떤 특이 행동을 하는지 말이다. 그런 다음 그는 자신이 한 설명을 하나씩 직접 입증해보이기 시작했고, 급기야는 커다란 뱀 하나를 잡아 죽이기까지 했다. 돈 후앙은 뱀 대가리를 잘라내고 내장과 껍질을 제거한 다음 불에 구웠다. 이런 일을 수행하는 그의 동작은 너무나도 우아하고 능숙했기 때문에 옆에서 보고 있는 것만으로도 감동을 받을 정도였다. 나는 넋을 잃고 그의 말에 귀를 기울이며 그의 모습을 바라보았다. 얼마나 집중하고 있었는지 주위 세계가 완전히 사라져버린 듯한 느낌이었다.

뱀 고기를 먹는 일은 일상성으로 되돌아가는 힘든 관문이었다. 뱀 고기를 한 입 베어 물자마자 구역질이 치밀어올랐다. 맛있는 고기였기 때문에 메스꺼워야 할 아무 이유도 없었지만, 내 위장은 다른 생각을 가지고 있는 듯했다. 내가 뱀 고기를 제대로 넘기지도 못하는 것을 보고 돈 후앙은 폭소를 터뜨렸다. 저러다가 심장 발작이라도 일으키면 어쩌나 하는 생각이 들 정도로 격렬한 웃음이었다.

잠시 후 우리는 큰 바위 그늘에 앉아 느긋한 휴식을 취했다. 나는 다시 메모를 하기 시작했는데, 내가 쓴 글의 양으로 미루어보건대 돈 후앙이 내게 준 방울뱀에 관한 정보는 엄청나다고밖에 할 수 없었다.

"자네의 사냥꾼 정신이 되돌아왔군." 돈 후앙이 갑자기 진지한 표정이 되어서 말했다. "이젠 완전히 낚였어."

"뭐라고요?"

내가 낚였다는 것이 무슨 뜻인지 재차 캐물었지만 그는 웃으며 같은 말을 되풀이했을 뿐이었다.

"제가 어떻게 낚였다는 겁니까?" 나는 끈질기게 물었다.

"사냥꾼들은 언제나 사냥을 하지. 나도 사냥꾼이야."

"생업으로 사냥을 하신다는 얘깁니까?"

"난 살기 위해 사냥을 하네. 어떤 땅으로 가든 혼자 힘으로 먹고 살 수 있지."

돈 후앙은 손으로 사방을 가리키며 말했다.

"사냥꾼이란 많은 것을 알고 있다는 뜻이라네." 그는 말을 이었다. "세계를 여러 방식으로 볼 수 있다는 뜻이지. 사냥꾼이 되기 위해서는 모든 것과 완벽한 균형을 이루고 있어야 해. 안 그런다면 사냥은 무의미한 잡일이 되어버린다네. 이를테면 오늘 우리는 작은 뱀 하나를 잡았지만, 목숨을 그렇게 급작스럽고 확실하게 끊어야 했다는 사실에 대해 나는 그녀에게 사과해야 했어. 그런 일을 하면서 나는 언젠가는 내 목숨도 그 뱀의 경우와 마찬가지로 급작스럽고 확고하게 끊어질 거라는 사실을 자각하고 있었네. 따라서 전체적으로 보면 우리나 뱀이나 마찬가지이고, 오늘은 뱀들 중 하나가 우리 음식이 되어주었을 뿐이네."

"저도 과거에 사냥을 했지만 그런 식의 균형에 관해서는 전혀 생각을 못했습니다."

"그건 사실이 아냐. 자넨 그냥 짐승들을 죽였던 게 아냐. 자네뿐만이 아니라 가족들 모두가 자네가 잡은 사냥감을 먹지 않았나."

마치 그 자리에 함께 있었던 것처럼 확신에 찬 말투였다. 물론 돈 후앙의 말은 옳았다. 내가 잡은 야생동물의 고기는 종종 우리 가족의 식탁에 올라왔던 것이다.

나는 잠시 망설이다가 물었다. "어떻게 그런 걸 다 아십니까?"

"그냥 알게 되는 일들이 있어. 어떻게 아는지는 나도 모르지만."

나는 고모나 삼촌들이 내가 사냥해 잡은 모든 새를 종류를 막론하고 무조건 '꿩'이라고 불렀다는 얘기를 했다.

돈 후앙은 그들은 보나 마나 참새도 '조그만 꿩'이라고 불렀을 거라면서 참새고기를 씹는 동작을 우스꽝스럽게 흉내 내보였다. 놀랄 정도로 유연한 턱의 움직임이었다. 실제로 뼈고 뭐고 다 포함해서 참새 한 마리를 통째로 씹고 있었다 해도 믿었을 것이다.

"자네가 사냥에 소질이 있다는 얘긴 진심일세." 돈 후앙은 나를 빤히 보며 말했다. "아무래도 엉뚱한 나무의 껍질을 벗기고 있었던 것 같군. 자넨 사냥꾼이 되기 위해서라면 생활방식을 바꿀지도 모른다는 생각이 들어."

그는 내가 약간의 노력만으로도 이 세계에 내게 좋은 장소와 나쁜 장소가 있다는 사실을 발견했음을 지적했고, 그런 지점들과 결부된 특정 색채가 무엇인지까지 알아냈다고 덧붙였다.

"그래서 자넨 사냥에 소질이 있다는 거야. 그걸 시도하는 모든 사람이 그런 지점과 색채를 동시에 찾아내는 건 아니거든."

사냥꾼이 된다는 얘기는 매우 그럴듯하고 낭만적으로 들렸지만, 내 입장에서는 터무니없는 일이었다. 딱히 사냥에 나서고 싶지는 않았기 때문이다.

"사냥에 나서더라도 굳이 그걸 좋아할 필요는 없어." 내가 반론하자 그는 이렇게 대답했다. "그냥 천부적인 재능을 갖고 있을 뿐이야. 최고의 사냥꾼들은 딱히 사냥을 좋아하지는 않는 사람들이라는 생각이 드는군. 그들은 단지 사냥을 잘할 뿐이야."

돈 후앙은 뭐든 자기가 원하는 대로 논파할 수 있는 능력을 갖고 있다는 생각이 들었지만, 그는 자기도 말하는 것을 결코 즐기는 성격이 아니라는 입장을 견지했다.

"내가 사냥꾼들에 관해 했던 얘기와 마찬가지일세. 딱히 말하는 걸 즐겨야 할 필요는 없어. 난 단지 그런 일에 소질이 있고 잘할 뿐이고, 그게 다야."

나는 그의 재치 있는 대답이 정말로 재미있었다.

"사냥꾼은 남달리 견실한 성격을 지녀야 하네. 진짜 사냥꾼은 뭐든 운에 맡기는 법이 거의 없어. 지금까지 나는 자네에게 다른 방식으로 살아가는 법을 터득해야 한다고 줄곧 설득해봤지만 아직도 성공하지 못했네. 자네가 본으로 삼을 구체적인 예가 아예 없었기 때문이야. 하지만 이젠 상황이 달라졌네. 난 자네의 옛 사냥꾼 정신을 되살렸거든. 자넨 그걸 통해 변화할지도 몰라."

나는 사냥꾼이 되고 싶은 마음이 없다고 항의했다. 애당초 내가 원했던 것은 약초의 지식을 얻는 것이었지만, 돈 후앙이 이런 원래 목적에서 너무나 동떨어진 곳까지 나를 유도한 탓에 이제는 내가 식물에 관해 정말로 배우고 싶은 것인지 아닌지조차도 확신할 수 없는 지경에 이르렀다고 말이다.

"좋아. 아주 좋아. 자기가 뭘 원하는지를 뚜렷하게 모르는 지경에 이르렀다면, 오히려 좀더 겸허해질 수도 있으니까 말이야.

이렇게 말할 수도 있겠군. 자네의 목적을 이루려면 약초에 관해 배우든 사냥에 관해 배우든 그건 그리 중요하지 않아. 자네 입으로 그렇게 말했잖나. 자넨 다른 사람에게서 들을 수 있는 얘기엔 뭐든 관심이 있어. 그렇지?"

인류학의 연구범위를 정의하고 그를 내 정보제공자로 발탁하기 위해서 그런 말을 한 적이 있었다.

돈 후앙은 껄껄 웃었다. 상황을 장악하고 있는 사람이 자신임을 잘 알고 있는 듯한 기색이었다.

"나는 사냥꾼이라네." 그는 마치 내 속마음을 읽기라도 한 듯 말했다. "난 뭐든 운에 맡기는 일이 거의 없어. 아니, 사냥꾼이 되는 법을 배웠다고 하는 쪽이 더 정확할지도 모르겠군. 옛날에도 지금처럼 살았던 건 아니니까 말이야. 인생의 어떤 시점에서 나는 변화할 필요가 있었네. 그리고 지금은 자네에게 그런 방향을 보여주고, 안내해주고 있어. 난 내가 무슨 얘기를 하고 있는지를 잘 아네. 이 모든 걸 스스로 터득한 것이 아니라 누군가에게서 전수받았거든."

"당신에게도 스승이 있었다는 뜻입니까, 돈 후앙?"

"지금 자네에게 가르쳐주는 사냥방식을 내게 가르쳐준 사람이었다고 해두지." 그는 재빨리 대답하고 다른 데로 화제를 돌렸다.

"사냥이야말로 인간이 할 수 있는 가장 위대한 행위였던 옛 시절이 있었지. 사냥꾼은 모두 강한 사내들이었어. 사실, 사냥꾼의 혹독한 삶을 견디려면 처음부터 강할 필요가 있었다네."

갑자기 나는 호기심을 느꼈다. 혹시 돈 후앙은 인디언들이 백인에게 정복되기 전의 시대 얘기를 하고 있는 것일까? 좀더 알아보기로 했다.

"어떤 시절을 말씀하시는 겁니까?"

"옛날 옛적."

"그게 언제입니까? '옛날 옛적'이 어떤 뜻이죠?"

"옛날 얘기란 뜻이야. 아마 오늘날을 뜻할 수도 있겠지. 뭐든 상관없어. 사냥꾼이야말로 최고의 인간이라는 사실을 모든 사람이 알고 있었던 시절이 있었네. 지금은 모든 사람이 그걸 아는 건 아니지만,

아직도 그걸 아는 충분한 수의 사람들이 있어. 나도 알고, 언젠가는 자네도 알게 될지도 몰라. 무슨 얘긴지 알겠나?"

"야키 인디언들이 사냥꾼들을 그렇게 본다는 뜻입니까? 제가 알고 싶은 건 바로 그겁니다."

"반드시 그렇지는 않아."

"그럼 피마 인디언들은 어떻습니까?"

"다 그러진 않아. 그런 친구들도 있지만."

나는 근방의 이런저런 인디언 부족을 예로 들었다. 사냥이라는 행위가 어떤 특정 집단이 공유하는 신념이자 관습이라는 주장에 대해 그의 동의를 얻고 싶었기 때문이다. 그러나 그는 직접적인 대답을 피했기 때문에 나는 화제를 바꿨다.

"돈 후앙, 당신은 왜 저한테 이런 일들을 하시는 겁니까?"

그는 모자를 벗고 짐짓 당혹한 표정으로 관자놀이를 긁적였다.

"난 자네에게 어떤 제스처를 보여주고 있는 거야." 그는 나직하게 말했다. "다른 사람들도 자네에 대해 비슷한 제스처를 보였을 거야. 언젠가는 자네도 다른 사람들에게 똑같은 제스처를 할지도 모르지. 지금은 내가 그럴 차례라고 해두세. 어느 날 나는 스스로를 존경할 수 있는 사냥꾼이 되려면 생활방식부터 바꿔야 한다는 사실을 깨달았네. 그때까지만 해도 징징거리고 불평불만에 가득 찬 인물이었지. 부당하게 괄시받고 있다고 믿을 만한 충분한 이유가 있었거든. 난 인디언이고 여기서 인디언은 개나 다름없는 취급을 받는다네. 내 힘으로 그런 상황을 뒤집을 방법은 없었기 때문에 내게 남은 건 슬픔의 감정뿐이었어. 그럴 무렵 운 좋게도 누군가가 내게 사냥을 하는 법을 가르쳐주었다네. 그 과정에서 나는 내가 살아오던 방식이 무가치하다는 것을 깨달았어… 그래서 변화했던 거야.”

“하지만 돈 후앙, 전 지금 제 삶에 만족하는데요. 그걸 왜 굳이 바꿔야 합니까?”

돈 후앙은 아주 나직한 목소리로 어떤 멕시코 노래를 부르기 시작했다. 그것은 곧 콧노래로 바뀌었다. 그는 마치 박자를 맞추듯이 고개를 위아래로 까닥거렸다.

“자넨 자네와 내가 평등한 존재라고 생각하나?” 그가 날카롭게 물었다.

돈 후앙의 느닷없는 질문은 완전히 나의 허를 찔렀다. 마치 그가 내 귀에 대고 그 말을 외치기라도 한 것처럼 묘하게 귀가 웅웅거렸다. 그는 외친 적이 없는데도 말이다. 그러나 그의 목소리에는 쇳소리가 포함되어 있었고, 지금 내 귓속에서 메아리치고 있는 것은 바로 그 소리였다.

나는 왼쪽 귓속을 왼쪽 새끼손가락 끝으로 긁적였다. 평소에도 언제나 귀가 간지러워서 양손 새끼손가락으로 귓속에 넣고 율동하듯이 긁적이는 신경질적인 버릇이 있었다. 정확히 말하자면 귀에 손가락을 집어넣고 팔 전체를 흔드는 버릇이었다.

돈 후앙은 나의 이런 동작을 매료된 듯이 바라보았다.

“흐음… 우린 평등하다고 생각해?” 그는 다시 물었다.

“물론 우린 평등합니다.”

물론 나는 짐짓 돈 후앙의 비위를 맞춰주고 있었다. 가끔 어떻게 대해야 할지 모를 때도 있었지만 그에게 나는 아주 따뜻한 감정을 가지고 있었기 때문이다. 그러나 내 마음속 깊은 곳에는 | 결코 입 밖에 내서 말하는 일은 없겠지만 | 세련된 서구권의 대학생인 나는 일개 인디언보다 더 우월하다는 생각이 여전히 자리 잡고 있었다.

　"아냐." 그는 침착하게 말했다. "우린 평등하지 않아."

　"설마요. 우린 평등한 존재입니다." 나는 반박했다.

　"아냐." 그는 나직하게 말했다. "우린 평등하지 않아. 난 사냥꾼이자 전사이지만, 자넨 일개 뚜쟁이에 불과해."

　나는 아연실색했다. 돈 후앙이 정말로 그런 말을 내게 했다는 사실을 도저히 믿을 수가 없었다. 나는 공책을 떨어뜨리고 망연자실한 눈으로 그를 응시했다. 조금 뒤에는 물론 화가 머리끝까지 치솟았다.

　돈 후앙은 침착하고 차분한 눈으로 나를 바라보았다. 나는 그의 눈을 피했다. 그러자 그는 입을 열고 아주 또렷또렷한 발음으로 말하기 시작했다. 그의 입에서 매끄럽고 치명적인 말들이 흘러나왔다. 그는 내가 누군가를 대신해서 뚜쟁이 노릇을 하고 있다고 말했다. 그는 내가 나 자신의 싸움에 나서려 하지 않으며, 누군지도 모르는 사람들의 싸움을 대신 싸워주고 있고, 약초든 사냥이든 기타 어느 것이든 배우고 싶은 생각이 전혀 없다고 말했다. 그런 반면, 엄밀한 행동과 감정과 결단으로 이루어진 그 자신의 세계는 내가 '내 인생'이라고 부르는 실수투성이의 우매한 쓰레기는 상대조차 되지 않을 정도로 효율적이라고 말했던 것이다.

그의 말이 끝나자 나는 넋이 나간 듯한 상태가 돼버렸다. 그는 적의나 교만함과는 무관한 힘찬 어조로, 그러면서도 너무나 차분한 어조로 그런 말을 했던 것이다. 이제는 화조차 나지 않았다.

우리는 침묵했다. 나는 당혹감에 무슨 말을 해야 좋을지 알 수 없었다. 그가 먼저 침묵을 깨주기를 기다리는 수밖에 없었다. 몇 시간이 흘렀다. 돈 후앙은 조금씩 몸의 움직임을 줄여가더니 급기야는 기이한, 거의 섬뜩할 정도의 경직상태에 도달했다. 주위가 점점 어두워지면서 그의 윤곽을 알아보는 것조차 힘들어졌다. 마침내 칠흑과도 같은 어둠이 깔리자 그는 검은 돌덩어리가 된 것처럼 보였다. 그의 부동不動 상태는 너무나도 완전했기 때문에 그라는 인물이 마치 아예 존재하지도 않는 것처럼 느껴졌다.

자정 무렵이 되어서야 마침내 깨달았다. 돈 후앙은 언제까지든 이 황야에서, 이 바위들 사이에서 미동도 않고 머물러 있을 수 있다는 사실을. 필요하다면 영원히 말이다. 엄밀한 행동과 감정과 결단으로 이루어진 그의 세계는 진정으로 우월했다.

나는 말없이 그의 팔에 손을 갖다 댔다. 눈물이 왈칵 솟구쳤다.

7
접근하기 힘든 존재가 되기

1961년 6월 29일 목요일

나는 돈 후앙이 거의 일주일 동안 하루도 빠짐없이 전수해준 특정 사냥감의 행동방식에 관한 상세한 지식에 완전히 매료되었다. 우선 그는 그가 '메추라기의 별난 버릇'이라 부르는 정보에 입각한 몇 가지의 사냥기술에 관해 설명해주었고, 그것을 몸소 입증해 보였다. 나는 그가 해주는 설명에 완전히 몰입한 탓에 하루가 다 갔는데도 그 사실을 깨닫지 못했다. 점심을 거르기까지 했을 정도다. 돈 후앙은 내가 밥 먹는 것을 잊다니 정말 희한한 일이 다 있다며 농담했다.

날이 저물 무렵 그는 실로 독창적인 덫을 이용해서 다섯 마리의 메추라기를 잡았다. 그는 그 덫을 조립하고 놓는 방법을 내게 가르쳐주었다.

"두 마리면 충분해." 그는 이렇게 말하고 세 마리를 놓아주었다.

그런 다음 그는 메추라기 굽는 법을 가르쳐주었다. 우리 할아버지는 땅에 고기를 묻고 그 위에 생나무를 늘어놓고 모닥불을 피우는 방식의 야외 화덕을 곧잘 만들곤 했다. 내가 그럴 작정으로 관목을 좀 잘라오려고 하자, 돈 후앙은 이미 메추라기를 죽였으니 관목까지 죽일 필요는 없다면서 말렸다.

고기를 다 먹은 다음 우리는 바위가 많은 지역을 향해 어슬렁어슬렁 걸어갔다. 잠시 사암 언덕 중턱에 앉아 휴식을 취하면서, 나는 내 마음대로 할 수만 있었으면 다섯 마리를 모두 구웠을 거라고 농담했고, 내가 만들려던 화덕으로 구웠으면 그냥 불에 굽는 것보다 훨씬 맛있었을 거라고 덧붙였다.

"보나마나 그랬겠지." 돈 후앙은 대답했다. "하지만 그랬더라면 우린 살아서 여길 떠나지 못했을 공산이 크네."

"그게 무슨 뜻입니까? 우리가 떠나는 걸 누가 막기라도 한단 말입니까?"

"관목, 메추라기, 그 밖의 여기 있는 모든 것들이 힘을 합쳐서 막았겠지."

"예나 지금이나 도대체 진담인지 농담인지를 잘 모르겠습니다."

돈 후앙은 짐짓 넌더리난다는 듯이 입을 쩝쩝거렸다.

"자넨 진담에 대해서 괴상한 오해를 하고 있어. 내가 툭하면 웃는 건 웃는 걸 좋아하기 때문이지만, 내가 하는 모든 말은 지극히 진지하다네. 설령 자네가 그걸 이해 못한다고 해도 말이야. 왜 세계가 자네 생각에만 맞춰서 존재해야 하나? 도대체 누가 자네한테 그런 권한을 줬지?"

"달리 안 그렇다는 증거가 없으니까요."

주위가 어두워지고 있었다. 슬슬 돈 후앙의 집으로 돌아갈 때가 아닌가 하는 생각이 들었지만, 그는 딱히 서두르는 기색이 아니었고 나도 산책을 즐기고 있었기 때문에 그냥 있었다.

바람이 차가워졌다. 돈 후앙은 갑자기 일어서더니 우리가 있는 언덕 정상으로 올라가서 관목이 없는 공터에 서 있어야 한다고 말했다.

"두려워하지 않아도 돼. 자네 친구인 내가 여기 있으니 자네가 무슨 해코지를 당하는 일은 없을 거야."

"그게 무슨 뜻입니까?" 나는 놀라서 말했다.

돈 후앙은 나를 순수한 환희로부터 최악의 공포로 몰아넣는 비견할 데 없는 재능을 가지고 있었다.

"지금 이즈음의 세계는 매우 기이한 곳이라네. 그런 뜻이야. 뭘 보든 간에 두려워하지 말게."

"제가 뭘 보게 되는데요?"

"나도 아직 몰라." 그는 남쪽을 조망하며 말했다.

걱정하는 기색은 아니었다. 나도 같은 방향을 계속 바라보았다.

돈 후앙은 돌연 활기를 띠며 왼손으로 사막의 관목림에서 특히 어두운 부분을 가리켰다.

"저기 와 있어." 마치 뭔가 기다리던 것이 방금 나타났다는 듯한 말투였다.

"저게 뭔데요?"

"저기 와 있어. 저기야! 보라고!"

내 눈에는 관목으로밖에는 보이지 않았다.

"여기로 왔어." 그는 다급한 어조로 말했다. "앞에 와 있다고."

바로 그 순간 돌풍이 불어오며 내 얼굴을 직격했다. 눈이 불타오르듯이 따끔거렸지만 나는 문제의 관목림을 계속 응시했다. 아무리 보아도 유별난 점은 어디에도 없었다.

"아무것도 안 보입니다만."

"방금 느꼈잖나. 방금. 그게 자네 눈으로 들어와서 자네가 못 보게 만들었어."

"무슨 말씀을 하시는 겁니까?"

"난 의도적으로 이 언덕배기까지 자네를 데려왔네. 이렇게 눈에 띄는 곳에 있으니 무엇인가가 우리한테 온 거지."

"뭐가요? 바람이?"

"그냥 바람만 분 게 아냐." 돈 후앙은 준엄한 어조로 말했다. "자넨 바람밖에는 모르니 자네 눈에는 바람으로 보였겠지만 말이야."

나는 온 정신을 집중해서 사막의 관목림을 들여다보았다. 돈 후앙은 내 곁에서 잠시 묵묵히 서 있다가 근처 덤불로 들어가더니 꽤 큰 나뭇가지들을 꺾기 시작했다. 그는 가지 여덟 개를 모아서 하나로 묶었다. 나도 같은 일을 했는데, 그는 내게 가지를 꺾어서 미안하다고 큰 소리로 나무에게 사죄하라고 지시했다.

두 단의 나뭇가지가 생기자 돈 후앙은 그것들을 가지고 언덕배기로 달려가서 두 개의 커다란 바위 사이에 누워 있으라고 명령했다. 그는 내가 모은 나뭇단을 써서 눈 깜짝할 새에 내 몸 전체를 덮었고, 자기도 눕더니 같은 일을 했다. 우리가 눈에 띄지 않게 된 순간 이른바

'바람'이 어떻게 멈추는지를 관찰하라고 그는 나뭇잎 새로 말했다.

잠시 후 돈 후앙이 예측한 대로 바람이 멈추자 나는 아연실색했다. 바람은 내가 의도적으로 관찰하고 있지 않았더라면 모르고 지나갔을 정도로 천천히 잦아들다가 급기야는 아예 멎어버렸던 것이다. 한동안 내 얼굴을 덮은 나뭇잎들 새로 바람이 쎙쎙 스쳐갔지만, 주위가 점점 더 조용해지더니 마침내 완전한 정적이 찾아왔다.

나는 돈 후앙을 향해 바람이 멈췄다고 속삭였다. 그러자 그는 큰소리를 내거나 움직이지 말라고 속삭였고, 내가 바람이라고 부르는 것은 전혀 바람이 아니며 자기 의지를 가지고 실제로 우리를 인식할수 있는 존재라고 말했다.

나는 신경질적인 웃음소리를 냈다.

돈 후앙은 알아듣기 힘든 목소리로 우리 주위가 고요해졌음을 지적하면서, 이제 일어설 테니 나도 왼손으로 몸을 덮은 나뭇가지를 아주 살며시 옆으로 밀치며 일어서라고 속삭였다.

우리는 동시에 일어섰다. 돈 후앙은 잠깐 남쪽을 조망하더니 느닷없이 몸을 돌려 서쪽을 마주 보았다.

"교활해. 정말로 교활해." 그는 중얼거리고 남서쪽의 한 지점을 가리켰다.

"저걸 봐! 보라고!" 그가 재촉했다.

나는 최대한 정신을 집중해서 그쪽을 응시했다. 돈 후앙이 도대체 무엇을 보라는지 알고 싶었지만, 아무것도 보이지 않았다. 더 정확하게 말하자면 내가 예전에 못 본 것은 보이지 않았다. 그냥 산들바람에 날리는 관목들이 있을 뿐이었다. 관목들은 물결쳤다.

"여기 와 있어." 돈 후앙이 말했다.

바로 그 순간 나는 얼굴에 바람이 확 와닿는 것을 느꼈다. 마치 우리가 일어선 다음 바람이 또 불기 시작한 것 같았다. 도저히 믿을 수가 없었다. 이런 현상에 대해서도 뭔가 논리적인 설명이 존재해야 마땅하다.

돈 후앙은 나직하게 웃더니 머리로 이해해보려는 헛수고는 하지 말라고 말했다.

"또 나뭇가지를 모으러 가세. 저 조그만 나무들한테는 미안하지만, 자네를 멈춰야 해."

그는 우리가 몸을 덮었던 나뭇가지들을 끌어모아 작은 바위와 흙으로 덮었다. 그런 다음 아까 했던 것과 마찬가지로 각자를 위해 여덟 개의 나뭇가지를 새로 모아왔다. 그러는 동안에도 바람은 줄곧 불어오고 있었다. 바람이 내 귓가의 머리카락을 흐트러뜨리는 것을 느낄 수 있었다. 돈 후앙은 일단 그가 나를 나뭇가지로 덮어준 뒤로는 꼼짝도 말고, 아무 소리도 내지 말라고 속삭였다. 그는 재빨리 내 몸을 나뭇가지들로 덮어준 다음 자기도 누워서 나뭇가지를 덮었다.

우리는 20분 동안 그런 자세로 있었다. 그러는 사이에 나는 믿기 힘든 현상을 경험했다. 바람이 끊임없이 몰아치는 강풍에서 어느새 또다시 미풍微風으로 바뀌었던 것이다.

나는 숨을 죽이고 돈 후앙이 신호하기를 기다렸다. 어느 시점에서 그는 조심스레 나뭇가지들을 밀쳐냈다. 나도 그렇게 하고 일어섰다.

언덕배기는 매우 조용했다. 주위의 덤불 잎사귀들이 아주 조금 흔들리는 기색밖에는 없었다.

돈 후앙의 눈은 남쪽의 관목 지대의 한 지점에 못 박혀 있었다.

"저기 또 왔어!" 그는 커다란 목소리로 외쳤다.

나도 모르게 펄쩍 뛰어올랐다가 넘어질 뻔했다. 돈 후앙은 크고 단호한 목소리로 내게 보라고 명령했다.

"뭘 봐야 합니까?" 나는 필사적으로 되물었다.

바람이든 뭐든 간에, 덤불보다 상당히 위쪽에 있는 구름이나 소용돌이 같은 것이 빙빙 돌며 우리가 있는 언덕배기로 오는지를 확인해보라는 대답이 돌아왔다.

나는 멀리 떨어진 덤불 윗부분이 물결치는 것을 보았다.

"저기 오는군." 돈 후앙이 내 귓가에 대고 말했다. "보라고, 우리를 찾고 있어."

그러자마자 강풍이 계속 불어오며 내 얼굴을 강타했다. 처음과 똑같았다. 그러나 이번에 내가 보인 반응은 처음과 달랐다. 공포에 질렸던 것이다. 돈 후앙이 묘사한 존재를 직접 보지는 못했지만, 덤불 위쪽이 지극히 섬뜩하게 물결치는 것을 본 탓이었다. 나는 공포에 굴복하지 않기 위해 이 현상을 어떤 식으로든 논리적으로 설명해보려고 했다. 이 지역은 지속적인 대기의 흐름에 노출되어 있었고, 이 지역 전체를 숙지하고 있는 돈 후앙은 그런 사실을 알고 있을뿐더러 그런 흐름이 어디서 어떻게 작용하는지를 머릿속으로 예상할 수 있는 수준에 달해 있는 것이 틀림없다. 따라서 그는 누워서 수를 세며 바람이 잦아들 때까지 기다렸다가, 다시 일어서서 그런 흐름이 다시 생겨나기를 기다리기만 하면 된다는 얘기다.

나는 골똘히 이런 식의 생각에 잠겨 있다가 돈 후앙의 목소리를 듣고 나서야 정신을 차렸다. 그는 떠날 때가 되었다고 말했다. 나는 우물쭈물하며 시간을 끌었다. 바람이 잦아드는 것을 확인할 때까지 그 자리에 머물고 싶었기 때문이다.

"돈 후앙, 저는 아무것도 못 봤습니다만."

"하지만 뭔가 특이한 걸 봤잖아."

"제가 뭘 봤어야 하는지 다시 한 번 설명해주지 않으시렵니까."

"이미 얘기했어. 바람 속에 숨어 있는 소용돌이나 구름, 아지랑이, 얼굴 따위가 빙빙 도는 걸 찾아보라고 말이야."

돈 후앙은 손을 가로 세로로 움직여 보였다.

"그건 이런 식으로 특정 방향을 향해 움직이네. 그러면서 구르거나 회전하지. 사냥꾼은 그걸 모두 숙지하고 있어야 올바르게 움직일 수가 있어."

나는 그의 비위를 맞춰주는 시늉이라도 하고 싶었지만 그의 설명이 너무나도 진지했기에 차마 그럴 수가 없었다. 돈 후앙은 잠시 나를 바라보았다. 나는 시선을 돌렸다.

"세계가 오직 자네가 생각하는 대로만 움직인다고 생각한다면 그건 어리석은 짓이야. 세계는 불가해한 장소라네. 특히 황혼녘에는 말이야."

돈 후앙은 턱으로 바람이 불어오는 방향을 가리켜 보였다.

"저건 우리 뒤를 따라올 수도 있어. 우리를 피곤하게 하고, 심지어는 죽일 수조차 있다네."

"바람이 말입니까?"

"바로 이즈음, 황혼이 깔리는 시간대에는 바람 따위는 없어. 이 시간대에는 오로지 힘만이 존재할 뿐이야."

우리는 한 시간 동안 언덕배기에 앉아 있었다. 그러는 동안 세찬 바람이 끊임없이 몰아쳤다.

1961년 6월 30일 금요일

늦은 오후에 저녁을 먹은 다음 돈 후앙과 나는 그의 집 앞 흙마루로 갔다. 나는 나의 '장소'에 앉아 기록을 정리하기 시작했다. 돈 후앙은 깍지 낀 손을 배 위에 얹고 누워 있었다. 우리는 예의 '바람' 탓에 하루종일 집에 머물러 있었다. 돈 후앙은 우리가 고의적으로 바람을 건드렸기 때문에 당분간은 자중하는 편이 낫다고 설명했다. 나는 잘 때도 나뭇가지로 몸을 덮어야 했다.

갑자기 돌풍이 불어오자 돈 후앙은 믿기 힘들 정도로 민첩한 동작으로 벌떡 일어섰다.

"빌어먹을. 바람이 자네를 찾아다니고 있군."

"설마요." 나는 웃으며 말했다. "그건 솔직히 못 믿겠습니다."

무슨 고집을 피우는 것은 아니었다. 단지 바람이 자기 의지를 가지고 나를 찾고 있다거나, 언덕배기에 있던 우리를 실제로 찾아내서 돌진해왔다는 생각을 도저히 받아들일 수가 없었기 때문이다. 나는 '의도적인 바람'이라는 생각은 상당히 유치한 세계관의 산물처럼 느껴진다고 실토했다.

"그럼 바람이란 뭐라고 생각하나?" 돈 후앙은 도전하듯이 물었다.

나는 참을성 있는 어조로 바람이란 뜨거운 공기 덩어리와 찬 공기 덩어리가 대기 중에서 상이한 압력을 만들어내고, 그 압력이 공기 덩어리들을 수직이나 수평 방향으로 움직이기 때문에 생기는 현상이라고 설명했다. 그런 식으로 기상학의 기초를 모두 설명하기까지는 한참 걸렸다.

"바람이 오직 뜨겁고 차가운 공기 때문에 생긴다는 소리야?" 돈 후앙은 곤혹스러운 듯이 되물었다.

"아무래도 그렇다고 해야겠죠." 나는 내심 승리감을 감추려고 애쓰면서 말했다.

돈 후앙은 망연자실한 표정이었다. 그러나 잠시 후 그는 나를 빤히 바라보며 폭소를 터뜨렸다.

"자네의 의견은 최종적인 의견이로군." 어딘가 비꼬는 듯한 어조였다. "자네 말이 마지막 말이다, 이건가? 그러나 사냥꾼 입장에서 자네의 의견은 완전히 헛소리에 불과해. 공기 압력이 1이든 2이든 10이든 아무 차이도 없어. 자네가 이곳 황야에서 살아가야 한다면 황혼녘에는 바람이 힘으로 변한다는 걸 알아차렸을걸. 제대로 된 사냥꾼이라면 누구나 그걸 알고, 거기에 따라 행동하네."

"어떻게 행동한다는 겁니까?"

"황혼과, 바람에 숨겨진 힘을 이용하는 식으로."

"어떻게요?"

"필요하다면 스스로의 몸을 덮음으로써 그 힘으로부터 몸을 숨기고, 황혼이 떠나가면서 힘이 그를 그 보호막 속에 봉인해줄 때까지 꼼짝 않고 기다린다네."

돈 후앙은 양손으로 무엇인가를 감싸는 듯한 시늉을 해 보였다.

"그 보호막은 마치…"

그는 적절한 단어를 찾으려는 듯이 잠시 말을 멈췄다. 나는 '누에고치'가 어떻겠느냐고 말했다.

"맞아. 그 힘의 보호막은 누에고치처럼 자네를 감싸준다네. 그렇게 되면 퓨마든 코요테든 해충이든 자네를 건드리지 못해. 설령 탁트인 장소에 나가더라도 말이야. 퓨마가 사냥꾼의 코앞까지 와서 킁킁 냄새를 맡아도 사냥꾼이 움직이지만 않는다면 그냥 떠날 거야. 그건 보장할 수 있네.

반면에 사냥꾼이 주의를 끌고 싶다면 황혼녘에 언덕배기에 올라가서 서 있기만 하면 돼. 그럼 힘은 그를 밤새도록 찾으며 끈질기게 따라다닐 걸세. 따라서 밤에 이동하거나 깨어 있고 싶은 사냥꾼은 바람을 향해 스스로를 내놓아야 하네.

위대한 사냥꾼들의 비밀은 바로 거기 있어. 길이 꺾일 때마다 자유자재로 스스로를 내놓거나 숨기는 능력이지."

나는 조금 혼란을 느끼고 무슨 뜻인지 다시 설명해달라고 부탁했다. 돈 후앙은 지극히 참을성 있는 어조로 방금 그는 황혼과 바람을 써서 스스로를 숨기는 것과 내보이는 행위의 상호작용을 설명했다고 대답했다.

"자네도 의도적으로 스스로를 내놓거나 내놓지 않는 법을 배워야 하네. 자네가 지금 살아가는 방식을 가지고는 언제나 무의식중에 스스로를 내놓고 있는 거나 마찬가지야."

나는 그의 말에 반발했다. 나는 내 삶이 점점 더 비밀스러워지는 쪽으로 가고 있다고 느꼈기 때문이다. 그러자 돈 후앙은 내가 요점을 이해 못했으며, 노출을 삼간다는 것은 아예 숨어 버리거나 비밀스러워지는 것이 아니라 접근하기 힘든(inaccessible) 존재가 되는 일이라고 했다.

"그럼 이렇게 설명해주지." 돈 후앙이 참을성 있게 말을 이었다. "자네가 숨는다는 걸 모든 사람이 안다면 숨어도 아무 소용이 없어.

자네의 문제는 바로 그 사실에서 비롯된 거야. 자네가 숨더라도 다들 자네가 숨었다는 걸 알고, 반대로 숨지 않았을 때는 모든 사람의 시선에 노출되어 있는 거지."

나는 위협당한 듯한 기분을 느꼈기 때문에 서둘러 자기변호에 나서려고 했다.

"변명하지 말게." 돈 후앙은 무덤덤하게 말했다. "그럴 필요는 없어. 우리는 모두 어리석고, 자네도 예외가 아냐. 과거에는 나도 자네처럼 번번이 나 자신을 내놓았다네. 아마 우는 일을 제외하면 내 안에 아무것도 남지 않을 때까지 말이야. 실제로 그랬어. 자네와 하등 다르지 않았지."

돈 후앙은 잠시 나를 훑어보더니 한숨을 쉬었다.

"그땐 지금의 자네보다 젊었어. 하지만 어느 날 넌더리가 났고, 변했지. 내가 사냥꾼이 되던 바로 그날, 스스로를 내놓거나 내놓지 않는 비결을 터득했다고나 할까."

나는 그의 말을 도통 알아듣지 못하겠다고 말했다. 스스로를 내놓는다(being available)는 표현의 의미를 정말로 이해할 수가 없었다. 돈 후앙이 실제로 쓴 것은 스페인어의 관용구인 'ponerse al alcance'와 'ponerse en el del camino,' 즉 '스스로를 남의 손이 닿는 곳에 놓는다'와 '스스로를 번잡한 길 한복판에 갖다놓는다'는 표현이었다.

"자넨 거기서 빠져나와야 해. 번잡한 길 한복판에서 벗어나야 한다는 뜻일세. 자네의 전全 존재는 지금 그곳에 있기 때문에 숨어보았자 아무 소용도 없어. 숨어 있다는 건 착각에 불과해. 길 한복판에 있다는 건 지나가는 모든 사람들이 자네의 일거수일투족을 관찰한다는 뜻이니까 말이야."

흥미로운 비유처럼 들렸지만 너무 모호했다.

"무슨 수수께끼처럼 들립니다만."

돈 후앙은 한참 나를 뚫어지게 바라보다가 콧노래를 부르기 시작했다. 나는 허리를 펴고 정신을 바짝 차렸다. 돈 후앙이 멕시코 노래를 흥얼거릴 때는 어떤 식으로든 내 허를 찌른다는 사실을 알고 있었기 때문이다.

"어이." 그는 씩 웃으며 내 얼굴을 들여다보았다. "자네의 그 금발 친구는 어떻게 됐나? 자네가 정말로 좋아하던 그 처자 말일세."

나는 어리벙벙한 표정으로 돈 후앙을 쳐다보았던 것이 틀림없다. 그는 흥에 겨운 표정으로 폭소했기 때문이다. 뭐라고 말해야 할지 알 수 없었다.

"나한테도 얘기해준 적이 있잖아." 그는 안심하라는 듯이 말했다.

그러나 금발의 여자친구는 둘째 치고, 나는 돈 후앙에게 그런 얘기를 해준 기억이 없었다.

"그런 얘긴 한 번도 한 적이 없습니다만."

"틀림없이 했네." 그는 됐다는 듯이 말했다.

반박하고 싶었지만 돈 후앙은 내 말을 가로막고 그가 어떻게 그녀 일을 알고 있는지는 중요하지 않으며, 정말로 중요한 것은 내가 그녀를 좋아했다는 사실이라고 말했다.

나는 마음속에서 그에 대한 적의가 솟구치는 것을 느꼈다.

"발뺌하지 말게." 돈 후앙은 무덤덤하게 말했다. "지금이야말로 자네의 자존심을 끊어낼 때야. 자넨 어떤 여자, 아주 사랑스러운 여자를 사귀었지만, 어느 날 갑자기 헤어졌지."

실은 돈 후앙에게 그녀 얘기를 한 적이 있는 것이 아닌가 하는 생각이 들기 시작했다. 그러나 아무리 기억을 뒤져보아도 그럴 기회 자체가 없었다. 하지만 나도 모르게 입 밖에 냈을 가능성도 전혀 없지는 않았다. 차를 운전하며 그와 함께 다닐 때 나는 온갖 이야기를 나누는 버릇이 있었기 때문이다. 운전을 하면서 메모를 할 수는 없었기 때문에 차 안에서 한 이야기를 모두 기억하고 있지도 않았다. 이런 결론을 내리자 좀 기분이 누그러졌다. 나는 그의 말이 옳다고 했다.

그 금발 여성은 내 삶의 아주 중요한 일부였던 적이 있었다.

"그런데 왜 지금은 함께 살지 않나?"

"헤어졌거든요."

"왜?"

"여러 이유가 있습니다."

"여러 이유 따위는 없네. 이유는 단 하나, 자네가 스스로를 너무 내
놓았기 때문이야."

나는 진심으로 그가 하는 말의 진의를 파악하고 싶었다. 또 내 심
금을 울린 얘기를 들었다고나 할까. 돈 후앙은 자기의 말이 일으킨 효
과를 알고 있는 듯했고, 짓궂은 미소를 감추려는 듯이 입을 오므렸다.

"그래서 다들 자네와 그 여자의 일에 관해 알고 있었어." 그는 자
신에 찬 확고부동한 어조로 말했다.

"그게 뭐 잘못된 일입니까?"

"치명적으로 잘못된 일이지. 그녀는 아주 훌륭한 여자였거든."

나는 그의 무분별한 유도심문이 정말 혐오스럽다고 털어놓았다.
특히 마치 현장에서 그 광경을 직접 목격한 사람처럼 확신에 찬 태도
로 말한다는 사실이 견디기 힘들다고 말이다.

"하지만 사실인 걸 어쩌겠나." 어린애처럼 솔직한 태도였다. "난
모든 걸 '보고(see)' 알았어. 아주 괜찮은 여자던데."

더 이상 논쟁을 벌여봤자 무의미하다는 것을 알고 있었지만, 그가
내 인생의 아픈 부분을 건드렸다는 사실이 화가 났다. 나는 그 여자
가 사실 알고 보면 그리 괜찮은 사람은 아니었고, 내가 보기엔 의지

가 너무 박약했다고 덧붙였다.

"그건 자네도 마찬가지야." 돈 후앙은 침착하게 말했다. "하지만 그런 건 중요하지 않아. 중요한 점은 자네가 그녀를 찾아 온 데를 돌아다녔다는 사실이야. 그 사실은 그녀를 자네 세계에서 특별한 사람으로 만들었고, 그런 특별한 사람에 대해서는 오직 좋은 얘기만 해야 하네."

당혹감과 함께 강렬한 비애가 몰려왔다.

"저한테 도대체 무슨 짓을 하고 있는 겁니까, 돈 후앙? 결국엔 언제나 저를 이렇게 슬프게 만들고야 마는군요. 이유가 뭡니까?"

"지금 자네는 감상에 푹 빠져 있어." 그가 힐난하듯이 말했다.

"도대체 이런 짓을 하는 목적이 뭡니까, 돈 후앙?"

"자네가 지향해야 할 목적은 접근하기 힘든 존재가 되는 거야." 그는 선언했다. "내가 그 여자의 기억에 대해 언급한 건 내가 바람을 통해 보여주지 못했던 걸 자네에게 직접 보여주기 위한 수단이었다네.

자네는 접근하기 쉬운 존재였기 때문에 그녀를 잃었던 거야. 자넨 언제나 그녀의 손이 닿는 곳에 있었고, 그런 자네의 삶은 판에 박힌 일상의 연속이었어."

"그건 사실이 아닙니다! 당신 말은 틀렸습니다. 제 삶은 일상적이었던 적이 한 번도 없습니다."

"과거에도, 현재도 일상 그 자체일세." 그는 독단적으로 잘라 말했다. "특이한 일상이기 때문에 일상적이 아니라는 인상을 주지만, 결국은 일상에 불과하다는 걸 보장하지."

골이 난 나머지 나는 시무룩한 기분에 푹 빠져 있고 싶었지만, 돈 후앙의 눈빛은 왠지 나를 안절부절못하게 만들었다. 끊임없이 나를 압박해오는 듯한 느낌이었다.

"사냥의 오의奧義는 접근하기 힘든 존재가 되는 거라네. 그 금발 처자의 경우에 그걸 대입하자면, 자넨 사냥꾼이 되어서 그녀를 조금씩만 만났어야 했어. 자네가 한 행동과는 다르지. 자넨 매일 그녀와 함께 지냈고, 그 탓에 마지막에는 따분한 감정밖에는 남지 않았어. 그렇지?"

나는 대답하지 않았다. 그럴 필요가 없다고 느꼈기 때문이다. 돈 후앙의 말이 옳았다.

"접근하기 힘든 존재가 된다는 것은 주위 세계에 손을 덜 댄다는 뜻일세. 메추라기를 다섯 마리가 아니라 한 마리만 먹는 것처럼. 단지 화덕을 만들기 위해 식물을 상하게 하지 않고, 반드시 그래야 할 경우가 아니라면 바람의 힘에 스스로를 노출하지 않는 것처럼. 사람들, 특히 사랑하는 사람들이 무無로 쪼그라들 때까지 쥐어짜지 않는 것처럼 말이야."

"저는 사람들을 이용한 적이 없습니다." 나는 진심으로 말했다.

그러나 돈 후앙은 내가 그랬다고 주장했고, 내가 다른 사람들은 피곤하고 넌더리나는 존재라고 대놓고 말하고 다니는 것도 바로 그 때문이라고 했다.

"스스로를 내놓지 않는다는 것은 의도적으로 자기 자신과 다른 사람들의 진을 빼놓는 것을 피한다는 뜻이네. 그건 배를 곯거나 절망하

130

지 않는다는 뜻이야. 다시는 먹을 일이 없을 거라고 느끼고 눈앞에 있는 음식을, 메추라기 다섯 마리를 몽땅 먹어버리는 그 불쌍한 녀석처럼 말이야!"

돈 후앙은 치사하게도 내 아픈 곳만 골라서 찌르고 있는 것이 분명했다. 내가 허탈하게 웃자 그는 흡족한 기색으로 내 등을 툭 쳤다.

"사냥꾼은 자신의 덫으로 사냥감을 계속 유인할 수 있다는 걸 알기 때문에 걱정하지 않아. 걱정한다는 건 자기도 모르는 새에 접근하기 쉬운 존재가 되는 거나 마찬가지야. 그리고 일단 걱정하기 시작하면 필사적으로 지푸라기라도 잡으려고 하기 마련이지. 일단 그렇게 무엇인가에 매달리면 자네가 녹초가 되든지, 사람이든 그 밖의 무엇이든 자네가 매달린 대상 쪽이 녹초가 되든지, 둘 중 하나일세."

나는 일상을 살아가면서 그런 식으로 접근하기 힘든 존재가 되는 일은 상상조차 할 수 없다고 대답했다. 내가 지적하고 싶었던 것은, 제대로 기능하려면 나는 나와 관계가 있는 모든 사람들과 접촉할 수 있는 범위 내에 머물러야 한다는 점이었다.

"접근하기 힘들어진다는 것이 숨거나 비밀을 지켜야 한다는 뜻이 아니라는 건 이미 설명하지 않았나." 돈 후앙은 침착하게 말했다. "다른 사람들과 접촉하면 안 된다는 뜻도 아냐. 사냥꾼은 자신의 세계를 상냥하게, 조금씩만 이용한다네. 그 세계를 이루는 것이 사물이든 식물이든 동물이든 사람들이든 힘이든 간에 말이야. 사냥꾼은 자신의 세계를 친밀하게 다루지만, 바로 그 세계의 입장에서는 접근하기 힘든 존재이기도 하네."

"그건 모순 아닙니까. 자기 세계에 매일 24시간 동안 머무르면서 어떻게 접근하기 힘든 존재가 될 수 있습니까."

"아직도 이해 못하는군." 돈 후앙은 참을성 있게 말했다. "사냥꾼이 접근하기 힘든 존재인 것은 자기 세계를 쥐어짜서 엉망으로 만들어놓지 않기 때문이라네. 그러는 대신 살짝 접촉해서 필요한 만큼만 거기 머물다가, 흔적조차 거의 남기지 않고 재빨리 떠나는 거지."

8
일상의 습관을 뒤흔들기

1961년 7월 16일 일요일

아침 내내 우리는 뚱뚱한 다람쥐처럼 보이는 일종의 설치류를 관찰했다. 돈 후앙은 그것들을 물쥐라고 불렀다. 물쥐는 매우 민첩하게 위험을 피하지만 자신을 쫓던 포식동물을 떼어놓은 다음에는 퍼뜩 멈춰서거나 심지어는 바위 위에서 뒷다리로 선 다음 주위를 둘러보며 몸단장을 하는 멍청하기 짝이 없는 버릇을 가지고 있다고 했다.

"녀석들은 눈이 아주 좋으니까 도망칠 때에 한해서만 함께 움직여야 해. 따라서 자넨 녀석들이 어디서 언제 멈춰서는지를 미리 예측했다가 녀석들과 동시에 멈춰서는 법을 터득해야 하네."

나는 물쥐들을 관찰하는 재미에 푹 빠졌다. 워낙 많이 찾아냈기 때문에 내가 사냥꾼이었다면 엄청난 수확을 올렸을 것이다. 급기야 나는 물쥐들의 움직임을 거의 완벽하게 예측할 수 있는 수준에 이르렀다.

그러자 돈 후앙은 물쥐 잡는 덫을 놓는 법을 내게 가르쳐주었다.

사냥꾼은 덫을 놓기 전에 우선 물쥐가 먹이를 먹거나 둥지를 짓는 장소를 확인해야 한다고 했다. 그런 다음 야음을 틈타 그런 장소에다 덫을 놓고, 다음날 낮이 되면 겁을 줘서 몰기만 하면 끝이라고 했다. 그러면 뿔뿔이 흩어진 물쥐들이 알아서 덫 속으로 기어들어간다는 것이다.

우리는 작대기 몇 개를 주워 와서 덫 만드는 일에 착수했다. 내가 내 덫을 거의 다 만들고 좀 흥분한 상태로 제대로 작동할까 궁금해하고 있을 때 돈 후앙은 갑자기 하던 일을 멈추고 자기 손목을 보았다. 마치 차고 있지도 않은 손목시계를 보는 듯한 동작이었다. 그는 자기 시계에 의하면 점심시간이라고 말했다. 그때 나는 긴 작대기를 둥글게 구부리려던 참이었다. 나는 반사적으로 다른 사냥 도구들과 함께 그것을 땅에 내려놓았다.

돈 후앙은 호기심을 느낀 듯이 나를 보더니, 입을 오므리고 마치 공장에서 웽웽 울리는 오보午報를 연상케 하는 사이렌 소리를 냈다. 나는 웃음을 터뜨렸다. 그가 사이렌 소리를 완벽하게 흉내 냈기 때문이다. 나는 다가가려다가 돈 후앙이 나를 빤히 쳐다보고 있다는 사실을 깨달았다. 그는 고개를 설레설레 저었다.

"세상에." 그가 말했다.

"뭔가 문제라도?" 나는 물었다.

그는 또다시 길게 끄는 듯한 사이렌 소리를 냈다.

"점심시간은 끝났어. 다시 작업을 시작해."

나는 한순간 당혹스러워하다가 이내 그가 농담을 하고 있는 것이라고 짐작했다. 아마 점심으로 먹을 만한 것이 아예 없기 때문인지도 모른다. 나는 물쥐 잡는 일에 너무나도 몰입해 있었기 때문에 먹을 것을 아예 가져오지 않았다는 사실을 까맣게 잊고 있었던 것이다. 나는 또 작대기를 집어들고 구부리려고 했다. 잠시 후 돈 후앙은 또다시 예의 '경보'를 울렸다.

"이제 집에 가야 해." 그가 말했다.

돈 후앙은 상상 속의 손목시계를 또 확인하더니 나를 보고 눈을 찡긋했다.

"다섯 시로군." 마치 은밀하게 비밀을 털어놓는 듯한 태도였다. 혹시 그도 사냥에 넌더리를 내고 때려치우려는 것은 아닐까. 나는 손에 든 것을 모두 내려놓고 떠날 채비를 했다. 그러면서 돈 후앙 쪽을 보지 않은 것은 그도 떠날 채비를 하고 있다고 생각했기 때문이다. 준비를 마친 후 고개를 들자 돈 후앙은 조금 떨어진 곳에서 책상다리를 하고 앉아 있었다.

"끝났습니다. 언제든 출발할 수 있습니다."

돈 후앙은 일어서더니 사람 키만 한 바위 위로 올라갔다. 그곳에 선 채로 나를 바라보던 그는 양손을 양쪽 입가에 대고는 길고 날카로운 소리를 발했다. 마치 공장의 사이렌을 확성기로 증폭한 듯한, 길고 흐느끼는 듯한 소리였다. 그는 그런 소리를 내며 제자리에서 완전히 한 바퀴를 돌았다.

"돈 후앙, 지금 뭘 하시는 겁니까?"

그는 전 세계를 향해 집으로 가라는 신호를 보내고 있다고 대꾸했다. 나는 당혹한 나머지 할 말을 잊었다. 돈 후앙이 지금 농담을 하고 있는 건지, 아니면 아예 완전히 돌아버렸는지 종잡을 수가 없었기 때문이다. 나는 돈 후앙의 그런 모습을 뚫어지게 쳐다보고 그의 이런 행동이 그가 한 어떤 말과 관련이 있는지 생각해보려고 했다. 오늘 아침 내내 우리는 거의 말을 나누지 않았다. 딱히 무슨 중요한 말을 들은 기억도 없었다.

돈 후앙은 여전히 바위꼭대기에 서 있었다. 그는 나를 쳐다보며 미소 짓더니 또 눈을 끔벅해 보였다. 나는 갑자기 불안감에 사로잡혔다. 돈 후앙은 양손을 다시 입가에 갖다 대고 또 예의 사이렌 소리를 길게 발했다.

지금 시각은 오전 8시이며, 이제 하루 일과를 시작해야 하니 다시 덫을 만들 준비를 하라고 그는 말했다.

이 무렵 나는 완전히 혼란에 빠졌다. 내가 느꼈던 불안감은 단 몇 분 만에 이 장소에서 무작정 도망치고 싶다는 참을 수 없는 욕구로까지 확대되었다. 나는 돈 후앙이 미쳐버렸다고 생각했다. 내가 도망치려던 찰라 그는 바위에서 미끄러지듯이 내려오더니 미소를 띠고 내게 다가왔다.

"자넨 내가 미쳤다고 생각했어. 안 그래?"

나는 그가 느닷없이 괴상한 행동을 하는 것을 보고 간이 떨어지는 줄 알았다고 대답했다.

돈 후앙은 이걸로 공평해졌군, 하고 말했다. 나는 도무지 무슨 말인지 이해할 수가 없었다. 그의 행동은 아무리 보아도 완전히 돌아버린 사람의 짓이란 생각에 사로잡혀 있었기 때문이다. 그러자 돈 후앙은 그가 판에 박히지 않은 행동의 무거움으로 내 얼을 빼놓은 이유는 나 자신의 판에 박힌 행동의 무거움이 그를 곤란에 빠뜨렸기 때문이라고 말했다. 그러면서 그는 나의 규칙적인 습관은 입으로 사이렌을 울리는 그의 행동만큼이나 정신 나간 짓이라고 덧붙였다.

나는 이 말에 충격을 받고 내게 규칙적인 습관 따위는 없다고 주장했다. 사실 내 삶이 이토록 엉망진창인 것은 건강하고 규칙적인 습관 따위와는 담을 쌓았기 때문이 아니던가.

돈 후앙은 웃음을 터뜨리고 곁에 와서 앉으라고 손짓했다. 모든 상황이 또 불가해하게 전환된 듯한 느낌이었다. 그가 입을 연 순간 내가 느끼던 두려움은 씻은 듯이 사라졌기 때문이다.

"판에 박힌 습관이라는 게 뭡니까?" 나는 물었다.

"자네가 하는 모든 일이 판에 박힌 습관이야."

"우리 모두가 다 그렇지 않습니까?"

"우리 모두는 아냐. 난 판에 박힌 일은 하지 않아."

"이러시는 이유가 뭡니까 돈 후앙? 저의 어떤 말이나 행동이 당신으로 하여금 방금 한 것 같은 행동을 하게 만든 겁니까?"

"자넨 점심으로 뭘 먹을지 걱정하고 있었잖아."

"전 아무 말도 하지 않았습니다. 제가 그런 걱정을 하고 있다는 걸 어떻게 아셨습니까?"

"자넨 매일 정오 무렵이 되면 뭘 먹을지를 걱정해. 저녁 6시, 또 아침 8시경에도 그런 걱정을 하지." 그는 짓궂은 표정으로 씩 웃었다.

"배가 안 고플 때도 그 시각만 되면 뭘 먹을지를 걱정하더구먼.

자네의 그런 습관적인 정신상태를 보여주기 위해서는 호각을 불기만 하면 됐어. 자네 마음은 신호만 받으면 움직이도록 훈련되어 있거든."

돈 후앙은 묻는 듯한 표정으로 내 눈을 들여다보았다. 나는 반론할 수가 없었다.

"그리고 이제 자넨 사냥도 습관화할 작정으로 있어. 자넨 이미 어떤 속도로 사냥에 임할지 마음을 정했고, 특정 시간이 되면 말을 하고, 특정 시간에 먹고, 특정 시간에 잠이 든다네."

할 말이 없었다. 돈 후앙이 방금 묘사한 내 식사습관은 내가 살면서 따르는 기타 모든 패턴에도 해당되었기 때문이다. 그러나 그런 나의 생활습관도 내 친구나 지인들 몇몇에 비하면 훨씬 덜 규칙적이라는 생각은 여전히 강했다.

"이제 자넨 사냥에 관해 많은 걸 알고 있어." 돈 후앙은 말을 이었다. "좋은 사냥꾼의 가장 중요한 조건이란 사냥감의 습관을 파악하는 거라는 사실은 자네도 금세 알아차렸을 거야. 바로 그런 지식이 좋은 사냥꾼을 만드는 거지.

내가 자네에게 사냥을 어떻게 가르쳤는지를 떠올리면 내 말을 이해할 수 있을지도 몰라. 우선 나는 어떻게 덫을 만들어서 어떻게 놓는지를 가르쳤고, 그다음에는 자네가 노리는 사냥감의 습관을 가르쳤고, 마지막에는 직접 덫을 놓아서 사냥감들의 습관을 확인해 보였네. 그것들은 모두 사냥의 외부 형태에 해당해.

자, 이제는 사냥의 종착점인 동시에 가장 힘든 부분을 자네에게 전수해줘야겠군. 자네가 실제로 그걸 이해하고 사냥꾼을 자처할 수 있을 때까지는 몇 년이 걸릴지도 몰라."

돈 후앙은 마치 내게 생각할 시간을 주려는 듯이 잠시 말을 멈추고 모자를 벗더니 우리가 지금까지 관찰했던 물쥐의 몸단장을 흉내 냈다. 정말 우스꽝스러운 모습이었다. 머리가 둥근 탓에 딱 물쥐처럼 보였던 것이다.

"사냥꾼이 된다는 건 단지 사냥감을 덫으로 잡는 것뿐만이 아냐. 유능한 사냥꾼이 사냥감을 잡을 수 있는 건 덫을 놓거나 사냥감의 습관을 잘 알기 때문이 아니라, 사냥꾼 본인이 아무런 습관도 갖고 있지 않기 때문이라네. 그게 바로 그의 강점이야. 사냥꾼은 그가 잡으려는 동물들처럼 무거운 습관과 예상 가능한 변덕에 푹 빠져 있는 게 아니라, 자유롭고 유동적이고 예측 불가능한 존재이기 때문이지."

내 귀에 돈 후앙의 이런 말은 자의적이고 비합리적일 정도로 이상화된 이야기로 들렸다. 습관이 없는 삶 따위는 상상하기가 힘들었기 때문이다. 돈 후앙을 상대할 때는 동의하거나 반대하기보다는 최대한 정직해지고 싶었다. 나든 누구든 간에, 그가 의도하는 삶의 방식을 따르는 것은 불가능해 보였다.

"자네가 어떻게 느끼든지 난 상관하지 않아. 사냥꾼이 되기 위해서 자넨 일상의 습관을 뒤흔들어야 하네. 사냥은 잘했잖나. 자넨 사냥하는 법을 빨리 터득했고, 이젠 자네가 사냥감과 마찬가지로 얼마나 예측하기 쉬운 존재인지를 알아."

나는 좀더 자세하고 구체적인 예를 들어달라고 청했다.

"지금 나는 사냥 얘기를 하고 있네." 돈 후앙은 침착한 어조로 말했다. "따라서 나는 짐승들의 행동에 관심이 있어. 그것들이 어디서 먹이를 먹고, 언제 어디서 어떻게 자고, 어디다 둥지를 틀고, 어떻게 걷는지에 관해서 말이야. 짐승들의 그런 습관을 지적함으로써, 자네도 자신의 습관을 자각하게끔 했던 거라네.

자넨 사막 짐승들의 습관을 관찰했어. 짐승들은 일정한 장소에서 먹거나 마시고, 특정 장소에 둥우리를 틀고, 특별한 방식으로 자취를 남기지. 사실 좋은 사냥꾼이라면 짐승들이 하는 모든 행동을 예측하거나 재구성할 수 있네.

아까 말했듯이 내가 보기에 자네는 마치 사냥감처럼 행동하고 있어. 과거에 내게도 똑같은 지적을 한 사람이 있으니까 자네만 유별난 것도 아냐. 우리 모두가 우리가 쫓는 사냥감처럼 행동한다네. 그런 고로, 우리 자신도 무엇 또는 누군가의 사냥감이란 얘기지. 따라서 이 모든 사실을 아는 사냥꾼의 입장에서는 스스로 사냥감이 되기를 멈추는 것이 중요해진다는 얘기야. 무슨 뜻인지 알겠나?"

나는 그런 일은 성취가 불가능하다는 의견을 재차 피력했다.

"시간을 들이면 할 수 있어. 우선 매일 12시에 점심을 먹는 습관을 바꾸는 것부터 시작하게."

돈 후앙은 나를 쳐다보며 자애로운 미소를 떠올렸다. 그 표정이 워낙 우스워서 나도 모르게 웃음이 나왔다.

"하지만 샤냥꾼조차도 추적하는 것이 불가능한 몇 가지 짐승들이 있네." 그는 말을 이었다. "이를테면 일생에서 딱 한 번 마주칠까 말까 하는 어떤 사슴이 있지. 그것도 아주 운이 좋을 때나 가능한 얘기야."

돈 후앙은 극적으로 말을 멈추고는 날카롭게 나를 응시했다. 내가 질문하기를 기다리고 있는 듯했지만, 나는 딱히 할 말이 없었다.

"그런 짐승들을 그토록 찾기 힘든 유일무이한 존재로 만드는 게 뭐라고 생각하나?"

나는 어깨를 으쓱했다. 뭐라고 대답해야 할지 몰랐기 때문이다.

"그런 짐승들에겐 습관이 없어." 그는 비밀을 가르쳐주는 듯한 어조로 말했다. "그래서 마법의 짐승인 거야."

"사슴도 밤에는 자야 하지 않습니까. 그건 습관이라고 할 수가 없나요?"

"물론 문제의 사슴이 매일 밤 특정 시간에 특정 장소에서 잠을 잔다면 습관이라고 할 수 있네. 하지만 마법의 존재들은 그런 식으로 행동하지 않아. 사실, 언젠가는 자네 눈으로 직접 확인할 수도 있을 거야. 아마 그런 존재 중 하나를 추적하면서 여생을 보내는 게 자네의 운명일지도 모르겠군."

"그게 무슨 뜻입니까?"

"자넨 사냥을 좋아해. 언젠가 자네는 이 세계의 어떤 장소에서 마법적인 존재와 마주치고, 그걸 따라가려고 할지도 몰라.

마법적인 존재를 본다는 건 정말이지 엄청난 경험이라네. 난 운 좋게도 그런 존재와 한 번 마주쳤지. 내가 사냥을 습득해서 많은 사냥감들을 잡고 난 뒤에 일어난 일이었어. 중앙 멕시코 산악지대의 나무들이 밀생한 숲에 있었을 때, 청아한 휘파람 소리를 들었다네. 몇 년이나 산야를 누비면서 사냥을 해왔지만 단 한 번도 들은 적이 없는 소리였지. 그것도 여러 장소에서 들려오는 것 같았어. 그래서 난 내가 어떤 미지의 짐승들 무리에 둘러싸여 있는 건지도 모른다고 생각했지.

또 그 기이한 휘파람 소리가 울려 퍼졌는데, 아예 사방팔방에서 들려오는 듯했네. 그제서야 나는 내가 얼마나 운이 좋은지를 깨달았어. 그게 사슴이고, 마법적 존재라는 걸 깨달았던 거야. 마법의 사슴은 자신이 보통 사람의 습관과 사냥꾼의 습관을 숙지하고 있다는 사실도 알고 있었어.

그런 상황에서 보통 사람이라면 어떻게 행동할지를 예상하는 건 아주 쉽다네. 우선 그 사람이 느끼는 두려움은 그를 즉각적으로 사냥감으로 만들어버리지. 그렇게 해서 사냥감이 되어버린 사람에게는 두 가지 선택이 주어지네. 거기서 도망치든지, 아니면 그 자리에 버티고 서서 저항하는 거지. 무기가 없다면 트인 장소를 향해 걸음아 날 살려라 도망치는 게 일반적이지만, 무기를 지니고 있다면 그걸 쓸 준비를 하고 바로 그 자세로 얼어붙든가, 아니면 땅에 납작 엎드려야 해.

그런 반면, 산야에서 짐승을 쫓는 사냥꾼이라면 방어태세를 갖추지 않고는 그 어떤 장소로도 가지 않는다네. 그럴 경우 사냥꾼은 즉각 몸을 숨기지. 입고 있던 판초를 미끼 삼아 땅에 깔거나 나뭇가지에 걸어놓을 수도 있겠지. 그런 다음 몸을 숨기고, 사냥감이 다음 행동에 나설 때까지 기다리는 거야.

그런 고로, 마법의 사슴이라는 걸 깨달은 나는 보통 사람의 방식도 사냥꾼의 방식도 취하지 않았어. 대신 재빨리 물구나무를 서서 나직하게 흐느끼기 시작했지. 실제로 눈물을 뚝뚝 흘리면서 한참 동안 그런 자세를 취하고 있자니 정신이 아득해지더군. 그러던 중 문득 약한 바람을 느꼈어. 뭔가가 킁킁거리면서 내 오른쪽 귀 뒤의 머리카락 냄새를 맡고 있었네. 그게 뭔지 보려고 고개를 돌리려다가 자빠졌는데, 몸을 일으켜 앉는 순간 찬란한 짐승이 나를 응시하고 있는 것을 봤어. 사슴은 나를 쳐다보았고, 나는 해치지 않겠다고 약속했네. 그러자 사슴이 내게 말을 걸어왔어."

돈 후앙은 말을 멈추고 나를 바라보았다. 나는 반사적으로 미소지었다. 완곡하게 표현하자면, 사슴이 말을 했다니 실로 믿기 힘든 이야기였기 때문이다.

"나한테 말을 했다고." 돈 후앙은 씩 웃으며 말했다.

"사슴이 말을 했다고요?"

"응."

돈 후앙은 일어서서 잡다한 사냥 도구들을 집어들었다.

"정말로 말을 했단 말입니까?" 나는 곤혹스러운 어조로 되물었다.

돈 후앙은 폭소를 터뜨렸다.

"뭐라고 말했는데요?" 나는 반쯤 농담하듯이 물었다.

나는 돈 후앙이 나를 놀리고 있다고 생각했다. 돈 후앙은 마치 기억을 되살리려는 듯이 잠시 침묵했다가, 표정이 밝아지더니 사슴이 그에게 뭐라고 했는지를 얘기해줬다.

"마법의 사슴은 이렇게 말했다네. '안녕 친구'라고 말이야. 그래서 나도 '안녕'이라고 말했다. 그러자 사슴이 묻더군. '왜 울고 있었어?' 그래서 난 '슬퍼서'라고 대답했어. 그러자 그 마법의 존재는 내 귓가로 다가와서 지금 내가 말하는 것처럼 뚜렷한 목소리로 이렇게 말했다네. '슬퍼하지 마'라고 말이야."

돈 후앙은 내 눈을 들여다보았다. 짓궂기 그지없는 눈빛이었다. 그는 배를 잡고 웃기 시작했다.

나는 그가 얘기해준 사슴과의 대화는 좀 멍청하게 들린다고 말했다.

"뭘 기대했나?" 돈 후앙은 웃음을 그치지 않고 말했다. "난 일개 인디언이잖아."

이 괴상한 유머에는 나도 따라 웃는 수밖에 없었다.

"마법의 사슴이 말을 한다는 걸 못 믿는군. 안 그래?"

"죄송하지만 실제로 그런 일이 일어날 것 같지는 않군요."

"죄송해할 거 없어." 그는 안심하라는 듯이 말했다. "그땐 나도 얼마나 황당하던지."

9
지상에서의 마지막 전투

1961년 7월 24일 월요일

몇 시간 동안이나 사막을 돌아다니다가 오후의 반나절쯤이 되어서야 돈 후앙은 그늘진 곳에서 휴식을 취하자고 했다. 그는 앉자마자 대뜸 내가 사냥에 관해서 많은 것을 배웠지만 그가 원했던 것만큼 변하지는 않았다고 말했다.

"덫을 만들어서 놓는 방법을 아는 것만으로는 충분하지 않아. 삶에서 최대한 많은 걸 끌어내려면 사냥꾼은 사냥꾼처럼 살아가야 하네. 유감스럽게도 그런 변화는 쉽지 않은데다가 아주 느리게만 일어나서, 단지 자신이 변해야 한다는 확신을 얻는 데만 몇 년이 걸리는 경우도 종종 있다네. 나도 진정한 사냥꾼이 되는 데 몇 년이나 걸렸지만, 원래부터 사냥에 소질이 없어서 그랬는지도 몰라. 내 경우 가장 힘들었던 건 정말로 변하고 싶다는 확신을 얻는 일이었다고 생각하네."

나는 충분히 이해한다고 대답했다. 사실 그에게서 사냥하는 법을 배우기 시작하면서 나는 나 자신의 행동을 다시 평가하는 일이 늘어났다. 내가 얻은 가장 극적인 깨달음은 내가 돈 후앙의 방식을 좋아한다는 자각일지도 모르겠다. 나는 돈 후앙을 한 사람의 인간으로서 좋아했다. 그의 행동에는 어딘가 굳건한 데가 있었다. 행동거지만 보아도 그는 의심의 여지가 없는 달인이었지만, 그가 그런 이점을 이용해서 내게서 뭔가를 얻어내려고 한 적은 한 번도 없었다. 그가 내 생활방식을 바꾸고 싶어하는 것은 사사롭지 않은 일종의 몰인격적인 제안 내지는 나의 결점에 대한 유권해석에 가까웠다는 생각이 든다. 돈 후앙은 나로 하여금 나 자신의 결점을 민감하게 자각하게 만들었지만, 그의 방법이 도대체 어떻게 그런 부분을 개선해줄지는 나 자신도 확신하지 못한다는 것이 문제였다. 내가 인생에서 무엇을 원하는지를 감안하면 그의 방법은 단지 비참함과 고난밖에는 가져다주지 못할 거라고 진심으로 믿고 있었던 것이다. 이러지도 저러지도 못하는 난감한 상태였다고나 할까. 그러나 나는 그의 가르침 — 언제나 아름답고 정확하게 표현되는 — 의 완결성을 존중하는 법을 터득해가고 있었다.

"접근법을 바꾸기로 했네." 그가 말했다.

나는 좀더 자세히 얘기해달라고 말했다. 워낙 모호한 표현이었고, 내 얘기를 하고 있는 것인지조차 확실하지 않았기 때문이다.

"좋은 사냥꾼은 필요할 때마다 사냥방식을 바꾸는 법이지. 그건 자네도 알 거야."

"무슨 방식을 염두에 두고 계십니까?"

"사냥꾼은 사냥감의 습관을 알아야 할 뿐만 아니라, 지상의 모든 인간과 짐승과 그 밖의 모든 생물을 관장하는 힘들이 존재한다는 사실도 알아야 하네."

돈 후앙은 말을 멈췄다. 나는 기다렸지만 할 말을 다 한 기색이었다.

"어떤 종류의 힘들을 얘기하시는 겁니까?" 긴 침묵이 흐른 뒤에 내가 물었다.

"우리의 삶과 죽음을 관장하는 힘들을 얘기하는 거야."

돈 후앙은 다시 입을 다물었다. 마치 뭐라고 말해야 할지 마음을 정하지 못해 고민하는 것처럼 보였다. 그는 양손을 비비며 고개를 흔들었고, 얼굴 아래쪽을 부풀렸다. 내가 그의 불가해한 대답을 설명해 달라고 말하려고 하자 그는 두 번이나 조용히 하라는 시늉을 했다.

"자넨 쉽게 스스로를 멈출 수는 없을 거야." 잠시 후 그는 말했다. "자네가 고집이 세다는 건 알지만 그건 문제가 안 돼. 고집이 세면 셀수록 스스로를 성공적으로 변화시켰을 때의 효과도 크니까 말이야."

"저는 최선을 다하고 있습니다."

"아니. 난 동의하지 않네. 자넨 최선을 다하고 있지 않아. 자네가 그렇게 말하는 건 단지 자네가 듣기 좋아서야. 사실 자넨 뭘 하든 최선을 다하고 있다고 말하는 버릇이 있지 않나. 지금까지 몇 년이나 그런 식으로 최선을 다했지만 아무 소용도 없었어. 그걸 고치기 위해 뭔가 할 필요가 있겠군."

나는 평소 때처럼 변명하고 싶은 충동에 사로잡혔다. 돈 후앙은 나의 가장 큰 약점을 노린다는 원칙을 갖고 있는 듯했다. 그의 비판에 대해 변명하려고 할 때마다 결국은 멍청이가 된 듯한 기분을 맛보았다는 사실이 머리에 떠올랐다. 나는 긴 설명을 하던 도중에 입을 다물었다.

돈 후앙은 흥미로운 듯이 나를 훑어보더니 웃음을 터뜨렸다. 그는 매우 상냥한 어조로 우리는 모두가 어리석은 존재라는 얘기를 하지 않았느냐고 말했다. 나도 예외가 아니라는 식이었다.

"자넨 언제나 자기 행동을 설명하려는 충동에 사로잡히곤 하지. 마치 이 지상에서 잘못을 저지른 사람은 자기밖에 없다는 식으로 말이야. 그건 자존심이라는 자네의 그 오래된 감정에서 오는 거야. 자넨 그게 너무 많아. 개인사도 너무 많이 갖고 있고. 그런 반면 자기 행동에는 책임을 지지 않으려고 하지. 죽음을 조언자로 이용하지도 않고 말이야. 가장 큰 문제는, 자네는 너무 접근하기가 쉽다는 점이야. 바꿔 말해서, 자네의 삶은 나와 만나기 전과 못지않게 뒤죽박죽이라네."

그러자 또다시 자존심이 벌떡 고개를 들면서, 그의 말에 반박하고 싶은 충동이 몰려왔다. 돈 후앙은 조용히 하라는 신호를 보냈다.

"누구든 자신이 기이한 세계에 산다는 사실에 대해 책임을 져야 해. 그리고 우린 기이한 세계에서 살고 있다네."

나는 고개를 끄덕여 그의 말에 찬성했다.

"우린 지금 같은 것에 관해 얘기하고 있는 게 아냐. 자네가 세계를 기이하다고 생각하는 건 그것에 대해 따분함을 느끼거나, 그것과 조화하지 못하기 때문이지. 그러나 내가 세계를 기이하다고 느끼는 건 그것이 광막하고, 엄청나고, 불가해하고, 심원하기 때문이라네. 나는 자네가 그런 곳에 대해 — 이 경이로운 세계, 이 경이로운 사막, 이 경이로운 시간 속에 있다는 사실에 대해 책임을 지라고 설득하고 싶었네. 그리고 스스로의 모든 행동을 제어하는 법을 터득하도록 설득하고 싶었어. 왜냐하면 자네는 이런 곳에 잠깐밖에는 머물 수 없기 때문이야. 사실, 그건 이 세계의 모든 경이로움을 보기에는 너무나도 짧은 시간이지."

나는 세계에 대해 따분해하거나 어울리지 못하는 건 인간 고유의 조건이라고 주장했다.

"그러니까 그걸 바꿔." 돈 후앙은 무덤덤한 어조로 말했다. "그런 도전에 응하지 않는다면 자넨 죽은 거나 마찬가지야."

돈 후앙은 내 인생에서 내 마음을 완전히 사로잡았던 문제나 물건이 있으면 말해보라고 도발적으로 말했다. 나는 예술이라고 대답했다. 나는 오랫동안 화가가 되고 싶었고 실제로 시도도 해보았지만 결국 실패했다. 그것은 아직도 아픈 기억으로 남아 있었다.

"자넨 이 심원한 세계에 있다는 사실에 대해 한 번도 책임을 진 적이 없어." 그는 힐난하는 듯한 어조로 말했다. "따라서 자넨 한 번도 화가였던 적이 없었고, 아마 사냥꾼도 영영 될 수 없겠지."

"돈 후앙, 저는 최선을 다했습니다."

"아냐. 자넨 최선이 뭔지를 몰라."

"할 수 있는 일은 모두 해보고 있다니까요."

"그것도 사실이 아냐. 자넨 지금보다 더 잘할 수 있어. 자네에겐 아주 단순하지만 큰 문제가 있어 ─ 시간이 충분하다고 느낀다는 문제가."

돈 후앙은 말을 멈추고 내 반응을 기다리는 듯한 기색이었다.

"자넨 시간이 충분하다고 느끼고 있어." 그는 되풀이했다.

"무슨 시간이 충분하다는 뜻입니까?"

"자넨 자네의 삶이 영원히 계속될 거라고 생각하고 있어."

"설마요. 저는 그렇게 생각 안 합니다."

"자네의 삶이 영원히 계속될 거라고 생각 안 하는 게 사실이라면, 자넨 뭘 기다리고 있는 건가? 왜 변화하기를 주저하지?"

"돈 후앙, 혹시 제가 변화하는 걸 원하지 않는다는 생각은 한 번도 안 해보셨습니까?"

"해봤어. 나도 자네처럼 변화하고 싶지 않았다네. 하지만 난 내 삶이 마음에 들지 않았어. 자네처럼 삶에 넌더리를 내고 있었지. 이젠 아쉬울 지경이지만 말이야."

나는 내 생활방식을 바꿔야 한다는 그의 고집스러운 주장이 섬뜩하도록 자의적이라고 격렬하게 반박했다. 어떤 측면에서는 나도 그의 말에 정말로 공감하지만, 그가 언제나 주도적인 입장에서 그것을 통제하려고 한다는 사실이 이 상황 자체를 받아들이기 힘든 것으로 만들고 있다고 말이다.

"어리석기는. 그런 어리광을 부릴 시간 여유는 없다고 하지 않았나." 돈 후앙은 엄한 어조로 말했다. "지금 자네가 뭘 하고 있든 간에 그게 이 지상에서 자네가 하는 마지막 행위가 될 가능성이 있다는 걸 모르나. 그건 자네의 마지막 전투가 될 가능성조차 있어. 자네가 앞으로 1분이라도 더 살 수 있다고 보장해줄 수 있는 힘은 이 세상 어디에도 없단 말일세."

"저도 압니다." 나는 화를 억누르며 말했다.

"아니, 자넨 몰라. 그걸 안다면 자넨 진즉에 사냥꾼이 되어 있었을 거야."

나는 내가 죽을 것이라는 사실을 알지만 어차피 죽음을 피할 방법은 전무하니 얘기해보았자 소용이 없지 않느냐고 반론했다. 돈 후앙은 웃으면서, 내가 마치 기계적으로 판에 박힌 연기를 해보이는 코미디언을 연상시킨다고 말했다.

"만약 지금 이것이 자네의 지상에서의 마지막 전투라면, 난 자네를 멍청이라고 하겠네." 돈 후앙은 침착하게 말했다. "자넨 지상에서의 마지막 행동을 멍청한 기분을 느끼는 데 허비하고 있으니까 말이야."

우리는 잠시 침묵했다. 내 머릿속에서는 온갖 생각이 난무했다. 물론 그의 말은 옳았다.

"자네에겐 시간 여유가 없어. 전혀. 우리 모두가 마찬가지야."

"동의합니다, 돈 후앙. 하지만—"

"그냥 동의하는 걸로 끝내지 말게." 그는 내뱉듯이 말했다. "그렇게 쉽게 동의하는 대신에 행동에 나서란 말이야. 도전을 받아들여. 변화하는 거야."

"그렇게 간단히 말입니까?"

"그래. 내가 말하는 변화는 결코 점진적으로 일어나지 않고, 갑자기 일어나네. 그리고 지금 자네는 완전한 변화를 가져올 그 급작스런 순간을 맞이할 준비가 전혀 되어 있지 않아."

나는 돈 후앙의 표현이 모순적이라고 느꼈고, 내가 변화를 맞을 준비를 하고 있다면 조금씩이라도 변하고 있는 게 맞지 않느냐고 반문했다.

"자넨 전혀 변하지 않았어. 그래서 자기 자신이 조금씩 변하고 있다고 착각하는 거야. 하지만 언젠가 불시에 갑작스런 변화를 자각하고 깜짝 놀랄 가능성이 없지만도 않아. 나는 변화가 그런 것임을 잘 알기 때문에 자네를 설득하기를 포기하지 않는 걸세."

나는 더 이상 반론을 이어갈 수가 없었다. 내가 정말로 무슨 얘기를 하고 싶은지 확신이 없었기 때문이다. 돈 후앙은 잠시 말을 멈추더니 설명을 계속했다.

"아마 다른 식으로 설명해줘야 하는 건지도 모르겠군. 우리의 삶이 어물어물 계속될 것이라는 보장 따위는 없다는 사실에 주목해보라고 권하겠네. 방금 변화는 느닷없이 불시에 찾아올 거라고 말했는데, 죽음도 마찬가지야. 그것에 대해서 우리가 뭘 할 수 있다고 생각하나?"

나는 돈 후앙이 수사적인 질문을 하고 있다고 생각했지만, 그는 눈썹을 추켜 올리며 대답을 독촉했다.

"최대한 행복하게 사는 것이 아닐까요?"

"맞아! 하지만 행복하게 사는 사람을 한 명이라도 아나?"

내가 처음 느낀 것은 그렇다고 대답하고 싶은 충동이었다. 지인 몇 사람을 예로 들을 수 있을 것 같았기 때문이다. 그러나 다시 잘 생각해보니 이것은 그의 질문을 회피하려는 무의미한 시도에 불과했다.

"아뇨. 모릅니다."

"난 알아." 돈 후앙은 말했다. "아주 신중하게 자기 행위의 의미를 곱씹어보는 사람들이 거기 해당되지. 그들이 느끼는 행복은 스스로에게 전혀 시간 여유가 없다는 사실을 완전히 자각하면서 행동하는 데서 오네. 따라서 그들의 행동은 특이한 힘을 발휘한다네. 그들의 행동은 뭐랄까…"

돈 후앙은 적절한 표현이 생각나지 않아서 말문이 막힌 듯했다. 그는 관자놀이께를 긁적이며 씩 웃었다. 그러더니 마치 대화가 끝났다는 듯이 벌떡 일어섰다. 나는 하려던 말을 끝까지 해달라고 간청했다. 그는 다시 앉더니 얼굴을 찡그렸다.

"행동은 힘을 가지고 있어. 특히 그런 행동이 자신의 마지막 전투임을 아는 사람이 하는 행동일 경우에는 말이야. 무엇이든 자신이 지금 하는 일이 지상에서의 마지막 일이 될지도 모른다는 사실을 완전히 자각하고 행동하는 사람은 기묘한 다행감多幸感에 사로잡힌다네. 그러니 자네도 자네의 삶을 되돌아보고 거기에 맞춰 행동할 것을 권하겠네."

나는 돈 후앙의 말에 동의하지 않았다. 내가 생각하는 행복이란 내 모든 행동이 고유의 연속성을 가지는 상황이며, 그때 내가 하고 있는 행동이 무엇이든 간에 언제든 그 행동을 이어갈 수 있는 자유였다. 특히 내가 그 행동을 즐긴다면 말이다. 이것은 상투적인 자기합리화가 아니라 이 세계와 나 자신이 확인 가능한 연속성을 가지고 있다는 확신에서 비롯된 것이라고 나는 설명했다.

돈 후앙은 설명을 하려고 악전고투하는 나를 보고 재미있어하는 기색이었다. 그는 웃으며 고개를 설레설레 흔들고, 머리를 긁적이다가 마지막에 내가 '확인 가능한 연속성'이라고 말하는 것을 들었을 때는 모자를 땅에다 던지고 꾹꾹 밟기까지 했다.

나는 그의 이런 어릿광대짓을 보다 못해 웃음을 터뜨렸다.

"친구, 자네에겐 시간이 없어. 이건 인간이라는 존재가 직면한 불행이지. 그 누구도 시간이 충분한 사람은 없고, 자네의 그 연속성은 이 경이롭고 불가능한 세계에서는 아무런 의미도 가지지 못하네.

자네의 그 연속성은 단지 자네를 소심하게 만들 뿐이야. 그런 자네의 행동은 지상에서 마지막 싸움을 치르고 있다는 사실을 자각하고 있는 사내가 행한 행동의 화려함과 힘과 강제력에는 아예 비할 바가 못 되네. 바꿔 말해서, 자네의 그 연속성은 자네를 행복하게 하거나 강하게 해주질 못해."

나는 죽을 생각을 하면 두렵다는 사실을 시인하고, 돈 후앙이 그렇게 줄곧 죽음에 관해 얘기하고 겁을 준 탓에 불안감만 엄청나게 커졌다고 불평했다.

"하지만 우리 모두는 죽잖나."

그는 먼 언덕을 가리켰다.

"저기서 무엇인가가 나를 기다리고 있다는 걸 나는 믿어 의심치 않네. 내가 그것과 합류하리라는 것도 말이야. 하지만 자넨 다른 사람들과 달라서 죽음이 자네를 아예 기다리지도 않을지도 모르지."

내가 다 포기했다는 시늉을 하자 그는 웃었다.

"돈 후앙, 저는 그것에 관해 생각하고 싶지 않습니다."

"왜?"

"무의미하니까요. 어차피 저기서 저를 기다리고 있을 텐데 왜 걱정해야 한단 말입니까?"

"걱정하라고 하진 않았어."

"그럼 뭘 해야 한단 말입니까?"

"그걸 이용하는 거야. 회한이나 슬픔이나 근심을 느끼는 일 없이, 자네와 죽음 사이를 잇는 고리에 주의를 집중하게. 자네에게 시간 여유가 없다는 사실에 집중해서, 자네의 행동을 자연스럽게 거기 맞추는 거야. 자네의 모든 행동이 지상에서의 마지막 싸움이 되도록 해. 오직 이런 상황하에서만 자네의 행동은 올바른 힘을 가질 수 있다네. 그러지 않는다면, 목숨이 이어지는 한 자네의 행동은 소심한 사내의 행동밖에는 되지 못해."

"소심하다는 게 그렇게 큰 죄입니까?"

"아니. 자네가 불멸의 존재라면 전혀 문제가 안 되지. 하지만 죽어야 할 존재라면 소심함 따위가 끼어들 여유는 없어. 소심함은 사람을 생각 속에만 존재하는 것들에 매달리게 만들거든. 소심함은 모든 것이 안온하다는 식으로 자네를 안심시켜주지만, 경이롭고 불가해한 세계가 자네 앞에서 그 입을 벌릴 때면 — 이건 누구에게나 해당되는 얘기지만 — 자넨 자네의 그 확실한 방식이 실은 전혀 확실한 게 아니었다는 사실을 깨닫게 될 거야. 소심함은 우리가 인간으로서의 운명을 살피고 탐구하는 데에 장애물로 작용한다네."

"돈 후앙, 언제나 죽음을 염두에 두고 살아간다는 건 자연스러운 일이 아닙니다."

"우리의 죽음은 바로 저기서 기다리고 있고, 우리가 지금 하고 있는 이 행위는 지상에서의 마지막 전투가 될 수도 있다네." 그는 엄숙한 목소리로 대답했다. "내가 그걸 전투라고 부르는 건 그게 투쟁이기 때문이야. 대다수의 사람들은 아무런 갈등도, 생각도 하지 않고 어떤 행동에서 다른 행동으로 옮겨가지. 사냥꾼은 그와는 반대로 모든 행동을 평가하네. 또 그는 자신의 죽음에 관해 친숙하게 알고 있기 때문에 그가 하려는 모든 행동을 마치 마지막 전투인 것처럼 신중하게 행하지. 보통 사람들에 비해 사냥꾼이 얼마나 우월한 위치에 있는지를 깨닫지 못하는 건 멍청이밖에 없네. 사냥꾼은 그의 마지막 전투에 대해 그에 합당한 경의를 표하는 법이지. 그러니까 지상에서의 그의 마지막 행동이 그가 보인 최선의 행동이 되는 건 당연해. 그러는 쪽이 더 즐겁기도 하고. 그러면 그가 느낄 첨예한 두려움도 많이 무뎌지거든."

"옳은 말씀입니다." 나는 시인했다. "단지 받아들이기 힘들었을 뿐입니다."

"스스로를 설득하는 데만도 몇 년이나 걸리고, 그에 따라 적절하게 행동하기까지도 몇 년이나 걸려. 자네에게 그럴 만한 시간이 남아 있기를 바랄 따름이네."

"그런 얘기를 하시면 저는 두렵습니다."

돈 후앙은 진지한 표정으로 나를 훑어봤다.

"얘기하지 않았나, 우리는 기이한 세계에 살고 있다고. 인간을 이끄는 힘들은 예측 불가능하고 무시무시해. 하지만 그 모습만은 정말로 장려하다네."

돈 후앙은 말을 멈추고 다시 나를 보았다. 뭔가를 내게 알려주기 직전인 것처럼 보였지만 마지막 순간에 마음을 바꾼 듯, 빙그레 웃었을 뿐이었다.

"우리를 이끄는 뭔가가 정말로 존재합니까?"

"물론일세. 우리를 이끄는 힘들이 있어."

"그것들을 묘사해주시겠습니까?"

"그것들을 영靈, 정령, 공기, 바람, 뭐 그런 표현을 써서 부른다는 것을 빼고는 딱히 말해줄 것이 없군."

질문을 계속하고 싶었지만, 내가 다시 말을 하기 전에 돈 후앙이 일어섰다. 나는 아연실색한 표정으로 그를 응시했다. 돈 후앙은 단한 번의 동작만으로 일어섰던 것이다. 앉은 자세에서 꿈틀하는가 싶더니 다음 순간에는 똑바로 서 있었다.

전광석화와도 같은 돈 후앙의 이런 놀라운 신체 능력에 대해 곰곰이 생각에 잠겨 있을 때, 그는 황혼이 오기 전에 토끼 한 마리를 추적해서 잡아서 죽이고, 껍질을 벗겨 구워야 한다고 무덤덤한 어조로 말했다.

그는 하늘을 올려다보더니 아직 시간이 좀 남아 있을 수도 있겠다고 말했다.

나는 반사적으로 이미 몇십 번은 되풀이한 적이 있는 작업을 시작했다. 돈 후앙은 나와 나란히 걸으면서 나의 그런 움직임을 상세히 훑어보고 있었다. 나는 매우 침착하고 신중하게 움직였고, 힘들이지 않고 수토끼 한 마리를 잡았다.

"자, 죽여." 돈 후앙은 무덤덤하게 말했다.

나는 덫에 손을 집어넣고 토끼를 움켜잡았다. 귀를 잡고 토끼를 꺼내려고 하는 순간 갑자기 엄청난 공포가 밀려왔다. 돈 후앙이 내게 사냥하는 법을 가르쳐준 이래 처음으로, 그가 사냥감을 어떻게 죽여야 하는지를 가르쳐준 적이 없다는 사실을 깨달았던 것이다. 몇십 차례나 사막을 쏘다녔지만 나는 그가 토끼 한 마리와 메추라기 두 마리와 방울뱀 한 마리를 직접 죽이는 것밖에 보지 못했다.

나는 토끼를 놓고 돈 후앙을 쳐다보았다.

"못 죽이겠습니다."

"왜?"

"한 번도 그래본 적이 없어서요."

"하지만 자넨 몇백 마리나 되는 새나 다른 짐승들을 죽여봤잖나."

"총으로 쏴서 죽인 거지 맨손으로 그런 건 아닙니다."

"그런다고 무슨 차이가 있는데? 그 토끼는 운이 다했어."

돈 후앙의 말투는 나를 충격에 빠뜨렸다. 그의 발언은 너무나도 위압적이고 너무나도 단정적이었다. 토끼의 운이 다했다는 사실에 의문을 제기할 빌미 자체를 아예 주지 않았던 것이다.

"죽이라고!" 그는 사나운 눈빛으로 내게 명령했다.

"못하겠습니다."

그는 토끼는 죽어야 한다고 고함을 질렀다. 토끼가 이 아름다운 사막을 돌아다닐 시간은 이미 끝났으며, 나는 여기서 주저할 권리가 없다고 그는 말했다. 황혼이 대지를 감싸기 직전, 토끼들을 이끄는 정령의 힘이 눈앞의 이 토끼를 내 덫으로 몰아주었기 때문이라는 것이다.

일련의 혼란된 사념과 감정이 마치 기다렸다는 듯이 나를 사로잡았다. 나는 내 덫으로 들어올 운명에 있었던 토끼의 비극을 가슴이 아플 정도로 뚜렷하게 느꼈다. 불과 몇 초 동안에 내 마음은 나 자신의 인생에서 가장 중요했던 순간들을 훑었다. 나 자신이 이 토끼와 마찬가지였던 순간들을 말이다.

나는 토끼를 바라보았다. 토끼도 나를 바라보았다. 토끼는 우리 옆쪽에 몰려 있었다. 거의 웅크린 자세로, 아무 소리도 내지 않고 꼼짝도 않고 있었다. 우리는 엄숙하게 눈빛을 교환했다. 조용한 절망의 눈빛이라고나 할까. 이 눈빛은 나 자신을 사냥감과 완전히 동일시하는 효과를 가져왔다.

"염병할." 나는 큰 소리로 말했다. "난 아무것도 안 죽여. 이 토끼는 살려줄 거야."

나는 진한 감정에 사로잡혀 몸을 떨었다. 토끼 귀를 잡으려고 하자 손이 부들부들 떨렸다. 토끼가 재빨리 몸을 피한 탓에 놓쳤다. 다시 잡으려고 했다가 또 실패했다. 나는 필사적이었다. 구토감이 몰려오는 것을 느끼면서 토끼를 놓아주기 위해 재빨리 우리를 걷어찼다. 내가 만든 우리는 생각보다 튼튼해서 내가 기대했던 것처럼 쉽게 부서지지 않았다. 절망감은 곧 견디기 힘들 정도의 고뇌로 바뀌었다. 나는 오른발을 들어올리고 혼신의 힘을 다해 우리의 가장자리를 짓밟았다. 우리의 틀이 뚝 소리를 내며 부러졌다. 나는 토끼를 끄집어냈다. 한순간 느꼈던 안도감은 다음 순간에 산산조각이 났다. 토끼는 내 손아귀에서 축 늘어져 있었다. 죽어 있었다.

어떻게 해야 할지 알 수가 없었다. 나는 토끼가 왜 죽었는지를 골똘히 생각했다. 돈 후앙 쪽을 보았다. 그는 나를 응시하고 있었다. 오싹하는 공포가 온몸을 훑고 지나갔다.

나는 바위 곁의 지면에 앉았다. 지독한 두통이 몰려왔다. 돈 후앙은 내 머리에 손을 얹고 황혼이 가기 전에 토끼 가죽을 벗기고 구워야 한다고 귓가에 대고 속삭였다.

나는 구토감에 시달렸다. 돈 후앙은 마치 어린아이를 대하듯이 참을성 있는 어조로 내게 속삭였다. 그는 인간이나 동물을 이끄는 힘들이 이 특정한 토끼를 내게 이끌었다고 말했다. 나를 내 죽음으로 이끄는 것과 동일한 방식으로 말이다. 토끼의 죽음은 나를 위한 선물이었다. 나 자신의 죽음이 무엇 또는 누군가를 위한 선물이 되는 것과 똑같은 맥락에서 말이다.

현기증이 몰려왔다. 오늘 일어난 단순한 일들은 나를 피폐해지게 만들었다. 그냥 토끼 한 마리에 불과하다고 생각해보려고 했다. 그러나 내가 그것에 대해 느낀 기괴한 동질감은 끝끝내 떨쳐낼 수가 없었다.

돈 후앙은 내가 이 토끼의 고기를 좀 먹어야 한다고 했고, 단 한 입이라도 먹어서 나의 발견을 입증하라고 독촉했다.

"못 먹겠습니다." 나는 힘없는 목소리로 버텼다.

"그런 힘들의 수중에서 우리는 티끌만도 못한 존재야." 그가 내뱉었다. "그러니까 그놈의 자존심은 버리고 이 선물을 적절하게 이용하라고."

나는 토끼를 집어올렸다. 아직도 따뜻했다.

돈 후앙은 허리를 굽히고 내 귓가에 대고 속삭였다. "자네가 놓은 덫은 이 토끼의 지상에서의 마지막 전투였어. 내 말을 믿게. 이 토끼가 이 경이로운 사막을 마음껏 돌아다닐 시간은 이미 끝나 있었어."

10
힘이 접근하도록 하기

1961년 8월 17일 목요일

차에서 내리자마자 나는 돈 후앙에게 몸 상태가 안 좋다고 불평했다.

"우선 가서 앉자고." 돈 후앙은 나직하게 말하고 손으로 나를 거의 끌다시피 하여 집 앞으로 데려갔다. 그는 씩 웃으며 내 등을 두드렸다.

돈 후앙이 2주 전인 8월 4일에 언급했듯이, 그는 나에 대한 규칙을 바꾸어 약간의 페요테 단추*를 섭취하는 것을 허락했다. 내 환각체험이 최고조에 달했을 때, 나는 페요테 모임이 개최된 집에서 기르는 개와 함께 놀았다. 돈 후앙은 그 개와 나 사이의 교류를 매우 특별한 사건으로 해석했다. 내가 그때 경험한 것과 같은 힘의 순간에는 일

---

* buttons, 제례용으로는 보통 몸통 윗부분만 둥글고 납작하게 잘라내서 건조시키므로 이렇게 불린다.

상생활의 세계는 더 이상 존재하지 않으며, 그 무엇도 액면가 그대로 받아들일 수가 없어진다는 것이 그의 주장이었다. 그때 그 개는 진짜로 개가 아니라 페요테에 깃든 힘 또는 신神인 메스칼리토의 화신이었다는 것이다.

그 경험을 한 뒤에 나는 전체적인 피로감 및 우울함과 더불어, 이례적으로 선명한 꿈과 악몽에 시달리는 부작용을 경험하고 있었다.

"자네 필기도구는 어디 있나?" 돈 후앙은 내가 흙마루에 앉자마자 물었다.

필기도구는 차에 남겨두고 왔다. 돈 후앙은 차로 돌아가더니 조심스레 내 서류가방을 꺼냈고, 내 곁에 그것을 내려놓았다.

돈 후앙은 내가 걸을 때도 서류가방을 가지고 다니느냐고 물었다. 나는 보통 그렇다고 대답했다.

"그건 미친 짓이야. 걸어다닐 때는 손에 뭘 들고 다니지 말라고 말했잖나. 배낭을 메라고."

나는 웃었다. 내 현장기록을 배낭에 넣고 다닌다는 건 실로 황당한 생각이었다. 나는 평소에 양복을 입고 다니는데, 스리피스 정장에 배낭을 메고 다니면 실로 우스꽝스럽게 보이지 않겠느냐고 나는 말했다.

"그럼 배낭 위에 윗도리를 걸쳐. 이런 정신 나간 물건을 들고 다니면서 몸을 상하느니 차라리 곱사등이로 오해받는 쪽이 훨씬 나아."

그는 빨리 공책을 꺼내서 쓰라고 재촉했다. 의도적으로 내 긴장을 풀어주려는 시도처럼 보였다.

나는 최근 겪고 있는 육체적인 불편과 묘한 불쾌감에 대해 거듭 불평을 늘어놓았다.

돈 후앙은 웃으며 말했다. "배움이 시작된 거야."

그런 다음 우리는 긴 대화를 나눴다. 돈 후앙은 메스칼리토가 내가 그와 함께 노는 것을 허락함으로써 내가 '선택받은 인간'임을 알렸다고 말했고, 인디언이 아닌 나에게 그런 징조가 나타났다는 사실에 당혹감을 느끼기는 하지만 지금부터 어떤 은밀한 지식을 전수해주겠다고 했다. 돈 후앙 자신에게도 그런 '은사恩師(benefectaor)'가 있어서 '식자識者(man of knowledge)'가 되는 법을 가르쳐주었다는 사실도 털어놓았다.

나는 뭔가 무시무시한 일이 일어날지도 모른다는 예감에 사로잡혔다. 내가 그에게 선택받은 인간이라는 계시에, 반박의 여지가 없이 기이한 그의 가르침과 페요테가 나에게 끼친 엄청난 효과가 더해지면서 견디기 힘든 불안감과 망설임이 일어난 것이다. 그러나 돈 후앙은 나의 이런 감정에는 아랑곳하지도 않고, 메스칼리토가 나와 놀아주었다는 경이로운 사실에만 집중하라고 충고했다.

"다른 생각은 아예 하지 마. 그러면 나머지도 절로 자네에게로 올 걸세."

그는 일어서서 내 머리를 툭 치더니 아주 나직한 목소리로 말했다. "어떻게 사냥하는지를 가르쳐준 것과 똑같은 방식으로 어떻게 하면 전사가 될 수 있는지를 가르쳐주겠네. 하지만 미리 경고해두는데, 어떻게 전사가 되는지를 배운다고 해서 전사가 되는 건 아냐. 자네가 사냥하는 법을 배웠다고 해서 사냥꾼이라고 할 수는 없는 것과 마찬가지로 말이야."

좌절감이, 거의 고통에 가까운 육체적인 불편함이 몰려왔다. 나는 최근 나를 괴롭히는 선명한 꿈과 악몽에 대해 불평했다. 돈 후앙은 잠시 생각하는 기색이더니 다시 흙마루에 앉았다.

"정말이지 괴상한 꿈만 꿉니다."

"자넨 언제나 괴상한 꿈만 꾸지 않았나." 그가 응수했다.

"그건 사실이 아닙니다. 예전에 꿨던 것들은 상대도 안 될 정도로 괴상한 꿈만 꾼단 말이에요."

"걱정하지 말게. 그것들은 꿈에 불과해. 보통 사람들이 꾸는 보통 꿈과 마찬가지로 아무 힘도 갖고 있지 않아. 그러니까 그런 것으로 걱정하거나 하소연해봤자 아무 소용도 없어."

"그래도 저는 괴롭습니다, 돈 후앙. 그런 꿈을 안 꿀 방법이 없을까요?"

"없어. 사라질 때까지 그냥 내버려둬. 자, 이제 힘에 접근할 수 있는 시점이 됐으니 이제부터 자넨 '꿈꾸기(dreaming)'에 도전해야 하네."

돈 후앙이 '꿈꾸기'라고 말할 때의 어조를 듣고, 나는 그가 이 단어를 매우 특수한 맥락에서 사용하고 있다고 느꼈다. 그가 다시 입을 연 것은 내가 그것에 관해 어떻게 질문할지를 고민하고 있을 때였다.

"지금까지 '꿈꾸기'에 관해서 전혀 언급하지 않았던 건, 어떻게 하면 사냥꾼이 될 수 있는지를 가르쳐주는 일에만 집중하고 있었기 때문이라네. 사냥꾼은 힘의 조작에는 관심이 없으므로, 그가 꾸는 꿈은 그냥 꿈일 뿐이야. 때로는 지극히 인상적인 꿈을 꿀지도 모르지만 그건 '꿈꾸기'는 아니라네.

반면에 전사는 힘을 찾기를 원하고, 그런 힘으로 가는 길 중의 하나가 바로 '꿈꾸기'인 거야. 사냥꾼과 전사의 차이는 이렇게 말할 수 있을 거야. 전사는 힘을 얻기 위해 움직이지만, 사냥꾼은 힘에 관해서는 거의 모르거나 아예 모른다고 말이야.

누군가가 전사가 될 수 있는지, 또 사냥꾼밖에는 될 수 없는지를 정하는 건 우리가 아냐. 그런 결정은 인간을 이끄는 힘들의 영역에서 내려진다네. 그래서 자네가 메스칼리토와 놀았다는 사실을 그토록 중요한 징조로 간주하는 거야. 자네를 내게 이끈 것도 바로 그런 힘들이었고 말이야. 누가 자네를 그 버스 정류장으로 이끌었는지 기억나나? 자네를 내게 데려온 건 어떤 어릿광대 같은 작자였어. 그 어릿광대가 자네를 지목했다는 사실 자체가 하나의 완벽한 징조였다네. 그래서 난 자네에게 사냥꾼이 되는 방법을 가르쳤지. 그러자 또 하나의 완벽한 징조가 나타났어. 메스칼리토가 자네와 놀았다는 사실 말이야. 이제 내 말을 이해하겠나?"

돈 후앙의 기괴한 논리는 나를 압도했다. 그의 말을 듣자 동의한 적도 없는데 뭔가 엄청난 미지의 것 — 그런 것이 존재하리라고는 꿈에서조차 상상 못한 — 에 굴복하는 나 자신의 모습이 머리에 떠올랐다.

"그럼 저는 어떻게 해야 합니까?"

"그 힘에 접근하게. 자네의 꿈에 도전하는 거야. 자네가 그것들을 꿈이라고 하는 건 자네에게 힘이 없기 때문이라네. 하지만 힘을 추구하는 사람인 전사는 그것을 꿈이라고는 하지 않아. 현실이라고 하지."

"자신의 꿈을 진짜 현실로 간주한단 말입니까?"

"전사에겐 모든 것이 현실이고, 예외는 없네. 자네가 꿈이라고 부르는 건 전사에게는 현실이야. 자넨 전사가 어리석지 않다는 점을 유념해야 하네. 전사란 힘을 사냥하는 흠결 없는 사냥꾼일세. 전사는 절대로 무엇에 취하거나 미치지 않고, 허세를 부리거나 자기 자신을 속이거나 그릇된 판단을 할 여유가 없어. 그런 것들을 허용하기에는 너무 큰 공을 들였거든. 오랫동안 엄격한 자기 규제를 통해 완벽하게 다듬어놓은 삶이라는 형태로 말이야. 멍청한 오판을 하거나, 무엇을 다른 뭔가로 착각함으로써 그 모든 노력을 수포로 만들 생각은 추호도 없는 거지.

'꿈꾸기'가 전사에게 현실인 것은 그런 꿈을 통해 계획적으로 행동하고, 선택하거나 거부하고, 그를 힘으로 이끌어줄 다양한 사물들을 선별해냄으로써 그것들을 조작하고 이용할 수 있기 때문이야. 보통 꿈속에서는 전사도 계획적으로 행동하지는 못하지만 말이야."

"돈 후앙, 그럼 '꿈꾸기'가 현실이라고 주장하시는 겁니까?"

"물론 현실이야."

"우리가 지금 이렇게 대화를 나누는 것 못지않게 현실적이다?"

"굳이 비교를 해야겠다면 '꿈꾸기' 쪽이 더 현실적일지도 모르겠군. '꿈꾸기'를 하는 자네에겐 힘이 있고 상황을 바꿀 수 있거든. 수없이 많은 비밀을 캐낼 수 있을지도 모르고, 뭐든 원하는 대로 통제할 수도 있어."

돈 후앙의 이런 설명은 어떤 수준에서는 언제나 나를 매료했다. 꿈에서는 무슨 일이든 할 수 있다는 식의 생각을 그가 선호한다는 부분은 쉽게 이해는 되었지만, 진지하게 받아들일 수는 도저히 없었다. 너무나도 비약이 심했기 때문이다.

우리는 잠시 서로를 바라보았다. 그가 방금 한 말은 정신 나간 소리로밖에는 들리지 않았지만, 그는 내가 아는 가장 분별 있는 사람들 중 하나였다.

나는 꿈이 현실이라는 생각을 도저히 받아들일 수가 없다고 그에게 말했다. 그는 나의 불안정한 입장을 이해한다는 듯이 쿡쿡 웃더니 아무 말도 하지 않고 대뜸 일어서서 집 안으로 들어갔다.

나는 그가 집 뒤꼍에서 부를 때까지 그렇게 한참을 망연자실한 상태로 앉아 있었다. 내가 가자 그는 옥수수죽이 담긴 사발을 건넸다.

나는 그럼 깨어 있을 때는 뭐냐고 물었다. 그런 상태를 부르는 특별한 이름이 있는지를 알고 싶었기 때문이다. 그러나 그는 내 질문을 이해 못했든가, 아니면 대답하고 싶지 않은 듯했다.

"그럼 우리가 지금 하고 있는 이런 일은 뭐라고 부릅니까?" 우리가 지금 하는 일이 현실이며 꿈과는 반대가 아니냐는 뜻의 질문이었다.

"먹는 거라고 부르는데." 돈 후앙은 웃음을 참으며 짧게 대답했다.

"현실이라고 불러야죠. 이렇게 먹는다는 행위는 실제로 일어나고 있지 않습니까."

"'꿈꾸기'도 실제로 일어나." 그는 킥킥 웃으며 말했다. "사냥하고, 걷고, 웃는 일과 마찬가지로 말이야."

나는 더 이상 반박하지 않았다. 그러나 아무리 상상력을 총동원해도 나로서는 그의 주장을 도저히 받아들일 수가 없었다. 그는 나의 이런 고뇌를 보면서 지극히 즐거워하는 기색이었다.

옥수수죽을 다 먹자 그는 잠시 산책을 하자고 했다. 그러나 예전에 그랬던 것처럼 사막 여기저기로 돌아다니지는 않겠다고 했다.

"이번에는 달라. 지금부터 우리는 힘의 장소로 갈 거야. 거기서 자네는 힘에 접근하는 방법을 배워야 해."

나는 또다시 내 마음이 얼마나 동요되고 있는지를 그에게 알렸고, 나는 그런 노력을 할 준비가 되어 있지 않다고 말했다.

"어이, 또 멍청한 두려움에 빠져 있군." 그는 낮은 목소리로 말하고 내 등을 토닥이며 자애로운 미소를 떠올렸다. "지금까지 난 자네의 사냥꾼 정신을 충족시켜주지 않았나. 자넨 나와 함께 이 아름다운 사막을 돌아다니는 걸 좋아하잖아. 그만두기에는 이미 때가 늦었어."

돈 후앙은 사막의 관목림을 향해 걸어가면서 따라오라는 듯이 고개를 까닥했다. 나는 내 차로 걸어가서 그대로 자리를 뜰 수도 있었지만, 내가 그와 아름다운 사막을 산책하는 일을 즐긴다는 그의 지적은 사실이었다. 돈 후앙과 함께 있을 때만 경험할 수 있는 느낌, 내가 있는 곳이 경이롭고 불가해하지만 아름다운 세계라는 그 느낌을 즐겼기 때문이다. 그가 말했듯이 나는 이미 낚인 것이나 마찬가지였다.

돈 후앙은 동쪽 언덕으로 나를 이끌었다. 긴 산책이었다. 날도 더

웠다. 그러나 평소라면 견딜 수 없었을 열파에도 불구하고 이번에는 왠지 신경이 쓰이지 않았다.

한참을 걸어 협곡이 나오자 돈 후앙은 멈춰서서 큰 바위의 그늘로 들어가 앉았다. 나는 요기를 하려고 배낭에서 크래커 몇 개를 꺼냈지만 그는 그럴 때가 아니라고 했다.

돈 후앙은 내가 눈에 띄는 장소에 앉아야 한다고 말했다. 그는 3, 4미터쯤 떨어진 곳에 우뚝 서 있는 공처럼 둥근 커다란 바위를 가리키고 내가 그 위로 올라가는 것을 도와주었다. 나는 돈 후앙도 나와 함께 앉을 거라고 짐작했지만, 그러는 대신 그는 중간까지만 올라와서 내게 말린 고기 몇 점을 건넬 뿐이었다. 돈 후앙은 지극히 심각한 표정으로 이것은 힘의 고기이니, 먹을 때는 아주 천천히 씹어야 하고 다른 음식과 절대 섞어 먹어서는 안 된다고 말했다. 그런 다음 그는 처음 멈춰섰던 바위 그늘로 되돌아가서 바위에 등을 대고 앉았다. 지극히 편안하고, 거의 졸린 듯한 표정이었다. 그는 내가 말린 고기를 다 먹을 때까지 같은 자세로 앉아 있었다. 그런 다음 그는 허리를 펴고 오른쪽으로 고개를 기울였다. 신중하게 귀를 기울이고 있는 듯한 모습이었다. 그는 나를 두세 번 흘끗 보다가 갑자기 일어서더니 사냥꾼의 방식으로 주위를 훑어보기 시작했다. 나는 반사적으로 그 자리에서 얼어붙었고, 눈만으로 그의 움직임을 쫓았다. 돈 후앙은 매우 조심스럽게 몇몇 바위 뒤로 돌아갔다. 마치 우리가 있는 장소로 사냥감이 올 것을 예상하고 있는 듯한 모습이었다. 그제야 나는 우리가 말라붙은 협곡이 구부러지는 곳에 있는, 사암 덩어리들로 둘러싸인 둥

170

글고 조그만 만灣을 연상시키는 장소에 와 있다는 사실을 깨달았다.

돈 후앙은 갑자기 바위 뒤에서 나오더니 나를 보며 미소 지었다. 그는 양팔을 뻗으며 하품을 하고, 내가 앉아 있는 바위 쪽으로 걸어 오기 시작했다. 나는 몸의 긴장을 풀고 고쳐 앉았다.

"무슨 일이 일어난 겁니까?" 나는 속삭이듯이 물었다.

돈 후앙은 내 주위에 걱정할 필요가 있는 것은 아무것도 없다고 고함을 질렀다.

그 즉시 나는 속이 철렁하는 것을 느꼈다. 그의 대답은 적절하지 않았고, 특별한 이유 없이 돈 후앙이 고함을 지르는 상황은 상상도 할 수 없었기 때문이다.

내가 바위 위에서 미끄러져 내려가려고 하자 그는 좀더 거기 머물 러 있으라고 소리쳤다.

"지금 뭘 하시는 겁니까?" 나는 물었다.

돈 후앙은 내가 앉아 있는 큰 바위 밑동에 있는 두 개의 바위 사이 에 앉은 자세로 몸을 숨겼다. 그는 무슨 소리가 들려서 주위를 둘러 보던 중이었다고 큰 소리로 말했다.

혹시 덩치 큰 짐승이 내는 소리를 들었느냐고 내가 묻자 돈 후앙 은 귓가에 손을 대더니 내 목소리가 안 들리니 더 큰 소리로 외쳐보 라고 고함을 질렀다. 나는 뜬금없이 소리를 지르는 일에 주저했지만, 그는 커다란 목소리로 더 크게 말해보라고 재촉했다. 그래서 나는 무 슨 일이 일어나고 있는지 알려달라고 소리쳤다. 그러자 돈 후앙은 이 근처에는 정말로 아무것도 없다고 소리쳤다. 그러고는 내가 있는 바위 꼭대기에서 뭔가 특이한 것이 보이느냐고 고래고래 고함을 질렀다. 내가 안 보인다고 하자 그는 남쪽 지형을 묘사해보라고 내게 지시했다.

우리는 잠시 고함을 지르며 대화했다. 이윽고 그는 내려오라는 신호를 보냈다. 내가 곁으로 오자 그는 내 귀에 대고 고함을 지른 것은 우리가 와 있다는 사실을 알리기 위해서 필요한 일이었다고 속삭였다. 특별한 물웅덩이의 힘이 내게 접근하기 쉽도록 할 필요가 있었기 때문이라는 것이었다.

주위를 돌아보아도 물웅덩이 따위는 보이지 않았다. 그러자 돈 후앙은 우리가 그 위에 서 있다고 말했다.

"여긴 물이 있어." 그는 속삭였다. "힘도 있고, 우린 여기 있는 정령을 유인해내야 해. 잘하면 자네를 따라올 거야."

돈 후앙이 있다고 주장하는 정령에 관해 더 알고 싶었지만 그는 완전한 침묵을 지키라고 명령했다. 꼼짝도 하지 말고, 속삭여서도 안 되고, 조금이라도 움직였다가 우리가 있다는 것이 들통 나는 일이 있어서는 안 된다는 명령이었다.

돈 후앙이 완전히 꼼짝도 않고 몇 시간이나 쉽게 견딜 수 있는 것은 명백했다. 그러나 내게는 순전히 고문이나 다름없었다. 두 발의 감각이 사라지고 허리가 욱신거렸고, 목과 어깨가 긴장으로 딱딱해졌다. 전신이 무감각해지고 차가워졌다. 돈 후앙이 마침내 일어났을 때 나는 실로 비참한 상태였다. 그는 벌떡 일어나서 내 손을 잡고 일으켜 세워주었다.

172

발을 뻗어 보면서 돈 후앙이 몇 시간이나 미동도 하지 않고 앉아 있다가 아무렇지도 않은 듯이 벌떡 일어났다는 사실이 얼마나 말이 안 되는지를 깨달았다. 내 몸의 근육이 걸을 수 있을 정도의 신축성을 되찾는 데만도 한참이 걸렸는데 말이다.

　돈 후앙은 집을 향해 돌아가기 시작했다. 매우 느린 걸음이었다. 그는 세 걸음 뒤에서 따라오라고 내게 당부했다. 그는 평소에 가던 길을 벗어나서 이리저리로 우회했고, 각기 다른 방향으로 너덧 번씩 가로지르기까지 했다. 마침내 집에 도착했을 때는 늦은 오후가 되어 있었다.

　나는 오늘 일어난 일에 관해 물어보려고 했다. 돈 후앙은 말은 불필요하다고 설명했다. 우리가 힘의 장소에 갈 때까지 당분간은 질문을 자제해야 한다는 애기였다.

　나는 도대체 그게 무슨 뜻인지 알고 싶어 미칠 지경이었다. 그래서 속삭이듯이 물어보려고 했지만, 그는 차갑고 엄한 표정으로 나를 바라보며 자신이 농담하고 있는 것이 아님을 재차 내게 알렸다.

　우리는 몇 시간이나 집 앞 흙마루에 앉아 있었다. 나는 기록을 끼적였다. 이따금 그는 내게 말린 고기를 건넸다. 마침내 더 이상 글을 쓸 수 없을 정도로 주위가 어두워졌다. 나는 앞으로 어떤 새로운 경험이 기다리고 있는지를 생각해보려고 했지만 나의 일부가 그것에 저항했다. 나는 잠들었다.

어제 아침 돈 후앙과 나는 읍내로 차를 몰고 가서 식당에서 아침을 먹었다. 그는 내게 식습관을 너무 극단적으로 바꾸지 말라고 권고했다.

"자네 몸은 힘의 고기에 익숙하지 않아서, 평소 먹는 걸 아예 끊으면 오히려 탈이 날 거야."

돈 후앙 자신은 잔뜩 먹었다. 내가 그 사실을 지적하며 농담을 하자 그는 "내 몸은 뭐든 좋아하지"라고 짤막하게 대답했을 뿐이었다.

정오 무렵에 우리는 걸어서 협곡으로 되돌아갔다. 우리는 예의 '시끄러운 대화'를 통해 정령에게 우리의 존재를 알렸다. 그런 다음에는 몇 시간 동안이나 침묵을 지켜야 했다.

그 장소를 떠났을 때 돈 후앙은 집으로 돌아가는 대신 산 쪽을 향해 가기 시작했다. 우선 완만한 경사를 오른 다음, 아주 높은 야산의 꼭대기까지 올라갔다. 돈 후앙은 휴식 장소로 시야를 가리는 것이 없는 열린 장소를 골랐다. 땅거미가 질 때까지 거기서 기다려야 하고, 나는 평소 때처럼 온갖 질문을 하면서 지극히 자연스러운 태도를 취해야 한다고 그가 말했다.

"난 그 정령이 저기 숨어 있다는 걸 알아." 돈 후앙은 지극히 낮은 목소리로 말했다.

"어디에요?"

"저기 저 덤불 속에."

174

"어떤 종류의 정령을 말씀하시는 겁니까?"

그는 의아한 표정으로 나를 보더니 응수했다. "아예 정령 종류가 얼마나 되는지를 물어보지 그러나?"

우리는 웃음을 터뜨렸다. 나는 불안한 나머지 자꾸 질문을 했다.

"황혼녘에 나타날 거야. 그때까지 우린 기다리기만 하면 돼."

나는 침묵했다. 질문하고 싶어도 더 이상 생각이 나지 않았기 때문이다.

"지금은 대화를 계속해야 할 때야." 돈 후앙은 말했다. "인간 목소리는 정령들을 끌어들이거든. 저기 저곳에도 하나 도사리고 있어. 우린 그것에게 우리를 내놓아야 하네. 그러니까 계속 말을 해."

나는 바보천치가 된 듯한 느낌을 맛보았다. 아무리 머리를 쥐어짜도 더 이상 할 말이 생각나지 않았던 것이다. 돈 후앙은 웃으며 내 등을 토닥였다.

"정말이지 웃기는 친구로군. 말을 할 필요가 있을 때는 꿀 먹은 벙어리가 되어버리니. 어이, 왜 평소 때처럼 나불거리지 못하나."

그는 입으로 장난스럽게 나불거리는 시늉을 해 보였다.

"지금부터는 오로지 힘(power)의 장소에 있을 때만 이런 얘기를 할 거야. 내가 자네를 여기로 데려온 건 첫 번째 시험을 받도록 하기 위해서야. 이곳은 힘의 장소이고, 이곳에서 우리는 오로지 힘에 관해서만 얘기할 수 있네."

"힘이라는 게 뭔지 도무지 모르겠습니다."

"힘이란 전사가 다루는 거야. 처음에는 믿기 힘들고 억지스럽게 느껴질지도 모르네. 힘에 관해서 생각하는 것조차 힘드니까 말일세. 지금 자네가 겪고 있는 건 바로 그거야. 하지만 시간이 흐르면 힘은 심각한 문제로 다가오네. 자네는 힘을 갖고 있지 않을 수도 있고, 힘이라는 것이 존재한다는 사실조차도 완전히 파악하지 못할 수도 있지만, 예전에는 있는지도 몰랐던 무엇인가가 실제로 존재한다는 사실을 자각하게 되는 거야. 그런 다음 힘은 절로 발생한, 통제할 수 없는 무엇인가의 형태로 자네 앞에 나타나네. 그게 어떤 식으로 오고, 또 실제로는 어떤 것인지를 설명해줄 수는 없어. 힘은 극히 사소한 것 같으면서도 자네 눈앞에 온갖 경이로운 광경들을 출현시킬 수 있지. 힘이 자네 안의 것이 되는 마지막 단계에 이르면, 힘은 자네의 행동을 관장하면서도 자네의 명령을 따르는 무엇인가가 되네.”

돈 후앙은 잠시 말을 멈췄다가 이해했느냐고 물었다. 나는 멍청이가 된 듯한 기분을 맛보았다. 그는 나의 낭패한 감정을 알아차린 듯이 쿡쿡 웃었다.

“나는 지금 여기서 힘으로 가는 첫 번째 단계를 자네에게 가르쳐줄 작정이네.” 그는 마치 내게 보낼 편지를 구술하는 듯한 어조로 말했다. “어떻게 하면 ‘꿈꾸기를 정립’할 수 있는지를 가르쳐주지.”

돈 후앙은 다시 나를 쳐다보고는 방금 한 말이 무슨 뜻인지 이해했느냐고 물었다. 나는 이해 못하겠다고 대답했다. 도무지 무슨 얘기인지 감을 잡을 수도 없었기 때문이다. 그러자 그는 ‘꿈꾸기를 정립’한다는 것은 꿈의 전반적인 상황에 대해 간결하고 실제적인 통제력을 발휘하는 일이라고 설명했다. 그는 그것을 사막에서 언덕에 오른

176

다거나, 협곡의 그늘에 머물러 있는 식으로 자기 행동을 선택할 자유가 주어진 것에 비유했다.

"우선 아주 간단한 일로 시작해야 해. 오늘 밤 꿈속에서 자네는 자네의 손을 바라보아야 하네."

나는 웃음을 터트렸다. 돈 후앙의 말투가 너무나도 사무적이었기 때문이다. 마치 일상의 흔한 일을 지시하는 듯한 느낌이었다.

"왜 웃나?" 그는 놀란 얼굴로 물었다.

"어떻게 꿈에서 자기 손을 볼 수가 있단 말입니까?"

"그건 아주 쉬워. 이런 식으로 눈의 초점을 맞추기만 하면 돼."

그는 앞으로 고개를 수그리더니 입을 연 채로 양손을 응시했다. 너무나도 우스꽝스러운 그의 몸짓을 보고 나는 웃지 않을 수가 없었다.

"솔직하게 말하죠. 제가 어떻게 그런 일을 할 수 있단 말입니까?"

"방금 얘기한 식으로 하라고." 그는 내뱉었다. "물론 자넨 뭐든 원하는 걸 바라볼 수도 있어. ― 발가락, 배, 원한다면 자네 고추를 봐도 상관없어. 내가 손이라고 한 건 내겐 그걸 보는 게 가장 쉬웠기 때문이야. 농담으로 받아들이지 말게. 이 경이롭고 불가해한 세계에서 '꿈꾸기'는 '보기'나 죽음이나 기타 어떤 일과도 마찬가지로 진지한 행위이니까 말이야.

뭔가 재미난 일로 간주해도 좋아. 자네가 그걸 통해 이룰 수 있는 온갖 일들을 상상해보라고. 힘을 사냥하려는 자의 '꿈꾸기'에는 거의 한계가 없다네."

나는 지침을 좀 달라고 애걸했다.

"지침 따윈 없어. 그냥 자네 손을 바라보라고."

"그래도 뭔가 방법을 더 가르쳐주실 수 있지 않습니까." 나는 고집을 부렸다.

돈 후앙은 고개를 설레설레 흔들더니 눈을 가늘게 뜨고 나를 흘끗흘끗 보았다.

"배우는 방식은 개인마다 달라." 잠시 후 그는 말했다. "자네가 지침이라고 부르는 건 나 자신이 배웠을 때 했던 일에 불과하네. 우린 서로 다르기 때문에 그런 건 무의미해. 아니, 서로 조금도 안 닮았다고 해야 하겠군."

"뭐든 말해주시면 도움이 될지도 모르지 않습니까."

"그냥 손을 바라보는 연습을 하는 쪽이 더 쉬워."

돈 후앙은 고개를 까닥거리며 머릿속을 정리하는 듯한 기색이었다.

"꿈속에서 보는 사물들은 자네가 바라볼 때마다 변화하기 마련이네." 그는 한참을 침묵했다가 말했다. "따라서 단지 그것들을 바라보는 대신 계속 시야에 머물러 있게 하는 것이 '꿈꾸기를 정립'할 때의 요령이야. 그런 식으로 모든 것에 초점을 맞추는 데 성공한다면 '꿈꾸기'는 현실이 되네. 그리고 나면 잘 때 하는 일이든 안 잘 때 하는 일이든 차이가 없어져. 무슨 뜻인지 알겠나?"

나는 무슨 뜻인지는 이해하지만 그런 주장은 도저히 받아들이기 힘들다고 털어놓았다. 그리고 문명세계에는 실제 현실에서 일어나는 일과 상상 속에서 일어난 일을 못 구별하는 망상증 환자들이 적지 않음을 지적했다. 그런 사람들은 정신장애를 겪고 있는 환자이며, 돈 후앙이 나더러 그렇게 미친 사람처럼 행동하게 만들 때마다 나는 불안감만 더욱 증폭된다고 말이다.

나의 긴 설명이 끝나자 돈 후앙은 우스꽝스러운 동작으로 양손을 뺨에 갖다 대고 체념한 듯이 큰 한숨을 내쉬었다.

"문명세계는 그냥 거기 있게 내버려둬. 신경 쓰지 말라고! 자네더러 미친 사람처럼 행동하라고 권한 사람은 아무도 없어. 이미 얘기했듯이 전사는 자기가 사냥하는 힘들을 다루기 위해서는 완벽해야 해. 그런 것도 구별을 못하는 사람이 어떻게 전사가 될 수 있다고 생각하나?

그런 반면, 진짜 세계가 뭔지 안다고 호언장담하는 자네가 뭐가 현실이고 뭐가 현실이 아닌지를 구별하는 능력에 의지해야 하는 상황이 온다면, 결국은 어설픈 행동에 나섰다가 얼마 가지도 못해 죽어버릴 걸세."

아무래도 내 설명이 충분하지 않았던 듯했다. 나의 반박은 어차피 지키지도 못할 난처한 입장에 빠지면서 느껴야 하는 견디기 힘든 좌절감을 그에게 알리는 요식행위에 불과했다.

"난 자네를 정신 나간 미친 사람으로 만들려는 게 아냐." 돈 후앙은 말을 이었다. "그런 일은 내 도움 없이도 자네 혼자서 충분히 할 수 있잖아. 하지만 우리를 관장하는 힘들이 자네를 내게 이끌었고, 그 사건 이래로 나는 줄곧 자네를 설득해서 멍청한 생활방식을 바꾸고 사냥꾼의 강하고 깨끗한 삶을 살게 하려고 노력해왔네. 그러자 그 힘들은 또다시 자네를 인도했고, 자네는 전사의 완전무결한 (impeccable) 삶을 살아야 한다고 내게 알려왔네. 자네가 그러지 못한다는 건 명명백백하지만 말이야. 하지만 누가 그 결과를 장담할 수 있겠나? 우린 이 불가사의한 세계 못지않게 불가해하고 경탄할 만한 존재야. 그러니까 우리가 어떤 능력을 발휘할지 누가 장담할 수 있단 말인가?"

돈 후앙의 목소리는 슬픈 기색을 띠고 있었다. 나는 사과하고 싶었지만, 그는 내가 그러기 전에 다시 입을 열었다.

"굳이 손을 바라봐야만 하는 건 아니네. 아까 말했듯이 뭐든 좋으니 하나를 골라. 잠들기 전에 미리 한 가지를 정한 다음에 그걸 꿈속에서 찾아보는 거야. 내가 자네에게 손을 보라고 한 건, 손은 언제나 거기 있기 때문이라네.

자네 손이 모양을 바꾸기 시작하면 시선을 돌려서 뭔가 다른 걸 바라봐야 하네, 그런 다음 다시 자네 손을 보는 거야. 이 기법을 완전히 터득하려면 오랜 시간이 걸리네."

그의 말을 받아적는 일에 몰두하느라고 나는 어둠이 깔리기 시작했다는 사실도 모르고 있었다. 해는 이미 지평선 뒤로 넘어간 상태였다. 하늘에는 구름이 끼어 있었고, 황혼녘이 임박하고 있었다. 돈 후앙은 일어서더니 남쪽을 슬쩍 바라봤다.

"이제 가세. 물웅덩이의 정령이 모습을 드러낼 때까지 우리는 남쪽을 향해 걸어가야 해."

아마 반 시간쯤 그렇게 걸었던 듯하다. 지형이 느닷없이 변하더니 황량한 지역이 나타났다. 덤불이 산불로 다 타버린 커다랗고 둥근 언덕이 하나 있었다. 마치 대머리를 연상케 하는 광경이었다. 우리는 그것을 향해 걸어갔다. 나는 돈 후앙이 그 언덕의 완만한 사면을 올라가리라고 예상했지만, 그는 도중에 멈춰서서 갑자기 경계자세를 취했다. 전신을 한꺼번에 긴장시키는가 싶더니 한순간 부르르 떨었다. 그는 곧 다시 긴장을 풀고 느슨한 자세로 섰다. 저렇게 축 늘어진 채로 어떻게 꼿꼿이 서 있을 수 있는지 신기할 정도였다.

바로 그 순간 세찬 돌풍이 나를 엄습했다. 돈 후앙의 몸이 바람 불어오는 쪽인 서쪽을 향했다. 근육을 써서 몸을 돌린 것이 아니었다. 적어도 내가 몸을 돌릴 때의 방식으로 그런 것은 아니었다. 마치 밖에서 누가 끌어당긴 것처럼 움직였던 것이다. 누군가가 그의 몸을 새로운 방향으로 돌려놓은 듯한 느낌이었다.

나는 계속 그를 응시했다. 돈 후앙은 눈가로 나를 곁눈질했다. 그의 얼굴에는 결연하고 단호한 표정이 떠올라 있었다. 그의 전 존재가 경계하고 있는 듯한 모습이었다. 나는 넋을 읽고 그런 그의 모습을 바라보았다. 이렇게 기이할 정도의 집중력을 요구하는 상황에 처한 적이 한 번도 없었기 때문이다.

갑자기 돈 후앙의 몸이 차가운 물을 한꺼번에 뒤집어쓰기라도 한 것처럼 부르르 떨렸다. 그는 또 그런 식으로 경련했지만, 잠시 뒤에는 아무 일도 일어나지 않았다는 듯한 기색으로 다시 걷기 시작했다.

나는 그의 뒤를 따라갔다. 우리는 동쪽의 헐벗은 야산 옆을 따라 걷다가 중간쯤에 당도했다. 돈 후앙은 그곳에 멈춰서더니 몸을 서쪽으로 돌렸다.

우리가 서 있는 곳에서 바라보니 예의 대머리를 닮은 언덕 정상은 멀리서 보았던 것만큼 둥글거나 매끄럽지는 않았다. 언덕배기 부근에 동굴 또는 구멍처럼 보이는 것이 하나 있었다. 돈 후앙을 따라서 나도 그것을 뚫어지게 응시했다. 또다시 불어온 세찬 동풍을 맞고 나는 등골이 오싹해지는 것을 자각했다. 돈 후앙은 남쪽으로 몸을 돌리고 눈으로 그 지역을 훑기 시작했다.

"저기야!" 그는 속삭이듯이 말하고 지면 위에 있는 어떤 물체를 가리켰다.

나는 눈을 가늘게 뜨고 그곳을 보았다. 6미터쯤 떨어진 지면 위에 무엇인가가 있는 것 같았다. 밝은 갈색의 물체였다. 나는 그것을 바라보며 몸을 떨었고, 모든 주의를 그것에 쏟아부었다. 그 물체는 거의 둥글었고, 웅크리고 있는 듯한 느낌이었다. 몸을 동그랗게 웅크린 개 같았다고나 할까.

"저게 뭡니까?" 나는 속삭였다.

"나도 모르겠네." 그는 그 물체를 응시하며 속삭였다. "자네 눈에는 뭘로 보이나?"

나는 개처럼 보인다고 대답했다.

"개 치고는 너무 커." 그는 무덤덤하게 말했다.

그것을 향해 두 걸음 다가가자 돈 후앙이 슬쩍 앞길을 막았다. 나는 또 그것을 응시했다. 자고 있거나 죽어 있는 일종의 동물인 것은 명백해 보였다. 머리통이 거의 보였고, 귀가 늑대처럼 쫑긋 튀어나왔다는 것도 알 수 있었다. 그 무렵 나는 그것이 몸을 웅크린 동물임을 확신하고 있었다. 혹시 갈색의 사슴 새끼가 아닌가 하는 생각도 들었다. 돈 후앙에게 그렇게 속삭이자 사슴 새끼 치고는 너무 작고 귀 끝도 너무 뾰족하다는 대답이 돌아왔다.

동물이 몸을 부르르 떠는 것을 보고 그것이 살아 있다는 사실을 알았다. 숨 쉬는 것까지도 보였지만 규칙적으로 그러는 것 같지는 않았다. 호흡이라기보다는 불규칙한 경련에 가까웠던 것이다. 그 순간 나는 갑자기 깨달았다.

"저 짐승은 죽어가고 있습니다." 나는 돈 후앙에게 속삭였다.

"자네 말이 옳아. 하지만 어떤 종류의 짐승일까?"

뚜렷한 특징은 알아볼 수 없었다. 돈 후앙은 신중하게 두 걸음쯤 더 다가갔다. 나도 그의 뒤를 따랐다. 그 무렵에는 주위도 상당히 어두워져 있었기 때문에 우리는 짐승을 뚜렷하게 보기 위해 두 걸음 더 다가가야 했다.

"조심해." 돈 후앙은 내 귀에 대고 속삭였다. "죽어가는 짐승은 마지막 힘을 쥐어짜서 달려드는 수가 있으니까 말이야."

이 짐승의 정체가 무엇이든 간에, 생명이 다해가고 있는 것처럼 보였다. 그 호흡은 불규칙적이었고, 몸도 경련을 되풀이하고 있었다. 그러나 짐승은 원래의 웅크린 자세를 바꾸지는 않았다. 그러나 어느 순간 엄청난 경련이 일어나며 짐승의 몸이 위로 튀어올랐다. 소름 끼치는 절규가 울려 퍼지는 것과 동시에 짐승은 네 다리를 쭉 뻗었다. 그때 보인 날카로운 발톱은 섬뜩한 정도가 아니라 속이 뒤집힐 정도로 무시무시했다. 짐승은 네 다리를 쭉 뻗고 옆으로 쓰러지더니 곧 등을 지면에 대고 누웠다.

엄청난 으르렁거림과 함께 돈 후앙이 외치는 소리가 들렸다. "살고 싶으면 달려!"

내가 한 일은 바로 그것이었다. 나는 믿기 힘들 정도로 빠르고 민첩하게 언덕배기를 향해 달려갔던 것이다. 반쯤 올라갔을 때 뒤를 돌아보니 같은 자리에 서 있는 돈 후앙의 모습이 보였다. 그는 나더러 내려오라는 시늉을 해 보였다. 나는 언덕을 뛰어 내려갔다.

"무슨 일이 일어났습니까?" 나는 당장에라도 쓰러질 듯이 숨을 헐떡이며 말했다.

"이 짐승은 죽은 것 같아."

우리는 조심스레 짐승을 향해 다가갔다. 지면에 등을 댄 자세로 다리를 뻗고 있었다. 조금 더 가까이 다가간 나는 두려움에 못 이겨 비명을 지를 뻔했다. 아직 완전히 죽지 않았다는 사실을 깨달았기 때문이다. 짐승의 몸은 여전히 떨리고 있었다. 하늘을 향해 뻗은 네 다리도 미친 듯이 떨리고 있었다. 단말마의 경련임은 명백해 보였다.

나는 돈 후앙 앞까지 걸어갔다. 새로운 경련이 짐승의 몸을 사로잡았다. 이제 그 머리통이 보였다. 나는 겁에 질린 표정으로 돈 후앙을 돌아보았다. 몸통만 보면 포유류가 명백했지만, 얼굴에는 마치 새 같은 부리가 달려 있었던 것이다.

나는 완전하고 절대적인 공포에 사로잡힌 채로 그 짐승을 응시했다. 내 마음은 눈앞에 보이는 광경을 부인하고 있었다. 나는 망연자실한 상태였다. 말 한 마디도 할 수 없었다. 지금까지 살아오면서 이런 것을 보는 것은 난생처음이었다. 내 눈앞에 있는 것은 상상할 수도 없었던 존재였다. 돈 후앙이 이 엄청난 짐승에 관해 설명해줬으면 좋겠다고 생각했지만 내 입에서는 웅얼거리는 소리밖에 새어나오지 않았다. 그는 나를 빤히 바라보고 있었다. 나는 그를 흘끗 보고, 짐승을 흘끗 보았다. 그러자 무엇인가가 세계를 재배열했고, 그 즉시 나는 그 짐승의 정체를 깨달았다. 나는 그곳으로 가서 그 물체를 집어 올렸다. 굵은 관목 가지였다. 불에 탄 자국이 있었다. 아마 바람에 날려온 탄 나무의 잔해 따위가 이 나뭇가지에 걸려서 둥글고 큰 짐승처럼 보이게끔 만든 듯했다. 나뭇가지에 걸린 잔해의 색깔은 주위의 초목들에 비해 밝은 갈색인 것처럼 보였기 때문이다.

나는 내가 보였던 어리석은 반응을 웃어넘기고 나뭇가지 새로 불어온 바람이 그것을 살아 있는 짐승처럼 보이게 했다고 설명했다. 돈 후앙은 내가 이 수수께끼를 푼 방식에 흡족해할 것이라고 생각했지만, 그는 몸을 휙 돌려 언덕배기로 올라가기 시작했다. 나도 그 뒤를 따랐다. 그는 동굴처럼 보이는 장소로 기어들어갔다. 잘 보니 구멍이라기보다는 사암이 우묵하게 함몰된 자국에 불과했다.

돈 후앙은 작은 나뭇가지들을 몇 개 집어들고 그것으로 함몰된 부분의 바닥에 쌓여 있는 흙을 파내기 시작했다.

"진드기를 털어내야 해. 방금 자넨 아름다운 힘 하나를 허비했어. 조금 전에 그 말라붙은 나뭇가지에 생명을 불어넣은 힘을 말이야."

내가 나를 내놓고 '세계가 존재하기를 멈출' 때까지 그 힘을 따라갔더라면 엄청난 위업을 이루었을 것이라고 그는 말했다. 그러나 나의 행동에 대해 딱히 화를 내거나 실망한 기색은 아니었다. 돈 후앙은 이번 일은 시작에 불과하며, 힘을 다루는 법을 배우려면 시간이 걸린다고 거듭 강조했다. 그는 내 어깨를 툭 치고 몇 시간 전만 해도 나는 뭐가 현실이고 뭐가 현실이 아닌지를 잘 알고 있지 않았느냐는 농담을 했다.

나는 당혹감을 느끼고 언제나 그렇게 자신만만한 태도만 보여서 미안하다고 사과했다.

"신경 쓰지 말게. 그 나뭇가지는 진짜 동물이었고, 힘이 그걸 건드린 순간에는 살아 있었어. 그 생명을 유지한 건 힘이었으니까, '꿈꾸기'와 똑같은 요령으로 그 모습을 계속 시야에 넣고 있었으면 됐어. 무슨 얘긴지 알지?"

그 밖의 다른 질문도 하고 싶었지만 돈 후앙은 내 말을 가로막고, 나는 밤새도록 깨어 있는 상태에서 침묵하면서 자기가 하는 말에만 귀를 기울이고 있어야 한다고 말했다.

정령은 그의 목소리를 알고 있으므로 그 소리만으로도 얌전해져서 우리를 그냥 내버려둘 가능성이 있다고 그는 말했다. 힘을 접근하게 한다는 표현에는 심각한 뜻이 함축되어 있었다. 힘은 쉽게 우리를 죽음으로 이끌 수 있는 파괴적인 힘이며, 최대한 신중하게 다뤄야 한다는 것이 그의 설명이었다. 힘에게 자신을 내놓는 행위는 체계적으로 이루어져야 하지만, 언제나 최대한 신중을 기해야 한다고 했다.

그런 경우에는 우선 고의적으로 큰 소리로 대화를 나누거나 그 밖의 시끄러운 소음을 발하는 행동을 함으로써 스스로의 존재를 알려야 한다. 그런 다음에는 반드시 완전한 침묵을 지키며 오랫동안 관찰할 필요가 있었다. 절제된 분출과 절제된 고요야말로 전사의 표징이었다. 제대로 했더라면 나는 그 살아 있는 괴물의 모습을 조금 더 오랫동안 유지했어야 했다고 돈 후앙은 말했다. 제어된 방식으로, 넋을 읽거나 흥분 또는 공포로 정신이 나가버리는 일 없이 '세계를 멈췄어야' 했다는 것이다. 내가 살기 위해 언덕배기로 뛰어올라간 직후 내게는 '세계를 멈출' 완벽한 기회가 있었다고 그는 말했다. 공포와 외경심과 힘과 죽음이 결합된 상태에 있었기 때문이다. 돈 후앙은 그런 상태를 재현하는 것은 상당히 어렵다고 말했다.

나는 그의 귀에 대고 속삭였다. "'세계를 멈춘다'는 건 무슨 뜻입니까?"

그는 이글거리는 눈으로 나를 흘끗 보았고, 그것은 힘을 사냥하는 자들이 쓰는 기법이며, 우리가 아는 세계를 붕괴시키는 효과가 있다고 대꾸했다.

11
전사의 마음가짐

1961년 8월 31일 목요일에 나는 차를 몰고 돈 후앙의 집으로 갔다. 차에서 내려 인사를 건네기도 전에 그는 차창에 머리를 들이밀고 미소 지으며 말했다. "힘이 깃든 장소로 가려면 차로 가도 한참이야. 벌써 해가 중천에 떴으니 당장 출발하세."

돈 후앙은 내 차 문을 열고 앞자리의 조수석에 앉았고, 남쪽으로 110킬로미터쯤 떨어진 곳으로 가라고 지시했다. 그런 다음에는 동쪽으로 이어지는 흙길로 들어서서 산맥의 자락까지 갔다. 나는 돈 후앙이 골라준, 길 바깥에 있는 우묵한 지점에 차를 세워두었다. 주위 지면보다 상당히 낮은 장소라서 다른 사람의 눈에 띄지 않기 때문이다. 그곳에서 우리는 매우 넓고 평탄한 황야를 가로질러 낮은 야산 꼭대기까지 올라갔다.

주위가 어두워지자 돈 후앙은 잘 곳을 골랐다. 그는 완전한 침묵을 지킬 것을 내게 요구했다.

다음날 우리는 간단히 요기를 하고 동쪽을 향한 여정을 이어갔다. 초목은 더 이상 사막의 관목이 아니라 두터운 산지의 덤불과 나무로 바뀌어 있었다.

오후 3시쯤에 우리는 마치 편평한 벽처럼 보이는 거대한 역암礫巖 절벽 꼭대기까지 올라갔다. 돈 후앙은 그곳에 앉으며 내게도 앉으라는 시늉을 했다.

"이곳은 힘이 깃든 장소일세." 그는 잠시 침묵했다가 말했다. "오래전에 전사들이 묻히던 장소이지."

바로 그 순간 까마귀가 까악거리며 우리의 머리 바로 위를 지나갔다. 돈 후앙은 까마귀의 비행을 뚫어지게 응시했다.

내가 절벽의 바위를 훑어보며 어떻게 전사들을 여기 묻을 수 있었을까 하는 생각을 하고 있을 때 돈 후앙이 내 어깨를 툭 쳤다.

"멍청한 친구 같으니. 여기 묻혔다는 게 아냐." 그는 미소 지으며 말했다. "저기 아래쪽일세."

그는 우리 바로 밑에 위치한 절벽 밑동의 평지를 가리켰다. 동쪽을 향한 지점이었다. 돈 후앙은 문제의 평지가 큰 바위들로 이루어진 천혜의 울타리로 둘러싸여 있다고 설명했다. 내가 앉아 있는 곳에서 바라보니 직경이 백 미터쯤 되는, 완벽한 원처럼 보이는 부분이 눈에 들어왔다. 표면을 빽빽하게 덮은 덤불이 바위를 감추고 있었다. 돈 후앙이 알려주지 않았다면 그것이 얼마나 완벽한 원을 이루고 있는지를 미처 깨닫지 못했을 것이다.

돈 후앙에 의하면 인디언들의 옛 세계에는 그런 장소들이 몇십 개씩 산재해 있었다고 했다. 정확히 말하자면 그런 곳은 정령들이 거처하는 특정 산이나 지형 같은 힘이 깃든 장소라기보다는 가르침을 얻고 딜레마를 해결하는 방법을 터득할 수 있는 깨우침의 장소라고 했다.

"감정을 정리하고 싶으면 여기 오거나 이 절벽 위에서 밤을 보내기만 하면 돼."

"여기서 밤을 보낼 겁니까?"

"그럴 작정이었는데 방금 지나간 까마귀가 그러지 말라고 하더군."

까마귀에 관해 더 질문하고 싶었지만 그는 성급하게 손을 움직여 내 말을 가로막았다.

"저 바위들로 이루어진 원을 바라보게. 저걸 기억에 각인해두면 언젠가 까마귀가 자네를 그런 장소로 또 안내해줄 거야. 원이 완벽하면 완벽할수록 그 힘도 강하다네."

"전사들의 뼈가 아직도 저기 묻혀 있습니까?"

돈 후앙은 영문을 알 수 없다는 듯이 우스꽝스러운 시늉을 하더니 파안일소했다.

"여긴 무덤이 아냐. 여기 매장된 사람은 아무도 없어. 예전에 전사들이 묻히곤 했다고 말했잖나. 전사들이 저기로 와서 자기 몸을 묻고 밤을 새웠다는 얘기였어. 하룻밤이든 이틀 밤이든 필요한 만큼 그런 상태로 시간을 보냈던 거지. 죽은 사람의 뼈가 묻혀 있는 게 아냐. 난 무덤에는 관심이 없네. 무덤에는 아무런 힘도 깃들어 있지 않거든.

하지만 전사의 뼈에는 힘이 깃들어 있지. 그러나 그것은 결코 무덤에 매장되지 않아. 식자識者의 뼈에는 그보다 한층 더 많은 힘이 깃들어 있지만, 실질적으로 그런 걸 찾아내는 건 불가능해."

"돈 후앙, 식자란 누구를 말하는 겁니까?"

"어떤 전사든 식자가 될 수 있네. 예전에도 말했듯이 전사는 힘을 사냥하는 완전무결한 사냥꾼일세. 그 사냥에서 성공한다면 식자가 될 수 있지."

"그게 무슨…"

돈 후앙은 손짓으로 내 질문을 막았다. 그는 일어서서 따라오라는 시늉을 하고 절벽의 가파른 동쪽 벽을 내려가기 시작했다. 거의 수직에 가까운 표면에는 예의 원으로 이어지는 뚜렷한 오솔길이 하나 나 있었다.

우리는 이 위험천만한 길을 천천히 내려갔다. 드디어 바닥에 도착하자 돈 후앙은 발을 멈추는 일 없이 빽빽한 덤불을 누비며 원의 중심으로 나를 이끌었다. 그곳에서 그는 굵은 고목 가지로 땅을 쓸어 우리가 앉을 수 있는 빈자리를 만들었다. 이 자리 또한 완벽하게 둥글었다.

"오늘 밤 자네를 여기 묻어놓을 작정이었네. 하지만 이제는 아직 그럴 시기가 아니라는 걸 알아. 자네에겐 그럴 만한 힘이 없거든. 그러니까 그냥 잠깐 동안만 묻어놓겠네."

흙 속에 파묻힌다는 생각을 하니 강한 불안감이 몰려왔다. 어떻게 나를 묻을 작정이냐고 돈 후앙에게 묻자 그는 어린아이처럼 킥킥 웃으며 마른 가지를 끌어모으기 시작했다. 내가 도우려고 하자 그는 그냥 앉아서 기다리고 있으라고 지시했다.

그는 끌어모은 가지들을 깨끗하게 쓸어놓은 원 안에 던져놓았고, 윗도리를 말아서 베개처럼 베고 머리를 동쪽에 두고 누우라고 지시했다. 내가 눕자 그는 약 80센티미터 길이의 나뭇가지들을 부드러운 지면에 꽂아 세워서 만든 우리로 내 몸을 에워쌌다. 나뭇가지 끝은 두 갈래로 갈라져 있었고, 그는 그 위에 더 긴 가지들을 걸쳐 놓는 방법으로 일종의 열린 관 같은 틀을 만들었다. 그는 위쪽의 긴 가지들 위에 작은 가지들과 잎사귀들을 얹어놓음으로써 긴 상자를 닮은 이 우리의 뚜껑을 닫았다. 어깨 아래로 몸 전체가 우리에 갇힌 형국이었다. 우리 밖으로 나와 있는 부분은 윗도리를 베개 삼아 베고 있는 내 머리통뿐이었다.

그런 다음 돈 후앙은 굵고 마른 가지 하나를 집어들었다. 그는 그것을 뒤지개처럼 써서 내 주위의 흙을 파냈고, 그 흙으로 우리를 완전히 덮었다.

우리의 틀을 워낙 튼튼하게 만들었고 잎사귀들의 위치도 절묘했기 때문에 우리 안으로 흙이 들어오는 일은 없었다. 나는 다리를 자유롭게 움직일 수 있었고, 드러누운 자세로 미끄러지듯이 우리를 들락거릴 수조차 있었다.

전사는 보통 우리를 만든 다음 그 안으로 들어가서 안에서 밀봉한다고 돈 후앙은 설명했다.

"들짐승들은 어떻게 합니까? 우리 표면의 흙을 긁어내고 안으로 들어가서 안에 있는 사람을 해치지는 않을까요?"

"아니. 전사는 그런 걱정을 하지 않아. 자네가 그런 걱정을 하는 건 힘이 아예 없기 때문이야. 반면에 불굴의 목적의식에 이끌린 전사는 뭐든 막아낼 수 있네. 쥐도, 뱀도, 퓨마도 그를 건드리지 못해."

"돈 후앙, 그들은 무슨 목적에서 이렇게 자기 몸을 묻었던 겁니까?"

"깨달음과 힘을 얻기 위해서였어."

나는 지극히 기분 좋은 평온함과 만족감을 맛보았다. 그 순간은 온 세상이 편안하게 느껴졌다. 주위의 고요는 너무나도 완벽해서 되려 부담이 될 지경이었다. 나는 이런 종류의 고요에는 익숙하지 않았다. 내가 말을 하려고 하자 돈 후앙이 막았다. 잠시 후 이 장소의 평온이 내 기분에 영향을 주기 시작했다. 나는 내 삶과 내 개인사에 관해 생각하기 시작했고, 익숙한 슬픔과 회오의 감정을 경험했다. 나는 내가 이곳에 있을 자격이 없는 사람이며, 그의 세계는 강하고 아름답지만 나는 약하고, 내 정신은 내 삶의 정황에 의해 왜곡되었다고 그에게 털어놓았다.

돈 후앙은 웃음을 터뜨렸고, 내가 그런 식의 말을 계속 늘어놓는다면 내 머리까지 흙으로 덮어버리겠다고 위협했다. 나는 그냥 한 명의 인간에 불과하며, 다른 인간들과 마찬가지로 인간의 숙명 — 기쁨, 고통, 슬픔과 투쟁 — 을 만끽할 권리가 있다고 그는 말했고, 전사로서 행동하는 그가 한 행동의 내용 따위는 중요하지 않다고 덧붙였다.

돈 후앙은 목소리를 낮춰 거의 속삭이는 듯한 어조로 말했다. 정말로 내 정신이 왜곡되었다고 생각한다면, 단지 그걸 고치기만 하면 된다고 말이다. 왜곡된 부분을 몰아내고 다시 완벽하게 만들면 그만이다. 왜냐하면 우리의 삶에서 그보다 더 가치 있는 행위는 존재하지 않기 때문이다. 그는 정신을 고치지 않는다는 것은 죽음을 추구하는 것과 같고, 아무것도 추구하지 않는 것과 마찬가지라고 했다. 왜냐하면 죽음은 그 무엇에도 구애받지 않고 우리를 따라잡기 때문이다.

돈 후앙은 한참을 침묵하다가 심원한 확신에 가득 찬 어조로 말했다. "완벽한 전사 정신을 추구하는 것은 인간으로서 유일하게 할 가치가 있는 행위라네."

그의 이런 말은 촉매로 작용했다. 내가 과거에 한 행동들이 견디기 힘들 정도로 거추장스럽고 무거운 짐으로 느껴졌다. 나는 내가 가망이 없다는 사실을 시인하고 흐느끼면서 내 삶에 관해 털어놓기 시작했다. 고독과 무력함을 절감해야 했던 몇몇 순간을 제외하면, 나는 너무나 오랫동안 정처 없이 세상을 배회하면서도 고통과 슬픔에 둔감했음을 고백했다.

돈 후앙은 아무 말도 하지 않았다. 그는 내 겨드랑이를 움켜잡고 우리 밖으로 끌어냈다. 그가 손을 떼자 나는 상체를 일으켜 앉았다. 그도 앉았다. 어색한 침묵이 흘렀다. 내가 마음을 가라앉힐 시간을 주려는 것일까. 나는 불안한 나머지 공책을 꺼내서 끼적거리기 시작했다.

"바람에 날리는 나뭇잎 같은 기분이지. 안 그래?" 마침내 그가 나를 바라보며 운을 뗐다.

그는 내 기분을 정확하게 짚었다. 마치 내 마음과 공명하고 있는 듯한 느낌이었다. 그는 내 상태가 어떤 노래를 생각나게 한다면서 나직하게 노래하기 시작했다. 그의 목소리는 매우 듣기 좋았고, 가사는 내 마음을 사로잡았다. "나는 내가 태어난 하늘에서 너무나도 먼 곳까지 왔네. 광막한 우수憂愁가 내 생각을 파고든다네. 이제 나는 바람에 날리는 나뭇잎처럼 고독하고 슬퍼져서, 어떨 때는 흐느끼고 싶지만, 어떨 때는 그리움에 웃고 싶어지네."(Que lejos estoy del cielo donde he nacido. Inmensa nostalgia invade mi pensamiento. Ahora que estoy tan solo y triste cual hoja al viento, quisiera llorar, quisiera reir de sentimiento.)

우리는 한참동안 아무 말도 하지 않았다. 이윽고 그는 침묵을 깼다.

"자네가 태어난 그날 이래로, 자넨 어떤 식으로든 남이 하라는 대로 하면서 살아왔어."

"맞습니다."

"자넨 그런 일을 하고 싶지 않았지만 말이야."

"사실입니다."

"그리고 이제 자넨 무력해. 바람에 날리는 나뭇잎처럼."

"그렇습니다. 바로 그겁니다."

내 삶을 둘러싼 상황은 종종 파괴적으로 작용했다고 나는 말했다. 돈 후앙은 유심히 귀를 기울였지만 그냥 나를 상냥하게 대하는 것인지, 아니면 정말로 내 걱정을 해주는 것인지를 알 수 없었다. 그러니까, 그가 미소를 억누르고 있다는 사실을 깨달을 때까지는 말이다.

195

"자네가 아무리 신세한탄 하기를 좋아한다고 해도, 이젠 그걸 바꿔야 해." 그는 나직하게 말했다. "그런 태도는 전사의 삶과는 어울리지 않거든."

돈 후앙은 웃으며 다시 같은 노래를 불렀다. 이번에는 가사의 어떤 단어들의 억양을 바꾼 탓에 우스꽝스러운 한탄으로밖에는 들리지 않았지만 말이다. 내가 이 노래를 마음에 들어한 것은 살아오면서 모든 것에 트집을 잡고 한탄하는 일을 빼고는 아무것도 한 일이 없기 때문이라고 그는 지적했다. 반박할 수가 없었다. 그의 말은 옳았기 때문이다. 그럼에도 불구하고, 바람에 날린 나뭇잎이라는 표현은 내가 느끼는 감정에 딱 들어맞는다고 느꼈다.

"이 세상에서 가장 힘든 것은 전사의 마음가짐을 갖는 일이라네. 슬퍼하고 불평하면서 그런 행동이 합당하다고 느끼고, 자기 상황을 다른 사람의 탓으로 돌려보았자 아무 쓸모도 없어. 누가 누구에게 무슨 일을 한 탓이 아니란 말일세. 특히 전사 입장에서는 말이야.

자네가 여기에 와 있는 건 자네가 여기 오고 싶어했기 때문이야. 진즉에 그 사실에 모든 책임을 졌어야 했어. 그랬더라면 자네가 바람 앞에서는 속수무책이라는 생각 자체가 떠오르지 않았을 걸세."

돈 후앙은 일어서서 우리를 분해하기 시작했다. 퍼낸 흙을 원래 자리로 되돌리고 모든 작대기를 덤불 안에다 신중하게 뿌렸다. 그런 다음 깨끗해진 원을 바위 조각 따위로 덮어서 그 흔적을 완전히 지웠다.

내가 그의 철저함에 관해 언급하자 사람이 남긴 흔적은 절대로 완전히 지울 수가 없으므로 아무리 조심하더라도 좋은 사냥꾼이라면 우리가 왔다 갔다는 사실을 알아차릴 거라는 대답이 돌아왔다.

돈 후앙은 책상다리를 하고 앉았더니 그가 나를 묻었던 장소를 마주 보고 최대한 편히 앉은 채로 내 슬픔의 감정이 사라질 때까지 있으라고 말했다.

"전사가 자기를 땅에 묻는 건 힘을 찾기 위해서지, 자기연민에 빠져 흐느껴 울기 위해서가 아니야."

나는 변명하려고 했지만 돈 후앙은 고개를 세차게 흔들며 내 말을 가로막았다. 나를 그렇게 서둘러 우리에서 꺼내야 했던 것은 내 마음가짐이 용납할 수 없는 것이었으며, 이 장소가 나의 유약함에 분개하고 나를 다치게 할 것이 두려워서였다고 그는 말했다.

"자기연민은 힘과는 어울리지 않아. 전사의 마음가짐을 가지려면 자제력을 발휘하는 동시에 스스로를 버릴 필요가 있네."

"어떻게 그럴 수가 있습니까? 어떻게 자제력을 발휘하는 동시에 스스로를 버릴 수 있단 말입니까?"

"쉽지 않은 기술이지."

돈 후앙은 계속 말할지 말지를 주저하는 기색이었다. 그는 두 번이나 무슨 말을 하기 직전까지 갔지만 결국 입을 다물고 미소 지었다.

"자넨 아직 슬픔을 극복하지 못했어. 여전히 약한 상태라서 지금은 전사의 마음가짐에 관해 얘기해봤자 소용이 없겠군."

거의 한 시간 가까이 완전한 침묵이 흘렀다. 돈 후앙은 느닷없이 예전에 그가 가르쳐준 '꿈꾸기' 기술을 터득하는 데 성공했는지 물었다. 나는 근면하게 연습을 거듭했고, 엄청난 노력 끝에 마침내 어느 정도 내 꿈을 통제하는 일에 성공한 상태였다. 그런 연습을 일종의 오락으로 해석할 수 있다는 돈 후앙의 말은 지극히 옳았다. 난생처음으로 잠드는 것을 고대하기 시작했던 것이다.

나는 진척 상황을 자세히 보고했다.

꿈속에서 내 양손을 바라보라고 나 자신에게 명령하는 법을 터득한 뒤에는 손의 이미지를 유지하는 일은 비교적 쉬웠다. 꿈속에서 언제나 내 손을 보는 것은 아니었지만 내가 마침내 통제력을 잃고 예측할 수 없는 보통 꿈으로 빠져들기 전까지는 상당한 시간 지속되는 것처럼 보였다. 꿈속에서 내 손이나 다른 사물들을 바라보라고 스스로에게 명령하는 시점을 의지로 통제하는 것은 불가능했지만 말이다. 그냥 일어난다고나 할까. 어떤 시점이 되면 내 손을 바라본 다음 주위 사물을 관찰해야 한다는 사실을 기억하게 되는 것이다. 그러나 그런 일을 했다는 기억이 전혀 없는 밤들도 있었다.

돈 후앙은 나의 설명에 만족한 듯했고, 그럴 경우 꿈속에서 보통 어떤 물건들을 보게 되는지를 물었다. 딱히 생각나는 것이 없었기 때문에 간밤에 꿨던 악몽에 관해 자세히 설명하기 시작했다.

"너무 복잡하게 만들지 마." 그는 무덤덤한 어조로 말했다.

나는 꿈의 자세한 내용을 모두 기록했다고 말했다. 꿈속에서 손을 바라보는 연습을 시작한 이래 내 꿈들은 매우 인상적으로 변했고, 그에 따라 내 기억력도 세부까지 낱낱이 기억할 수 있는 수준에 도달했던 것이다. 그러자 그는 꿈의 세부나 선명함은 전혀 중요하지 않기 때문에, 그런 것들에 집착하는 것은 시간 낭비라고 대답했다.

"자네가 '꿈꾸기를 설정'하기 시작하자마자 보통 꿈들도 매우 선명해지기 마련이야. 선명함이나 뚜렷함은 엄청난 장애물로 작용하는데, 자넨 지금까지 내가 만난 사람들 중에서도 가장 상태가 안 좋군. 모든 걸 글로 받아 적으려는 건 최악의 강박증이거든."

최대한 공평하게 생각해보아도 내가 하는 일은 적절하다는 생각이 들었다. 내 꿈을 샅샅이 기록한다는 행위는 내가 자는 동안 경험하는 비전의 성질에 대해 어느 정도 명확성을 부과해주었기 때문이다.

"그만둬!" 돈 후앙은 강한 어조로 말했다. "그건 아무 도움도 안돼. 그런 일을 해봤자 '꿈꾸기'의 목적인 통제와 힘으로부터 스스로 멀어지는 짓밖에는 안 된다는 뜻이야."

돈 후앙은 지면에 눕더니 모자로 눈을 가리고 나를 쳐다보지 않은 채로 얘기를 계속했다.

"자네가 연습해야 하는 모든 기술들을 다시 복습해보기로 하지. 우선 손에 초점을 맞추는 걸 시발점으로 삼아야 해. 그런 다음 다른 사물들로 시선을 돌려서 흘끗흘끗 바라보는 거야. 그런 식으로 가급적 많은 사물에 초점을 맞추게. 어떤 사물이든 흘끗 보기만 하면 변하지 않는다는 걸 기억해. 그런 다음, 다시 손으로 시선을 돌리는 거야.

자네는 손을 바라볼 때마다 '꿈꾸기'를 위한 힘을 재충전하고 있는 거라네. 그러니까 처음에는 너무 많은 사물을 쳐다보려고 하지 마. 한 번에 네 개로 족해. 나중에는 그 범위를 넓혀서 보고 싶은 걸 모두 봐도 되지만, 그 모습이 변화하기 시작하면서 통제력을 잃는다는 느낌이 오거든 다시 자네 손으로 시선을 돌리게.

그런 식으로 언제까지나 사물들을 바라볼 수 있다는 생각이 들면 새로운 기술을 배울 준비가 되었다는 뜻이네. 지금 그 기술을 가르쳐 주지. 하지만 준비가 됐다고 느낄 때까지는 쓰면 안 되네."

돈 후앙은 15분쯤 침묵했다. 이윽고 그는 몸을 일으켜 앉은 다음 나를 바라보았다.

"'꿈꾸기 설정'의 다음 단계는 여행하는 법을 터득하는 일일세. 자네가 자기 손을 바라보는 법을 터득한 것처럼, 의지력으로 스스로를 움직여서 이런저런 장소로 가는 거야. 우선 어디로 가고 싶은지를 확실히 정하게. 잘 알고 있는 익숙한 장소 ― 이를테면 학교라든지 공원, 친구 집 따위가 좋겠지. 그런 다음 거기로 가자고 스스로에게 명하는 거야.

이 기술은 터득하기가 무척 어려워. 두 가지 일을 수행할 필요가 있지. 우선 어떤 특정한 장소로 가자고 스스로에게 명해야 해. 그 기술을 완전히 자기 것으로 만든 다음에는 여행 시간을 정확하게 제어하는 법을 터득해야 하네."

그의 말을 받아적으면서 나는 내가 정말로 돌아버린 것이 아닌가 하는 느낌을 받았다. 이런 정신 나간 지시를 받아들이고, 전력을 다해 그걸 수행할 작정으로 있으니 말이다. 갑자기 후회와 당혹감이 밀려왔다.

"저한테 도대체 무슨 짓을 하고 있는 겁니까, 돈 후앙?" 무심코 이런 말이 나왔다.

돈 후앙은 놀란 기색이었다. 그는 나를 빤히 쳐다보더니 이내 미소를 지었다.

"지치지도 않고 똑같은 질문을 되풀이하는군. 난 자네한테 무슨 짓을 하고 있는 게 아냐. 자넨 힘에 접근해서, 그걸 사냥하려는 거야. 난 단지 자네를 안내할 뿐이고."

돈 후앙은 한쪽으로 고개를 갸우뚱 기울이며 나를 찬찬히 보았다. 그는 한 손으로 내 턱을 잡더니 다른 손으로는 내 뒤통수를 잡고 내 머리를 앞뒤로 움직이게 했다. 목의 근육이 딴딴하게 뭉쳐 있었기 때문에 이런 동작은 긴장을 푸는 데 도움이 되었다.

돈 후앙은 잠시 하늘을 올려다보며 무엇인가를 훑어보는 기색이었다.

"떠날 때가 됐어." 그는 짤막하게 말하고 일어섰다.

우리는 두 개의 커다란 언덕 사이에 위치한 골짜기로 걸어갔고, 작은 나무들이 함께 자라 있는 지점 앞에서 멈춰섰다. 거의 오후 5시가 되어 있었다. 돈 후앙은 이곳에서 밤을 보내야 할지도 모르겠다고 무덤덤하게 말했고, 나무들을 가리키며 근처에 물이 있을 거라고 했다.

돈 후앙은 몸을 긴장시키고 짐승처럼 킁킁 주위의 냄새를 맡기 시작했다. 코로 빠르게 숨을 뱉고 빨아들이면서 배 근육이 경련하듯이 짧고 빠르게 수축하는 것을 알 수 있었다. 그는 나도 그처럼 호흡하면서 물을 찾아보라고 재촉했다. 나는 주저하며 그의 흉내를 냈지만 5, 6분쯤 빠른 호흡을 한 뒤에는 현기증에 시달렸다. 그러나 콧구멍이 놀랄 정도로 뻥 뚫린 덕에 강가에 자라는 강버들 냄새를 실제로 맡을 수가 있었다. 하지만 어느 쪽인지는 알 수 없었다.

몇 분을 쉬었다가 다시 냄새를 맡으라고 돈 후앙이 말했다. 두 번째 시도에서 냄새는 더 강해졌다. 실제로 오른쪽에서 희미한 버드나무 냄새가 풍겨오는 것을 맡기까지 했다. 그쪽으로 4백 미터쯤 가보니 물이 고여 늪처럼 되어 있는 곳이 나왔다. 우리는 그곳을 우회해서 조금 더 높고 편평한 대지臺地(mesa)로 올라갔다. 대지 주위에는 덤불이 무성했다.

"여기선 퓨마나 그보다 작은 고양잇과 짐승들이 우글거리지." 돈 후앙은 마치 잡담을 하듯이 덤덤한 어조로 말했다.

내가 그의 곁으로 달려가자 그는 웃음을 터뜨렸다.

"난 보통 이런 데로는 아예 오지 않아. 하지만 까마귀가 이 방향을 가리켰으니까 여긴 뭔가 특별한 것이 있는 게 틀림없어."

"돈 후앙, 꼭 여기 머물러 있어야 합니까?"

"응. 징조만 아니었다면 나도 이런 데는 피했을 거야."

나는 신경이 날카롭게 곤두서는 것을 자각했다. 돈 후앙은 정신을 바짝 차리고 그의 말에 귀를 기울이라고 말했다.

"여기서 사람이 할 수 있는 일이라고는 퓨마를 사냥하는 것밖엔 없어. 그러니까 어떻게 그럴 수 있는지를 가르쳐주지.

물웅덩이 근처에 사는 물쥐를 잡는 덫을 만드는 특별한 방법이 있어. 그걸로 물쥐를 잡아서 미끼로 삼는 거야. 그걸 안에 넣은 우리를 만들어야 하는데, 우리 양쪽 벽에 아주 날카로운 말뚝을 잔뜩 박아넣고, 우리는 무너지기 쉽게 만들어야 해. 우리가 서 있는 상태에서는 그런 말뚝들은 보이지 않지만, 뭔가 우리 위로 떨어지면 양쪽 벽이 쓰러지면서 그 우리를 덮친 동물을 꿰뚫는 거야."

나는 무슨 소린지 이해할 수 없었다. 그러자 돈 후앙은 지면에 도면을 그려 보이고 우리의 양쪽 벽이 쉽게 넘어지도록 해놓으면 뭔가가 우리 위쪽을 누르면 우리 전체가 오른쪽이나 왼쪽으로 접히듯이 쓰러질 것이라고 설명했다.

말뚝은 딱딱한 나뭇조각을 날카롭게 깎아 만든 것이었고, 우리의 틀 전체에 단단히 비끄러매놓아야 한다고 했다.

돈 후앙은, 보통은 나뭇가지를 엮어서 만든 그물 위에 무거운 바윗돌을 잔뜩 올려놓고 우리에 연결된 상태로 그 위에 매달아놓는다고 했다. 퓨마가 미끼인 물쥐를 가둬놓은 이 우리와 마주치면, 보통은 혼신의 힘을 다해 앞발을 휘둘러서 그걸 부시려고 한다고 돈 후앙은 말했다. 그러다가 퓨마는 날카로운 말뚝에 발을 찔리고, 미친 듯이 뛰어오르게 된다. 그러면 머리 위에 매달린 바위들이 퓨마 위로 한꺼번에 떨어진다는 것이다.

"언젠간 자네도 퓨마를 잡아야 해. 퓨마들은 특별한 힘을 가지고 있거든. 엄청나게 머리가 좋은 놈들이라서 그것을 잡으려면 물가에 자라는 강버들 냄새를 써서 속이고 상처를 입히는 방법밖에는 없어."

돈 후앙은 경이로울 정도로 빠르고 능숙하게 덫을 완성시켰고, 한참 뒤에 다람쥐를 닮은 뚱뚱한 설치류 동물을 세 마리 잡았다.

그는 나로 하여금 늪 가장자리에 자라 있는 강버들 덤불에서 잎사귀를 한 줌 뜯어 와서 내 옷을 문지르게 했고, 자기도 같은 일을 했다.

그런 다음 갈대를 재빠르고 능숙하게 엮어서 두 개의 단순한 주머니를 만들었다. 그는 늪에서 초록색 수초와 진흙을 잔뜩 떠내서 대지로 돌아왔고, 몸을 숨겼다.

그러는 동안 다람쥐를 닮은 물쥐들은 큰 소리로 찍찍거리기 시작했다.

돈 후앙은 은신처에서 나를 부르더니 갈대 주머니 하나를 써서 진흙과 수초를 떠온 다음 물쥐들을 가둬놓은 덫 근처에 있는 나무의 아래쪽 가지로 올라가라고 지시했다.

퓨마나 쥐들을 다치게 하고 싶지는 않으므로, 퓨마가 다가오면 진흙을 던질 작정이라고 그는 말했다. 그는 나도 정신을 바짝 차리고 있다가 자기가 그걸 던지면 함께 주머니를 던져서 겁을 줘서 쫓으라고 지시했고, 그러면서 나무에서 떨어지지 않도록 최대한 신중을 기할 것을 강조했다. 그리고 나뭇가지의 일부로 보일 정도로 꼼짝도 말고 있어야 한다고 강조했다.

내가 있는 곳에서 돈 후앙의 모습은 전혀 보이지 않았다. 물쥐들은 귀가 아플 정도로 찍찍거리기 시작했다. 주위가 너무 어두워진 탓에 이제는 지형을 거의 알아볼 수가 없었다. 그러던 중 갑자기 가까운 곳에서 나직한 발소리와 고양잇과의 동물이 훅훅거리는 소리가 들려왔다. 곧 아주 나직하게 으르렁거리는 소리와 함께 물쥐들이 찍찍거리는 소리가 딱 끊겼다. 내가 달라붙어 있는 나뭇가지 바로 아래쪽에 육중한 짐승의 검은 그림자가 보인 것은 바로 그때였다. 그것이 퓨마인지 아닌지도 확인하기 전에 그림자는 덫을 향해 돌진했지만, 덫에 도달하기 전에 무엇인가에 맞고 뒤로 홱 몸을 빼는 것을 알 수 있었다. 나는 돈 후앙이 지시한 대로 갈대 주머니를 던졌지만 맞추지 못했다. 그러나 주머니는 커다랗게 철벅 하는 소리를 내며 지면에 떨어졌다. 바로 그 순간 돈 후앙은 귀청이 찢어질 듯한 날카로운 함성을 잇달아 발하기 시작했다. 등골이 오싹해지는 소리였다. 그러자 퓨마는 놀랄 정도로 민첩하게 메사 쪽으로 몸을 날려 금세 사라져버렸다.

돈 후앙은 한동안 더 소리를 질렀고, 나무에서 내려와서 물쥐들이 든 우리를 집어들고 그가 있는 대지 쪽으로 전속력으로 달려오라고 내게 지시했다.

나는 눈 깜짝할 새에 돈 후앙 곁에 가 있었다. 그는 자기가 우리를 해체하고 물쥐들을 놓아주는 동안 최대한 자기와 비슷한 함성을 발하고 있으라고 내게 말했다.

나는 고함을 지르기 시작했지만 그와 같은 소리를 내지는 못했다. 흥분이 극에 달한 나머지 목이 쉬어 있었기 때문이다.

퓨마가 아직 이 근처에 있으니 딴 생각하지 말고 진심에서 우러나오는 고함을 지르라고 그는 말했다. 갑자기 모든 상황이 뚜렷해졌다. 퓨마는 실제로 여기에 와 있었다. 나는 실로 박진감 있는 함성을 발하기 시작했다.

돈 후앙은 폭소를 터뜨렸다.

그는 잠시 더 내가 그렇게 함성을 지르도록 내버려두더니, 최대한 소리를 내지 않고 빨리 이곳을 떠나야 한다고 말했다. 퓨마는 바보가 아니므로 필시 우리가 있는 곳으로 되돌아오고 있기 때문이라고 그는 말했다.

"보나 마나 우리를 추적해올 거야. 아무리 조심하더라도 우린 팬 아메리칸 고속도로처럼 뚜렷한 자취를 남길 테니까 말이야."

나는 돈 후앙에게 딱 붙은 채로 움직였다. 이따금 그는 멈춰 서서 귀를 기울였고, 그러다가 갑자기 어둠 속을 질주하기 시작했다. 나는 나뭇가지에 맞아 다치지 않으려고 앞으로 양손을 내민 자세로 그를 따라 달렸다.

마침내 우리가 처음 왔던 절벽 밑동에 도착했다. 돈 후앙은 사나운 퓨마의 공격을 받지 않고 정상까지 올라가는 데 성공한다면 우리는 안전해질 거라고 말했다. 그가 먼저 올라가며 나를 인도했다. 우리는 어둠 속의 등반을 개시했다. 어떻게 그랬는지는 모르지만, 나는 자신 있는 발걸음으로 한 번도 헛디디지 않고 그의 뒤를 따라갔다. 정상 근처에 도달했을 무렵 짐승이 내는 듯한 기이한 소리가 들려왔다. 소 울음소리를 닮았지만 그보다는 더 크고 거칠었다.

"빨리 올라가! 빨리!" 돈 후앙이 외쳤다.

나는 칠흑처럼 껌껌한 어둠 속에서 돈 후앙을 앞질러 올라갔다. 그가 편평한 절벽 정상으로 올라왔을 때는 나는 이미 앉아서 숨을 고르고 있었다.

돈 후앙은 땅바닥에서 구르기 시작했다. 한순간 너무 힘들어서 그러는가 하는 생각이 들었지만, 잘 보니 그는 내가 얼마나 빨리 올라왔는지를 알고 배를 잡고 웃고 있었다.

우리는 두 시간쯤 완전한 침묵을 지키며 앉아 있었다. 그런 다음에 차를 세워둔 곳으로 돌아가기 시작했다.

1961년 9월 3일, 일요일

잠에서 깼다. 집 안에 돈 후앙의 모습은 없었다. 나는 기록을 정리했고, 남은 자투리 시간을 써서 그가 돌아오기 전에 집 주위의 덤불에서 장작을 모아왔다. 그가 집 안으로 들어왔을 때 나는 식사를 하고 있었다. 돈 후앙은 그가 정오의 식사습관이라 부르는 광경을 보고 웃음을 터뜨렸지만, 곧 나와 함께 샌드위치를 나눠 먹기 시작했다.

나는 퓨마와의 그 경험이 무척 당혹스럽다고 털어놓았다. 돌이켜 생각해보니 모든 것이 비현실적으로 느껴졌기 때문이다. 마치 모든 것이 나를 위해 짜놓은 각본에 따라 움직인 것 같았다. 너무나 짧은 시간 안에 너무나도 많은 사건이 잇달아 일어난 탓에 두려움을 느낄 틈조차 없었다. 행동에 나설 만한 시간 여유는 충분했지만 주변 상황에 대해 생각할 여유는 없었다고나 할까. 그것을 공책에 기록하면서 나는 내가 정말로 퓨마가 내게로 다가오는 것을 보기나 했는지를 확신할 수가 없었다. 내가 올라가 있던 마른 나뭇가지는 여전히 뚜렷이 기억에 남아 있었지만 말이다.

"퓨마가 맞아." 돈 후앙은 잘라 말했다.

"정말로 피와 살을 가진 짐승이 맞단 말입니까."

"당연하지 않나."

나는 내가 그런 의심을 하기 시작한 것은 모든 일이 너무나 매끄

207

럽게 진행되었기 때문이라고 말했다. 마치 돈 후앙의 계획을 정확히 따르도록 훈련받은 퓨마가 거기서 나를 기다리고 있었던 것처럼 느껴진다고 말이다.

돈 후앙은 나의 이런 회의적인 발언에도 꿈쩍하지 않았다. 그저 웃어넘길 뿐이었다.

"정말이지 웃기는 친구로군. 자넨 퓨마를 봤고, 그것이 내는 소리를 들었어. 자네가 있던 그 나무 바로 아래에 있는 걸 똑똑히 봤잖나. 강버들 냄새 탓에 자네 냄새를 맡고 달려들지는 못했지만 말이야. 강버들은 그걸 제외한 모든 냄새를 지워버리기 때문에 퓨마조차도 냄새를 못 맡게 만든다네. 그리고 자넨 무릎 위에 그걸 잔뜩 올려놓고 있었어."

그의 말을 의심하는 것은 아니지만, 그날 밤 일어난 일은 나의 일상생활에 비교하면 지극히 이질적이라는 느낌을 떨칠 수가 없다고 나는 말했다. 한동안 공책에 그 경험을 기록하면서, 돈 후앙이 퓨마 역할을 연기했을 수도 있다는 생각까지 떠올렸던 것이다. 그러나 네발짐승의 검은 그림자가 우리를 향해 돌진하다가 대지 쪽으로 껑충 도망친 것을 내가 실제로 보았던 사실을 생각하면 그런 가설은 버릴 수밖에 없었다.

"왜 그런 데에 신경을 쓰나? 그건 커다란 퓨마에 불과했어. 그런 산악지대에는 수천 마리는 살고 있을걸. 그게 어때서. 역시나 자넨 엉뚱한 것에 주의를 기울이고 있어. 자네가 본 것이 퓨마였든 내 바지였든 그런 건 전혀 중요하지 않아. 중요한 건 그때 자네가 느꼈던 감정이라고."

근처에서 거대한 고양잇과 짐승이 돌아다니는 모습을 보거나 그
것이 내는 소리를 들은 것은 그때가 난생처음이었다. 내가 그런 존재
와 불과 1미터 떨어진 곳에 있었다는 사실을 도저히 실감할 수가 없
었던 것이다.

돈 후앙은 내가 그 경험을 처음부터 끝까지 묘사하는 동안 참을성
있게 귀를 기울였다.

"거대한 살쾡이 따위에 왜 그렇게 연연하는 거지?" 그는 의아한
듯이 되물었다. "자넨 이 근처에 사는 짐승들 대부분에게 가까이 가
본 적이 있지만 그토록 외경심을 느끼거나 하진 않았잖아. 퓨마가 좋
아?"

"아뇨. 좋아하지 않습니다."

"그럼 잊어. 그건 어차피 퓨마를 사냥하는 방법에 관한 게 아니었
어."

"그럼 뭐에 관한 것이었습니까?"

"까마귀가 그 지점을 내게 가리켜 보여줬고, 나는 바로 그 지점에
서 전사의 마음가짐을 갖추고 있는 사람이 어떻게 행동하는지를 자
네에게 이해시킬 수 있는 가능성을 '보았던' 거라네.

어젯밤에 자넨 적절한 마음가짐을 가지고 모든 일을 했던 거야.
자네가 그 나무 아래로 뛰어내려서 우리를 들고 나한테 달려왔을 때
자넨 통제받는 동시에 모든 걸 내려놓은 상태였네. 자넨 두려움으로
얼어붙지 않았어. 그런 다음 그 절벽 정상 근처에서 퓨마가 울부짖는

소리를 들었을 때도 자넨 아주 잘 움직였어. 낮에 그 절벽을 봤다면 자네가 어떤 일을 했는지 믿지 못했을걸. 자넨 어느 정도까지는 모든 걸 내려놓은 상태였고, 그와 동시에 어느 정도의 자제력을 발휘했어. 모든 걸 포기하고 오줌을 지리는 대신, 모든 걸 내려놓고 한 치 앞도 안 보이는 어둠 속에서 절벽을 기어올라갔던 거야. 그러다가 발을 헛디디고 죽었을 수도 있겠지. 어둠 속에서 그런 절벽을 올라가기 위해서는 자제력을 잃지 않는 동시에 모든 걸 내려놓을 필요가 있었어. 그게 바로 내가 전사의 마음가짐이라고 부르는 거라네."

나는 그날 밤 내가 했던 일은 두려움의 결과이지 자제력과 포기 따위와는 전혀 관계가 없다고 주장했다.

"알아." 돈 후앙은 미소 지으며 말했다. "적절한 마음가짐을 갖춘다면 스스로의 한계 너머로까지 자기 자신을 몰아갈 수 있다는 걸 보여주고 싶었을 뿐이야. 전사의 마음가짐은 스스로가 만드는 거라네. 자넨 그걸 몰랐어. 그때는 두려움이 자네로 하여금 전사의 마음가짐을 갖게 했지만, 이젠 그럴 수 있다는 걸 아니까 뭘 쓰더라도 그럴 수 있어."

나는 그의 말에 반박하고 싶었지만 무엇을 근거로 그래야 할지 알 수 없었다. 나는 설명하기 힘든 짜증스러운 기분을 느꼈다.

"언제나 그런 마음가짐으로 행동할 수 있다면 편리해져." 그는 말을 이었다. "쓸데없는 것에 신경을 쓸 필요 없이 순수한 상태로 있을 수 있거든. 그 절벽 꼭대기에 올라갔을 때 자넨 정말로 기분이 좋았잖아. 안 그래?"

돈 후앙이 무슨 말을 하는지는 이해하지만, 그가 가르친 것을 일상생활의 모든 면에 적용하려는 건 멍청한 짓이라고 내가 말했다.

"그 어떤 행동을 하든 간에 전사의 마음가짐을 가질 필요가 있네. 안 그러면 그는 일그러지고 추해질 뿐이야. 이런 마음가짐이 없는 삶에 힘 따위는 없네. 자네를 예로 들어보지. 자넨 뭘 봐도 짜증을 내고 동요해. 자넨 모든 사람이 자네를 조종하려고 한다고 느끼고, 거기 대해 징징거리고 불평하는 게 일이지 않나. 자넨 바람에 날리는 잎사귀 같은 존재야. 자네의 삶에는 힘이 없어. 그렇게 살아간다는 건 정말이지 얼마나 비참한 기분이냐구!

반면에 전사는 사냥꾼이라네. 모든 걸 계산해. 그게 바로 자제력이야. 하지만 일단 그런 계산이 끝나면 전사는 행동에 나설 뿐이라네. 그는 자기를 놓아주지. 모든 걸 내려놓는 거야. 전사는 바람에 날리는 잎사귀가 아냐. 그런 그를 압박하거나, 그를 상하게 하거나 그의 판단에 반하는 행위를 강요할 수 있는 사람은 어디에도 없어. 전사는 살아남는 일에 특화된 존재이므로, 최상의 방법을 써서 살아남는다네."

돈 후앙의 이런 태도는 마음에 들었지만 현실적인 대안이라고는 할 수 없다는 것이 나의 생각이었다. 내가 살아가는 복잡한 세계에 적용하기에는 너무나도 단순하기 때문이다.

그는 나의 이런 반박을 듣고 웃음을 터뜨렸다. 그가 말하는 전사의 마음가짐을 갖고 있다 하더라도, 감정을 상하거나 다른 인간들의 행동에 의해 실제로 해를 입는 것을 막을 수는 없지 않으냐고 내가 반박했다. 이를테면 권력을 가진 위치에 있는 잔인하고 악의적인 사람에게서 물리적으로 해를 입을 경우, 단지 마음가짐만으로 그것을 막을 수는 없지 않은가.

돈 후앙은 껄껄 웃으며 내가 든 예가 적절하다고 시인했다.

"전사는 다칠 수는 있어도 결코 짜증을 내지는 않는다네. 전사가 적절한 마음가짐을 유지하는 한, 다른 인간들의 그 어떤 행동도 그를 짜증 나게 할 수는 없기 때문이지.

지난밤에 자넨 그 퓨마에게 짜증을 내지 않았네. 그게 우리를 쫓아와도 화를 내지 않았어. 난 자네가 그놈에게 욕설을 내뱉거나, 우리를 쫓아올 권리 따위는 없다고 항의하는 걸 듣지 못했어. 실은 그 퓨마가 잔인하고 악의적인 퓨마였을지도 모르는 상황에서도 말이야. 하지만 자네가 그걸 피하려고 악전고투하고 있을 때 자넨 그런 생각은 아예 하지도 않았어. 유일하게 중요한 건 살아남는 일이었으니까 말이야. 그리고 자넨 그 일을 훌륭하게 수행했어.

만약 그때 자네가 혼자였고, 그런 상태에서 퓨마의 공격을 받아 죽었다고 해도 자넨 퓨마의 행동에 대해 불평하거나 짜증을 내려는 생각은 전혀 하지 않았을 거야.

전사의 마음가짐은 자네의 세계에서든 그 밖의 어떤 세계에서든 결코 부자연스러운 것이 아니라네. 모든 허튼 짓거리를 일소하기 위해서 자네에겐 바로 그게 필요해."

나는 내가 가진 생각에 대해 설명했다. 퓨마와 다른 인간들은 동등한 존재가 아니다. 나는 인간의 변덕에 관해서는 익히 알고 있지만, 퓨마에 관해서는 아는 것이 전혀 없었기 때문이다. 다른 인간들을 짜증스럽게 느끼는 것은 그들이 악의를 가지고 의도적으로 나를 대하기 때문이었다.

"알아, 알아." 돈 후앙은 참을성 있게 말했다. "전사의 마음가짐을 갖추는 건 단순한 일이 아니라 혁명이야. 퓨마와 물쥐와 인간들을 동등한 존재로 볼 수 있는 마음가짐에 도달한다는 건 오직 전사에게만 가능한 엄청난 위업이라네. 그러기 위해서는 힘이 필요해."

12
힘의 전투

우리는 새벽에 가까운 시각에 차를 타고 출발했다. 처음에는 남쪽으로 갔다가 곧 동쪽 산악지대로 방향을 틀었다. 돈 후앙은 음식과 물이 담긴 조롱박을 지참하고 왔다. 우리는 차 안에서 요기를 한 다음 밖으로 나가 걷기 시작했다.

"내게 딱 붙어 있게." 그는 말했다. "자넨 이 지역에 익숙하지 않으니 굳이 불필요한 위험을 무릅쓸 필요는 없어. 자넨 힘을 찾으러 가는 중이니 모든 행동에 주의해야 하네. 바람, 특히 해가 질 무렵의 바람에 주목하게. 언제든지 바람 부는 방향이 바뀌면 내가 그걸 막아줄 수 있는 위치로 움직여야 하네."

"이런 산속에서 뭘 할 작정입니까?"

"자네는 힘을 사냥해야 해."

"그러니까, 구체적으로 뭘 한단 뜻이죠?"

"힘을 사냥할 경우 계획 따위는 없어. 사냥감을 사냥할 때와 똑같

214

지. 사냥꾼은 뭐든 자기 눈앞에 나타나는 걸 잡으니까 말이야. 따라서 언제든지 즉각 행동에 나설 준비가 되어 있어야 하네.

바람에 관해서는 알 테니 이제는 자네 힘으로 바람 속에 깃든 힘을 사냥할 수가 있어. 하지만 자네가 모르는 다른 것들도 있네. 바람과 마찬가지로 특정한 장소에서 특정 시각에 힘의 중심이 되는 것들이지.

힘이라는 건 실로 특이한 것이라네. 그게 뭔지를 정확히 꼬집어 말하는 건 불가능하니까 말이야. 어떤 것들에 대해 갖게 되는 일종의 느낌이라고나 할까. 힘은 개인적이야. 오직 당사자에게만 속한 것이니까 말이야. 이를테면 내 은사는 단지 흘끗 바라보는 것만으로도 다른 사람의 건강을 심각하게 해칠 수 있었다네. 난 그의 시선을 받은 여자들이 시들시들해지는 걸 봤어. 그가 아무 때나 다른 사람들을 병들게 했다는 건 아냐. 단지 그의 개인적인 힘이 개입한 상황에서만 그걸 발휘했으니까 말이야."

"누구를 병들게 할지는 어떻게 정했습니까?"

"그건 나도 몰라. 본인도 몰랐을걸. 힘은 언제나 그런 식이라네. 당사자를 관장하면서도 그의 명령에 따르는 거지.

힘을 좇는 사냥꾼은 그걸 덫으로 잡아서 개인적으로 비축해놓는다네. 전사의 힘이 점점 커지다가 엄청난 수준에 이르면 식자가 될 수도 있어."

"힘은 어떻게 하면 비축할 수 있습니까?"

"그 또한 일종의 느낌이라서, 전사가 어떤 종류의 인간인지에 달렸어. 내 은사는 폭력적인 성향을 가진 사내였다네. 그는 그런 느낌을 통해 힘을 비축했어. 그가 하는 모든 일은 강렬하고 직접적이었네. 언제나 장애물을 박살 내면서 매진하던 인상이 아직도 내 마음속에 뚜렷하게 남아 있다네. 내 은사에게 일어난 일들도 모두 그런 식으로 일어났어."

나는 어떻게 느낌을 통해 힘을 비축할 수 있는지를 이해할 수가 없다고 말했다.

"그걸 설명할 방법은 없네." 돈 후앙은 한참 침묵하다가 말했다. "자네가 직접 해보는 수밖에 없어."

그는 음식이 든 조롱박을 집어들고 등에 비끄러맸다. 내게는 말린 고기 여덟 조각을 꿴 줄을 건네며 목에 걸게 했다.

"이건 힘의 음식일세."

"이건 어떻게 힘의 음식이 된 겁니까?"

"힘을 가지고 있던 짐승의 고기거든. 사슴, 유일무일한 사슴의 고기야. 나의 개인적 힘이 그걸 내게로 이끌었다네. 여기 있는 고기만으로도 우리는 몇 주, 필요하다면 몇 달까지도 생존할 수 있어. 조금씩 베어 물고 철저하게 씹어 먹어야 하네. 힘이 천천히 자네 몸속으로 침투하도록 말이야."

우리는 걷기 시작했다. 오전 11시에 거의 가까웠다. 돈 후앙은 어떤 절차를 따라야 하는지를 다시 한 번 설명해주었다.

"바람을 잘 관찰하게. 자칫 휘말려서 발을 헛디디면 안 돼. 자네를 피곤하게 만들도록 내버려둬서도 안 되고. 바람이 못 보도록 내 등 뒤에 몸을 숨기고 계속 힘의 음식을 씹게. 바람은 나를 해치지 않아. 서로를 잘 알거든."

돈 후앙은 높은 산맥으로 곧장 이어지는 오솔길로 나를 데리고 갔다. 구름이 짙게 끼고 당장에라도 빗방울이 떨어질 것 같은 날씨였다. 산맥 상공의 낮은 비구름과 안개가 우리가 있는 지역으로 하강하는 것이 보였다.

오후 3시경이 될 때까지 우리는 전혀 말을 하지 않고 산을 올랐다. 말린 고기를 씹으니 정말로 힘이 솟았다. 바람 부는 방향이 갑자기 바뀌지 않는지를 감지하는 불가해한 작업에도 점점 익숙해졌고, 급기야는 변화가 일어나기도 전에 나는 온몸으로 그것을 감지할 수 있게 되었다. 나는 파상적으로 불어오는 바람을 가슴 위쪽의 기관지가 위치한 부분에서 일종의 압력으로 감지했다. 이것은 가슴으로 바람을 느끼기 직전에 목이 간질간질해지는 느낌에 가까웠다.

돈 후앙은 잠시 멈춰서서 주위를 둘러보았다. 자신의 위치를 확인하는가 싶더니 오른쪽으로 방향을 틀었다. 나는 그도 말린 고기를 씹고 있다는 것을 깨달았다. 나는 원기 왕성했고 전혀 피곤하지 않았다. 풍향의 변화를 자각하는 일에 너무나 몰두해 있던 탓에 시간이 흐른 것도 모르고 있었다.

우리는 깊숙한 골짜기로 걸어 들어간 다음 옆으로 방향을 틀어 거대한 산의 깎아지른 듯한 사면 위에 있는 작고 평탄한 대지로 올라갔다. 거의 산 정상에 가까운 높은 지점이었다.

돈 후앙은 대지 끄트머리에 있는 거대한 바위로 올라가서 나를 끌어올려 주었다. 위치상으로는 마치 깎아지른 벽 꼭대기에 자리 잡은 둥그런 돔 지붕처럼 보였다. 우리는 천천히 바위 가장자리를 따라 움직이기 시작했다. 급기야 나는 바위 표면에 발꿈치와 손바닥을 대고 앉은 자세로 전진하고 있었다. 몸이 땀으로 푹 젖은 탓에 손바닥을 거듭해서 바지에 대고 문질러야 했다.

바위 끝에 도달하자 산꼭대기 아래쪽에 위치한 매우 넓고 얕은 동굴이 보였다. 마치 바위를 도려내서 만든 야외무대 같은 느낌이었다. 풍상에 깎인 사암이 두 개의 기둥이 있는 일종의 발코니 같은 구조를 이루고 있다.

돈 후앙은 그곳에서 야영하겠다고 말했다. 퓨마나 그 밖의 포식동물이 굴로 삼기에는 너무 얕고, 쥐들이 살기에는 너무 열려 있으며, 벌레가 살기에는 너무 바람이 강해서 아주 안전한 장소라고 했다. 그는 웃으면서, 이곳은 다른 생물들은 견디지 못해도 인간에게는 이상적인 장소라고 말했다.

그는 마치 산양처럼 재빨리 동굴로 올라갔다. 나는 그의 엄청난 민첩함에 감탄을 금할 수가 없었다.

나는 앉은 채로 천천히 바위 아래로 내려간 다음 산의 측면을 타고 바위 선반을 올라가려고 했다. 마지막 몇 미터를 오르자 완전히 녹초가 되었다. 나는 농담조로 도대체 진짜 나이가 몇 살이냐고 돈 후앙에게 물었다. 그처럼 움직여서 바위 선반에 오르려면 최고의 체력을 가진 젊은이가 아니면 무리라는 생각이 들었다.

"난 마음대로 젊어질 수 있어. 역시 개인적 힘이 관련되어 있지. 힘을 비축한다면 인간의 육체는 믿기 힘든 위업을 시전하는 것도 가능하다네. 반면에 힘을 허비하면서 살면 금세 뚱뚱한 늙은이가 되어버리지."

바위 선반은 동서로 뻗어 있었다. 발코니를 닮은 동굴의 열린 부분은 남쪽을 향하고 있었다. 나는 서쪽 끝으로 걸어가 보았다. 실로 장려한 경치였다. 비구름은 우리를 우회해서 지나간 듯했다. 그것은 마치 나직한 대지 위에 낮게 드리워진 투명한 막처럼 보였다.

돈 후앙은 가림막을 만들 시간은 충분하다면서 자기는 나뭇가지로 지붕을 엮을 테니 나는 돌을 최대한 많이 모아오라고 말했다.

그는 한 시간 만에 바위 선반 동쪽 끝에 두께 30센티미터쯤 되는 돌벽을 쌓았다. 길이 60센티미터, 높이 90센티미터쯤 되는 벽이었다. 그런 다음 그가 모아 온 나뭇가지들을 엮거나 비끄러매서 지붕을 만들었고, 그것을 끝이 두 갈래진 두 개의 긴 장대에 단단히 고정했다. 지붕 자체에 고정해놓은 같은 길이의 장대 하나는 벽 반대편에서 지붕을 지탱했다. 완성된 가림막은 다리가 세 개 달린 높은 탁자 같은 모양을 하고 있었다.

돈 후앙은 그 아래에서 책상다리를 하고 발코니 가장자리에 앉았다. 그는 나더러 그의 오른쪽 곁에 앉으라고 말했다. 우리는 잠시 침묵했다.

침묵을 깬 사람은 돈 후앙이었다. 그는 이곳에서는 아무렇지도 않다는 듯이 행동해야 한다고 말했다. 나는 내가 특별히 할 일이 있느냐고 물었다. 그러자 바쁘게 글을 끄적이고 있으라는 대답이 돌아왔다. 모든 일을 제쳐두고 오로지 글 쓰는 일에만 몰두하고 있는 사람처럼 말이다. 그리고 어느 시점에 그가 내 몸을 슬쩍 찌르면 그가 눈으로 가리키는 곳을 보아야 한다고 했다. 그는 거기서 내가 무엇을 보든 간에 단 한 마디도 하면 안 된다고 경고했다. 오로지 이 근방의 산에 있는 모든 힘들과 안면이 있는 자신만이 하고 싶은 말을 마음껏 할 수 있다는 것이었다.

나는 그의 지시에 따라 한 시간 이상 글을 쓰고 있었다. 나중에는 거기에 완전히 몰두하고 있었다. 갑자기 팔을 툭 치는 느낌이 와서 돈 후앙 쪽을 보았다. 그는 눈과 머리를 움직여 여기서 200미터쯤 떨어진 산꼭대기에서 하강 중인 짙은 안개구름을 가리켰다. 돈 후앙은 내 귀에 바싹 입을 갖다 대고 들릴락 말락 한 작은 목소리로 속삭였다.

"저 안개구름을 좌우로 훑어보게. 하지만 똑바로 바라보면 안 돼. 눈을 깜박이고, 안개에는 초점을 맞추지 않는 식으로 보는 거야. 그러다가 안개구름에서 녹색 점이 보이면 눈짓으로 거기를 가리켜보게."

나는 우리 쪽으로 천천히 내려오는 안개구름을 좌우로 훑어보았다. 반 시간쯤 그러고 있었던 것 같다. 주위가 어두워지고 있었다. 안개는 극히 느린 속도로 움직였다. 그러던 중 갑자기 오른쪽에서 희미한 빛을 본 것 같았다. 처음에는 안개 사이로 녹색의 작은 관목 숲 따위가 보이는 줄 알았다. 그것을 직시하면 아무것도 안 보였지만 눈의 초점을 맞추지 않고 그쪽을 바라보면 녹색을 띤 부분이 있다는 모호한 느낌을 받았다.

나는 그 사실을 돈 후앙에게 눈짓으로 알렸다. 그는 눈을 가늘게 뜨고 그쪽을 응시했다.

"이제 저 지점에 눈의 초점을 맞추게." 그는 내 귀에 대고 속삭였다. "눈을 깜빡이지 말고, '볼' 수 있을 때까지 계속 바라보고 있어."

내가 뭘 봐야 하는지 묻고 싶었지만 돈 후앙은 아무 얘기도 하지 말라는 소리를 잊었느냐는 듯이 나를 쏘아보았기 때문에 그럴 수가 없었다.

나는 다시 그쪽을 응시했다. 위에서 내려온 안개의 일부가 마치 고체 같은 느낌으로 떠 있었다. 내가 녹색을 띤 부분을 찾아낸 바로 그 지점과 같은 높이였다. 눈이 피곤해지고 있었기 때문에 가늘게 뜨고 보았다. 처음에는 예의 안개 조각이 안개구름과 겹쳐 보였지만, 곧 이것들 사이에 가늘고 긴 엷은 안개가 있는 것을 보았다. 지지대도 없이 허공에 떠 있는 가느다란 구조물, 내가 있는 산과 앞에 있는 안개구름을 잇는 다리라고나 할까. 한순간 산 위에서 밀려 내려오는 투명한 안개가 다리 옆을 그대로 통과하는 것처럼 보였다. 다리는 마치 고체로 된 것처럼 꼼짝도 하지 않았던 것이다. 이 시점에서 그 환영은 너무나도 완전해서, 다리 바닥 아래의 어두운 부분과 사암砂巖 색깔을 한 그 측면을 뚜렷하게 구분할 수 있을 정도였다.

나는 망연자실하게 그 다리를 응시했다. 다음 순간 내가 그 높이까지 올라갔거나, 아니면 다리 자체가 내 높이까지 내려온 것처럼 보였다. 내 눈앞에 곧은 가로 들보가 뻗어 있었다. 엄청나게 길고 단단한 들보였다. 좁고 난간도 없었지만 충분히 그 위를 걸어갈 수 있을 정도의 폭을 가지고 있었다.

돈 후앙은 내 팔을 잡고 마구 흔들었다. 나는 머리가 위아래로 까딱거리는 것을 느꼈다. 그러자 눈이 지독하게 간지러워졌다. 나는 거의 무의식적으로 눈을 비볐다. 돈 후앙은 내가 다시 눈을 뜰 때까지 계속 내 몸을 흔들었고, 오목하게 쥔 손바닥 위에 그의 조롱박에 든 물을 조금 붓더니 내 얼굴에 뿌렸다. 아주 불쾌한 느낌이었다. 지독하게 차가웠던 탓에 피부에 물방울들이 닿은 부분이 쓰렸다. 그제서야 나는 내 몸이 아주 뜨겁다는 사실을 깨달았다. 열에 들뜬 듯한 상태였다.

돈 후앙은 서둘러 내게 물을 먹이고 내 귀와 목에 물을 뿌렸다.

섬뜩할 정도로 길게 꼬리를 끄는 새의 울음소리가 들렸다. 돈 후앙은 한순간 신중하게 귀를 기울이는가 싶더니 발로 돌벽을 밀어내서 지붕을 무너뜨렸다. 그는 덤불에 지붕을 던져놓고 돌을 하나씩 옆으로 던졌다.

그는 내 귀에 대고 속삭였다. "물을 좀 마시고 자네의 말린 고기를 씹게. 더 이상 여기 머무를 수 없어. 지금 들린 울음소리는 새 소리가 아냐."

우리는 바위 선반에서 내려와 동쪽을 향해 걷기 시작했다. 눈 깜짝할 새에 어둠이 깔렸다. 마치 눈앞에 장막이 드리워진 듯한 느낌이었다. 안개는 뚫을 수 없는 장벽이나 마찬가지였다. 밤의 안개가 이토록 행동을 제약하는지는 전혀 몰랐다. 돈 후앙이 이런 곳에서 어떻게 걸어갈 수 있는지 알 수 없었다. 나는 장님처럼 돈 후앙의 팔을 잡고 걸어야 했다.

왠지 절벽 가장자리를 걷고 있는 듯한 느낌이었다. 발이 떨어지지 않았다. 내 이성은 돈 후앙을 믿고 계속 나아가야 한다고 속삭였지만 몸이 말을 듣지 않았다. 결국 그는 완전한 어둠 속에서 나를 끌다시 피 하며 걸어야 했다.

돈 후앙은 이곳의 지형을 완벽하게 파악하고 있는 것이 틀림없었다. 그는 어떤 지점에서 멈춰서더니 나를 앉게 했다. 나는 그의 팔을 놓을 엄두를 내지 못했다. 내 몸은 내가 그 돔 모양을 한 황량한 산 위에 앉아 있다고 느꼈고, 내가 여기서 한 치라도 오른쪽으로 움직인다면 한계점을 넘어 심연으로 추락할 것이라는 사실을 추호도 의심하지 않았다. 내가 만곡한 산허리에 앉아 있다는 절대적인 확신이 있었다. 왜냐하면 몸이 무의식중에 자꾸 오른쪽으로 기울었기 때문이다. 몸을 똑바로 유지하기 위해서인 듯했다. 그래서 나는 돈 후앙에게 몸을 맞대고 최대한 왼쪽으로 기울이는 식으로 균형을 잡으려고 했다.

돈 후앙이 갑자기 내게서 몸을 뺀 탓에 내 몸은 땅에 쓰러졌다. 지면에 닿자 균형감각이 되돌아왔다. 나는 평탄한 지면 위에 누워 있었다. 주위의 지형을 확인해보려고 손으로 더듬어보니 마른 나뭇잎과 잔가지들이 손에 닿았다.

갑자기 번개가 번쩍하면서 내가 있는 일대를 밝혔고, 그와 동시에 엄청난 천둥소리가 울려 퍼졌다. 돈 후앙이 내 왼쪽에 서 있는 것이 보였다. 그의 뒤로 조금 떨어진 곳에 거목들과 작은 동굴 하나가 보였다.

돈 후앙은 그 동굴로 들어가라고 말했다. 나는 그 안으로 기어들어가서 바위에 등을 대고 앉았다.

돈 후앙은 허리를 굽히더니 내 귓가에 대고 완전히 침묵하고 있어야 한다고 속삭였다.

번개가 세 번 잇달아 번득였다. 돈 후앙이 내 왼쪽에서 책상다리를 하고 앉아 있는 것이 흘끗 보였다. 동굴은 두세 명이 앉을 수 있을 정도의 우묵한 공간을 이루고 있었다. 커다란 바위 밑동을 얕게 도려낸 듯한 느낌이었다. 기어서 들어온 것은 정말로 현명한 선택이었다는 생각이 들었다. 걸어서 들어오려고 했다면 바위에 머리를 부딪쳤을 것이 뻔했기 때문이다.

눈부신 번개 덕에 안개구름이 얼마나 짙은지를 대충 감 잡을 수 있었다. 거목들의 줄기도 밝은 회색의 불투명한 안개 덩어리에 묻혀 거무스름한 윤곽밖에는 알아볼 수가 없었다.

안개와 번개는 서로 한 패이고 나는 힘의 전투를 치르고 있으므로 전력을 다해 경계하고 있어야 한다고 돈 후앙은 속삭였다. 바로 그 순간 엄청난 번개가 번득이면서 풍경 전체를 환영幻影처럼 물들였다. 안개는 방전 시의 섬광을 균등하게 산란시켜 투과하는 흰색의 필터 같은 느낌이었다. 안개는 거목들 사이에 드리워진 짙은 흰색의 물질처럼 보였지만, 내 눈앞의 지면에서만은 엷어지고 있는 것처럼 보였다. 지형의 기복을 또렷이 알아볼 수 있었기 때문이다. 우리는 소나무 숲의 거목들에 둘러싸여 있었다. 나무들은 지독히도 키가 크고 거대해서 우리가 어디쯤에 있는지를 몰랐더라면 거대하기로 유명한 미국의 삼나무 숲이라고 해도 믿었을 것이다.

밤하늘에서 몇 분 동안이나 번개가 연달아 터졌다. 번개가 칠 때마다 내가 이미 관찰한 지형을 점점 더 뚜렷하게 구분할 수 있었다. 눈앞에 오솔길이 하나 나 있는 것도 확실하게 보였다. 길에는 초목이 전혀 없었고, 나무가 사라지는 장소에서 끝나는 것처럼 보였다.

수도 없이 번개가 친 탓에 그것이 정확히 어디서 발생하는지를 알수가 없었다. 그러나 번개가 주위 풍경을 워낙 거듭거듭 밝혀준 덕에 처음보다 훨씬 더 마음이 편해졌다. 어둠의 무거운 장막을 걷어줄 빛이 충분해지는 즉시 내가 느끼던 두려움과 불확실성은 사라졌다. 그래서 번개들 사이의 간격이 길어져도 더 이상 주위를 감싼 칠흑 같은 어둠에 당황하지 않을 수 있었다.

이미 충분히 본 듯하니까 이제는 천둥소리에 주의를 기울여야 한다고 돈 후앙은 속삭였다. 그제서야 번개에는 엄청난 굉음이 수반되었음에도 불구하고 내가 천둥 쪽에는 전혀 신경을 쓰지 않았다는 사실을 깨닫고 놀라움을 느꼈다. 돈 후앙은 소리가 발생했다고 느껴지는 방향을 바라보라고 덧붙였다.

뇌성벽력은 더 이상 숨 쉴 틈도 없이 몰아치지는 않았다. 이제는 단지 강렬한 빛과 굉음이 간헐적으로 터져 나올 뿐이었다. 천둥소리는 언제나 오른쪽에서 들려오는 듯한 느낌이 들었다. 안개가 걷혀가자 이미 깜깜한 어둠에 익숙해져 있었던 나는 어렴풋하게나마 초목의 윤곽을 구분할 수 있었다. 번개와 천둥이 이어지던 중에 갑자기 내 오른쪽이 완전히 열리며 하늘이 보였다.

폭풍의 본체가 내 오른쪽으로 움직이는 것처럼 보였다. 다음번에 번개가 번득였을 때는 오른쪽 시야 끝에서 먼 산이 보였다. 번개를 배경으로 육중한 산세가 드러났다. 산꼭대기에 서 있는 나무들도 보였다. 새하얗게 반짝이는 하늘에 마치 오려낸 듯이 검고 뚜렷한 나무들의 윤곽을 겹쳐놓은 듯한 느낌이었다. 산 상공의 뭉게구름까지 보였다.

우리 주위의 안개는 완전히 걷혀 있었다. 지속적으로 바람이 불어오면서 왼쪽에 있는 거목들의 잎사귀가 부스럭거리는 소리를 들을 수 있었다. 뇌운은 주변의 나무들까지 밝혀주기에는 너무 먼 곳에 있었지만 나무들의 검은 윤곽만은 여전히 구분할 수 있었다. 번개가 치는 덕에 내 오른쪽 먼 곳에는 산들이 있고 숲은 왼쪽에만 펼쳐져 있다는 사실도 알 수 있었다. 나는 어둠이 깔린 계곡 ─ 지금은 전혀 보이지 않지만 ─ 을 내려다보고 있는 듯했다. 뇌성벽력이 몰아치는 장소는 이 골짜기 반대편에 위치해 있었다.

이윽고 비가 내리기 시작했다. 나는 등 뒤의 바위에 최대한 바짝 등을 갖다 댔다. 모자가 대부분의 빗물을 막아주었다. 가슴에 무릎을 대고 웅크리고 있었기 때문에 비에 젖은 것은 종아리와 신발뿐이었다.

비는 오랫동안 내렸다. 미지근한 빗물이 발을 적셨다. 나는 잠들었다.

새들이 지저귀는 소리를 듣고 잠에서 깼다. 돈 후앙을 찾아 주위를 둘러보았지만 어디에도 그의 모습은 없었다. 보통 이럴 경우는 나를 혼자 두고 떠난 것이 아닌지 의아해해야 마땅했지만 주위 풍경이 워낙 충격적이었던 탓에 나는 거의 얼이 빠져버렸다.

일어섰다. 발은 완전히 젖어 있었다. 모자도 빗물을 잔뜩 머금었고, 일어서자 챙에 고여 있던 물이 후두둑 떨어졌다. 내가 있는 곳은 동굴 따위가 아니라 무성한 관목 밑둥이었다. 한순간 나는 일찍이 경험한 적이 없는 엄청난 혼란에 사로잡혔다. 나는 덤불로 뒤덮인 두 개의 작은 흙 언덕 사이의 편평한 지면에 서 있었다. 왼쪽에 숲 따위는 없었고 오른쪽의 계곡도 없었다. 숲을 지나가는 오솔길을 보았던 앞쪽 공간에는 거대한 관목이 하나 있을 뿐이었다.

나는 눈에 보이는 풍경을 받아들이기를 거부했다. 내가 목격한 두 가지의 현실 사이에 존재하는 이 같은 불일치는 나로 하여금 어떤 설명에라도 지푸라기를 잡는 심정으로 매달리게 만들었다. 내가 너무나 깊이 잠들어 있었기 때문에 그동안에 돈 후앙이 나를 떠메고 얼마든지 다른 곳으로 옮겨놓았을 수도 있다는 생각이 들었다.

내가 잠든 지점을 자세히 살펴보았다. 그 지면은 말라 있었고, 돈 후앙이 앉아 있었던 옆의 지면 또한 말라 있었다.

나는 두어 번 그의 이름을 불러보았다. 대답이 없자 나는 불안한 나머지 목청이 터져라 그의 이름을 외쳤다. 그러자 덤불 뒤에서 돈 후앙이 나타났다. 그 즉시 나는 돈 후앙이 사태를 완전히 파악하고 있다는 사실을 깨달았다. 그의 얼굴에 떠오른 미소가 너무나도 장난스러웠기 때문에 나도 어느샌가 미소를 짓고 있었다.

그와 줄다리기를 하면서 시간을 낭비하고 싶지는 않았기 때문에 나는 대뜸 고민을 다 털어놓았다. 밤새도록 계속되었던 나의 환각을 최대한 신중하고 자세하게 묘사한 것이다. 돈 후앙은 내 말을 가로 막지 않고 끝까지 귀를 기울였다. 그러나 진지한 표정까지 견지하지는 못하고 두어 번 웃음을 흘렸지만, 그럴 때마다 금세 표정을 가다듬었다.

나는 얘기 도중에 두세 번 그의 의견을 물었지만 돈 후앙은 내 경험을 전혀 이해하지 못하겠다는 듯이 고개를 가로저었을 뿐이었다.

내 이야기가 끝나자 그는 나를 쳐다보며 말했다. "자네 몰골이 말이 아니군. 덤불로 가서 일을 봐야 하는 게 아냐?"

그는 이러면서 잠깐 웃더니 옷을 벗은 다음 빗물을 짜내서 말리라고 덧붙였다.

햇볕이 쨍쨍 내리쬐고 있었다. 구름은 거의 없었다. 산들바람이 부는 상쾌한 날씨였다.

돈 후앙은 약초를 찾으러 가겠다며 자리를 떴다. 그동안에 나는 마음을 가라앉힌 뒤에 요기를 하고, 침착해지고 원기를 회복할 때까지는 자기를 부르지 말라고 그가 말했다.

나는 양지바른 곳에다 비에 젖은 옷을 널어 말렸다. 내가 느끼는 긴장을 푸는 유일한 방법은 공책을 꺼내어 쓰는 일밖에는 없다는 생각이 들었다. 나는 메모를 하며 음식을 먹었다.

두 시간쯤 지나자 긴장도 풀렸다. 나는 돈 후앙을 불렀다. 그의 대답은 산꼭대기 근처에서 들려왔다. 그는 조롱박들을 가지고 그가 있는 곳까지 올라오라고 외쳤다. 내가 그 지점으로 올라가자 돈 후앙은 매끄러운 바위 위에 앉아 있었다. 그는 조롱박들을 열고 그 안에 든 음식으로 요기를 했다. 내게는 커다란 말린 고깃덩어리 두 개를 건넸다.

어디서부터 운을 떼야 할지 알 수 없었다. 하고 싶은 질문이 너무나도 많았다. 돈 후앙은 내 기분을 알아차린 듯이 정말로 즐거운 기색으로 껄껄 웃었다.

"기분이 어떤가?" 그는 익살맞은 말투로 물었다.

아무 말도 하고 싶지 않았다. 여전히 내면의 동요가 너무 컸다.

돈 후앙은 나도 평평한 바위에 앉으라고 재촉했다. 이 바위는 힘이 깃든 바위여서 잠시 그 위에 앉아 있으면 원기를 회복할 것이라고 했다.

"앉아." 돈 후앙은 무덤덤하게 명령했다.

그의 얼굴에서 웃음기가 사라졌다. 눈초리는 꿰뚫어보는 듯이 날카로웠다. 나는 반사적으로 바위 위에 앉았다.

돈 후앙은 내가 침울하게 행동함으로써 부주의하게 힘을 대하고 있다고 지적했고, 그런 태도를 종식시키지 않으면 힘은 우리 두 사람 모두를 적대할 것이며 결국 우리는 이 황량한 산속에서 살아서 나갈 수가 없을 것이라고 말했다.

잠시 뜸을 들인 후 그는 가벼운 어조로 물었다. "자네 '꿈꾸기'는 어떻게 되어가고 있나?"

나는 스스로에게 내 손을 바라보라고 명령하는 일이 얼마나 어려워졌는지를 설명했다. 처음에는 그런 개념 자체가 신기해서 그랬던지 비교적 쉬웠다. 꿈속에서 손을 바라보아야 한다고 다짐하는 데는 아무런 문제도 없었던 것이다. 그러나 초기의 흥분이 사라지자 어떤 밤에는 아예 그럴 수가 없었다.

"잘 때 머리띠를 두르게. 머리띠를 손에 넣는 건 쉬운 일이 아니지만 말이야. 본인이 직접 만들어야 하기 때문에 내 것을 줄 수는 없어. 하지만 그걸 만들려면 일단 '꿈꾸기'를 하면서 머리띠로 삼을 만한 물건을 보아야만 해. 무슨 뜻인지 알겠나? 그 머리띠는 자네가 꿈속에서 본 특정한 물건에 입각해서 만들어져야 한단 얘기야. 그건 정수리를 꽉 조이는 천일 수도 있고, 머리에 꼭 맞는 챙 없는 모자일 수도 있어. 힘이 깃든 물건을 정수리에 쓰면 '꿈꾸기'가 쉬워진다네. 자네 모자나 수도사의 두건 같은 걸 쓰고 잘 수도 있지만, 그런 물건은 '꿈꾸기'를 가능케 하는 것이 아니라 단지 강렬한 꿈을 보여줄 뿐이라네."

돈 후앙은 잠시 침묵하더니 빠른 말투로 설명을 쏟아내기 시작했다. 머리띠로 삼을 만한 물건은 단지 '꿈꾸기'에서만 등장하는 것이 아니라 깨어 있는 상태에서 전혀 아귀가 맞지 않고 관련도 없어 보이는 사건, 이를테면 새들이 날아가는 모습이나 구름의 움직임 따위를 목격했을 때도 불현듯 뇌리에 떠오를 수 있다고 했다.

"힘의 사냥꾼은 모든 것을 보고 있다네. 그리고 그 모든 것들이 그에게 비밀을 알려주지."

"하지만 모든 것들이 비밀을 알려준다는 걸 어떻게 확신할 수 있습니까?"

혹시 돈 후앙은 '올바른' 해석을 가능하게 하는 특별한 방식을 갖고 있을지도 모른다.

"그걸 확신할 수 있는 유일한 방법은 내가 내린 지시를 따르는 거야. 자네가 나를 처음 만나러 왔던 첫날부터 지금까지, 내가 줄곧 자네에게 내린 지시들 말일세. 힘을 가지려면 힘과 함께 살아야 하는 법이야."

돈 후앙은 자애로운 미소를 떠올렸다. 아까 보인 격렬함은 사라진 듯했다. 그는 내 팔을 슬쩍 찌르기까지 했다.

"그 힘의 음식을 먹게." 그가 재촉했다.

말린 고기를 씹기 시작한 순간, 이 고기에는 모종의 환각성 물질이 들어 있을지도 모른다는 생각이 갑자기 떠올랐다. 그래서 환각을 봤던 것일까. 한순간은 거의 안도감을 느꼈다. 돈 후앙이 이 고기에 뭔가를 넣었다면 내가 본 신기루도 완벽하게 설명이 가능해진다. 나는 이 '힘의 고기'에 뭔가 특별한 것이 들어 있느냐고 물어보았다.

돈 후앙은 웃기만 하고 즉답하지 않았다. 나는 대답해달라고 졸랐다. 화를 내는 것도 아니고 기분을 상한 것도 아니라 단지 어젯밤에 일어난 일을 논리적으로 충분히 이해하고 싶을 뿐이라고 말이다. 나는 이런 식으로 계속 조르며 그를 압박하다가 급기야는 진상을 말해달라고 애원하기까지 했다.

"정말이지 정신 나간 친구로구먼." 돈 후앙은 믿지 못하겠다는 듯이 고개를 절레절레 흔들며 말했다. "자네에겐 모든 걸 만족스러울 때까지 설명하고 싶어하는 끈질긴 버릇이 있어. 그 고기엔 단지 힘이 들어 있을 뿐이야. 그 힘을 거기 넣은 건 나도, 그 밖의 어떤 사람도 아니라 힘 자체야. 그건 말린 사슴고기이고, 그 사슴은 얼마 전 자네가 선물받은 토끼와 마찬가지로 내게 주어진 선물이었어. 자네도, 나도 그 토끼 고기에 뭘 넣지는 않았잖나. 자네더러 그 토끼 고기를 직접 말리라고 하지 않은 건 그 행위가 자네가 가진 힘보다 더 많은 힘을 요구하기 때문이었어. 하지만 먹으라고는 말했지. 자넨 멍청해서 그리 많이 먹지는 않았지만 말이야.

어젯밤에 자네에게 일어난 일은 농담도 아니고 장난도 아니었네. 자넨 힘과 조우했어. 안개, 어둠, 번개, 천둥, 비는 모두 위대한 힘의 전투의 일부였고, 자네에겐 어리석은 자의 행운이 따라줬지만 말이야. 전사는 그런 전투에 참가하기 위해서라면 뭐든지 내놓았을걸."

나는 그 사건 전체가 현실적이지 않기 때문에 도저히 힘의 전투라고는 할 수 없다고 반박했다.

"그럼 자넨 무엇이 현실적이라는 건가?" 돈 후앙은 지극히 침착한 어조로 물었다.

"이것들, 우리가 지금 보는 것들이야말로 현실입니다." 나는 주위를 가리키며 말했다.

"하지만 어젯밤 자네가 본 다리도 현실이고, 숲도, 그 밖의 모든 것도 현실이었잖나."

"그것들이 현실이라면 지금은 다 어디 갔단 말입니까?"

"모두 여기에 있네. 자네에게 충분한 힘이 있다면 그것들을 모두 다시 불러올 수 있어. 지금 당장 그러지 못하는 건, 의심하고 토를 다

232

는 행위가 자네에게 도움이 된다고 자네가 생각하기 때문이야. 하지만 그건 사실이 아냐. 지금 우리 눈앞의 세계에는 다른 세계들이 겹쳐져 있네. 그리고 그 세계들은 결코 웃어넘길 수 있는 성질의 것이 아냐. 어젯밤 내가 자네 팔을 움켜잡지 않았더라면 원하든 원하지 않든 자넨 그 다리 위로 걸어갔을 걸세. 그러기 전에는 자네를 찾아다니던 바람으로부터 자네를 지켜줘야 했고.”

“그렇게 절 보호해주시지 않았다면 무슨 일이 일어났을까요?”

“자넨 충분한 힘을 갖고 있지 않기 때문에 바람은 자네로 하여금 길을 잃게 했을 거야. 협곡으로 밀어넣어서 죽였을 가능성조차 있어. 하지만 어젯밤에 정말로 위협적이었던 건 안개였지. 그 안갯속에서 자네에겐 두 가지 일이 일어날 수 있었어. 그 다리를 건너서 반대편으로 가든지, 아니면 추락해서 죽었을 거야. 양쪽 모두 힘에 달린 일이었지. 하지만 한 가지만은 확실해. 만약 내가 자네를 지켜주지 않았더라면 자넨 무조건 그 다리를 건넜을 거야. 힘의 성질이란 그런 걸세. 전에도 얘기했듯이 힘은 자네를 통제하는 동시에 자네의 통제를 받네. 어젯밤 일을 예로 들자면, 힘은 자네가 그 다리 위로 걸어갈 것을 강제하는 동시에 자네가 명한다면 그 위를 걸을 수 있도록 해줬을 거야. 내가 자네의 그런 행동을 막은 건 자네에겐 그런 힘을 이용할 수단이 없었기 때문이라네. 그런 힘이 없었다면 다리는 무너졌을 거고.”

“돈 후앙, 당신도 그 다리를 봤습니까?”

“아니. 난 단지 힘을 ‘보았을’ 뿐이네. 그건 어떤 모습으로도 보였을 수 있어. 하지만 그때 자네에게 힘은 다리였던 거야. 왜 다리였는지는 나도 모르겠네. 정말이지 우린 신비로운 존재야."

"혹시 예전에도 안갯속에서 그런 다리를 보신 적이 있습니까?"

"아니, 한 번도 없네. 하지만 그건 내가 자네와는 다르기 때문이야. 난 다른 것들을 봤네. 내 힘의 전투는 자네 것과는 전혀 달랐어."

"그렇다면 뭘 보셨습니까, 돈 후앙? 그게 뭐였는지 말씀해주시겠습니까?"

"처음으로 안갯속에서 힘의 전투를 벌였을 때 난 나의 적들을 보았다네. 자네에겐 그런 적들이 없어. 자넨 사람들을 증오하지는 않으니까 말이야. 하지만 당시의 나는 그랬지. 다른 사람들을 증오한다는 행위에 도취해 있었어. 더 이상 그러지는 않지만 말이야. 그 사건 이후로 난 내 증오를 모두 떨쳐냈지만, 그때는 그런 증오에 의해 거의 파멸하기 직전까지 갔었네.

반면에 자네의 힘의 전투는 아주 깔끔했어. 그건 자네를 소모시키지 않았으니까 말이야. 하지만 지금 자넨 그 쓸데없는 생각과 의구심으로 스스로를 소모시키고 있어. 자네 특유의 자기도취 방식으로 말이야.

그 안개는 완전무결하게 자네를 대했네. 자넨 안개와 죽이 맞아. 안개는 자네에게 엄청난 다리를 보여줬고, 지금부터 그 다리는 안갯속에 계속 남아 있을 거야. 앞으로도 그 다리는 자네 앞에 거듭거듭 모습을 드러낼 거야. 자네가 그걸 건너야만 하게 될 날까지 말이야.

따라서 오늘부터는 혼자서 안개 긴 지역을 걸어다니지 말기를 강력히 권하겠네. 스스로 뭘 하고 있는지를 자네가 터득할 때까지는 말이야.

힘이란 실로 기이한 것이라네. 힘을 마음대로 부릴 수 있으려면 우선 힘을 가져야 하니까 말이야. 하지만 힘의 전투에서 살아남을 수 있는 수준에 달할 때까지 조금씩 힘을 비축하는 것은 가능하다네."

"힘의 전투란 건 무엇입니까?"

"어젯밤 자네에게 일어난 일은 힘의 전투의 시초에 해당하는 것이었어. 자네가 보았던 광경들은 그런 힘이 깃든 권좌權座였어. 언젠가는 자네도 그런 광경들에는 심오한 의미가 있다는 걸 이해할 수 있게 될 거야."

"당신 입으로 그 의미를 설명해주실 수는 없습니까?"

"그럴 수 없어. 자네가 본 광경들은 자네만의 개인적인 목표이고, 다른 사람들과는 공유할 수 없는 성질의 것이거든. 하지만 어젯밤 일어난 일은 단지 시작이자 전초전에 불과하다는 걸 잊지 말게. 진짜 전투는 자네가 그 다리를 건널 때부터 시작되니까 말이야. 다리 건너편에는 뭐가 있느냐고? 그걸 알 수 있는 건 오로지 자네뿐이야. 그리고 그 숲을 지나가던 오솔길 끝에 뭐가 있는지를 알아낼 수 있는 사람도 오로지 자네밖엔 없어. 하지만 그런 일들이 자네에게 반드시 일어난다는 보장은 없네. 그런 미지의 길이나 다리를 지나가려면 스스로 충분한 힘을 갖추고 있어야 하니까 말이야."

"충분한 힘을 갖추고 있지 않다면 어떻게 됩니까?"

"죽음은 항상 우리 곁에서 대기하고 있네. 그리고 그런 행위를 하는 중에 전사의 힘이 약해지면 죽음이 그를 낚아채는 것일 뿐이야. 그러니 아무 힘도 없으면서 미지를 탐험하려 드는 건 어리석은 짓일세. 그런 사람을 기다리는 건 죽음밖에는 없어."

나는 돈 후앙의 말에 귀를 제대로 기울이고 있지 않았다. 말린 고기에 환각을 유발하는 물질이 들어 있었을지도 모른다는 생각에만 정신이 팔려 있었기 때문이다. 그런 상념은 내가 느끼는 불안감을 어느 정도 완화해주었다.

"억지로 이해하려고 고민하지 말게." 돈 후앙은 마치 내 생각을 읽은 것처럼 말했다. "이 세계는 수수께끼야. 이것, 자네가 지금 보고 있는 것들이 전부가 아냐. 세계에는 그보다 더 많은 것들이 있어. 사실은 끝없이 많은 것이라고 해야겠지. 따라서 그걸 이해하려고 노력한다는 것은 실제로는 세계를 억지로라도 익숙한 걸로 만들려는 행위 이상도 이하도 아니라네. 자네가 현실이라고 부르는 세계에 자네와 내가 이렇게 함께 있는 건 단지 우리 두 사람 모두가 그 세계를 알기 때문이야. 하지만 자넨 힘의 세계를 몰라. 따라서 그걸 익숙한 장면으로 만들지 못하는 거지."

"제가 반박할 수 없다는 걸 아시는군요. 그래도 여전히 저는 그걸 사실로 받아들이지 못하겠습니다."

돈 후앙은 웃음을 터뜨리며 내 머리를 툭 쳤다.

"정말이지 정신 나간 친구로군. 하지만 괜찮아. 전사처럼 사는 것이 얼마나 어려운 일인지는 나도 잘 아니까. 자네가 내 지시를 따르고 내가 가르친 모든 행동을 실행에 옮겼다면 지금쯤은 그 다리를 건

236

너갈 수 있는 힘이 모였을 거야. '보고,' '세계를 멈추기'에 충분한 힘이 말이야."

"하지만 돈 후앙, 왜 제게 그런 힘이 필요하단 말입니까?"

"지금은 딱히 그래야 할 이유가 떠오르지 않을지도 모르지. 하지만 충분한 힘을 비축한다면 그 힘이 자네에게 훌륭한 이유를 찾아줄 거야. 미친 소리처럼 들리지, 안 그래?"

"돈 후앙, 당신은 왜 힘을 원했습니까?"

"나도 자네하고 다르지 않았어. 힘 따위는 원하지 않았거든. 그걸 가져야 할 이유도 찾을 수 없었고 말이야. 나도 자네가 지금 갖고 있는 것과 같은 모든 의문을 가지고 있었고, 내가 받은 지시를 단 한 번도 실행에 옮기지 않았다네. 적어도 나는 그렇게 생각했어. 하지만 그런 나의 어리석음에도 불구하고 난 충분한 힘을 비축했고, 어느 날 나의 개인적 힘으로 세계를 붕괴시켰다네."

"하지만 도대체 누가 '세계를 멈추고' 싶어한단 말입니까?"

"아무도 그러고 싶어하진 않네. 그냥 그런 일이 일어날 뿐이야. 일단 자네가 '세계를 멈추는' 것이 어떤 것인지를 깨달으면 그 이유가 뭔지도 알게 될 걸세. 어떤 특별한 이유로 세계를 붕괴시킨 다음 다시 삶을 이어가기 위해 그걸 복구하는 건 전사에게 요구되는 재능 중 하나라네."

세계를 붕괴시키기 위한 특별한 이유를 하나 예로 들어주는 편이 내게는 가장 확실한 도움이 되지 않겠느냐고 내가 말했다.

돈 후앙은 잠시 침묵했다. 무슨 말을 할지 생각하는 기색이었다.

"그걸 얘기해줄 수는 없네. 그걸 알려면 너무 많은 힘이 필요하거든. 언젠가는 자네도 이 모든 난관을 극복하고 전사처럼 살아가게 될 거야. 그런다면 그 질문에 스스로 대답할 만한 힘을 비축하는 데 성공할지도 모르지.

나는 전사가 그렇게 스스로 힘을 비축하면서 세계에서 살아가기 위해 필요한 거의 모든 방법을 자네에게 가르쳤네. 하지만 난 자네가 여전히 그러지 못한다는 걸 알고, 내가 인내심을 발휘해야 한다는 것도 알아. 사실, 힘의 세계에서 홀로서기를 하려면 평생 동안 노력해야만 한다는 걸 나도 잘 아네."

돈 후앙은 하늘과 산을 바라보았다. 해는 이미 서쪽으로 기울고 있었고 산봉우리들 위에서는 빠르게 비구름이 형성되고 있었다. 손목시계의 태엽을 감는 것을 잊은 탓에 정확히 몇 시인지는 알 수 없었다. 내가 대충 몇 시쯤 되었느냐고 묻자 돈 후앙은 편평한 바위에서 덤불로 굴러떨어질 정도로 폭소했다.

그는 일어서서 기지개를 켜며 하품을 했다.

"아직 이른 시각이야. 산꼭대기에 안개가 낄 때까지 기다려야 하네. 그런 다음엔 이 바위 위에 홀로 앉아서 안개에게 감사를 올리게. 그게 와서 자네를 감싸도록 내버려둬. 필요하다면 내가 가서 돕겠네."

안갯속에서 홀로 머물러 있을 것을 상상하니 이유 모를 두려움이 몰려왔다. 너무나도 불합리한 나 자신의 반응에 나는 멍청이가 된 듯한 기분을 맛보았다.

"감사를 올리지 않고서는 이 황량한 산을 떠날 수 없어." 돈 후앙은 단호한 어조로 말했다. "전사는 자기가 받은 호의에 상응하는 감사를 표시하기 전에는 결코 힘에 등을 돌리지 않는 법이라네."

그는 모자를 얼굴에 얹고 팔베개를 하고 누웠다.

"안개를 어떻게 기다리면 됩니까? 무슨 할 일이 있나요?"

"글을 써!" 그는 모자 뒤에서 말했다. "하지만 눈을 감거나 안개에 등을 올리면 안 돼."

나는 글을 쓰려고 노력했지만 집중할 수가 없었다. 나는 참지 못하고 일어서서 주위를 어슬렁거렸다. 돈 후앙은 모자를 들어올리고 짜증스러운 표정으로 나를 쳐다보았다.

"앉아 있어!" 그가 명령했다.

힘의 전투는 아직 끝나지 않았으므로 냉정하게 자제하는 법을 스스로에게 가르쳐야 한다고 돈 후앙은 말했다. 그리고 내가 이 산에 줄곧 잡혀 있기를 원하지 않는다면, 무엇을 하든 절대로 감정을 드러내면 안 된다고 강조했다.

돈 후앙은 상체를 일으켜 앉더니 황급히 손짓하며 내가 아무 특별한 일도 일어나지 않은 것처럼 행동해야 한다고 말했다. 왜냐하면 우리가 있는 곳 같은 힘의 장소는 동요한 사람들을 완전히 소모시킬 가능성이 있기 때문이라는 것이다. 그런 현상으로 인해 당사자는 어떤 지역과 기묘하고 해로운 유대관계를 맺는 경우조차 있다고 했다.

"사람을 힘의 장소에 묶어놓는 그런 유대가 일생 동안 지속되는 경우까지 있네. 그리고 여긴 자네가 그런 관계를 맺기에 적절한 곳이 아냐. 자네 힘으로 찾은 곳이 아니거든. 그러니까 바지를 잃어버리지 않게 허리띠를 단단히 졸라매라고."

그의 이런 경고는 내게는 주문처럼 작용했다. 나는 몇 시간 동안이나 쉬지 않고 글을 썼다.

돈 후앙은 다시 자기 시작했고 산꼭대기에서 내려온 안개가 우리가 있는 곳으로 100미터쯤 접근할 때가 되어서야 깼다. 돈 후앙은 일어서서 주위를 훑어보았다. 나는 한 자리에서 등을 돌리지 않고 주위를 둘러보았다. 오른쪽 산봉우리에서 내려온 안개는 이미 저지대를 뒤덮고 있었다. 왼쪽은 아직 안개가 없어서 뚜렷하게 보였다. 그러나 내 오른쪽에서 불어오는 듯한 바람은 마치 우리를 에워싸려는 듯이 저지대 쪽으로 안개를 밀어내고 있었다.

돈 후앙은 눈을 뜬 채로 지금 있는 위치에 무덤덤하게 서 있으라고 내게 속삭였다. 그는 내가 몸을 돌려서는 안 되며, 완전히 안개로 둘러싸인 뒤에야 함께 산을 내려갈 수 있다고 말했다.

돈 후앙은 내 뒤로 1미터쯤 떨어진 곳에 있는 커다란 바위 그늘에 몸을 숨겼다.

산속에 흐르는 정적은 장엄한 동시에 무시무시했다. 안개를 운반해온 산들바람은 안개가 마치 내 귓가에서 쉭쉭거리는 듯한 감각을 불러일으켰다. 거대한 안개 덩어리가 마치 견고하고 흰 물체처럼 아래쪽에 있는 나를 향해 굴러왔다. 안개에서는 톡 쏘는 자극취와 향기가 뒤섞인 묘한 냄새가 났다. 다음 순간 나는 안개에 완전히 휩싸였다.

안개가 내 눈꺼풀을 뒤덮는 듯한 느낌이 왔다. 눈꺼풀이 무거워지며 눈을 감고 싶어졌다. 추웠다. 목이 따끔거려서 기침을 하고 싶어도 그럴 엄두를 내지 못했다. 나는 턱을 들어올리고 목을 길게 뻗어 기침을 가라앉히려고 했다. 그러면서 위를 올려다보았고, 층층이 겹친 안개의 두께를 실제로 볼 수 있다는 인상을 받았다. 마치 두 눈으로 자욱한 안개를 꿰뚫음으로써 그 두께를 가늠할 수 있을 듯한 느낌이었다. 눈이 감기기 시작했다. 더 이상 잠의 유혹을 뿌리칠 수가 없었다. 당장에라도 픽 쓰러질 듯한 기분이었다. 바로 그 순간, 돈 후앙이 펄쩍 일어서더니 내 양팔을 잡고 마구 흔들었다. 워낙 세게 흔든 덕택에 나는 맑은 정신을 되찾을 수 있었다.

돈 후앙은 내 귀에 대고 최대한 빨리 아래로 뛰어 내려가라고 속삭이고, 내가 뒤집어놓을지도 모르는 바위들에 깔리고 싶지는 않으므로 자기는 조금 뒤에서 따라가겠다고 말했다. 이것은 나의 힘의 전투이므로 지도자는 나이고, 우리 두 사람이 안전하게 여기를 빠져나가기 위해서는 명석한 상태를 유지하는 동시에 모든 것을 내려놓아야 한다고 했다.

"바로 지금이야." 돈 후앙은 큰 소리로 말했다. "자네가 전사의 마음가짐을 갖추지 않았다면, 우린 다시는 이 안개에서 벗어나지 못할 수도 있어."

나는 한순간 주저했다. 지금 와 있는 산에서 내려가는 길을 찾아낼 자신이 없었다.

"달려, 토끼. 달리라고!" 돈 후앙은 이렇게 외치고 사면 쪽으로 내 등을 슬쩍 밀었다.

13
전사의 마지막 저항

1962년 1월 28일 일요일

새벽녘에 외출했던 돈 후앙은 오전 10시경에 집 안으로 들어왔다. 내가 인사하자 그는 껄껄 웃더니 장난스러운 표정으로 나와 악수를 하고 거창한 인사말을 건넸다.

"지금부터 짧은 여행을 가야 하네. 힘을 찾아내기 위해 나와 함께 차를 타고 아주 특별한 장소로 가는 거야."

그는 두 개의 그물주머니를 풀고 음식이 든 조롱박을 각각 두 개씩 넣었고, 가느다란 밧줄로 묶은 다음 내게 하나를 건넸다.

우리는 차를 타고 느긋한 속도로 600킬로미터쯤 북쪽으로 간 다음 팬아메리칸 고속도로에서 나와서 서쪽으로 향하는 자갈길을 나아갔다. 몇 시간 동안 이 도로를 지나는 차는 우리 차밖에 없었던 것 같다. 한참을 운전하다가, 앞유리 너머로 전방이 잘 안 보인다는 것을 깨달았다. 나는 필사적으로 주위 상황을 확인하려고 했지만 너무 어두워진 데다가 앞유리는 벌레 시체와 먼지로 완전히 뒤덮여 있었다.

일단 멈춰서서 앞유리를 닦아야겠다고 돈 후앙에게 말했다. 그러자 그는 설령 머리를 옆으로 내밀고 앞을 보며 시속 3킬로미터의 기는 듯한 속도로 전진하는 한이 있더라도 계속 나아가라고 명령했다. 목적지에 닿기 전에는 멈출 수 없다는 얘기였다.

어떤 곳에 이르러서 그는 오른쪽으로 돌라고 했다. 너무나 어두운 데다가 먼지까지 심하게 일어서 전조등도 별 도움이 되지 않았다. 나는 두려움에 떨면서 길 밖으로 차를 몰았다. 흙으로 된 갓길에 바퀴가 빠지지 않을까 걱정했지만 다행히도 땅은 단단하게 다져져 있었다.

문을 연 채로 밖을 바라보며 최대한 느린 속도로 100미터쯤 나아갔다. 마침내 돈 후앙은 멈추라고 지시했고, 차를 이제 거대한 바위 뒤에 세웠으니 외부에서는 보이지 않을 거라고 말했다.

나는 차 밖으로 나와서 전조등 빛에 의지해서 주위를 걸어다녀 보았다. 그러나 돈 후앙은 전조등을 끄더니 시간 낭비를 하지 말고 당장 차문을 잠그고 출발해야 한다고 커다란 목소리로 말했다.

그는 조롱박들이 든 내 그물주머니를 건넸다. 워낙 어두워서 나는 발을 헛디디고 그것을 떨어뜨릴 뻔했다. 돈 후앙은 낮지만 단호한 목소리로 어둠에 눈이 익숙해질 때까지 앉아서 기다리라고 명령했다. 그러나 문제는 내 눈이 아니었다. 일단 차 밖으로 나온 뒤에는 주위를 상당히 잘 볼 수 있었기 때문이다. 문제는 나를 마치 방심한 듯이 행동하도록 만든 묘한 불안감이었다. 나는 우물쭈물하며 행동에 나서기를 주저하고 있었다.

"어디로 가는 겁니까?"

"우린 완전한 어둠 속에서 특별한 장소로 갈 거야."

"무슨 목적으로?"

"자네가 힘을 사냥할 능력이 있는지 없는지를 확실하게 알아보기 위해서지."

나는 돈 후앙이 제안하는 것이 일종의 시험인지, 또 내가 그 시험을 통과하지 못해도 여전히 나와 대화를 나누며 지식을 전수해줄 용의가 있는지를 물어보았다.

돈 후앙은 내 말을 가로막지 않고 끝까지 귀를 기울이더니 우리가 앞두고 있는 것은 시험이 아니며 우리는 징조가 나타나기를 기다려야 한다고 대답했다. 만약 징조가 나타나지 않는다면 나는 힘을 사냥하는 일에 성공하지 못했다는 결론을 내려야 하며, 그럴 경우 나는 더 이상 아무런 제약도 받지 않고 원하는 만큼 멍청해질 수 있다고 그는 말했다.

나는 왠지 내가 실패할 것이라는 예감을 느끼고 있었다.

"징조는 나타나지 않을 겁니다." 나는 농담하듯이 말했다. "저는 압니다. 제가 갖고 있는 힘이 워낙 조금밖에 안 되어서요."

돈 후앙은 웃으며 내 등을 툭 쳤다.

"걱정하지 말게나." 그는 응수했다. "징조는 나타날 거야. 난 알아. 난 자네보다 더 많은 힘을 갖고 있거든."

그는 자기 말이 웃겼는지 허벅지를 철썩철썩 치며 박장대소했다.

돈 후앙은 내 그물주머니를 내 등에 비끄러매주고 나서, 한 걸음 뒤에서 최대한 그가 밟은 곳을 밟으며 뒤를 따라와야 한다고 말했다.

그러고는 매우 연극적인 어조로 속삭였다. "이건 힘을 얻기 위한 산책이기 때문에 모든 게 중요해."

돈 후앙은 내가 그의 발자국을 밟고 따라오면 그가 걸으며 발산하는 힘이 내게 전달될 것이라고 설명했다.

시계를 보니 오후 11시였다.

돈 후앙은 나로 하여금 군인처럼 차려 자세를 취하고 서 있게 했다. 그런 다음 내 오른발을 앞으로 내밀어 마치 앞으로 한 걸음 내디딘 듯한 자세를 취하게 했다. 그는 내 앞에서 같은 자세를 취하더니 자기가 남긴 발자국을 정확하게 밟고 따라오라는 지시를 되풀이한 다음 걷기 시작했다. 그는 분명한 어조로 나는 단지 그의 발자국을 밟고 따라오는 일에만 집중하면 된다고 속삭였다. 전방이나 측면을 보지 말고, 오로지 돈 후앙이 밟고 지나가는 지면만 보면 된다는 얘기였다.

돈 후앙은 아주 느긋한 속도로 출발했다. 그의 뒤를 따라가는 일은 전혀 어렵지 않았다. 우리는 비교적 딱딱한 지면 위를 걷고 있었다. 나는 그와 속도를 맞춰 그가 걸은 곳을 완벽하게 따라 걸으며 30미터쯤 나아갔다. 그러다가 잠깐 옆을 흘끗 보았고, 그러자마자 그의 등에 부딪쳤다.

돈 후앙은 킥킥 웃으며 방금 나의 커다란 신발에 발목을 밟혔지만 멀쩡하니 괜찮다고 나를 안심시켰다. 하지만 계속 그런 식으로 비틀거리다가는 새벽이 될 무렵 둘 중 하나는 다리를 절게 될 것이라고 말했다. 그는 계속 웃으면서 낮지만 아주 단호한 목소리로 자기는 내

어리석음과 집중력 저하로 인해 다칠 생각은 추호도 없으므로, 한 번만 자기 뒤꿈치를 밟는다면 맨발로 걷게 하겠다고 말했다.

"신발 없이 맨발로는 못 걷습니다." 나는 크고 거친 목소리로 대꾸했다.

돈 후앙이 하도 웃는 통에 웃음이 멈출 때까지 멈춰서서 기다려야 했다.

그는 자기 말은 진심이라고 거듭 강조했다. 우리는 지금 힘을 끌어내려는 여정을 시작했고, 그럴 경우 모든 것은 완벽해야 하기 때문이다.

신발도 없이 사막을 걸어야 할지도 모른다는 생각을 하니 믿기 힘들 정도의 두려움이 몰려왔다. 돈 후앙은 내 가족은 아마 침대에서 잘 때조차도 신발을 벗지 않는 종류의 농부들이 아니었느냐는 농담을 했다. 물론 그의 말은 옳았다. 나는 맨발로 걸어다닌 적이 한 번도 없었고, 그런 내가 사막에서 신발을 벗고 걸어다닌다는 것은 자살행위나 마찬가지였다.

"이 사막에서는 힘이 스며나오고 있어." 돈 후앙이 내 귓가에 대고 속삭였다. "지금은 몸을 사릴 때가 아냐."

우리는 다시 걷기 시작했다. 돈 후앙은 여전히 느긋한 보조를 유지했다. 잠시 후 나는 우리가 딱딱한 지면을 벗어나서 부드러운 모래땅 위를 걸어가고 있다는 사실을 깨달았다. 돈 후앙의 발은 모래땅에 푹 들어가며 깊은 발자국을 남겼다.

돈 후앙은 몇 시간이나 걸은 뒤에 멈춰섰다. 그는 갑자기 멈춰서는 대신 내가 또 자기 등에 부딪치지 않도록 미리 멈추겠다고 경고했다. 지면은 다시 딱딱해졌고, 나는 우리가 비탈길을 오르고 있다는 느낌을 받았다.

돈 후앙은 덤불로 가서 볼일을 보고 싶다면 지금 봐두라고 말했다. 앞으로는 단 한 차례도 멈추지 않고 힘들게 한참을 가야 하기 때문이라고 했다. 시계를 보니 오전 1시였다.

10분에서 15분쯤 휴식을 취한 후에 돈 후앙은 나를 대동하고 다시 선두에 서서 걷기 시작했다. 그의 말대로 지독하게 힘들었다. 이토록 진이 빠지는 일은 난생처음이었다. 돈 후앙의 걸음걸이는 너무나도 빨라졌고, 나는 그의 모든 발걸음을 뚫어지게 관찰하는 일에 모든 주의를 쏟아야 했던 탓에 아예 걷고 있다는 사실조차 망각해버릴 지경이었다. 발이나 다리의 존재조차도 느낄 수 없었다. 마치 공중을 걷고 있으며, 어떤 힘이 나를 계속 전진하게 만들고 있는 듯한 기분이었다. 너무나도 완벽하게 집중하고 있었던 탓에 빛의 변화조차도 감지하지 못했다. 나는 갑자기 앞을 걷고 있는 돈 후앙이 보인다는 사실을 깨달았다. 워낙 깜깜한 탓에 실제로 어디 있는지는 거의 추측에 의존해야 했던 그의 두 발과 발자국이 보였던 것이다.

잠시 후 그는 갑자기 옆으로 펄쩍 뛰었고, 나는 관성에 끌려 20미터쯤 혼자서 앞으로 나아갔다. 겨우 속도를 늦추자 다리의 힘이 풀리며 몸이 덜덜 떨리기 시작했다. 나는 견디지 못하고 풀썩 땅바닥에 쓰러졌다.

위를 올려다보니 돈 후앙은 침착하게 나를 훑어보고 있었다. 지친 기색은 없었다. 나는 격하게 헐떡였다. 온몸이 식은땀으로 푹 젖어 있었다.

돈 후앙은 내 팔을 잡고 누워 있는 내 몸을 빙글 돌려놓더니 다시 원기를 되찾고 싶으면 머리를 동쪽으로 향하고 누워 있어야 한다고 말했다. 나는 욱신거리는 몸에서 조금씩 긴장이 풀리는 것을 느끼며 쉬었고, 마침내 일어설 수 있을 정도로 원기를 회복했다. 내가 손목시계를 보려고 하자 돈 후앙은 내 손목을 자기 손으로 가리며 그러지 못하게 했다. 그는 내가 동쪽을 향하도록 살며시 내 몸을 돌려주며 빌어먹을 시계 따위는 잊으라고 말했다. 우리는 마법의 시간 속에 있으며, 지금부터 내가 힘을 추구할 계제가 되는지 안 되는지의 여부를 확실하게 알아내야 한다고 했다.

주위를 둘러보니 우리는 아주 높고 큰 야산 꼭대기에 와 있었다. 나는 바위 가장자리나 바위 틈새 같은 것을 향해 걸어가려고 했지만 돈 후앙은 펄쩍 달려들어 내가 못 움직이도록 했다.

그는 엄한 목소리로, 조금 떨어진 곳에 있는 검은 산봉우리 뒤에서 해가 모습을 드러낼 때까지 내가 쓰러졌던 장소에 그대로 서 있어야 한다고 말했다.

돈 후앙은 동쪽을 가리키며 지평선을 뒤덮은 뭉게구름 쪽으로 내 주의를 환기시켰다. 그는 산꼭대기에 있는 나의 몸을 첫 번째 햇살이 비추기 전에 바람이 불어와서 저 구름을 날려보낸다면 적절한 징조로 간주할 수 있다고 말했다.

마치 걷는 것처럼 오른쪽 발을 앞으로 디딘 자세로 꼼짝 말고 서서, 눈은 초점을 맞추지 않은 채로 지평선 쪽을 바라보고 있어야 한다고 그는 말했다.

그러고 있자니 다리가 딱딱해지고 장딴지가 저려왔다. 계속 유지하고 있기에는 너무나도 괴로운 자세였다. 다리 근육도 더 이상 서 있을 수 없을 정도로 아팠다. 견딜 수 있을 때까지 견뎌보았지만 나는 쓰러지기 직전이었다. 두 다리가 제멋대로 부들부들 떨리기 시작했을 때 돈 후앙은 이제 그만두라고 하며 내가 앉는 것을 도와주었다.

뭉게구름은 움직이지 않았고, 지평선 위에 뜬 해를 보지도 못했다.

돈 후앙은 단지 "유감이로군"이라고 말했을 뿐이었다.

내가 실패했다는 사실의 의미를 당장 묻고 싶지는 않았지만, 돈 후앙의 평소 언행으로 미루어보건대 그는 자신이 판단한 징조의 길흉 여부에 따르는 수밖에 없을 것임을 나는 확신했다. 그리고 그날 아침에 징조는 없었다. 장딴지의 통증이 사라지면서 나는 기분이 점점 좋아지는 것을 느꼈다. 근육의 긴장을 풀려고 근처를 뛰어다녔을 정도였다. 돈 후앙은 매우 나직한 목소리로 옆의 언덕으로 뛰어올라가서 특정 관목의 잎사귀를 따라고 지시했고, 그것들로 다리를 문지르면 근육의 통증을 완화할 수 있다고 말했다.

지금 서 있는 곳에서도 그가 지정한 초록색의 싱싱한 관목을 뚜렷하게 볼 수 있었다. 그 잎사귀들은 축축하게 물을 머금고 있는 것처럼 보였다. 나는 예전에도 그것을 써본 적이 있었지만, 한 번도 도움이 되었다고 느낀 적이 없었다. 그러나 정말로 우호적인 식물들이 끼치는 효과는 실로 미묘해서 거의 느낄 수 없을 정도이지만, 언제나 소정의 효력을 발휘한다는 것이 돈 후앙의 지론이었다.

나는 언덕을 뛰어내려가서 곧장 옆의 언덕으로 뛰어올라갔다. 언덕배기에 도달하자 너무 힘을 썼다는 사실을 깨달았다. 숨이 턱까지 차오르고 속이 울렁거렸다. 나는 쭈그리고 앉았다가 상체를 수그리며 몸의 긴장을 풀었다. 이윽고 다시 일어선 나는 그의 지시대로 관목의 잎사귀를 따기 위해 손을 뻗었다. 그러나 그 관목을 찾을 수가 없었다. 주위를 둘러보았다. 아까 본 그 지점으로 왔다는 확신이 있었지만, 내가 와 있는 언덕배기에는 내가 보았던 그 관목을 닮은 식물조차도 보이지 않았다. 그러나 내가 제대로 찾아오지 못했을 리가 없었다. 지금 돈 후앙이 서 있는 곳에서 보이는 언덕배기는 이곳밖에는 없지 않은가.

결국 찾는 것을 포기하고 왔던 곳으로 되돌아갔다. 내 실수에 대해 설명하자 돈 후앙은 인자한 미소를 떠올렸다.

"자넨 왜 그걸 실수라고 부르나?"

"그곳에 그 관목이 없었으니까요."

"하지만 아까 봤잖아. 안 그래?"

"봤다고 생각했던 겁니다."

"지금은 거기 뭐가 보이는데?"

"아무것도 없는 것처럼 보입니다."

내가 그 관목을 보았다고 생각한 지점에는 풀 한 포기조차 나 있지 않았다. 나는 시각이 왜곡돼서 일종의 신기루를 본 것이라고 변명했다. 아까는 정말로 녹초가 되어 있었고, 바로 그런 피로감 탓에 실제로는 존재하지도 않는 뭔가를 본 것으로 지레짐작했다고 말이다.

돈 후앙은 나직하게 웃으면서 잠깐 동안 나를 응시했다.

"실수가 아냐. 저 언덕배기 위에 저렇게 서 있잖나."

이번에는 내가 웃을 차례였다. 나는 그 지역 전체를 신중하게 훑어보았다. 그런 식물은 전혀 눈에 띄지 않았다. 내가 이해하는 한 나의 경험은 환각 이상도 이하도 아니었다.

그러자 돈 후앙은 따라오라고 손짓하며 지극히 침착한 몸놀림으로 언덕을 내려가기 시작했다. 우리는 문제의 언덕배기로 함께 올라가서 내가 관목을 보았던 바로 그 지점에 섰다.

나는 절대적으로 내 확신이 옳음을 확신하며 껄껄 웃었다. 돈 후앙도 따라 웃었다.

"언덕 반대쪽으로 걸어가보게." 돈 후앙이 말했다. "그 관목은 거기 있을 거야."

나는 언덕 반대편은 내 시야가 미치지 않는 곳임을 지적했고, 설령 그곳에 그 관목이 있다 하더라도 무슨 특별한 의미가 있는 것은 아니라고 대답했다.

돈 후앙은 고개를 까딱하며 따라오라는 시늉을 했다. 그는 언덕배기를 가로지르는 대신 그 주위를 돌더니, 보라는 듯이 예의 초록색 관목 옆에 멈춰섰다. 그쪽으로는 시선을 보내지 않은 채로 말이다.

돈 후앙은 몸을 돌리고 나를 바라보았다. 묘하게 날카로운 눈초리였다.

"그런 식물은 이 근처에 몇백 그루나 자라 있을 겁니다." 나는 말했다.

돈 후앙은 참을성 있는 태도로 나를 데리고 언덕 반대편을 내려갔다. 우리는 비슷한 관목을 찾아 사방을 샅샅이 뒤졌다. 그러나 그런 것은 어디에도 보이지 않았다. 4백 미터를 더 간 뒤에야 비로소 같은 종류를 한 그루 찾을 수 있었다.

돈 후앙은 아무 말도 하지 않고 다시 처음의 언덕배기로 올라갔다. 그는 잠시 그곳에 서 있다가, 나를 이끌고 반대 방향으로 가서 같은 종류의 관목을 찾기 시작했다. 다시 주위를 샅샅이 뒤진 끝에 1.5킬로미터쯤 떨어진 곳에서 두 그루를 더 발견했다. 서로 바싹 붙은 채로 자라 있는 이 두 그루는 눈이 시릴 정도로 선명한 초록색 잎사귀로 뒤덮여 있었기 때문에 주위의 다른 덤불들과는 확연하게 차이가 났다.

돈 후앙은 진지한 표정으로 나를 보았다. 나는 이것을 어떻게 해석해야 할지 알 수 없었다.

"이건 아주 묘한 징조야." 그는 말했다.

우리는 다른 방향에서 접근하기 위해 일부러 크게 우회한 다음 첫 번째 언덕으로 돌아갔다. 돈 후앙은 이 지역에는 그런 관목이 극소수밖에는 자라 있지 않다는 사실을 내게 보여주기 위해 이러는 듯했다. 돌아가는 길에는 한 그루도 발견하지 못했다. 언덕배기에 도달한 우리는 단 한 마디도 하지 않고 앉았다. 돈 후앙은 자기 조롱박의 끈을 풀었다.

"좀 요기를 하면 기분이 나아질 거야."

이렇게 말하면서도 그는 기쁜 기색을 감추지 못했고, 내 머리를 툭툭 두들기면서 활짝 웃기까지 했다. 나는 혼란에 빠졌다. 이 새로운 전개가 불안했지만, 너무 배가 고프고 지친 탓에 깊이 생각할 여유가 없었다.

음식을 먹은 뒤에는 졸음기가 몰려왔다. 돈 후앙은 눈의 초점을 맞추지 않고 바라보는 예의 테크닉을 써서 내가 관목을 목격했던 언덕배기에서 잠을 청할 적절한 지점을 찾아보라고 재촉했다.

나는 한 지점을 골랐다. 돈 후앙은 그 지점에 널린 것들을 치우고 내 몸 크기의 원을 하나 만들었다. 그런 다음 근처의 관목에서 생가지 몇 개를 매우 신중하게 뽑아내서 그 원의 내부를 쓸었다. 그러나 나뭇가지 끝을 실제로 지면에 댄 것이 아니라 쓰는 시늉을 했을 뿐이었다. 그는 원 내부의 모든 돌을 집어내서 비슷한 크기의 것들끼리 모아놓은 두 개의 돌무더기로 나눈 다음 원 한복판에 쌓아놓았다. 각 돌무더기에 포함된 돌의 수는 같았다.

"그 돌들은 뭡니까?" 나는 물었다.

"이건 돌이 아니라 끈이야. 자네가 고른 지점을 매달아줄 끈."

돈 후앙은 더 작은 돌들을 집어서 그것들을 원 주위에 같은 간격으로 배열해놓았다. 그런 다음 작대기 하나를 써서 각각의 돌을 땅에 단단히 박아놓았다. 마치 석공이 일하는 모습을 보는 듯했다.

돈 후앙은 이 원 안으로 나를 들어오게 하는 대신, 주위를 돌며 자기가 뭘 하는지를 보라고 지시했다. 그는 시계 반대방향으로 돌며 열여덟 개의 돌을 셌다.

"자, 언덕 아래로 뛰어내려가서 기다리고 있게. 그럼 난 언덕배기 가장자리로 가서 자네가 적절한 지점에 서 있는지를 확인하지."

"뭘 하실 건데요?"

"난 자네를 향해 저 끈을 하나씩 던질 거야." 그는 더 큰 돌로 이루어진 돌무더기를 가리키며 말했다. "그럼 자넨 그걸 집어들고 내가 가리키는 지점 위에 그것들을 쌓아놓아야 해.

방금 내가 그랬듯이 최대한 신중하게 그래야 하네. 힘을 다룰 때는 모든 면에서 완벽해야 하거든. 따라서 실수는 치명적이야. 이것들 하나하나가 끈이고, 아무 데나 내버려둔다면 우리를 죽일 수도 있다는 걸 잊지 말게. 그러니까 실수는 아예 용납 안 돼. 자네는 내가 끈을 던져놓은 장소에 시선을 고정하고 거기로 가야 해. 무슨 이유에서든 주의가 산만해지면 그 끈은 그냥 보통 돌이 되어버리기 때문에 주위의 다른 돌들과 구별할 수 없게 될 거야."

나는 그럼 그 '줄'들을 내가 직접 가지고 언덕을 내려가는 편이 낫지 않겠느냐고 제안했다.

돈 후앙은 웃으며 고개를 가로저었다.

"이것들은 끈이야. 이걸 내가 던지면, 자네가 집어들어야 해."

이런 일을 모두 끝낸 것은 몇 시간이나 지난 뒤의 일이었다. 엄청난 집중력을 요구하는 일이었다. 돈 후앙은 돌을 던질 때마다 정신을 바짝 차리고 그것에 시선을 집중하라고 경고하기를 잊지 않았다. 그의 지적은 옳았다. 다른 돌들을 밀치며 언덕 아래로 굴러떨어지는 특정한 돌을 찾아낸다는 것은 지독히도 신경을 닳게 만드는 일이었기 때문이다.

언덕 아래에 있는 나의 원을 돌로 완전히 둘러싸고 다시 언덕배기로 올라갔을 때는 그 자리에서 그대로 쓰러져 죽을 것만 같았다. 언덕배기의 원 위에는 돈 후앙이 가지고 온 조그만 나뭇가지들이 깔려 있었다. 그는 내게 잎사귀 몇 개를 건네더니 바지 안에 넣고 배꼽 부분의 피부에 붙여놓으라고 지시했고, 그러면 몸이 따뜻해지니까 담요 없이도 잘 수 있다고 말했다. 나는 비틀거리며 원 안으로 들어갔다. 나뭇가지들이 상당히 푹신한 침대 역할을 해주었기 때문에 나는 곧바로 잠들었다.

내가 잠에서 깬 것은 늦은 오후였다. 바람이 세고 구름이 잔뜩 낀 날이었다. 머리 위의 구름은 작은 뭉게구름에 가까웠지만, 서쪽으로 갈수록 새털구름으로 변하고 있었다. 이따금 햇살이 비쳤다.

푹 잤는지 몸이 가뿐했다. 나는 원기 왕성했고 기분도 좋았다. 바람이 불어도 춥지 않았기 때문에 신경이 쓰이지 않았다. 머리를 괴고 주위를 둘러보았다. 그제서야 내가 있는 언덕배기가 상당히 높다는 사실을 깨달았다. 구릉 지대를 지나 사막으로 이어지는 서쪽의 조망은 매우 인상적이었다. 북쪽과 동쪽으로는 암갈색의 산봉우리들이 이어지고 있었고, 남쪽으로는 끝없이 펼쳐지는 광활한 평지와 언덕들 너머로 파란 산봉우리들이 희미하게 보였다.

나는 몸을 일으켜 앉았다. 돈 후앙의 모습은 어디에도 보이지 않았다. 갑자기 두려움이 몰려왔다. 혹시 그가 나를 여기 혼자 두고 떠나버린 것이 아닐까 하는 생각이 들었기 때문이다. 나는 차를 세워둔 곳으로 돌아가는 길을 모른다. 나뭇가지를 깔아 만든 요에 다시 눕자 묘하게도 불안감이 씻은 듯이 사라졌다. 또다시 차분함과 형언할 수 없이 좋은 기분이 몰려왔다. 난생처음 느끼는 신기한 느낌이었다. 복잡한 생각 따위는 아예 사라져버린 듯한 기분이었다. 단지 행복했고, 내가 완벽하게 건강하다는 느낌을 받았다. 조용한 고양감이 나의 내부를 가득 채웠다. 서쪽에서 산들바람이 불어오면서 내 몸 전체를 훑고 지나갔지만 전혀 춥지 않았다. 얼굴과 귀를 스치는 바람의 감촉은 마치 따스한 물이 파도처럼 천천히 밀려와서 나를 씻어주고 물러갔다가 다시 밀려오는 듯한 느낌에 가까웠다. 바쁘고 혼란된 삶을 살아오면서 나는 이런 기이한 기분이 된 적이 단 한 번도 없었다. 나는 흐느껴 울기 시작했다. 슬프거나 자기 연민에 빠져서가 아니라, 설명하거나 표현할 도리가 없는 벅찬 환희의 감정 때문이었다.

영원히 그 자리에 머무르고 싶을 정도였다. 돈 후앙이 와서 나를 억지로 끌어내지 않았다면 실제로 그랬을지도 모른다.

"이제 충분히 쉬었어." 그는 나를 일으켜 세우며 말했다.

돈 후앙은 침착하게 나를 이끌고 언덕배기 주위를 돌았다. 우리는 완전히 침묵한 채로 천천히 걸었다. 내가 사방의 경관을 관찰하기를 바라는 듯했다. 그는 눈이나 턱으로 구름이나 산봉우리들을 가리켜 보이곤 했다.

늦은 오후의 경치는 실로 아름다웠다. 그것은 나의 내부에 경외감과 절망감을 불러일으켰다. 어렸을 적에 보던 풍경이 생각났다.

우리는 언덕배기에서도 가장 높은 곳인 화성암 꼭대기로 올라가서 편한 자세로 바위에 등을 대고 앉아 남쪽을 마주 보았다. 광활한 대지가 남쪽으로 끝없이 이어지는 광경은 실로 장관이었다.

"이 모든 걸 기억에 새겨놓게." 돈 후앙은 내 귓가에 대고 속삭였다. "이 지점은 자네 것이야. 오늘 아침 자넨 '보았고,' 그건 징조였어. 자넨 '보기'를 통해서 이 장소를 찾아낸 거야. 예상하지 않았던 징조지만, 그런 일이 실제로 일어났네. 자넨 싫든 좋든 힘을 사냥하러 가야 해. 이건 자네나 나 같은 인간이 내린 결정이 아냐.

자, 엄밀하게 말해서 이 언덕배기는 자네의 것, 자네가 가장 사랑하는 장소가 되었네. 자네를 둘러싼 모든 것은 자네의 비호를 받고 있어. 자넨 여기 있는 모든 것들을 돌봐줘야 해. 그러면 그것들 모두가 자네를 돌봐줄 거야."

그럼 이 모든 것이 내 것이 된 것이냐고 나는 농담하듯이 물었다. 돈 후앙은 지극히 진지한 어조로 그렇다고 대답했다. 나는 웃으며 우리가 지금 하고 있는 일은 스페인들이 신대륙을 정복한 뒤에 자기네 왕의 이름으로 멋대로 땅을 갈랐던 고사故事를 떠올리게 한다고 말했다. 그들은 산꼭대기로 올라가서 어느 특정 방향에 보이는 모든 땅이 자기들 것이라고 선언했던 것이다.

"그거 참 좋은 생각이로군." 돈 후앙은 말했다. "한 방향이 아니라 주위에 보이는 모든 땅을 자네에게 주기로 하지."

그는 일어서서 손을 뻗은 다음 그 자리에서 한 바퀴 돌며 모든 방향을 가리켰다.

"이 모든 땅은 자네 거야."

나는 큰 소리로 웃었다.

돈 후앙은 쿡쿡 웃으며 물었다. "그러지 말라는 법이 어디 있나? 내가 이 모든 땅을 자네에게 못 줄 거라고 생각해?"

"당신은 이 땅의 소유자가 아니지 않습니까."

"그래서 뭐? 스페인인들도 이 땅의 소유자가 아니었지만 마음대로 갈라서 나눠 가졌잖나. 그럼 자네도 같은 방법으로 그러지 못한다는 법이 있어?"

나는 돈 후앙의 얼굴을 찬찬히 뜯어보면서 그 뒤에 숨은 진짜 감정을 감지해보려고 했다. 그러자 그는 배를 잡고 웃다가 바위 아래로 떨어질 뻔했다.

"자네에게 보이는 이 모든 땅은 자네 것이 됐네." 돈 후앙은 여전히 웃는 낯으로 말했다. "이용하려는 게 아니라 기억하기 위해서 말이야. 하지만 이 언덕배기는 죽을 때까지 자네 것이라네. 내가 이걸 자네에게 주는 건 자네 힘으로 이걸 찾아냈기 때문이야. 그러니까 자네 것이 맞아. 받아들이라고."

나는 웃음을 터뜨렸지만 돈 후앙의 표정은 매우 진지해 보였다. 예의 묘한 미소를 떠올리고 있다는 점을 제외하면, 정말로 이 언덕배기를 내게 줄 수 있다고 믿고 있는 것 같았다.

"그러지 못할 것도 없잖아?" 그는 마치 내 생각을 읽은 것처럼 반문했다.

"그럼 받겠습니다." 나는 반농담조로 말했다.

그의 미소가 사라졌다. 그는 눈을 가늘게 뜨고 나를 보았다.

"이 언덕, 특히 언덕배기에 있는 모든 바위와 돌과 관목은 자네의 비호하에 있네. 여기 사는 모든 벌레는 자네 친구야. 자네는 그것들을 쓸 수 있고, 그것들도 자네를 쓸 수 있어."

우리는 몇 분 동안 침묵했다. 평소와는 딴판으로 별다른 생각이 떠오르지 않았다. 나는 돈 후앙의 갑작스런 감정 변화에서 막연한 불안감을 느끼긴 했지만, 딱히 두렵다거나 불길한 느낌을 받은 것은 아니었다. 단지 그냥 말을 하고 싶지가 않았을 뿐이다. 언어는 부정확하고, 그 의미 또한 적확하지 않다고 느꼈다. 말한다는 행위에 대해 이런 식의 감정을 느낀 것은 처음이었다. 나 자신의 기이한 정신상태를 자각하자마자 나는 황급히 말을 하기 시작했다.

"하지만 돈 후앙, 저는 이 언덕을 가지고 무슨 일을 해야 합니까?"

"이곳의 모든 특징을 기억에 각인해두게. 자넨 '꿈꾸기'를 하며 여기로 오게 될 거야. 자넨 여기서 힘들을 만나고, 언젠가는 그 비밀을 알아낼 가능성도 있어.

자넨 힘을 사냥하는 중이고 여긴 자네의 장소야. 자넨 자네의 능력을 여기에 저장하게 될 거야.

지금은 내 말이 무슨 뜻인지를 이해 못할 거야. 그러니까 당분간은 그냥 모르는 상태로 있어도 돼."

돈 후앙은 바위에서 내려가서 언덕배기 서쪽에 위치한 작은 사발처럼 우묵한 장소로 나를 이끌었다. 우리는 거기 앉아서 음식을 먹었다.

이 언덕배기에 놀랄 정도로 나를 기분 좋게 만드는 무엇인가가 있다는 점에는 의심의 여지가 없었다. 음식을 먹으면서도 휴식을 취했을 때와 마찬가지로 기이하기 이를 데 없는 지복감至福感을 느꼈기 때문이다.

석양은 거의 구릿빛에 가까운 풍성한 빛을 발산하고 있었다. 주위의 모든 것들이 약간씩 황금빛을 띤 것처럼 보였다. 나는 경치를 바라보는 일에 완전히 몰두했다. 생각하고 싶은 마음조차도 생기지 않을 정도였다.

돈 후앙은 거의 속삭이는 듯한 목소리로 주위 풍경의 세부를 아무리 작거나 사소해 보이는 것까지도 포함해서 빠짐없이 관찰하라고 말했고, 특히 서쪽 방향의 풍경에서 눈에 띄는 특징들에 주목하라고 지시했다. 우선 나는 초점을 맞추지 말고 석양을 바라보아야 하며, 그것이 완전히 지평선 뒤로 넘어갈 때까지 그래야 한다고 그가 덧붙였다.

해가 낮게 깔린 구름 또는 아지랑이와 닿기 직전의 몇 분 동안, 실로 장엄하다고밖에 할 수 없는 노을빛 풍경이 펼쳐졌다. 마치 태양이 대지에 불을 붙여서 모닥불처럼 활활 불타오르게 만든 듯한 광경이었다. 붉은빛을 얼굴로 느낄 수 있을 정도였다.

"일어나!" 돈 후앙은 이렇게 외치며 나를 일으켜 세웠다.

그는 펄쩍 내게서 몸을 떼고 명령적이면서도 재촉하는 듯한 어조로 당장 제자리 뜀을 하라고 말했다.

같은 자리에서 뛰기 시작하자 나는 따스한 감각이 몸 전체로 침투하는 것을 느꼈다. 구릿빛의 따스함이라고나 할까. 그것을 입천장과 두 눈의 '천장'으로 느꼈다. 마치 정수리가 구릿빛 광채를 발하는 시원한 불로 활활 타오르는 듯한 기분이었다.

해가 넘어가기 시작하자 나의 내부에 있는 무엇인가가 나를 점점 더 빠르게 뛰도록 만들었다. 몸이 점점 가벼워지는 느낌이었고, 급기야는 날아갈 듯한 기분을 느끼기까지 했다. 그러자 돈 후앙은 내 오른쪽 손목을 꽉 잡았다. 그의 손의 압력을 느끼자 맑고 차분한 기분이 되돌아왔다. 나는 털썩 주저앉았다. 돈 후앙도 내 곁에 앉았다.

그렇게 몇 분을 쉰 다음에 그는 조용히 일어서서 내 어깨를 툭 치고 따라오라는 시늉을 했다. 우리는 몇 시간 전에 앉아 있던 화성암 바위 꼭대기로 다시 올라갔다. 바위가 찬 바람을 막아주었다. 먼저 침묵을 깬 사람은 돈 후앙이었다.

"아주 좋은 징조였어. 이렇게 기이할 데가 있나! 날이 끝나갈 때 징조를 얻다니. 자네와 나는 정말이지 달라도 너무 다르군. 자넨 밤의 존재에 더 가까워. 난 아침의 젊은 빛을 좋아한다네. 더 정확하게 말하자면 아침 해의 빛이 나를 찾아온다고 해야겠지. 하지만 자네의 경우에는 자네를 오히려 피하는 것 같아. 그런 반면, 죽어가는 해는 자네를 아예 감쌌고, 그 불길은 자네를 태우지도 않고 그냥 그을렸을 뿐이야. 정말이지 기이한 일이군!"

"뭐가 기이하다는 겁니까?"

"그런 일이 일어나는 건 처음 봤거든. 내가 본 징조들은 언제나 젊은 태양의 영역에서만 일어났어."

"그러는 이유가 뭘까요?"

"지금은 그 얘기를 할 때가 아냐." 돈 후앙은 잘라 말했다. "지식은 힘이라네. 단지 그런 얘기를 하는 행위조차도 오랫동안 모은 충분한 힘을 필요로 해."

나는 대답해달라고 졸랐지만 돈 후앙은 갑자기 화제를 바꿔 내 '꿈꾸기' 연습이 어느 정도 진전되었는지를 물었다.

그 무렵 나는 학교라든지 몇몇 친구들의 집 같은 특정 장소를 꿈꾸기 시작한 상태였다.

"그런 장소들로 자네가 실제로 갔던 건 낮이었나 아니면 밤이었나?"

내가 보는 꿈은 내가 평소 그런 장소에 가는 시간대에 부합했다 — 학교는 낮에 가고, 친구들의 집은 밤에 가는 식이다.

그러자 돈 후앙은 낮 시간대에 낮잠을 자면서 '꿈꾸기'를 시도해 보고, 그와 동일한 시간대의 특정 장소를 심상화할 수 있는지 알아보라고 권했다. 바꿔 말해서 내가 밤에 어떤 장소를 '꿈꾼'다면, 그 장소의 풍경 또한 밤에 보는 것이어야 한다는 뜻이었다. 돈 후앙은 '꿈꾸기'에서 경험하는 것들은 실제로 그 '꿈꾸기'를 시행하는 시간대와 일치해야 한다고 강조했다. 그러지 않을 경우는 '꿈꾸기'의 꿈이 아니라 그냥 보통 꿈이라는 것이다.

"좀더 잘하려면 자네가 가고 싶은 장소에 속한 특정 물체를 골라서 거기에 정신을 집중하게. 이를테면 자넨 지금 이 언덕배기에 있는 특정한 관목을 기억에 뚜렷하게 각인될 때까지 관찰하고 있어야 해.

그런 뒤에는 '꿈꾸기'를 하면서 그 관목을 떠올리는 것만으로도 이곳으로 돌아올 수 있네. 아니면 우리가 지금 앉아 있는 바위를 떠올려도 괜찮고, 그 밖의 다른 물체라도 상관없어. '꿈꾸기'를 할 때 이 언덕배기처럼 힘이 깃든 장소를 떠올리면 훨씬 더 수월하게 여행할 수 있다네. 하지만 여기로 오고 싶지 않으면 어디든 다른 장소를 써도 돼. 아마 자네가 다니는 학교가 자네에겐 힘이 깃든 장소일지도 모르겠군. 그렇다면 그걸 써. 거기 있는 물체를 골라서 정신을 집중하고, '꿈꾸기'를 하면서 그걸 찾아내는 거야.

그런 식으로 특정 물체를 떠올린 뒤에는 다시 두 손을 바라봐야 하고, 그런 다음 다시 다른 물체로 옮겨가는 식으로 '꿈꾸기'를 계속하게.

하지만 지금은 이 언덕배기에 있는 모든 것들에 주의를 집중해야 해. 왜냐하면 여긴 자네 인생에서 가장 중요한 장소이기 때문이네."

그는 자신의 말이 내게 어떤 영향을 끼쳤는지를 가늠하려는 듯이 나를 훑어보았다.

"자넨 여기서 죽게 될 거야." 돈 후앙은 나직한 목소리로 말했다.

나는 불안을 느끼며 몸을 뒤척이고 자세를 바꿨다. 그러자 그는 미소 지었다.

"앞으로도 나는 자네와 함께 이 언덕배기로 여러 번 더 와야 하네. 그런 뒤에는 자네 혼자서 와야 해. 이 장소에 완전히 푹 빠져서, 자네라는 존재에서 이 언덕배기가 스며 나오는 경지에 달할 때까지 말이야. 언젠가는 자네의 내부가 이 장소로 가득 차는 걸 느끼게 될 거야.

그런다면 우리가 있는 이 언덕배기는 자네가 마지막 춤을 추는 장소가 될 걸세."

"저의 마지막 춤이라는 건 무슨 뜻입니까?"

"여긴 자네가 마지막으로 저항하게 될 장소야. 어디로 가든 결국 자네는 여기서 죽게 될 거야. 모든 전사는 자기만의 죽을 장소를 갖고 있다네. 그가 선호하는, 잊을 수 없는 추억으로 가득 찬 장소, 강력한 힘이 개재된 사건의 흔적이 남아 있는 장소, 그가 경이로운 광경을 목격한 장소, 비밀이 밝혀진 장소, 그의 개인적 힘을 비축해놓은 장소를 말이야.

힘과 접촉해서 그걸 비축하기 위해서 전사는 언제나 그 장소로 돌아올 의무가 있다네. 그러기 위해서는 두 발로 직접 걷든지, 아니면 '꿈꾸기'를 통해서 그래야 해.

마침내 이 지상에서의 시간이 끝나고 왼쪽 어깨를 죽음이 툭 치는 것을 느끼는 날, 전사의 언제나 준비가 되어 있는 정신은 그가 선택한 그 장소로 날아가네. 전사가 죽음을 앞에 두고 춤을 추는 곳은 바로 거기야.

모든 전사는 일생을 들여 개발한 힘의 특정 형태 내지는 자세를 갖고 있기 마련이야. 그건 일종의 춤이라고 할 수 있어. 그건 전사가 개인적인 힘의 영향하에서 행하는 움직임이거든.

만약 죽어가는 전사가 제한된 힘밖에 갖고 있지 않다면 그의 춤은 금세 끝나네. 만약 엄청난 힘을 가지고 있다면 실로 장려한 춤을 출 수 있지. 하지만 힘의 대소와는 관계없이 죽음은 멈춰서서 전사의 이

지상 최후의 저항을 목도해야 해. 전 생애의 노고를 마지막으로 술회하는 전사가 그 춤을 다 출 때까지는 죽음도 그를 건드릴 수가 없다네."

돈 후앙이 한 말은 나를 떨게 만들었다. 우리를 둘러싼 정적과 황혼과 장려한 풍경조차도 전사가 마지막 춤을 추는 광경을 돋보이게 하기 위한 소도구에 불과한 느낌이었다.

"제가 전사가 아니더라도 그 춤을 가르쳐주실 수 있습니까?" 나는 물었다.

"힘을 사냥하려는 자는 누구든 그 춤을 배워야 하네. 하지만 지금은 가르쳐줄 수 없어. 자네에겐 곧 싸울 가치가 있는 적수가 생길 수 있고, 그때 힘의 첫 번째 움직임이 어떤 것인지를 보여주겠네. 앞으로 살아가면서 자네가 직접 새 움직임들을 덧붙여야 해. 새 움직임은 모두 힘의 투쟁을 통해 획득해야 하고. 따라서 엄밀하게 말하자면 전사의 자세 또는 형태는 그의 인생의 이야기라고 할 수 있겠지. 그의 개인적인 힘이 성장하면서 함께 성장한 춤이라고나 할까."

"죽음이 전사가 춤추는 걸 보려고 정말로 멈춰 선단 말입니까?"

"전사도 인간에 불과해. 일개 인간이 죽음의 계획을 바꿀 수는 없는 일이지. 하지만 엄청난 고행苦行을 통해서 힘을 비축한 그의 완전무결한 정신은 한순간은 죽음을 막을 수 있다네. 자신의 힘을 불러올 때의 환희를 마지막으로 한 번 더 느끼기에는 충분한 순간이지. 그건 완전무결한 정신에 대해 죽음이 보여주는 경의의 몸짓이라고 해도 좋아."

265

나는 압도적인 불안감에 사로잡혔고, 단지 그것을 완화할 요량으로 입을 열었다. 나는 혹시 그런 식으로 죽은 전사들을 아는지, 그리고 그들의 마지막 춤이 어떤 식으로 그들의 죽음에 영향을 끼쳤는지 물어보았다.

"그 정도로 해둬." 그는 메마른 어조로 대꾸했다. "죽음의 순간은 그렇게 사소한 게 아냐. 두 다리를 뻗고 딱딱해지는 것 이상의 것이라고."

"저도 죽음 앞에서 춤추게 될까요, 돈 후앙?"

"물론이지. 자넨 개인적인 힘을 사냥하고 있잖나. 아직 전사처럼 살고 있지는 않지만 말이야. 오늘 태양은 자네에게 전조를 줬네. 자네 인생에서 가장 훌륭한 업적은 해가 질 무렵에 한 일의 결과물일 거야. 자네가 새벽빛의 젊은 광채를 좋아하지 않는다는 점은 명백해. 아침을 향해 길을 떠나는 걸 탐탁해하지도 않고 말이야. 자네가 선호하는 건 죽어가는 태양이야. 나이를 먹어서 노리끼리해지고, 부드러운 빛을 발하는 태양 말이야. 자넨 열熱을 싫어하고, 광휘도 싫어해.

그런 고로 자넨 여기서, 이 언덕배기에서 해질 무렵 죽음을 앞에 두고 춤추게 될 걸세. 그리고 자네의 마지막 춤은 자네의 고투를, 자네가 이기거나 졌던 전투들을 묘사할 거야. 자네는 개인적인 힘과 조우하면서 자네가 느꼈던 환희와 당혹감에 관해서 얘기할 거고, 자네의 춤은 자네가 축적한 비밀과 경이로운 일들을 묘사할 거야. 그리고 자네의 죽음은 여기 앉아서 그런 자네를 바라보겠지.

죽어가는 태양은 오늘 그랬던 것처럼 활활 불타오르는 일 없이 빛을 발하고, 이 언덕배기는 부드럽고 달콤한 바람을 받고 몸을 떨 걸세. 자네가 춤의 끄트머리에 도달하면 자넨 그 태양을 바라보겠지. 깨어 있든 '꿈꾸고' 있든 다시는 그걸 못 보리라는 걸 알기 때문이야. 그럼 자네의 죽음은 남쪽을 가리킬 걸세. 광막함을."

14
힘의 걸음걸이

1962년 4월 8일 토요일

"돈 후앙, 죽음은 인격을 가진 존재입니까?" 나는 흙마루에 앉으며 물었다.

그런 나를 바라보는 돈 후앙의 표정에서는 당혹감이 묻어났다. 그는 내가 선물로 가져온 식료품 봉투를 들고 있었다. 돈 후앙은 그것을 조심스럽게 바닥에 내려놓고 내 앞에 앉았다. 이에 고무받은 나는 전사의 마지막 춤을 바라보는 죽음은 인간, 또는 인간을 닮은 존재인지를 알고 싶다고 설명했다.

"그게 무슨 차이가 있는데?" 돈 후앙이 물었다.

이미지 자체가 내게는 매력적이고, 어떻게 해서 그런 생각에 도달하게 되었는지를 알고 싶다고 나는 대답했다. 그가 어떻게 그런 것을 알아냈는지를 말이다.

"그건 아주 간단해. 죽음이 마지막 증인이라는 걸 식자가 아는 건 바로 '보기(see)' 때문이야."

"그렇다면 돈 후앙 당신도 전사의 마지막 춤을 목격한 적이 있다는 겁니까?"

"아니. 아무도 그런 목격자가 될 수는 없네. 그럴 수 있는 건 오직 죽음뿐이야. 하지만 난 나 자신의 죽음이 나를 바라보는 것을 '보았고,' 그때 나는 마치 죽어가는 사람처럼 춤을 췄다네. 춤이 끝났을 때 죽음은 어느 방향도 가리키지 않았고, 내가 좋아하는 장소가 내게 잘 가라고 몸을 떠는 일도 없었어. 고로 지상에서의 내 시간은 아직 끝난 게 아니었고, 나는 죽지 않았네. 그런 일이 한꺼번에 일어났을 때 나는 한정된 힘밖에는 갖고 있지 않았고, 나 자신의 죽음의 계획을 이해하지도 못했어. 그래서 곧 죽을 거라고 지레짐작했던 거지."

"당신의 죽음은 사람 같았습니까?"

"정말이지 묘한 친구로군. 질문을 하면 이해할 수 있다고 생각하다니. 그런다고 자네가 이해할 수 있을 것 같진 않지만, 반드시 못 그럴 거라고 할 수도 없겠군.

죽음은 사람 같지 않아. 오히려 어떤 임재감에 더 가까워. 그걸 아무것도 아니라고 할 수도 있지만, 모든 것이라고 할 수도 있겠지. 어떤 상상을 하든지 다 맞네. 죽음이란 뭐든 당사자가 원하는 모습을 취하니까 말이야.

난 사람에 익숙하니까 내게 죽음은 사람일세. 또 나는 수수께끼를 좋아하기 때문에 나의 죽음은 뻥 뚫린 눈을 가지고 있지. 훤히 안이 들여다보여서 마치 창문이 두 개 있는 것 같지만, 그 창문들은 움직인다네. 마치 눈알이 움직이는 것처럼 말이야. 따라서 나는 뻥 뚫린 눈을 가진 죽음이, 전사가 지상에서 마지막 춤을 추는 광경을 바라본다고 말한 거라네."

"그렇다면 돈 후앙, 그건 당신에게만 그렇다는 뜻입니까, 아니면 모든 전사들에게도 다 그렇다는 뜻입니까?"

"힘의 춤을 출 줄 아는 전사들에게는 그 경험은 모두 똑같지만, 그와 동시에 똑같지 않아. 죽음은 전사의 마지막 춤을 목도하지만, 전사가 자신의 죽음을 보는 방식은 개인적인 거니까 말이야. 따라서 죽음은 뭐든 될 수가 있다네. — 새, 빛, 사람, 덤불, 조약돌, 안개 조각, 미지의 존재 따위가 될 수 있는 거야."

돈 후앙이 묘사하는 죽음의 이미지에 나는 동요했다. 질문을 입 밖에 내려고 해도 적절한 표현이 생각나지 않아서 말을 더듬기까지 했다. 돈 후앙은 미소를 지으면서 그런 나를 바라보며 말해보라고 독촉했다.

나는 전사가 자기의 죽음을 보는 방식은 혹시 자라난 환경과 관련이 있는지를 물어보았다. 나는 유마 인디언과 야키 인디언을 예로 들었다. 죽음을 상상하는 방식은 당사자의 문화에 의해 규정되는 것일지도 모른다는 생각이 들었기 때문이다.

"자라난 환경하고는 상관이 없네. 어떤 일을 하는 방식을 규정하는 건 전적으로 당사자의 개인적인 힘에 달려 있거든. 인간이란 개인적인 힘의 총합이고, 당사자가 어떻게 살고 죽는지를 정하는 건 바로 그 총합이라네."

"개인적인 힘이 뭡니까?"

"개인적인 힘이란 느낌이야. 자기가 운이 좋다고 느낄 때의 그런 느낌 말이야. 기분이라고 할 수도 있겠지. 개인적인 힘은 당사자의 출신과는 상관없이 얻게 되는 거라네. 전사란 힘을 좇는 사냥꾼이고, 내가 자네에게 그걸 사냥해서 축적하는 법을 가르치고 있다는 얘긴 이미 했지. 자네의 문제는 ― 이건 우리 모두의 문제이기도 하지만 ― 확신하지 못한다는 거야. 자넨 개인적인 힘이 이용가능하고, 축적 가능하다는 사실을 믿어야 하지만, 아직도 그걸 확신하지 못하고 있어."

무슨 말인지 알아들었고 이제는 충분한 확신이 섰다고 내가 말하자 돈 후앙은 웃었다.

"내가 말하는 건 그런 종류의 확신이 아냐."

그는 주먹으로 내 어깨를 가볍게 두어 번 치면서 쿡쿡 웃었다. "내 비위를 맞춰주지 않아도 된다니까."

그의 이 말에 나는 어디까지나 진심임을 주장하지 않을 수 없었다.

"그건 나도 알아. 하지만 확신한다는 건 자기 힘으로도 행동에 나설 수 있다는 뜻이네. 그럴 수 있으려면 자네는 엄청난 노력을 기울여야 해. 앞으로도 할 일은 많이 남아 있네. 자넨 첫발을 떼어놓은 것에 불과해."

돈 후앙은 잠시 침묵했다. 평온한 표정이었다.

"자네를 보고 있자니 옛날 내 생각이 나는 게 신기하군. 나도 전사의 길을 따르고 싶지 않았거든. 그런 일은 헛수고에 불과하다고 느꼈어. 어차피 다들 죽을 건데 전사로 죽는다고 해서 무슨 소용이 있나,

이런 식이었지. 그건 사실이 아니었지만, 나는 스스로 그걸 깨달아야 했어. 자기 생각이 틀렸다는 걸 자각하고, 그 사실이 크나큰 변화를 가져올 때만 자넨 비로소 확신했다고 선언할 수 있는 거야. 그런 다음에는 자네 스스로 나아갈 수 있게 되네. 스스로 식자가 될 수 있는 가능성까지도 있어."

나는 식자가 무슨 뜻인지를 물었다.

"식자란 배움의 힘든 길을 성실하게 따라간 사람을 뜻하네. 서두르거나 흔들리는 일 없이, 개인적 힘의 수수께끼를 최대한 풀어낸 사람이지."

돈 후앙은 식자의 개념을 짧게 설명해준 다음 더 이상 화제 삼지 않았다. 지금은 개인적인 힘을 축적한다는 행위에만 집중할 때라는 것이 그가 댄 이유였다.

"도무지 이해할 수가 없습니다." 나는 반발했다. "무슨 얘기를 하고 싶으신 건지 도통 모르겠군요."

"힘을 사냥한다는 건 기이한 일이라네. 처음엔 그럴 생각을 품고, 그다음에는 단계적으로 차근차근 준비를 갖추고, 그러다 보면 어느새 일어나는 그런 일이지."

"그건 어떤 식으로 일어납니까?"

돈 후앙은 일어서서 기지개를 켜며 고양이처럼 등을 구부렸다. 여느 때처럼 뼈들이 우두둑하는 소리를 냈다.

"이제 출발하세. 오늘은 멀리까지 가야 해."

"하지만 묻고 싶은 일들이 너무나 많습니다."

"우린 힘의 장소로 갈 거야." 돈 후앙은 집 안으로 들어가며 말했다. "그러니까 거기 가서 물어보면 어떤가? 거기서도 말을 나눌 기회가 있을지도 몰라."

나는 차를 타고 가는 거라고 지레짐작하고 일어서서 차로 가려고 했다. 그러나 돈 후앙은 집 안에서 나를 부르더니 조롱박이 든 내 그물주머니를 들고 오라고 말했다. 그는 집 뒤꼍의 사막 덤불 가장자리에서 나를 기다리고 있었다.

"서둘러야 해."

오후 3시경에 우리는 시에라마드레 산맥 자락에 도달했다. 더운 날이었지만 늦은 오후가 되자 바람이 차가워졌다. 돈 후앙은 바위 위에 앉으며 손짓으로 나도 그렇게 앉으라고 지시했다.

"돈 후앙, 이번에는 뭘 하는 겁니까?"

"힘을 사냥하러 여기 왔다는 건 잘 알잖나."

"그건 압니다. 하지만 구체적으로 여기서 뭘 할 겁니까?"

"나도 몰라. 그건 자네도 알잖나."

"결코 계획을 따르지 않는다는 그 얘기 말씀인가요?"

"힘을 사냥한다는 건 정말로 기이한 일이라네. 계획을 미리 짤 방도는 전혀 없어. 그래서 흥미로운 거지만. 하지만 전사는 스스로의 개인적인 힘을 믿기 때문에 마치 계획이 있는 것처럼 행동하네. 자기가 개인적인 힘에 의해 가장 적절한 방식으로 행동하리라는 걸 확신하는 거지."

나는 그가 방금 한 말이 어딘가 모순된다는 점을 지적했다. 전사가 이미 개인적인 힘을 갖고 있다면, 왜 그걸 사냥해야 한단 말인가?

　돈 후앙은 눈썹을 추켜올리고 짐짓 넌더리난다는 몸짓을 해 보였다.

　"개인적인 힘을 사냥하는 당사자는 자네야. 난 이미 그런 힘을 갖고 있는 전사이고. 자넨 내가 계획을 갖고 있는지를 물었고, 난 내 개인적인 힘을 믿기 때문에 계획을 세울 필요가 없다고 대답하지 않았나."

　우리는 잠시 말없이 앉아 있다가 다시 걷기 시작했다. 사면은 매우 가팔랐기 때문에 그곳을 오르는 것은 매우 힘들고 진을 빼는 일이었다. 반면에 돈 후앙의 기운에는 한계가 없는 것처럼 보였다. 그는 달리거나 서두르지도 않고 꾸준한 속도로 지치지도 않고 걸어갔다. 엄청나게 크고 거의 수직에 가까운 사면을 올라간 뒤에도 나는 그가 땀조차 흘리고 있지 않다는 사실을 깨달았다. 내가 정상에 도달했을 때 돈 후앙은 이미 먼저 올라가서 기다리고 있었다. 그의 곁에 앉았을 때 나는 심장이 터질 것만 같았다. 나는 큰 대大 자로 드러누웠다. 이마에서 땀이 말 그대로 비처럼 쏟아졌다.

　돈 후앙은 큰 소리로 웃었고 잠시 동안 내 몸을 좌우로 굴렸다. 이런 동작을 하니 가쁜 숨이 잦아들었다.

　그의 엄청난 체력에 외경심을 느낀다고 내가 말했다.

　"아까부터 자네가 그 점에 주목해주기를 바라고 있었다네."

　"돈 후앙, 당신은 전혀 늙지 않았군요!"

"물론 안 늙었어. 자네에게 줄곧 그걸 보여주려고 했고."

"어떻게 그럴 수 있는 겁니까?"

"아무 일도 안 했어. 그냥 몸 상태가 좋을 뿐이야. 나는 나 자신을 아주 잘 다루고, 그런 고로 피로나 불편함을 느낄 필요가 없다네. 자신의 몸에게 뭘 했느냐가 아니라 뭘 하지 않았느냐가 더 중요하다고 나 할까."

나는 그가 더 설명해주기를 기다렸다. 돈 후앙은 내가 이해하지 못한다는 사실을 알고 있는 듯 씩 웃더니 일어섰다.

"이곳은 힘의 장소라네. 이 야산 꼭대기에서 야영할 장소를 찾아보게."

나는 내 몸에 무엇을 하지 않아야 하는지를 설명해달라고 졸랐다. 그는 단호하게 그만두라는 시늉을 했다.

"그 정도로 해둬." 그는 나직하게 말했다. "이번에는 그냥 하라는 대로 해. 쉬기에 적절한 장소를 찾아낼 때까지 시간이 얼마나 걸려도 상관없어. 밤새도록 찾아야 할지도 모르지. 그런 지점을 찾아낼 수 있는지 없는지도 중요하지 않아. 중요한 건 자네가 그런 노력을 한다는 점이야."

나는 공책을 챙겨 넣고 일어섰다. 돈 후앙은 지금까지 수없이 말해왔던 주의사항을 되풀이했다. 어디든 휴식장소를 찾아내라고 그가 지시하면 나는 시야가 흐릿해질 정도로 눈을 가늘게 뜨고 특정 장소에 초점을 맞추는 일 없이 주위를 둘러보아야 한다고 말이다.

나는 반쯤 감은 눈으로 지면을 훑어보며 걷기 시작했다. 돈 후앙은 오른쪽으로 1미터쯤 떨어진 곳에 조금 뒤처져서 나를 따라왔다.

나는 우선 언덕배기 주변을 확인했다. 가장자리에서 나선을 그리 듯이 점점 중앙부로 갈 생각이었다. 그러나 내가 산꼭대기 둘레를 모두 훑어보자 돈 후앙이 제지하고 나섰다.

그는 내가 판에 박힌 버릇을 또 선호하고 있다고 말했고, 내가 주위를 체계적으로 살펴보고 있는 것은 확실하지만, 그 방식이 워낙 정체되어 있어서 적절한 지점을 찾지는 못할 것이라고 신랄하게 지적했다. 그러면서 자신은 그것이 어디 있는지를 이미 알고 있으니까 아무 곳이나 적당히 택할 생각은 말라고 덧붙였다.

"그럼 달리 어떤 방식으로 해야 합니까?" 나는 물었다.

돈 후앙은 나를 앉게 한 다음 여기저기에 자라 있는 관목에서 잎사귀를 하나씩 뜯어와서 내게 건넸다. 그러고는 누운 자세로 혁대를 푼 다음 배꼽 주위의 살갗에 그 잎사귀들을 대라고 지시했다. 내가 그렇게 하는 것을 지켜보던 그는 양손으로 그것들을 누르고 있으라고 지시했다. 그는 완벽한 결과를 얻고 싶거든 그가 내 몸을 힘의 위치로 움직이는 순간에는 절대로 잎사귀를 손에서 놓치지 말고, 눈을 뜨지도 말고, 몸을 일으키려고 하지도 말라고 경고했다.

돈 후앙은 내 오른쪽 겨드랑이를 잡고 내 몸을 빙 돌렸다. 반쯤 뜬 눈꺼풀 사이로 내다보고 싶다는 강렬한 유혹을 느꼈지만, 그는 손으로 내 눈을 가리면서 잎사귀들에서 오는 따스한 느낌에만 정신을 집중하라고 꾸짖었다.

잠시 꼼짝도 않고 누워 있자 잎사귀들로부터 묘한 열이 전달되어

276

오기 시작했다. 처음에는 손바닥으로만 느꼈지만 곧 그 열은 내 복부까지 퍼져 나갔고, 급기야는 글자 그대로 내 몸 전체를 침투해왔다. 단 몇 분 만에 나의 두 발은 예전에 고열에 시달렸을 때를 방불케 할 정도로 뜨겁게 후끈거리고 있었다.

나는 돈 후앙에게 이 불쾌한 감각을 호소하면서 신발을 벗고 싶다고 말했다. 그러자 그는 이제 나를 일으켜 세울 것이라고 하면서 괜찮다고 말해줄 때까지는 눈을 뜨지 말 것이며, 내가 적절한 휴식 장소를 찾아낼 때까지 잎사귀들을 계속 배에 대고 있어야 한다고 했다.

내가 일어서자 돈 후앙은 눈을 뜨라고 내 귓가에 대고 속삭이고, 아무 계획 없이 걷기 시작함으로써 잎사귀들의 힘이 나를 이끌어 안내하게 하라고 말했다.

나는 정처 없이 걷기 시작했다. 온몸에 열이 나서 불편했다. 아무래도 고열에 시달리고 있는 듯했다. 나는 돈 후앙이 어떤 수단을 써서 이런 현상을 일으켰는지에 대한 생각에 몰두했다.

돈 후앙은 내 뒤를 따라왔다. 그러다가 그가 갑자기 절규하는 소리를 듣고 나는 얼이 빠져 얼어붙었다. 그는 웃으면서 갑자기 큰 소리를 내면 불쾌한 정령들이 겁을 먹고 도망친다고 말했다. 나는 눈을 가늘게 뜬 채 반 시간쯤 왔다갔다하고 있었다. 그러는 동안 내 몸의 불쾌한 열은 기분 좋은 따스함으로 바뀌었다. 산꼭대기를 오르락내리락하는 사이에 나는 몸이 가벼워진 듯한 느낌을 받았다. 나는 내심 실망했다. 왠지 모종의 시각적인 현상을 감지할 것을 기대하고 있었기 때문이다. 그러나 내 시야 주변부에는 아무런 변화도 일어나지 않았다.

독특한 색채라든지 눈부심이라든지 검은 덩어리 따위는 없었다.

눈을 찡그리고 있기에 지친 나는 눈을 완전히 떴다. 나는 사암으로 된 작은 바위 선반을 마주 보고 있었다. 이 산꼭대기에서는 몇 군데밖에 없는, 바위로만 이루어진 척박한 장소였다. 언덕배기의 나머지 부분은 흙에 덮인 땅이었고, 그 위에는 작은 관목들이 넓은 간격으로 자라 있었다. 아무래도 원래 있던 초목은 얼마 전 산불에 타버린 듯했다. 새로 자라난 나무는 아직 다 자라지 않은 것들뿐이었다. 어떤 이유에서인지는 모르겠지만 이 사암 선반이 아름답다는 생각이 들었다. 나는 오랫동안 그 앞에 서 있었다. 그러고는 그대로 그곳에 앉았다.

"좋아! 좋아!" 돈 후앙은 이렇게 말하며 내 등을 두드렸다.

그런 다음 그는 내 옷 속에서 조심스레 잎사귀를 끄집어내서 바위 위에 올려놓으라고 지시했다.

살갗에서 잎사귀들을 떼어나자마자 체온이 내려가기 시작했다. 맥을 재어 보니 정상이었다.

돈 후앙은 웃음을 터뜨리며 나를 '닥터 카를로스'라고 불렀고, 자기 맥도 재주지 않겠느냐고 물었다. 그는 내가 느낀 것은 나뭇잎들의 힘이며, 그 힘이 나를 정화淨化해서 내 임무를 달성할 수 있게 해준 것이라고 말했다.

나는 진지하기 그지없는 어조로, 나는 딱히 아무 일도 하지 않았으며, 내가 이 장소에 앉은 것은 단지 피곤했고 사암의 색깔이 아주 마음에 들었기 때문이라고 주장했다.

돈 후앙은 아무 말도 하지 않았다. 그는 1미터쯤 떨어진 곳에 서 있었는데, 느닷없이 엄청나게 민첩한 동작으로 뒤로 껑충 물러섰고, 그대로 달리면서 덤불 몇 개를 뛰어넘어 조금 떨어진 곳에 있는 바위 투성이의 고지로 올라갔다.

"무슨 일입니까?" 나는 놀라 물었다.

"바람이 자네 잎사귀들을 어느 쪽으로 날려 보내는지를 관찰하게. 바람이 불어오고 있으니 빨리 몇 개 있는지 세어봐. 그중 반을 다시 자네 배에 다시 갖다 대게."

세어보니 잎사귀는 스무 개 있었다. 내가 셔츠 밑에 열 개를 붙이 자 강한 돌풍이 불어오며 서쪽을 향해 나머지 열 개를 흩뿌렸다. 그 광경을 바라보던 나는 실제로 어떤 존재가 그것들을 산꼭대기의 녹색 덤불 속으로 의도적으로 날려 보내서 찾아내기 힘들게 만든 것이 아닌가 하는 섬뜩한 느낌을 받았다.

돈 후앙은 내가 있는 곳으로 돌아와서 내 왼쪽에 앉더니 남쪽을 마주 보았다.

한참 동안 우리는 침묵했다. 나는 무슨 말을 해야 할지 알 수 없었다. 나는 녹초가 된 상태였다. 눈을 감고 싶었지만 그럴 엄두를 내지 못했다. 돈 후앙은 내가 그런 상태에 있음을 알아차렸는지, 잠들어도 괜찮다며 양손을 복부의 잎사귀들 위에 올린 채로 '내가 선호하는 장'에서 그가 만들어주었던 '줄'로 짠 침대 위에 떠 있다고 상상하라고 말했다. 눈을 감자 다른 야산의 꼭대기에서 자면서 경험했던 평온함과 충족감의 기억이 나의 내부로 침투했다. 정말로 둥실둥실 떠 있는지 확인하고 싶었지만 어느새 잠들어버렸다.

　해가 지기 직전에 잠에서 깼다. 잠을 잔 덕에 원기왕성해진 상태
였다. 돈 후앙도 자고 있었지만 내가 눈을 뜬 순간 그도 눈을 떴다. 바
람이 셌지만 추위는 느껴지지 않았다. 배에 대고 있는 잎사귀들이 일
종의 난로처럼 내 몸을 따뜻하게 덥혀준 듯했다.
　주위를 훑어보았다. 내가 휴식 장소로 선택한 곳은 오목한 욕조
같은 곳이었다. 암벽 일부가 등받이 역할을 해주기 때문에 마치 긴
소파에 앉아 있는 것처럼 앉아 있을 수도 있었다. 내가 자는 동안 돈
후앙이 내 공책을 가지고 와서 내 머리 밑에 괴어놓았다는 사실도 깨
달았다.
　"자네는 올바른 장소를 찾아냈네." 그는 미소 지으며 말했다. "그
리고 모든 일이 내가 얘기한 것처럼 일어났어. 자네는 아무런 계획도
없이 힘에 이끌려 여기로 왔던 거야."
　"제게 주신 잎사귀들은 어떤 종류의 잎사귀입니까?"
　담요를 두르거나 두꺼운 옷을 입지도 않고, 잎사귀들이 방사하는
따스함만으로도 이토록 안락해질 수 있다는 것은 내 입장에서는 실
로 매혹적인 현상처럼 느껴졌다.
　"그냥 잎사귀에 불과해." 돈 후앙은 대꾸했다.
　"그냥 아무 관목에서 뜯어낸 잎사귀라고 해도 똑같은 효력을 기대
할 수 있다는 뜻입니까?"
　"아니. 자네 혼자서 그럴 수는 없어. 자네에겐 그럴 만한 개인적인

힘이 없거든. 자네에게 잎사귀를 주는 사람에게 힘이 있을 경우에 한해서 어떤 잎사귀든 간에 자네를 도울 수 있다는 뜻이야. 오늘 자네를 도운 건 잎사귀가 아니라 힘이었어."

"당신의 힘 말입니까?"

"내 힘이라고 해도 되겠지. 엄밀하게 말하자면 그 또한 사실이 아니지만 말이야. 힘은 누구한테 속한 것이 아니라네. 어떤 사람은 그걸 모아서 다른 사람에게 직접 줄 수 있지. 저장된 힘은 오로지 다른 사람이 힘을 저장하는 걸 돕기 위해서만 이용될 수 있다네."

나는 그가 단지 다른 사람들을 돕는 일에만 그의 힘을 행사할 수 있는지를 물었다. 그러자 돈 후앙은 참을성 있는 어조로, 어떤 일에도 마음대로 쓸 수 있지만 다른 사람에게 그런 힘을 줄 경우 힘을 받은 당사자가 그것을 자기 자신의 힘을 찾는 일에 쓰지 않는 이상 아무런 쓸모도 없다고 대답했다.

"사람이 하는 모든 일은 당사자가 지닌 개인적 힘에 달려 있다네." 돈 후앙은 말을 계속했다. "따라서 강한 힘을 가진 사람의 행위는 그런 것을 전혀 갖고 있지 않은 사람들의 눈에는 경이롭게 비치지. 힘이 무엇인지를 알기 위해서조차 힘이 필요하다는 걸 명심하게. 지금까지 자네에게 줄곧 알려주려고 했던 것도 바로 그거였어. 자네가 여전히 그걸 이해 못하는 건, 그걸 알고 싶지 않아서가 아니라 그럴 만한 개인적 힘을 거의 갖고 있지 않아서라네."

"그럼 저는 어떻게 해야 합니까, 돈 후앙?"

"아무것도 안 해도 돼. 그냥 지금처럼 노력해. 힘이 길을 찾아줄 거야."

돈 후앙은 일어서더니 주위의 모든 것을 빠짐없이 응시하며 그 자리에서 완전히 한 바퀴를 돌았다. 몸과 눈동자를 동시에 움직였기 때문에 성직자를 본뜬 기계식 장난감이 정확하고 변함없는 동작으로 한 자리에서 360도 회전하는 것을 본 듯한 느낌이었다.

나는 멍하게 입을 벌리고 그를 쳐다보았다. 슬며시 웃음기를 떠올린 것을 보니 그는 내가 놀란 것을 알고 있는 듯했다.

"자네는 오늘 어둠 속에서 힘을 사냥하러 가야 하네." 그는 이렇게 말하며 앉았다.

"뭐라고요?"

"오늘 밤 자네는 저 미지의 산들을 탐험해야 해. 어둠 속에서 저것들은 산이 아니야."

"그럼 뭡니까?"

"뭔가 다른 거야. 그런 존재 자체를 한 번도 목격한 적이 없는 자네 입장에서는 상상조차 할 수 없는 것들이지."

"그게 무슨 뜻입니까? 또 그런 무시무시한 애길 해서 내게 겁을 주려는 겁니까?"

돈 후앙은 껄껄 웃으며 내 장딴지를 툭 찼다.

"이 세계는 수수께끼야. 자네가 머리에 떠올리는 것과는 전혀 다르다네."

그는 율동적으로 머리를 까닥거리며 잠시 생각을 하는가 싶더니 이내 씩 웃고 이렇게 덧붙였다. "흐음, 세계는 자네가 머리에 떠올리는 것이기도 하지만, 그게 전부는 아니라는 뜻일세. 그보다 훨씬 더 많은 것이 있어. 지금까지 자넨 줄곧 그런 것들을 발견해왔어. 그리고 오늘 밤에는 그런 걸 한 조각 더 찾아낼지도 몰라."

그의 말투에 나는 오싹했다.

"뭘 하실 계획입니까?"

"아무 계획도 없어. 자네가 이 지점을 찾을 수 있도록 허락한 바로 그 힘이 모든 걸 결정할 거야."

돈 후앙은 일어서서 먼 곳을 가리켰다. 나는 그의 이런 행동을 일어서서 무엇인가를 보라는 것으로 해석하고 벌떡 일어서려고 했다. 그러나 완전히 몸을 일으키기도 전에 그는 강하게 내 어깨를 찍어눌러서 다시 앉게 했다.

"나를 따라오라는 소리는 안 했어." 그는 엄한 목소리로 말했다. 그러더니 좀 누그러진 어조로 말을 이었다. "오늘 밤은 힘든 시간이 될 거야. 그러니까 자네가 동원가능한 개인적인 힘을 모조리 동원해야 하네. 여기 머물면서 준비하고 있어."

돈 후앙은 자신이 뭔가를 가리킨 것이 아니라 단지 어떤 것들이 그곳에 있다는 사실을 확인한 것일 뿐이고 모든 것이 잘 되어가고 있으니 조용히 앉아서 내가 하는 일에 몰두하라고 말했다. 주위가 완전히 어두워지기까지는 얼마든지 글을 쓸 수 있지 않으냐는 것이었다. 친숙한 그의 미소가 나를 크게 안도시켰다.

"하지만 돈 후앙, 대체 우린 뭘 하게 되는 겁니까?"

그는 도저히 믿기지 않는다는 듯이 절레절레 고개를 흔들었다.

"글을 쓰라고!" 그는 이렇게 명령하고 등을 돌렸다.

딱히 할 일이 없었던 나는 완전히 어두워질 때까지 노트에 글을 썼다.

내가 글을 쓰는 동안 돈 후앙은 같은 자세를 유지한 채로 움직이지 않았다. 서쪽 먼 곳을 응시하는 일에 몰두하고 있는 것처럼 보였다. 그러나 내가 글쓰기를 멈추자마자 돈 후앙은 나를 쳐다보면서, 내 입을 틀어막으려면 뭔가 먹을 것을 주거나, 글을 쓰게 하거나, 잠들게 하는 수밖에 없다고 농담하듯이 말했다.

돈 후앙은 등짐에서 작은 꾸러미를 꺼내더니 보란 듯이 펼쳐 보였다. 꾸러미 안에는 말린 고기 조각들이 들어 있었다. 그는 한 조각을 내게 건네고 자기도 하나를 집어든 다음 씹기 시작했다. 그는 무덤덤한 말투로 그것은 힘의 음식이며, 지금 먹어둘 필요가 있다고 말했다. 나도 워낙 배가 고팠기 때문에 이 말린 고기에 환각성 물질이 들어 있을지도 모른다는 생각은 아예 떠오르지도 않았다. 우리는 완전히 침묵한 채 고기를 한 조각도 남김 없이 먹어치웠다. 그 무렵에는 이미 상당히 어두워져 있었다.

돈 후앙은 일어서서 기지개를 켰고, 나도 기지개를 켜보라고 권하면서, 잠을 자거나 앉아 있거나 걸은 다음에 길게 기지개를 켜는 것은 좋은 습관이라고 말했다.

나는 그가 권하는 대로 했다. 셔츠 밑에 끼워두었던 잎사귀 몇 개가 바짓단 사이로 빠져나왔다. 다시 주워야 할까 망설이자 돈 후앙은 더 이상 필요 없으니 그냥 내버려두라고 했다.

돈 후앙은 내게로 바싹 다가오더니 내 귀에 대고, 지금부터 뒤에 딱 붙어서 따라오면서 그가 하는 모든 일을 똑같이 흉내 내라고 속삭였다. 그리고 지금 서 있는 장소는 이를테면 밤의 가장자리에 해당하므로 일단은 안전하다고 말했다.

"이건 밤이 아냐." 그는 우리가 서 있는 지점 위에 있는 바위를 콱콱 밟으며 속삭였다. "밤은 저기 있어."

돈 후앙은 우리 주위를 에워싼 어둠을 가리켰다.

그런 다음 그는 내 그물주머니를 열어보고 음식이 담긴 조롱박들과 내 공책이 들어 있는지를 확인했다. 그는 나직한 목소리로, 전사가 모든 것이 적절하게 갖춰져 있는지를 언제나 확인하는 것은 앞으로 겪을 난관에서 살아남기 위해서가 아니라 그것이 전사의 완전무결한 행동의 일부이기 때문이라고 말했다.

그의 이런 경고는 안도감을 주기는커녕 내가 파멸을 향해 나아가고 있음을 백 퍼센트 확신하게 만들어놓았다. 울고 싶은 기분이었다. 돈 후앙은 자기가 한 말이 어떤 효과를 끼쳤는지를 완전히 간파하고 있는 것이 틀림없었다.

"자네의 개인적 힘을 믿게." 그는 내 귀에 대고 말했다. "이 신비로운 세계에서 도움이 되어주는 건 그것밖에는 없으니까 말이야."

이러면서 돈 후앙은 내 몸을 살짝 잡아당겼다. 우리는 걷기 시작했다. 그가 두어 걸음 앞서서 걸었다. 나는 지면에 시선을 고정시키고 그의 뒤를 따랐다. 주위를 둘러볼 엄두가 나지 않았다. 그러나 지면만 바라보고 있으니 묘하게 마음이 가라앉았다. 거의 최면 상태에 빠진 듯한 느낌이었다.

조금 걷다가 돈 후앙은 멈춰섰다. 조금 있으면 주위가 완전히 어두워지는데, 지금부터 조금 앞서서 걷겠지만 특수한 작은 올빼미 울음소리를 냄으로써 자기 위치를 알리겠다고 그가 속삭였다. 처음에는 쉰 소리에 가깝지만 나중에는 진짜 올빼미 울음소리처럼 부드럽게 변하는 이 울음소리를 내가 예전에도 들은 적이 있다는 사실을 그는 내게 상기시켰다. 그는 내게 정신을 바짝 차려서 이런 특징을 가지지 않은 올빼미 울음소리에는 절대로 반응하지 말도록 경고했다.

돈 후앙이 이런 지시를 내릴 무렵 나는 실질적으로 공포로 인해 얼어붙은 상태였다. 나는 그의 팔을 움켜잡고 놓으려고 하지 않았다. 내가 그와 제대로 대화를 나눌 수 있을 정도로 침착해지기까지는 2, 3분이나 걸렸다. 위와 복부의 근육이 신경질적으로 경련하는 통에 말조차 제대로 할 수가 없었다.

돈 후앙은 침착하고 나직한 목소리로, 정신 차리라고 속삭였다. 어둠은 바람과 같은 것이어서 정신을 바짝 차리지 않으면 미지의 존재가 나를 속일 수도 있으니 조심하라고 했다. 그런 현상에 맞서려면 나는 완벽하게 냉정한 상태여야 한다고 그는 경고했다.

"자네의 개인적인 힘이 밤의 힘에 녹아들 수 있도록 모든 걸 내려놓게." 돈 후앙은 내 귀에 대고 말했다.

그가 이제 출발하겠다고 말한 순간 나는 불합리한 공포감에 사로잡혔다.

"이건 미친 짓입니다." 나는 항의했다.

돈 후앙은 나의 이런 반응에도 화를 내거나 조급해하지 않았다. 그러는 대신 조용히 웃으며 내가 알아들을 수 없는 말을 내 귀에 대고 속삭였을 뿐이다.

"방금 뭐라고 하셨습니까?" 나는 이를 덜덜 떨며 큰 소리로 말했다.

돈 후앙은 손으로 내 입을 막으며, 전사는 아무것도 모르는 상태에서도 마치 자신이 뭘 하는지를 잘 아는 것처럼 행동한다고 속삭였다. 그러고는 단단히 기억하라는 듯이 같은 말을 서너 번 되풀이했다. "스스로의 개인적 힘이 작든 거대하든 간에, 그걸 믿고 행동하는 전사는 언제나 완전무결하다네."

돈 후앙은 잠시 뜸을 들인 다음 내게 괜찮으냐고 물었다. 내가 고개를 끄덕이자 그는 거의 소리를 내지 않고 재빨리 자취를 감췄다.

나는 주위를 둘러보려고 했다. 나는 초목이 무성한 곳에 서 있는 듯했다. 내가 알아볼 수 있었던 것은 검은 덤불 내지는 작은 나무들뿐이었다. 주위에서 들려오는 소리에 온 정신을 집중해 보았지만 딱히 특별한 것은 없었다. 윙윙 불어오는 바람소리가 가끔 대형 올빼미가 발하는 날카로운 울음소리나 그 밖의 새들이 짹짹거리는 소리를 제외한 모든 소리를 덮어버렸기 때문이다.

그렇게 정신을 바짝 차린 상태로 잠시 서 있었다. 그러자 작은 올빼미의 목이 쉰 듯한 긴 울음소리가 들려왔다. 그것이 돈 후앙이 낸 소리라는 것을 나는 의심하지 않았다. 그 소리는 내 뒤에서 들려왔다. 나는 몸을 돌리고 그쪽을 향해 걷기 시작했다. 어둠이 끈덕지게 내 움직임을 방해했기 때문에 내 동작은 느렸다.

10분쯤 그렇게 걸었다. 갑자기 검은 그림자가 내 앞으로 튀어나왔다. 나는 비명을 올리며 엉덩방아를 찧었다. 귀가 웅웅거리기 시작했다. 너무나도 놀란 나머지 숨이 턱 막혔다. 숨을 쉬기 위해 입을 열어야 했을 정도였다.

"일어서." 돈 후앙이 나직하게 말했다. "자네를 놀라게 할 생각은 없었네. 그냥 보러 온 거야."

돈 후앙은 지금까지 내가 걷는 한심한 꼴을 관찰하고 있었는데, 어둠 속에서 움직이는 나의 모습은 마치 진흙탕을 피하려고 발끝으로 살금살금 걷는 노파의 꼴이라고 했다. 자기가 말하고도 우스웠는지, 그는 큰 소리로 웃었다.

그런 다음 돈 후앙은 어둠 속에서 걷는 특별한 방법, 그가 '힘의 걸음걸이'라고 부른 것을 시연해 보였다. 그는 자기가 어떤 자세를 취하고 있는지를 보여주기 위해 내 앞에 구부정하게 서서 자신의 등과 양 무릎을 만져보게 했다. 돈 후앙의 몸통은 앞으로 조금 기울어 있었지만 등은 일직선으로 곧게 세우고 있었다. 무릎도 조금 구부리고 있었다.

돈 후앙은 내 앞에서 천천히 걸어 보이며 자신이 발을 디딜 때마다 무릎을 거의 가슴에 닿을 정도로 들어올린다는 점을 강조했다. 그런 다음 그 동작으로 실제로 달려갔고, 내 앞에서 사라졌다가 다시 돌아왔다. 그가 어떻게 이런 완전한 어둠 속을 달릴 수가 있는지, 나로서는 상상도 할 수 없었다.

"힘의 걸음걸이는 밤에 뛰기 위한 거라네." 그는 내 귀에 대고 속삭였다.

돈 후앙은 나도 그렇게 걸어보라고 재촉했다. 내가 그러다가는 바위 틈새에 빠지거나 바위에 부딪혀서 발이 부러질 것이 뻔하다고 투덜대자, 돈 후앙은 아주 침착한 어조로 '힘의 걸음걸이'는 완벽하게 안전하다고 대꾸했다.

나는 그가 그런 식으로 돌아다니는 것이 가능한 것은, 인근 지리를 완벽하게 파악하고 있어서 위험한 곳을 피해 지나다닐 수 있기 때문이라는 생각밖에 들지 않는다고 실토했다.

돈 후앙은 양손으로 내 머리를 움켜잡고 강한 어조로 속삭였다. "이건 밤이야! 이건 힘이라고!"

그는 손을 놓더니 밤에는 세계가 달라지며, 어둠 속을 달릴 수 있는 그의 능력은 이 구릉지대에 관한 그의 지식과는 아무 상관도 없다고 나직하게 덧붙였다. 여기서 열쇠가 되는 것은 *스스로의 개인적 힘*이 자유롭게 흘러나가서 밤의 힘과 합쳐질 수 있도록 내버려두는 일이며, 일단 그 힘이 내려오면 실수할 가능성은 아예 사라진다고 그는 말했다. 그러고는 진지하기 그지없는 말투로, 내가 여전히 그의 말을 의심하고 있다면 방금 무슨 일이 벌어졌는지를 잠깐만이라도 잘 생각해보라고 했다. 자기처럼 나이를 먹은 사람이 밤의 힘의 안내를 받지 않고 이런 야심한 시각에 이 구릉지대를 달린다는 것은 자살행위가 아니냐는 것이었다.

"자, 보라고!" 돈 후앙은 이렇게 말하고 재빨리 어둠 속으로 뛰어들어간 다음 다시 돌아왔다.

돈 후앙이 몸을 움직이는 모습은 실로 경탄스러워서 내 눈을 의심할 정도였다. 그는 같은 자리에서 제자리 뛰기를 해 보였다. 그가 다리를 높이 들어올리는 모습은 단거리 달리기 선수가 경기에 앞서 준비운동을 하는 광경을 연상시켰다.

그런 다음 그는 나더러 따라오라고 말했다. 나는 핍박감과 불안에 시달리며 그의 뒤를 따라갔다. 최대한 신중하게 내가 발을 어디에 딛고 있는지를 확인하려고 했지만 거리감이 완전히 사라져 있었다. 돈 후앙은 되돌아와서 내 곁에서 함께 구보했다. 그는 내가 밤의 힘 앞에서 모든 것을 내려놓고 내가 가진 약간의 개인적인 힘을 신뢰하지 않는다면 결코 자유롭게 움직일 수 없을 것이라고 속삭였다. 그는 어둠이 나를 방해하는 것은 내가 모든 것을 시각에 의존하고 있기 때문이며, 힘이 이끌도록 놓아둔다는 또 하나의 방법을 모르기 때문임을 지적했다.

나는 그렇게 해보려고 여러 번 애써봤지만 성공하지 못했다. 나를 내려놓는 것은 불가능했다. 다리를 다칠지도 모른다는 두려움이 나를 압도했다. 제자리 뛰기를 하면서 실제로 '힘의 걸음걸이'를 느껴보라고 돈 후앙이 명령했다.

그러고는 이제 먼저 달려갈 테니 그가 내는 올빼미 울음소리가 들려올 때까지 기다리고 있으라고 말했다. 그는 내가 뭐라고 말하기도 전에 어둠 속으로 사라졌다. 나는 이따금 눈을 감으며 같은 자리에서 몸을 수그리고 한 시간 동안 지시받은 대로 제자리 뛰기를 했다. 조금씩 긴장이 사그러들었다. 이제는 상당히 편해진 느낌이었다. 그러자 돈 후앙의 외침이 들려왔다.

　나는 돈 후앙이 지시한 대로 '모든 것을 내려놓으려고' 노력하며 그 소리가 들려온 방향을 향해 4, 5미터쯤 달려갔다. 그러나 그러자마자 덤불 속으로 돌진한 바람에 다시 불안감이 몰려왔다.

　그곳에서 기다리고 있던 돈 후앙은 내 자세를 고쳐주었다. 그는 우선 엄지와 검지를 뻗치고 다른 손가락들은 오므리고 있어야 한다고 했다. 그리고 내가 스스로를 역부족이라고 느끼는 감정에 빠져 있는 것일 뿐이라고 덧붙였다. 아무리 밤이 어둡더라도 다른 곳에 신경을 쓰지 않고 눈앞의 지면만 훑어보는 한은 상당히 잘 보인다는 사실을 나도 잘 알지 않느냐고 그가 반문했다. 그가 가르쳐 준 '힘의 걸음걸이'는 안전하게 쉴 장소를 찾는 일과 비슷했다. 양쪽 작업 모두 스스로를 내려놓고 믿음을 가져야 한다는 공통점이 있었다. 이 '힘의 걸음걸이'는 앞쪽 지면에만 시선을 못 박아둘 것을 요구했다. 단 한 순간이라도 좌우를 본다면 동작의 흐름에 변화가 오기 때문이다. 몸통을 앞으로 수그리는 것은 시선을 아래로 떨어뜨리기 위해서이며, 가슴까지 무릎을 들어올리는 것은 아주 짧은 보폭으로 안전하게 발을 내디디기 위해서라고 그는 설명했다. 처음에는 무수히 발을 헛디디겠지만, 연습만 좀 하면 낮에 달리는 것처럼 빠르고 안전하게 달릴 수 있다고 그가 장담했다.

　나는 몇 시간 동안이나 돈 후앙의 동작을 흉내 내면서 그가 추천한 마음가짐을 갖춰보려고 애썼다. 그는 참을성 있게 내 앞에서 제자리 뜀을 해 보이거나, 짧은 거리를 달려갔다가 다시 돌아오는 일을 반복함으로써 내가 그의 동작을 관찰할 수 있게 해주었다. 내 등을 떠밀어서 실제로 몇 미터쯤 달리도록 종용한 적조차 있었다.

그런 다음 그는 자리를 떴고, 잇달아 올빼미 울음소리를 내며 내게 신호를 보냈다. 나는 이유 모를 자신감이 차오르는 것을 자각하며 이동하기 시작했다. 내가 아는 한 나는 이런 느낌이 당연하게 여겨지게 할 만한 일을 전혀 하지 않았지만, 내 몸은 아무 생각을 하지 않아도 주위를 자각하고 있는 것 같았다. 이를테면 나는 눈앞에 가로놓인 삐죽삐죽한 바위들을 볼 수는 없었지만, 내 몸은 언제나 그 틈새가 아닌 가장자리에 발을 디뎠다. 딴 생각을 하다가 균형을 잃고 발을 헛디딘 적은 몇 번 있었지만 말이다. 눈앞의 지면을 계속 훑어본다는 것은 완전무결한 집중력을 요하는 행위였다. 돈 후앙이 경고했듯이 옆을 흘끗 본다거나 너무 앞쪽을 바라보면 동작의 흐름이 깨졌다.

오랫동안 탐색을 계속한 뒤에야 돈 후앙을 찾아냈다. 그는 나무인 듯한 검은 물체 곁에 앉아 있는 것처럼 보였다. 그는 일어서서 내게 다가오더니 내가 과업을 훌륭하게 수행했지만, 그는 누군가가 흉내 낼 수 있을 정도로 오랫동안 휘파람을 불어댔기 때문에 이제는 멈출 때가 되었다고 말했다.

나는 멈출 때가 되었다는 그의 말에 동의했다. 몸을 혹사한 탓에 녹초가 되어 있었다. 나는 안도하며 도대체 누가 그가 내는 울음소리를 흉내 내느냐고 물었다.

"힘일 수도 있고, 맹우盟友나 정령일 수도 있어. 낸들 그걸 어떻게 알겠나?" 그가 속삭였다.

돈 후앙은 이 '밤의 존재들'은 보통 아주 음악적인 소리를 내지만, 사람이 내는 목쉰 소리나 새가 지저귀는 소리는 제대로 흉내 내지 못한다는 큰 약점을 가지고 있다고 말했다. 혹시 그런 소리를 듣는다면 즉시 멈춰서라고 그가 경고했다. 언젠가는 그런 소리를 구별해내야 하는 상황이 올지도 모르기 때문이다. 그는 내가 이제 '힘의 걸음걸이'가 무엇인지를 확실히 파악했으므로 나중에 또 이렇게 밤을 탐색할 일이 생길 때 조금만 더 노력한다면 완전히 터득할 수 있을 것이라고 장담했다. 돈 후앙은 내 어깨를 툭 치고 이제 떠날 준비가 되었다고 말했다.

"여기를 빨리 떠나세." 그는 이렇게 말하고 달리기 시작했다.

"잠깐! 잠깐만 기다려 주십쇼!" 나는 황급하게 외쳤다. "그냥 걸으면 안 될까요?"

돈 후앙은 멈춰서서 모자를 벗었다.

"이거 참!" 그는 곤혹스러운 어조로 말했다. "실로 난처한 상황에 빠졌군. 내가 어둠 속에서 달릴 줄은 알지만 걷지는 못한다는 걸 자네도 알잖나. 걷다가는 다리가 부러질 거야."

얼굴을 볼 수는 없었지만 나는 그가 이렇게 말하면서 씩 웃었다는 인상을 받았다.

돈 후앙은 은밀한 어조로, 그는 걷기에는 너무 늙었기 때문에 오늘 밤 내가 배운 '힘의 걸음걸이'를 써서 벌충하는 수밖에 없다고 덧붙였다.

"'힘의 걸음걸이'를 쓰지 않는다면 우린 낮에 베이듯이 도륙당할 거야." 그는 내 귀에 대고 속삭였다.

"누가 그런단 말입니까?"

"밤에는 사람들을 건드리는 것들이 있지." 그가 이렇게 속삭여서 나는 오싹하는 한기를 느꼈다.

그는 잇달아 네 번 연속해서 올빼미 울음소리를 내는 방법으로 신호를 보낼 작정이므로, 뒤처지지 않고 따라오는 것이 중요하다고 말했다.

그렇다면 그냥 새벽이 올 때까지 기다렸다가 떠나는 편이 어떻겠냐고 내가 제안했다. 그러자 돈 후앙은 극적인 어조로, 여기 머무는 것은 자살행위이며, 설령 그런 식으로 살아남더라도 밤에게 우리 개인적 힘을 모조리 빨릴 것이 확실하기 때문에 낮에 마주칠 첫 번째 위험의 희생자가 되는 것을 피할 수 없을 거라고 말했다.

"더 이상 시간 낭비를 할 여유가 없네." 그는 다급한 기색으로 말했다. "당장 여길 떠나야 해."

돈 후앙은 최대한 천천히 가겠다면서 나를 안심시켰다. 그가 마지막으로 남긴 지시는 무슨 일이 일어나든 간에 아무 소리도 내지 말고, 심지어는 헐떡이지도 말라는 것이었다. 그는 우리가 갈 방향을 가르쳐주었고, 눈에 띄게 느린 속도로 달리기 시작했다. 나는 그의 뒤를 따라갔다. 그러나 그가 아무리 천천히 움직여도 그와 보조를 맞출 수가 없었다. 그는 곧 전방의 어둠 속으로 사라졌다.

혼자가 된 뒤에, 내가 나도 모르는 새에 상당히 빠른 속보로 걷기 시작했다는 사실을 뒤늦게 깨달았다. 이런 자각은 나를 충격에 빠뜨렸다. 한참 동안 그런 보조를 유지하며 이동하던 중에 마침내 오른쪽으로 조금 간 곳에서 돈 후앙의 신호가 들려왔다. 잇달아 네 번 휘파람을 부는 소리였다.

얼마 지나지도 않아 오른쪽으로 멀리 간 곳에서 그가 발하는 올빼미 울음소리가 들려왔다. 그것을 따라가기 위해서는 진로를 오른쪽으로 45도 꺾어야 했다. 나는 앞으로 세 번 더 되풀이될 예정인 그의 울음소리를 들으면 좀더 확실한 방향을 알 수 있을 거라고 기대하며 새로운 방향으로 나아가기 시작했다.

새로운 울음소리가 들렸다. 돈 후앙은 거의 우리의 출발점에 가까운 곳으로 돌아간 듯했다. 나는 발을 멈추고 귀를 기울였다. 그러자 멀지 않은 곳에서 아주 날카로운 소리가 들려왔다. 두 개의 바위를 딱 부딪치는 듯한 소리였다. 나는 듣는 일에 온 정신을 집중했다. 이번에는 두 개의 바위를 살짝 부딪치는 듯한 나직한 소리들이 잇달아 들려왔다. 그러더니 또 올빼미 울음소리가 들려왔다. 그제서야 돈 후앙이 했던 말의 의미를 알 수 있었다. 이 울음소리는 실로 음악적이었기 때문이다. 진짜 올빼미 울음소리보다 훨씬 더 길게 지속되는 데다 한층 더 부드럽기까지 했다.

나는 기묘한 두려움을 느꼈다. 위가 수축했다. 마치 무엇인가가 내 몸의 중간 부분을 아래로 끌어내리는 듯한 느낌이었다. 나는 몸을 돌리고 반대 방향을 향해 반쯤 뛰듯이 걷기 시작했다.

멀리서 희미한 올빼미 울음소리가 들려왔다. 그러자마자 같은 울음소리가 빠르게 세 번 이어졌다. 돈 후앙이 내는 소리였다. 나는 그쪽을 향해 달렸다. 돈 후앙은 나보다 400미터는 족히 앞서 있는 듯했기 때문에 그가 현재의 보조를 계속 유지한다면 나는 싫든 좋든 이 구릉지대에 홀로 남겨질 운명이었다. 그 보조를 유지해야만 한다면 돈 후앙은 그냥 내 주위를 돌면서 기다려줄 수도 있었는데 왜 나를 내버려두고 달려갔는지 이해할 수가 없었다.

그러자 나는 무엇인가가 나와 함께 왼쪽을 향해 움직이고 있는 것처럼 보인다는 사실을 깨달았다. 시야 주변부의 말단에서 보일락 말락 하는 존재. 나는 공황상태에 빠지기 직전이었지만 갑자기 냉정한 생각이 뇌리를 가로질렀다. 어둠 속에서 뭐가 보인단 말인가. 그쪽을 응시하고 싶었지만 관성을 잃을 것이 두려웠다.

또 다른 부엉이 울음소리에 퍼뜩 정신을 차렸다. 왼쪽에서 들려왔다. 그쪽을 따라가지 않은 것은 그것은 일찍이 들어본 것 중 의심의 여지 없이 가장 달콤하고 음악적인 울음소리였기 때문이다. 그러나 두렵지는 않았다. 지극히 매혹적이면서도 섬뜩한 이 소리에는 어딘가 슬픈 기색조차 깃들어 있었다.

그러자 아주 민첩한 검은 물체가 전방을 왼쪽에서 오른쪽으로 가로질렀다. 워낙 갑작스런 움직임이었던 탓에 나는 전방을 주시하다가 몸의 균형을 잃고 덤불 같은 것에 부딪히며 시끄러운 소음을 냈다. 옆구리를 아래로 하고 쓰러진 직후 또 그 음악적인 울음소리가 왼쪽으로 몇 걸음 떨어진 곳에서 들려왔다. 나는 일어섰지만 다시 앞으로 움직이기 전에 처음 것보다 더 부담스럽고 강제적인 울음소리가 들려왔다. 마치 내가 멈춰서서 귀를 기울일 것을 원하는 어떤 존재가 나를 부르는 듯한 느낌이었다. 이 올빼미 우는 소리는 워낙 길고 부드럽게 이어진 덕에 두려움이 좀 줄어들었다. 바로 그 순간 돈 후앙의 목쉰 고함소리가 네 번 들리는 것을 듣지 않았더라면 실제로 멈춰섰을지도 모른다. 돈 후앙의 고함소리 쪽이 더 가까이서 들렸기 때문에 나는 펄쩍 뛰어올라 그쪽을 향해 달려가기 시작했다.

잠시 후 오른쪽의 어둠 속에서 무엇인가가 번득이거나 하늘거리고 있다는 사실을 또 깨달았다. 육안으로 본 것이 아니라서 느낌에 가까웠지만, 나는 눈으로 그것을 보았다고 거의 확신했다. 그것은 나보다 더 빨리 움직였고, 또다시 전방을 왼쪽에서 오른쪽으로 가로질렀다. 그 탓에 나는 균형을 잃었지만 아까처럼 쓰러지지는 않았다. 묘하게도 쓰러지지 않았다는 사실에 짜증이 났다. 갑자기 화가 솟구쳤다. 이런 감정의 부조화는 나를 진짜 공황상태로 몰아넣었다. 더 빠르게 달리고 싶었다. 나도 올빼미 울음소리를 내서 돈 후앙에게 현재 위치를 알리고 싶었지만, 그의 지시를 어길 엄두가 나지 않았다.

바로 그 순간 뭔가 흉측한 것이 내 주의를 끌었다. 내 왼쪽에 실제로 동물처럼 보이는 것이 있었다. 게다가 거의 내 몸에 닿기 직전이었다. 나는 반사적으로 펄쩍 뛰며 오른쪽으로 진로를 틀었다. 너무나도 놀란 탓에 거의 숨이 막힐 지경이었다. 너무나도 엄청난 두려움에 완전히 사로잡혀 어둠 속을 질주하는 나의 마음에 생각 따위가 개입할 여지는 없었다. 내가 느끼는 두려움은 나 자신의 생각과는 전혀 무관한 육체적인 감각에 가까웠기 때문이다. 평소의 내 관점에서 보면 이런 상황은 극히 이례적이었다. 지금까지 살아오면서 내가 느꼈던 두려움은 언제나 지적인 기반에 뿌리를 두고 있었고, 그것을 야기한 것은 위협적인 사회적 상황이라든지 위험한 방식으로 나를 대하는 사람들이었다. 그러나 이번에 느낀 두려움은 완전히 새로운 것이었다. 그것은 세계의 알려지지 않은 부분에서 왔고, 나 자신의 알려지지 않은 부분을 직격했던 것이다.

　조금 왼쪽으로 간 아주 가까운 곳에서 올빼미 울음소리가 들려왔다. 얼마나 높다란 소리인지를 자세히 파악할 수는 없었지만 아무래도 돈 후앙이 내는 소리 같았다. 음악적인 소리가 아니었기 때문이다. 나는 속도를 늦췄다. 또 다른 울음소리가 이어졌다. 돈 후앙이 휘파람을 불 때 나는 쉰 듯한 느낌이 있었기 때문에 나는 더 빨리 움직였다. 아주 가까운 곳에서 세 번째 휘파람소리가 들려왔다. 바위 또는 나무일지도 모르는 거무스름한 것들을 분간할 수 있었다. 또 다른 올빼미 울음소리가 울려 퍼지자 이제 위험 지대를 벗어났으므로 돈 후앙이 나를 기다리고 있는 것이라고 해석했다. 그러나 더 어두운 지역의 가장자리에 거의 도달했을 때 다섯 번째 울음소리가 들려오며 나를 그 자리에 얼어붙게 만들었다. 전방의 검은 부분을 최대한 분간해 보려고 노력하던 중에 갑자기 왼쪽에서 부스럭거리는 소리가 들려왔다. 그쪽으로 몸을 돌린 순간, 주위의 어둠보다 더 검은 물체가 내 곁에서 구르거나 미끄러지고 있는 광경이 흘끗 보였다. 나는 헐떡이며 펄쩍 몸을 뺐다. 그러자 입을 쩝쩝 다시는 듯한 소리가 들려오더니, 아주 큰 검은 덩어리가 그보다 더 어두운 부분에서 천천히 튀어나왔다. 문처럼 네모났고, 높이가 2미터 반에서 3미터쯤 되는 물체였다.

너무나도 급작스러운 이 물체의 출현에 나는 절규했다. 내가 느낀 순간적인 두려움은 상궤를 벗어난 것이었지만, 다음 순간 나는 믿기지 않을 정도로 침착한 기분으로 검은 물체를 응시하고 있었다.

나의 이런 반응 역시 내 입장에서는 완전히 새로운 경험이었다. 나 자신의 어떤 부분이 섬뜩할 정도로 끈질기게 검은 부분을 향해 나를 끌어당기는 동안, 나의 다른 부분은 그런 움직임에 저항했다. 마치 한쪽으로는 그 정체를 확인하고 싶어하고, 다른 쪽으로는 미친 듯이 달려서 이곳을 떠나고 싶어하는 듯한 느낌이랄까.

그 탓에 돈 후앙의 올빼미 울음소리를 거의 못 들을 뻔했다. 아주 가까운 곳에서 들려왔고, 어딘가 다급한 느낌이었다. 마치 나를 향해 달려오며 휘파람을 불어야 하기 때문에 처음보다 더 길고 거칠어진 듯한 느낌이다.

나는 갑자기 자제력이 돌아온 듯한 느낌을 받았다. 나는 방향을 틀었고, 순간적이나마 돈 후앙이 원했던 방식으로 달리기까지 했다.

"돈 후앙!" 마침내 그와 마주친 나는 외쳤다.

그는 내 입에 손을 갖다 대고 따라오라는 시늉을 했다. 우리는 아주 편한 속도를 유지하며 우리가 앉아 있었던 사암 선반까지 갔다.

우리는 새벽이 올 때까지 한 시간쯤 완전한 침묵을 지키며 선반에 앉아 있었다. 그런 다음에는 조롱박의 음식을 꺼내 먹었다. 우리는 정오 무렵까지는 이 선반에 머물러 있어야 하며, 아예 눈을 붙이지 않고 깬 상태에서 아무렇지도 않은 듯이 태연하게 말을 나눠야 한다고 돈 후앙은 말했다.

돈 후앙은 내가 그와 헤어진 순간부터 내게 일어났던 모든 일을 자세히 얘기해보라고 했다. 내 이야기가 끝나자 그는 오랫동안 침묵하고 있었다. 깊은 생각에 빠진 기색이었다.

"그리 좋아 보이지는 않는군." 이윽고 그가 말했다. "어젯밤 자네에게 일어난 일은 아주 심각해. 밤에 혼자 나가 다닐 수 없을 정도로 심각하다는 뜻이야. 지금부터 밤의 존재들은 자네를 혼자 있도록 내버려두지 않을 걸세."

"어젯밤 저한테 무슨 일이 일어난 겁니까?"

"자넨 이 세계에 있는 어떤 존재들, 그것도 사람을 건드리는 존재들과 마주쳤어. 한 번도 만나본 적이 없기 때문에 자넨 그것들에 관해 전혀 모르고 있었지. 아마 산에 있는 존재들이라고 부르는 편이 더 정확할지도 모르겠군. 엄밀하게 말해서 밤에 속해 있는 존재는 아니거든. 내가 그것들을 밤의 존재들이라고 부르는 건 어둠 속에서 그 모습을 아주 쉽게 알아볼 수 있기 때문이라네. 그것들은 하루종일 이곳에, 우리와 함께 있어. 하지만 낮에는 감지하는 게 어려워지네. 우리는 낮의 세계에 익숙하고, 낯익은 것들을 우선적으로 감지하기 때문이야. 하지만 밤의 어둠 속에서는 모든 것이 똑같이 기이하게 느껴지기 때문에 뭔가를 우선적으로 감지하거나 하는 일은 거의 없네. 따라서 밤이 되면 우린 그런 존재들에게 더 민감해지는 거야."

"하지만 돈 후앙, 그런 것들이 현실적으로 정말로 존재한다는 얘깁니까?"

"물론 존재해! 그것들이 어느 정도로 현실적인가 하면 사람을 곧 잘 죽일 정도야. 특히 개인적인 힘을 갖고 있지 않은 채로 황야를 배회하는 사람들을 말이야."

"그것들이 그렇게 위험한 게 사실이라면 왜 저를 거기 홀로 남겨두고 가셨습니까?"

"배움에는 한 가지 방법, 직접 부딪쳐 보는 방법밖에는 없기 때문이야. 힘에 관해 아무리 얘기를 해봤자 전혀 쓸모가 없어. 힘이 무엇인가를 알고 싶다면, 또 그걸 비축하고 싶다면 스스로 모든 것에 부딪혀보는 수밖에 없거든.

지식과 힘으로 이어지는 길은 지극히 힘들고 먼 길이라네. 내가 어젯밤 이전에는 결코 자네를 홀로 어둠 속으로 내보내지 않았다는 걸 아는가. 자네에겐 그럴 정도의 힘이 없었기 때문이야. 지금은 한바탕 싸울 수 있을 정도로는 갖고 있지만, 혼자서 어둠 속에 머물 수 있을 정도로 충분하지는 않아."

"혹시 그렇게 하면 무슨 일이 일어납니까?"

"그럼 자네는 죽어. 밤의 존재들이 자네를 벌레처럼 밟아 으깰 거야."

"그렇다면 이제 혼자서는 밤을 보낼 수 없다는 얘깁니까?"

"침대에서 밤을 보낼 수는 있겠지만 산 속에서는 안 돼."

"평지의 경우는 어떻습니까?"

"황야에만 해당되는 얘기야. 인적이 없고, 특히 높은 산악지대가 위험하지. 밤의 존재들의 서식지는 바위나 지면에 난 틈새이기 때문에, 개인적 힘을 충분히 비축해놓지 않은 이상 지금부터는 산에 가면 안 돼."

"그럼 그 개인적인 힘은 어떻게 비축해야 합니까?"

"자넨 내가 추천한 방식으로 살아감으로써 그런 힘을 비축하고 있네. 힘이 새어나가는 구멍을 하나씩 막고 있다고나 할까. 의도적으로 그럴 필요는 없어. 힘 쪽에서 언제나 방법을 찾아내니까 말이야. 나를 예로 들어볼까. 처음으로 전사의 방식에 관해 배우기 시작했을 때 나는 내가 힘을 비축하고 있다는 사실을 몰랐네. 바로 자네처럼 말이야. 난 딱히 특별한 노력을 하고 있는 것이 아니라고 생각했지만, 그건 사실이 아니었어. 비축되는 힘은 묘하게 눈에 안 띄는 성질을 갖고 있다네."

내가 어둠 속에 혼자서 머물러 있는 것이 위험하다는 결론에는 어떻게 도달했는지를 설명해달라고 내가 말했다.

"밤의 존재들은 자네 왼쪽에서 자네를 따라왔네. 자네의 죽음과 합류하려고 했던 거야. 특히 자네가 봤던 그 문하고 말이야. 그건 틈새였다는 걸 아나? 자네가 그 문턱을 가로지를 때까지 계속 잡아당겼을 거야. 그랬더라면 자넨 끝장났을 걸세."

나는, 돈 후앙이 곁에 있을 때는 언제나 그런 일들이 일어나는데, 마치 그가 그런 일들을 몰래 꾸며낸 듯한 인상을 받게 된다는 것을 최대한 진지하게 설명했다. 밤에 혼자서 황야에 나갔을 때는 언제나 별 탈 없이 완벽히 정상적인 밤을 보내지 않았던가. 그림자를 보거나 기이한 소음 따위를 듣는 일도 결코 없었다. 사실, 그 무엇도 나를 두려움에 떨게 하지는 않았던 것이다.

돈 후앙은 나직하게 웃더니 그런 일들이 모두 그가 온갖 도움을 끌어올 수 있을 정도로 충분한 개인적 힘을 가지고 있다는 증거라고 말했다.

나는 이 말에서 그가 실제로 몇몇 공모자들의 도움을 받았다는 사실을 넌지시 시사하고 있는 듯한 인상을 받았다.

돈 후앙은 그런 내 마음을 읽은 듯이 큰 소리로 웃었다.

"모든 것을 해명하려고 골머리를 썩이지 말게. 자네가 내 말을 도통 못 알아듣는 건 단지 자네에게 충분한 개인적 힘이 없기 때문이라네. 하지만 처음 시작했을 때에 비하면 많아졌으니까 이런저런 일들이 자네에게 일어나기 시작한 거야. 안개와 번개의 경우 자넨 이미 강렬한 만남을 경험했어. 하지만 그날 밤 자네한테 무슨 일이 일어났는지를 이해하는 건 중요하지 않네. 중요한 건 자네가 그런 기억을 획득했다는 사실이야. 그날 밤 자네가 목격한 다리나 그 밖의 모든 것들은 자네가 충분한 개인적 힘을 가지게 된 뒤에는 다시 재현할 수 있어."

"무슨 목적으로 그런 경험을 되풀이해야 한다는 겁니까?"

"글쎄. 난 자네가 아니니 그 질문에 대답할 수 있는 사람은 자네밖엔 없어. 우린 모두 다르다네. 그래서 엄청나게 위험한 걸 알면서도 어젯밤엔 자네를 혼자 있게 놔두었던 거야. 자넨 그 존재들을 상대로 스스로를 시험해볼 필요가 있었어. 내가 올빼미 울음소리를 택한 건 올빼미는 그런 존재들의 전령이기 때문이야. 그래서 그것들은 올빼미 울음소리를 흉내 내면 모습을 드러낸다네. 그것들이 자네에게 위험한 존재가 되었던 건 그쪽의 천성이 악의적이라서가 아니라 자네가 완전무결(impeccable)하지 못했기 때문이야. 자네에겐 겉만 번지르르한 부분이 있는데, 난 그게 뭔지를 알아. 속으로는 남을 비웃으면서도 그 비위를 맞춰주는 척하는 성향이지. 물론 자네가 지금까지 알고 지낸 사람들 모두에게 그런 태도를 취했다는 것도 잘 알아. 그렇게 함으로써 자넨 자동적으로 모든 사람과 모든 것을 위에서 내려다보는 식의 우월감을 느낄 수 있었으니까 말이야. 하지만 자네 자신도 그게 사실이 아니라는 걸 알지 않나. 자네는 한 인간에 불과하고, 그런 자네의 삶은 이 멋진 세계의 모든 경이와 공포를 포용하기에는 너무 짧아. 그래서 겉만 번지르르하다는 거지. 그런 태도는 자네를 왜소하게 만들 뿐이야."

반박하고 싶었다. 지금까지 수도 없이 그래왔듯이 돈 후앙은 내 아픈 곳을 콕 찔러 말했던 것이다. 한순간 화가 치밀었다. 그러나 평소와 마찬가지로, 메모를 하는 행위는 어느 정도까지는 그런 감정을 다스리는 효과가 있었다. 그래서 나는 초연한 태도를 유지할 수 있었다.

"그 버릇을 고치는 방법이 하나 있다고 생각하네." 돈 후앙은 한참 뜸을 들인 뒤에 운을 뗐다. "어젯밤 자네가 뭘 했는지를 기억해낼 수만 있다면 자네도 내 말에 동의할 거야. 적수의 존재를 견디기가 힘들어지자, 자넨 그 어떤 주술사 못지않게 빠르게 달렸네. 자네도 그걸 알고, 나도 알아. 난 자네에게 이미 좋은 적수를 찾아준 것 같고."

"뭘 하실 작정입니까?"

돈 후앙은 대답하지 않고 일어서서 기지개를 켰다. 그러더니 몸의 모든 근육을 수축시켰다. 그는 나에게도 그렇게 하라고 했다.

"하루에도 여러 번 이렇게 몸을 폈다 구부리게. 자주 하면 할수록 좋지만, 반드시 오래 일을 하거나 오랫동안 휴식을 취한 뒤에만 그래야 하네."

"어떤 종류의 적수를 제게 찾아주실 작정입니까?"

"유감스럽게도 싸울 가치가 있는 진정한 적수는 우리와 같은 인간들뿐이라네. 다른 존재들은 독자적인 의지를 갖고 있지 않기 때문에 이쪽에서 나가서 직접 유인해야 해. 하지만 인간의 적수는 그와는 달리 주도적으로 가차 없이 행동하지."

"이젠 충분히 오래 얘기했어." 돈 후앙은 불쑥 이렇게 말하며 나를 돌아보았다. "출발하기 전에 자네는 한 가지 더 할 일이 있네. 가장 중요한 일이야. 지금부터 자네가 여기 와 있는 이유가 뭔지를 얘기해 줄 건데, 그럼 자넨 안도하겠지. 자네가 계속 나를 만나러 오는 이유는 아주 단순해. 나를 만나러 왔을 때마다 자네의 몸은 어떤 일들을 터득했다네. 자네가 그걸 원하지 않는 경우에도 말이야. 그리고 이제 자네의 몸은 다시 내게 돌아와서 더 많은 걸 배워야 한다는 필요를 느낄 정도가 되었어. 자네 몸은 언젠가는 자기가 죽으리라는 사실을 자각하고 있다고나 할까. 설령 자네는 그런 생각을 전혀 하지 않는다고 해도 말이야. 그래서 나는 자네 몸을 향해, 나도 언젠가는 죽을 테니 그러기 전에 어떤 일들을 — 자네가 직접 자기 몸에 주는 것이 불가능한 일들을 — 전수해주고 싶다고 줄곧 설득해왔던 거야. 이를테면 자네의 몸은 두려움을 필요로 한다네. 두려움을 아주 좋아하지. 자네 몸은 어둠과 바람을 필요로 해. 자네의 몸은 이제 힘의 걸음걸이를 알고, 당장에라도 그걸 시험해보고 싶어서 근질근질한 상태야. 자네의 몸은 개인적 힘을 필요로 하고, 한시라도 빨리 그걸 가지고 싶어하고 있어. 그러니까 자네의 몸이 계속 여기로 돌아오는 건 나를 친구로 여기기 때문이라고 할 수 있겠지."

돈 후앙은 한동안 침묵했다. 뭔가 고민하는 기색이었다.

"난 강한 육체의 비밀은 자네가 뭘 하느냐가 아니라 뭘 하지 않느냐에 달려 있다고 한 적이 있네." 이윽고 그가 말했다. "그리고 자네가 늘 하는 일을 이제는 하지 않을 때가 왔네. 우리가 출발할 때까지 여기 앉아서 '안 하기(not-do)'를 하게."

"무슨 말씀이신지 도통 모르겠습니다."

돈 후앙은 손을 뻗어 내 공책을 빼앗아갔다. 그는 조심스레 공책을 덮고 고무줄을 끼운 다음 마치 원반을 던지는 것처럼 먼 덤불 쪽으로 힘껏 내던졌다.

나는 깜짝 놀라 항의하기 시작했지만 돈 후앙은 손으로 내 입을 막았다. 그는 커다란 관목을 가리키며 잎사귀가 아니라 잎사귀의 그림자에 주의를 기울이라고 지시했다. 어둠 속에서 달리는 일은 굳이 두려움이라는 동기부여를 필요로 하지 않으며, 단지 '안 하는' 방법을 아는 힘찬 몸이 보여주는 지극히 자연스러운 반응이라고 말했다. 그는 내 오른쪽 귀에 대고, 힘의 열쇠는 내가 '할 줄 아는 일을 하지 않는 것'이라고 거듭 되풀이하여 속삭였다. 나무를 바라보아야 할 경우 내가 할 줄 아는 일이란 즉시 그 나뭇잎들에 주목하는 일이다. 나는 잎사귀의 그림자나 잎사귀들 사이의 빈 공간에는 결코 주의를 기울인 적이 없었다. 돈 후앙이 내린 마지막 지시는 나뭇가지 하나를 골라 거기 달린 잎사귀들의 그림자에 정신을 집중하고, 시선이 잎사귀로 향하지 않도록 주의하면서 조금씩 나무 전체를 시야에 넣으라는 것이었다. 왜냐하면 개인적 힘을 비축하기 위한 첫 번째의 의도적인 단계는 자기 몸이 '안 하게끔' 내버려두는 일이기 때문이다.

지쳤거나 신경이 곤두섰던 탓인지는 모르겠지만, 돈 후앙이 일어섰을 때 나는 잎사귀들의 그림자 부분을 바라보는 일에 푹 빠져 있었다. 평소에 나뭇잎들을 하나로 묶어보는 것만큼이나 용이하게 나뭇잎들의 검은 그림자들이 이루는 부분을 하나의 덩어리로 묶어볼 수가 있었다. 이런 행위는 전체적으로 깜짝 놀랄 만한 효과를 가져왔다. 나는 좀더 여기 앉아서 그림자를 바라보고 싶다고 말했다. 그러자 돈 후앙은 웃으며 내 모자를 툭 쳤다.

"내가 말하지 않았나. 몸은 이런 일을 하는 걸 좋아한다고."

그런 다음 그는 내가 방금 저장한 힘이 덤불 속에 처박혀 있는 내 공책으로 나를 이끌어 가게끔 하라고 말하며 덤불 쪽으로 나를 슬쩍 밀쳤다. 나는 잠시 헤매다가 곧 내 공책과 딱 마주쳤다. 돈 후앙이 그것을 내던진 방향을 무의식중에 기억하고 있었던 것이리라. 그러나 돈 후앙은 내가 공책으로 곧장 간 것은 내 몸이 몇 시간 동안이나 '안 하기'에 몰입했던 덕택이라고 설명했다.

15

안 하기

1962년 4월 11일 수요일

집으로 돌아온 뒤에 돈 후앙은 나더러 아무 일도 일어나지 않았다는 듯한 태도로 내 기록을 정리하고, 내가 경험했던 사건에 관해 언급하지 않는 것은 물론 아예 신경도 쓰지 말라고 신신당부했다.

하루종일 휴식을 취한 다음, 돈 후앙은 우리와 예의 '존재'들 사이에 거리를 두기 위해, 집이 있는 지역을 며칠 떠나 있는 편이 낫겠다고 말했다. 내 몸은 충분히 예민하지 않아서 나는 그들이 끼치는 영향을 알아차리지 못하지만 실제로는 깊은 영향을 받았다고 했다. 그러므로 내가 '선호하는 장소'로 가서 정화淨化와 재충전의 시간을 가지지 않는다면 얼마 지나지 않아 내 건강상태는 심각하게 악화될 것이라는 얘기였다.

우리는 새벽이 오기 전에 차를 타고 출발해서 북쪽으로 갔다. 힘들게 차를 몰고 가서 짧은 등산을 한 다음 늦은 오후에는 언덕배기에 올라와 있었다.

돈 후앙은 내가 누워서 잤던 바로 그 장소를 예전에 그랬던 것처럼 작은 나뭇가지와 잎사귀들로 덮었다. 그런 다음 한 줌의 잎사귀들을 내게 주었고, 그것을 내 배의 피부에 밀착시키고 누워서 쉬라고 말했다. 그는 내 머리맡에서 1.5미터쯤 떨어진 곳에 자기 자리를 마련한 다음 그 위에 누웠다.

단 몇 분 만에 나는 절묘한 따스함과 지고한 행복감을 느끼기 시작했다. 그것은 육체적인 안온함이었고, 나로 하여금 공중에 붕 뜬 듯한 기분을 느끼게 했다. 나는 '줄 침대'(bed of strings)에 누우면 붕 떠 있을 것이라고 한 돈 후앙의 말에 전적으로 동의했다. 내가 느끼는 믿기 힘들 정도로 정묘한 감각에 관해 언급하자 돈 후앙은 덤덤한 어조로 바로 그 목적을 위해 그 '침대'를 만들었다고 대꾸했다.

"이런 일이 가능하다니 믿기지가 않습니다!" 나는 외쳤다.

돈 후앙은 이 말을 글자 그대로 받아들인 듯했다. 마치 지고의 존재처럼, 우리 세계가 불가해하고 경이롭다는 사실을 증명해줄 것을 거듭거듭 요구하는 나의 행동에는 이제 넌더리가 난다고 야단쳤기 때문이다.

나는 수사적으로 감탄을 발한 것이지 딱히 무슨 뜻이 있었던 것은 아니라고 말하면서 해명을 시도했다. 그러자 돈 후앙은 그게 사실이라면 다른 식으로 표현할 수도 있지 않았겠느냐고 반박했다. 아무래도 내게 정말로 짜증을 내고 있는 듯했다. 나는 반쯤 몸을 일으키고 사과하기 시작했다. 그러나 그는 웃음을 터뜨리며 내 말버릇을 흉내내어 우스꽝스러운 수사적 감탄사 몇 가지를 제시해 보였다. 그가 제시한 몇몇 대안의 계산된 부조리함에 나는 웃지 않을 수가 없었다.

돈 후앙은 쿡쿡거리며 웃더니 나직한 어조로 둥둥 떠 있는 듯한 감각에 푹 잠겨 있어야 한다고 재차 주의했다.

그 불가사의한 장소에서 나를 위안해준 평온함과 풍성함의 감각은 내 마음속 깊은 곳에 묻혀 있었던 감정의 일부를 일깨웠다. 나는 내 인생에 관해 얘기하기 시작했다. 나는 나 자신을 포함해서 그 누구도 존경하거나 좋아한 적이 없으며, 내 본성은 사악하다는 생각을 줄곧 품고 있었기 때문에 언제나 허세와 만용의 베일을 두른 채 다른 사람들을 대했다고 고백했다.

"사실일세." 돈 후앙이 대꾸했다. "자넨 자기 자신을 전혀 좋아하지 않아." 그는 껄껄 웃더니 내가 말하는 동안 그는 나를 '보고' 있었다고 말했다. 내가 한 어떤 일에 대해서도 회한의 감정을 품지 말라고 그가 충고했다. 왜냐하면 스스로의 행동을 못됐다거나 추하다거나 사악하다는 식으로 고립시킨다는 것은 자기 자신에게 합당하지 않은 중요성을 부여하는 행위이기 때문이라는 것이다.

왠지 불안해진 내가 몸을 움직이자 잎사귀로 이뤄진 침대가 부스럭거렸다. 돈 후앙은 쉬고 싶다면 내 잎사귀들을 동요하게 만들면 안 되고, 그를 본받아서 꼼짝도 않고 그냥 누워 있으라고 말했다. 그러고는 아까 나를 '보는' 동안 나의 내부에 특유의 기분이 자리 잡는 것을 알아차렸다고 말했다. 그는 적절한 단어를 찾으려고 잠시 고민하다가 문제의 기분이란 내가 지속적으로 빠져드는 마음의 틀이며, 엉뚱한 시기에 열려서 나를 집어삼키는 일종의 비밀문 같은 것이라고 했다.

나는 좀더 구체적으로 설명해달라고 부탁했다. 그러자 '보는' 행위를 구체적으로 설명하는 것은 불가능하다는 대답이 돌아왔다.

내가 또 뭐라고 말하기 전에 돈 후앙은, 긴장을 풀어야 하지만 잠이 들면 안 되고 가능한 한 자각상태를 유지하라고 말했다. '줄 침대'는 오직 전사가 평온함과 행복감(well-being)으로 이뤄진 어떤 상태에 도달할 수 있게끔 만들어진 물건이라는 얘기도 했다.

돈 후앙은 극적인 어조로, 그가 말하는 행복감이란 각자가 의도적으로 함양해야 하는 어떤 상태이며, 그런 상태를 찾기 위해서는 우선 그것에 친숙해져야 한다고 했다.

"자넨 행복감이 뭔지 몰라. 한 번도 그런 걸 경험해본 적이 없거든."

나는 그의 말에 동의하지 않았다. 그러나 돈 후앙은 행복감이란 각자가 의도적으로 탐구해야 하는 것이라며 자기 의견을 굽히지 않았고, 내가 어떻게 탐구해야 하는지를 아는 유일한 상태란 상실과 불행감과 혼란뿐이라고 덧붙였다.

그는 내가 자신을 비참하게 만든다는 위업을 달성하기 위해서 엄청난 노력을 기울여야 하지 않았느냐고 하면서 웃었다. 그리고 그와 동일한 방법으로 나 자신을 완전하고 강하게 만들 수 있다는 사실을 내가 깨닫지 못한다는 것 자체가 어불성설임을 지적했다.

"모든 건 무엇을 강조하는지에 달렸어. 우리는 스스로를 비참하게 만들 수도 있고, 스스로를 강하게 만들 수도 있네. 그리고 거기 들어가는 노력의 양은 똑같아."

눈을 감고 다시 긴장을 풀자 둥둥 떠 있는 듯한 느낌을 받았다. 잠깐 동안은 마치 나뭇잎처럼 공간을 부유하는 것처럼 느꼈을 정도였다. 이것이 쾌감이라는 점에는 의심의 여지가 없었지만, 아팠을 때 현기증이 몰려와서 빙빙 도는 듯한 느낌을 받을 때와 비슷하다는 느낌도 들었다. 혹시 뭔가 잘못 먹기라도 한 것일까.

돈 후앙이 또 뭐라고 말하는 소리가 들렸지만 나는 거의 들으려는 노력을 하지 않았다. 그러는 대신 내가 그날 먹은 것들을 모두 기억에 떠올려보려고 시도했지만, 딱히 흥미를 느끼거나 한 것은 아니었다. 뭘 해도 좋은 기분이랄까.

"햇빛의 변화를 관찰하게." 돈 후앙이 말했다.

맑은 목소리였다. 따스하고 마치 물이 흐르는 듯한.

서쪽 하늘의 구름은 완전히 걷혀 있었고 햇살은 찬란했다. 돈 후앙이 그쪽으로 내 주의를 돌린 탓인지는 모르겠지만 오후의 노란 햇살이 쏟아지는 광경은 실로 장관이었다.

"저 광채로 자네 내부에 불을 지피는 거야. 오늘 해가 지기 전에 자네는 완벽하게 침착하고 충전된 상태여야 하네. 내일이나 모레는 '안 하기(not-doing)'를 터득해야 하니까."

"뭘 안 하는 법을 터득한단 말입니까?"

"지금은 신경 안 써도 돼. 우리가 용암산 쪽으로 갈 때까지 기다리게."

그는 멀리 북쪽에 보이는 삐죽삐죽하고 위협적인 느낌의 거무스름한 봉우리들을 가리켰다.

1962년 4월 12일 목요일

늦은 오후 우리는 용암산을 에워싼 높은 사막에 도달했다. 암갈색을 띤 용암산은 멀리서는 실로 불길하게 보였다. 지평선에 걸린 태양이 굳은 용암으로 이루어진 짙은 갈색의 서쪽 면 여기저기를 다채로운 노란 색조로 물들이고 있었다.

나는 그 광경에서 도저히 눈을 뗄 수가 없었다. 용암산 봉우리들은 그 정도로 인상적이었다.

날이 저물어가자 산자락의 사면들이 눈에 들어오기 시작했다. 워낙 고지대에 위치한 탓인지 사막에는 거의 식물이 자라 있지 않았다. 눈에 띄는 것이라고는 선인장과 촘촘하게 모여 자라는 키 큰 풀이 전부였다.

돈 후앙은 휴식을 위해 멈춰섰다. 그는 땅바닥에 앉아서 음식이 든 조롱박들을 조심스레 바위에 기대놓고 오늘 밤은 바로 여기서 야영하겠다고 말했다. 비교적 높은 장소인 덕에 서 있으면 사방을 상당히 멀리까지 조망할 수 있었다.

구름이 잔뜩 껴 있는 탓에 주위는 금세 황혼빛에 감싸였다. 나는 서쪽 구름의 새빨간 색이 순식간에 스러지며 일률적으로 짙은 회색 밤하늘으로 녹아들어가는 광경을 넋을 놓고 바라보았다.

돈 후앙은 일어서서 볼일을 보기 위해 덤불로 들어갔다. 그가 다시 돌아왔을 무렵 용암산의 윤곽은 검게 덩어리져 있었다. 그는 내 곁에 앉더니 북동쪽에 있는 자연적인 지형처럼 보이는 것을 가리키며 내 주위를 환기했다. 주위보다 훨씬 더 밝은 색깔을 띤 장소였다. 황혼녘에 보는 용암산 일대는 한결같이 짙은 갈색이었지만, 돈 후앙이 가리킨 지점만은 노란빛이 도는 짙은 베이지색에 가까웠다. 그 정체가 무엇인지 나는 감을 잡을 수가 없었다. 한참 동안 그것을 응시하고 있자니 그것은 왠지 움직이고 있는 듯한 느낌이었다. 맥동脈動한다고나 할까. 눈을 가늘게 뜨고 보자 마치 바람에 날리는 것처럼 물결치기까지 했다.

"뚫어지게 바라보게!" 돈 후앙이 명령했다.

한참을 뚫어지게 응시하던 중에 한순간 산 전체가 나를 향해 다가오고 있는 듯한 느낌을 받았다. 이 느낌은 명치 부근이 울렁거리는 기이한 감각을 수반하고 있었다. 불편한 느낌이 너무 강해져서 나는 참지 못하고 일어섰다.

"앉아!" 돈 후앙이 외쳤지만 나는 이미 서 있었다.

내 시점에서 노리끼리한 지형은 산의 사면 아래쪽에 있는 것처럼 보였다. 나는 거기서 눈을 떼지 않고 다시 앉았다. 그러자 그 지형은 더 높은 곳으로 이동했다. 한순간 나는 그것을 빤히 쳐다보았고, 갑자기 머릿속에서 모든 조각들이 딱 들어맞는 것을 자각했다. 내가 바라보던 것은 산에 자리 잡은 어떤 물체가 아니라 전방에 서 있는 키가 큰 선인장에 걸린, 노란 빛을 띤 녹색 천 조각에 불과했던 것이다.

나는 큰 소리로 웃으며 황혼이 그런 시각적인 착시현상을 만들어낸 것이라고 돈 후앙에게 설명했다.

그는 일어서서 천 조각이 걸린 곳까지 걸어갔고, 천을 걷어서 접은 다음 허리에 찬 주머니에 집어넣었다.

"왜 그러는 겁니까?"

"왜냐하면 이 천 조각은 힘을 갖고 있기 때문이야." 그는 무덤덤하게 말했다. "조금 전만 해도 자넨 아주 잘하고 있었어. 계속 앉아 있었다면 무슨 일이 일어났을지 알아낼 방도는 이제 없지만."

1962년 4월 13일 금요일

우리는 새벽녘에 용암산을 향해 출발했다. 예상과는 다르게 상당히 멀었다. 정오 무렵 한 협곡으로 들어갔다. 옅은 물웅덩이에 물이 약간 고여 있었다. 우리는 윗부분이 앞으로 돌출된 절벽 그늘에서 휴식을 취했다.

산의 몸통은 엄청난 양의 용암 흐름에 의해 생성된 것이었다. 굳은 용암은 몇천 년 동안 풍상에 시달리며 다공성多孔性의 암갈색 바위로 변했다. 식물이라고는 바위들 사이와 바위 틈새에서 고개를 내민 강인한 잡초가 전부였다.

거의 수직에 가까운 협곡의 벽들을 올려다보았을 때 나는 명치에 괴상한 감각을 느꼈다. 높이가 몇십 미터에 달하는 이 암벽들이 나를 향해 몰려오는 듯한 인상을 받았던 것이다. 남서쪽으로 조금 기운 해는 거의 머리 위에 있었다.

"여기 서 있게." 돈 후앙은 이렇게 말하고 내 몸을 돌려 해를 마주 보게 했다.

그러고는 높이 솟은 암벽을 뚫어지게 바라보라고 했다.

넋이 나갈 정도로 장려한 광경이었다. 용암류 절벽의 높이는 상상했던 것 이상이었다. 정말이지 엄청난 화산폭발이었을 것이라는 생각이 들었다. 협곡 양 측면을 위아래로 훑어보던 나는 암벽 표면의 풍부한 색채에 매료되었다. 상상할 수 있는 온갖 색조의 반점들이 박혀 있었고, 바위란 바위에는 이끼를 위시한 연한 회색의 지의류地衣類가 군데군데 자라 있었다. 똑바로 위를 올려다보니 용암 절벽 표면의 밝은 반점들이 햇살을 눈부시게 반사하며 절경을 이루고 있었다.

나는 햇살을 반사하는 부분을 응시했다. 해가 움직이면서 눈부심은 줄어들었고, 곧 완전히 사라졌다.

협곡을 훑어보다가 또 다른 눈부신 반사면을 발견했다. 돈 후앙에게 그 사실을 보고하고 나서 다른 곳에 있는 또 하나의 반사면을 찾아냈고, 그 뒤로도 잇달아 비슷한 부분들을 발견했다. 급기야는 협곡 전체가 광점들로 알록달록해진 것처럼 보였다.

현기증이 몰려왔다. 눈을 감아도 여전히 반짝이는 광점들이 보였다. 나는 양손으로 머리를 감싸고 돌출한 절벽 아래로 기어가려고 했지만 돈 후앙은 내 팔을 꽉 잡고 산의 암벽을 바라보며 눈부신 빛 사이에서 매우 검게 보이는 지점들을 찾아보라고 엄한 말투로 지시했다.

워낙 눈이 부셔서 바라보고 싶지 않았다. 나는 마치 창문 너머로 밝은 햇살이 내리쬐는 길거리를 한참 내다본 탓에 어디를 보아도 창틀의 검은 윤곽이 잔상처럼 따라다니는 것 같은 느낌이라고 불평했다.

돈 후앙은 고개를 설레설레 젓더니 쿡쿡 웃으며 내 팔을 놓아주었다. 우리는 다시 돌출한 절벽 아래에 앉았다.

내가 주위 풍경에서 받은 인상을 메모하고 있을 때 한참을 침묵하고 있던 돈 후앙이 갑자기 극적인 어조로 운을 뗐다.

"자네를 여기로 데려온 건 한 가지 일을 가르치기 위해서야." 그는 잠시 말을 멈췄다. "자넨 '안 하기(not-doing)'를 배워야 해. 이제 자네에게 그걸 털어놓는 건 달리 방법이 없기 때문이야. 내가 아무 말 안 해도 자네가 '안 하기'를 터득할 수 있을지도 모른다고 생각했지만, 그건 내 오산이었어."

"무슨 소린지 모르겠습니다, 돈 후앙."

"상관없어. 지금부터 아주 단순하지만 아주 힘든 일에 관해 얘기해주겠네. '안 하기'에 관해서 말이야. 실은 말로는 설명할 방도가 없는 일이라네. 왜냐하면 그걸 수행하는 건 몸이기 때문이지."

돈 후앙은 나를 홀끗홀끗 보더니 지금부터 그가 하는 얘기에 최대한 주의를 기울여야 한다고 말했다.

나는 공책을 덮었지만 놀랍게도 그는 계속 메모를 하라고 종용했다.

"'안 하기'는 너무나도 힘들고 강력하기 때문에, 자네가 '세계를 멈추는'(stopping the world) 일에 성공할 때까지는 아예 입 밖에 내면 안 되네. 성공한 뒤에는 마음대로 언급해도 돼. 자네가 그러고 싶다면 말이야."

돈 후앙은 주위를 둘러보더니 커다란 바위를 가리켰다.

"저기 보이는 바위가 바위인 건 '하기(doing)' 때문이라네."

우리의 시선이 교차하자 그는 미소 지었다. 나는 그가 설명해주기를 기다렸지만 그는 계속 침묵하고 있었다. 나는 좀이 쑤신 나머지 무슨 뜻인지를 물었다.

"그건 '하기'야!" 돈 후앙은 외쳤다.

"뭐라고요?"

"그것도 '하기'야."

"돈 후앙, 대체 무슨 소리를 하시는 겁니까?"

"저 바위를 바위로 만들고 저 관목을 관목으로 만든 건 '하기' 때문이야. 자네를 자네로 만들고 나를 나로 만드는 건 바로 '하기' 때문이라네."

내가 그의 설명은 그 무엇도 설명해주지 못했다고 대꾸하자 돈 후앙은 웃으며 관자놀이를 긁적였다.

"말로 표현할 때의 문제는 바로 그거야. 말은 당면한 문제를 언제나 헷갈리게 만들거든. '하기'에 관해서 말하기 시작하면, 결국은 언제나 엉뚱한 것에 대해 얘기하게 되기 마련이야. 그러니까 그냥 행동하는 편이 훨씬 낫다네.

저 바위를 예로 들어보지. 저걸 바라보는(look) 행위는 '하기'이지만 그걸 '보는(see)' 건 '안 하기'에 해당한다네."

나는 도통 무슨 소리인지 모르겠다고 실토하는 수밖에 없었다.

"아, 무슨 소리인지 자넨 알아!" 돈 후앙은 외쳤다. "자넨 단지 '하기' 때문에 무슨 소린지 모르겠다고 확신하고 있는 것일 뿐이야. 자넌 바로 그런 식으로 나나 이 세계를 대하고 있어."

그는 또다시 그 바위를 가리켰다.

"저 바위가 바위인 건 자네가 저 바위에 대해 할 수 있는 일을 모두 알고 있기 때문이야. 난 그걸 '하기'라고 부르네. 하지만 식자識者는 저 바위가 바위인 건 단지 '하기'의 결과임을 알고 있기 때문에, 그가 저 바위가 바위이기를 원하지 않는다면 단지 '안 하기'만 하면 돼. 무슨 뜻인지 알겠나?"

나는 그의 말을 전혀 이해할 수 없었다. 돈 후앙은 웃음을 터뜨리며 다시 설명을 시도했다.

"이 세계가 세계인 건 그걸 세계로 만드는 '하기'가 뭔지를 자네가 알고 있기 때문이라네. 자네가 세계의 '하기'를 모른다면, 세계는 다른 것이 될 거야."

돈 후앙은 흥미로운 듯이 나를 훑어보았다. 나는 쓰기를 멈췄다. 그냥 그의 말에 귀를 기울이고 싶었기 때문이다. 그런 종류의 '하기'가 없다면 주변 환경 속에 익숙한 것은 하나도 남지 않게 될 거라고 그는 말했다.

돈 후앙은 허리를 굽히고 왼손 엄지와 검지로 조그만 돌 하나를 집어든 다음 내 눈앞에 들어 보였다.

"이게 조약돌인 건 이걸 조약돌로 만드는 데 관련된 '하기'를 자네가 알고 있기 때문이야."

"무슨 소리를 하시는 겁니까?" 나는 정말로 혼란에 빠져서 되물었다.

돈 후앙은 씩 웃었다. 짓궂은 기쁨을 애써 감추려는 듯한 표정이었다.

"왜 그토록 헛갈려 하는지 모르겠군. 말을 좋아하는 건 자네의 전매특허 아닌가. 하늘에라도 오른 기분이 되어야 하는 거 아냐?"

돈 후앙은 알 수 없는 눈길을 내게 보내더니 눈썹을 두세 번 추켜 올렸다. 그런 다음 다시 내 눈앞에 내 보인 조약돌을 가리켰다.

"자네가 이걸 조약돌로 만들고 있는 건 여기 관련된 '하기'가 뭔지를 알고 있기 때문이야. 하지만 '세계를 멈추기' 위해서는 우선 그런 '하기'부터 멈춰야 하네."

돈 후앙은 내가 여전히 이해 못한다는 사실을 잘 안다는 듯이 씩 웃었다. 이번에는 작은 나뭇가지를 집어들더니 조약돌의 삐뚤빼뚤한 가장자리를 가리켰다.

"이 조그만 돌의 경우, '하기'가 이것에 대해 처음 하는 일은 이걸 이 크기로 줄이는 일이야. 따라서 '세계를 멈추려는' 전사가 해야 할 것은 '안 하기'를 통해 이 돌이나 그 밖의 모든 것을 크게 만드는 일이라네."

돈 후앙은 일어서서 큰 바위 위에 조약돌을 얹은 다음 가까이 와서 자세히 보고, 조약돌에 난 구멍이나 움푹한 부분을 바라보면서 그것들의 극히 세밀한 특징을 찾아보라고 했다. 세부까지 관찰한다면 구멍이나 움푹 파인 부분들은 사라지고 '안 하기'가 뭘 뜻하는지를 이해할 수 있게 될 거라고 말이다.

"이 빌어먹을 조약돌이 오늘 자네를 미치게 만들 거야."

320

나는 곤혹스러운 표정을 떠올렸던 것이 틀림없다. 돈 후앙은 나를 쳐다보며 폭소를 터뜨렸기 때문이다. 그는 조약돌을 향해 화난 표정을 지어 보이고 모자로 두세 번 때리기까지 했다.

나는 좀더 명확하게 설명해달라고 졸랐다, 노력만 한다면 그는 무엇이든 설명해줄 수 있지 않느냐고.

돈 후앙은 의뭉스러운 눈으로 나를 흘끗 보더니 두 손 들었다는 듯이 고개를 설레설레 흔들었다.

"물론 뭐든 설명해줄 수야 있지." 그는 웃으며 넌지시 말했다. "하지만 자네가 그걸 이해할 수 있을까?"

나는 할 말을 잊고 아연실색했다.

"'하기'는 자네가 이 조약돌을 이 큰 바위와 구별할 수 있게 해주지. 자네가 '안 하기'를 터득하고 싶다면, 나는 자네가 이것들을 합쳐야 한다고 말하겠네."

그는 조약돌이 바위 위에 늘어뜨린 조그만 그림자를 가리키며 이것은 그림자가 아니라 이 두 물체를 하나로 묶는 아교라고 말했다. 그런 다음 몸을 돌리더니 나중에 다시 보러 오겠다고 말하며 자리를 떴다.

나는 한참 동안 조약돌을 응시했다. 구멍과 움푹 파인 곳들의 세부에 정신을 집중하지는 못했지만, 조약돌이 바위 표면에 늘어뜨린 조그만 그림자에 크나큰 흥미를 느꼈다. 돈 후앙 말이 맞았다. 그림자는 아교를 연상케 했다. 그것은 움직였고, 변화했다. 나는 그것이 마치 조약돌 밑에서 압착되고 있는 듯한 느낌을 받았다.

돈 후앙이 돌아오자 나는 이 그림자를 관찰하면서 깨달은 바를 보고했다.

"좋은 시작이로군. 전사는 그림자를 보고 온갖 일들을 알아낼 수 있지."

그는 조약돌을 가지고 가서 어딘가에 묻는 편이 낫겠다고 말했다.

"왜요?"

"자네가 그걸 너무 오랫동안 보고 있어서 그건 이젠 자네의 일부를 갖고 있어. 전사는 언제나 '하기'를 '안 하기'로 변화시킴으로써 '하기'에 영향을 끼치려고 한다네. 그 조약돌을 흔한 돌멩이로 간주하고 아무 데나 내버려둔다면 그건 '하기'에 해당해. 하지만 그걸 흔한 돌멩이보다 훨씬 더 큰 의미를 가지는 걸로 간주하는 건 '안 하기'에 해당하지. 지금 같은 경우 그 조약돌은 오랫동안 자네에게 푹 잠겨 있음으로써 자네가 되었어. 따라서 아무 데나 내버려두는 대신 땅에 묻어야 해. 만약 자네에게 개인적 힘이 있었다면, '안 하기'는 그 조약돌을 힘이 깃든 물체로 바꾸는 행위가 되었겠지만 말이야."

"지금 그럴 수는 없는 겁니까?"

"자네의 현재 삶은 그런 일을 할 수 있을 정도로 팽팽하지 않아. 자네가 '볼' 수 있다면 자네의 그 부담스러운 생각이 이 조약돌을 상당히 매력 없는 것으로 바꿔놓았다는 걸 알 수 있을걸. 그러니까 구멍을 파서 땅에 묻고 대지가 그 부담을 흡수하도록 하는 게 최선의 방책일세."

"방금 하신 말이 다 사실이라는 겁니까?"

"자네가 방금 한 질문에 그렇다 또는 아니다라고 대답하는 건 '하기'야. 하지만 자넨 '안 하기'를 터득하지 못하고 있으니 내 말이 사실이든 아니든 전혀 상관없다고 대답하는 수밖에 없겠군. 전사가 보통 사람보다 유리한 건 바로 이런 부분에서야. 보통 사람은 어떤 일이 사실인지 거짓인지에 연연하지만, 전사는 연연하지 않거든. 보통 사람은 자기가 사실임을 알고 있는 일들에 대해 특정한 방식으로 반응하고, 사실이 아님을 알고 있는 일들에 대해서는 다른 방식으로 반응하지. 어떤 일이 사실이 아니라는 판정이 내려질 경우에는 아예 행동에 나서지 않거나 설령 행동에 나서더라도 자기가 하는 일을 믿지 않아. 반면 전사는 사실이든 아니든 행동에 나선다네. 만약 어떤 일이 사실인 걸로 알려져 있다면 그는 '하기' 위해서 행동해. 어떤 일들이 사실이 아니라고 해도 그는 행동한다네. '안 하기'를 하기 위해서 말이야. 무슨 뜻인지 알겠나?"

"아뇨. 무슨 뜻인지 전혀 모르겠습니다."

돈 후앙의 기이한 설명을 듣고 나는 전투적인 기분이 되어 있었다. 그가 무슨 말을 하는지 도통 이해할 수가 없었기 때문이다. 모두가 헛소리에 불과하다고 내가 말하자 그는 나를 조롱하면서, 나는 내가 가장 좋아하는 행동인 말에서조차도 완전무결하지 못하다고 꼬집었다. 그는 내 말솜씨가 결점투성이인 데다가 부족하기까지 하다고 비웃었다.

"앞으로도 계속 그렇게 입만 나불거릴 작정이라면, 적어도 입을 나불거리는 전사가 되라구." 그는 이렇게 말하고 폭소했다.

나는 완전히 의기소침해졌다. 귀가 웅웅거렸다. 머리가 불쾌할 정도로 뜨거워지는 것을 자각했다. 나는 정말로 곤혹스러워하고 있었다. 아마 얼굴도 빨개졌으리라.

나는 일어서서 덤불 속으로 들어가서 조약돌을 땅에 묻었다.

"내가 자네를 조금 놀린 건 사실이야." 내가 돌아와서 다시 앉자 돈 후앙이 말했다. "하지만 자네는 말을 하지 않으면 이해하지도 못한다는 걸 알아. 말하기는 자네의 '하기'이지만, 이 경우엔 말하는 건 적절하지 않으니까 내가 '안 하기'라고 부르는 것의 의미를 이해하기 위해서는 간단한 연습을 할 필요가 있네. 우린 '안 하기'를 지향하고 있기 때문에 자네가 그 연습을 지금 하든 10년 후에 하든 중요하지 않지만 말이야."

돈 후앙은 나를 눕게 한 다음 내 오른팔을 잡더니 팔꿈치를 꺾게 했다. 그러고는 손목을 돌려 손바닥이 앞을 향하게 했다. 손가락들을 구부리게 했기 때문에 손은 마치 문의 알손잡이를 잡고 있는 것처럼 보였다. 그런 다음 그는 내 팔을 앞뒤로 원을 그리듯이 움직이게 했는데, 이것은 회전원판 가장자리에 달린 손잡이를 밀었다가 잡아당기는 동작에 가까웠다.

전사는 자기 몸 밖으로 무엇을 밀어내고 싶을 때, 이를테면 병이나 원하지 않는 감정 따위를 축출하고 싶을 때마다 바로 이런 동작을 한다고 돈 후앙은 말했다. 적대적인 힘을 머릿속에 떠올리며 그것을 밀고 잡아당기고 있을 때 무겁고 견고한 물체가 실제로 손의 자유로운 움직임을 방해하는 듯한 느낌을 받는 것이 관건이었다. 이 연습의 경우 '안 하기'는 손으로 그런 무거운 물체를 느낄 수 있을 때까지 같은 동작을 거듭하는 것이었다. 본인은 그런 것을 느끼는 것이 가능하다는 믿음을 전혀 갖고 있지 않더라도 말이다.

내가 팔을 움직이기 시작하자 손이 금세 얼음장처럼 차가워졌다. 손 주위에서 일종의 물컹거리는 감촉을 느꼈다. 마치 점성이 강한 액체를 휘젓는 듯한 느낌이었다.

돈 후앙은 갑자기 손을 내밀어 내 팔을 움켜잡고 못 움직이게 했다. 내 몸 전체가 마치 눈에 안 보이는 어떤 힘에 잡힌 것처럼 부들부들 떨렸다. 돈 후앙은 상체를 일으켜 앉는 나의 모습을 자세히 훑어보더니 내 주위를 한 바퀴 돈 다음 그가 앉아 있던 자리에 다시 앉았다.

"이제 충분히 했어. 이 연습은 개인적인 힘을 좀더 비축한 뒤에 다시 하게."

"제가 뭔가 잘못한 거라도?"

"아냐. '안 하기'는 아주 강한 전사들이나 하는 거고, 자넨 그걸 다룰 준비가 아직 안 되어 있어. 지금 연습을 계속하다가는 그 손으로 끔찍한 것들을 잡아오는 게 고작일 거야. 그러니까 손이 그렇게 차가워지지 않을 때까지 조금씩만 연습해야 해. 손이 따뜻한 한은 실제로 세계의 줄들을 어루만질 수 있다네."

돈 후앙은 내가 줄이 무엇인지를 물어볼 시간을 주려는 듯이 말을 멈췄다. 그러나 내가 그러기도 전에 그는 우리를 다른 것들에 연결시키는 무한히 많은 줄들이 존재한다고 운을 뗐다. 그리고 그가 방금 묘사한 '안 하기' 연습을 하다 보면 누구라도 움직이는 손에서 하나의 줄이 나오는 것을 느낄 수 있다고 했다. 어디든 원하는 곳에 놓거나 던질 수도 있는 줄이 말이다. 그러나 손으로 만들어내는 줄들은 실제 상황에서도 쓸 수 있을 정도로 튼튼하지 않기 때문에 이것은 단지 연습에 불과하다고 그는 강조했다.

"식자는 몸의 다른 부분들을 써서 튼튼한 줄들을 만들어내지."

"어떤 부분들 말입니까?"

"식자가 만들어내는 가장 튼튼한 줄은 몸통 한복판에서 나오네. 하지만 그는 눈으로도 줄을 만들어낼 수 있어."

"그건 진짜 줄 같은 겁니까?"

"물론이네."

"실제로 그걸 보고 만질 수도 있단 말입니까?"

"느낄 수 있다고 해두지. 전사의 길에서 가장 힘든 부분은 세계가 느낌이라는 사실을 깨닫는 거야. 그는 '안 하기'를 통해 세계를 느낄 수 있고, 그 줄들을 통해 세계를 느낄 수도 있다네."

돈 후앙은 여기서 말을 멈추고 흥미로운 듯이 나를 훑어보았다. 그는 눈썹을 추켜올리며 눈을 뜨더니 눈을 깜박였다. 이 동작은 마치 새가 눈을 깜박이는 듯한 인상을 주었다. 나는 거의 즉각적으로 속이 불편하고 울렁거리는 것을 느꼈다. 마치 뭔가가 내 위장에 압력을 가하고 있는 듯한 느낌이었다.

"무슨 뜻인지 알겠나?" 돈 후앙은 이렇게 말하고 시선을 돌렸다.

내가 속이 메스껍다고 말하자 그는 무덤덤한 어조로 알고 있다고 대답했다. 그것은 자신이 눈을 써서 나로 하여금 세계의 줄들을 느끼게끔 했기 때문이라는 것이었다. 돈 후앙 자신이 나를 이렇게 만들고 있다는 주장을 나는 받아들일 수가 없어서 그 사실을 실토했다. 내가 지금 느끼는 메스꺼움이 원인이 돈 후앙이라니 말도 안 된다. 그는 물리적으로 내게 손을 댄 적이 없기 때문이다.

"'안 하기'는 지극히 단순하고도 지극히 힘든 일이라네. 이해하는 것이 아니라 터득해야 하거든. 알다시피 식자의 마지막 위업은 '보기'야. 그리고 그런 '보기'는 그가 '안 하기'의 기법을 통해 '세계를 멈춘' 뒤에야 가능해진다네."

나도 모르게 헛웃음이 나왔다. 무슨 소리인지 도무지 이해할 수가 없었기 때문이다.

"사람을 상대로 뭔가를 하려면 오직 그 사람의 몸에 알리는 일에만 신경을 써야 하네. 지금까지 내가 자네에게 해온 건 바로 그거야. 자네의 몸이 그걸 알아차리게 했던 거지. 그걸 자네가 이해하든 못하든 누가 신경을 쓰겠어?"

"하지만 돈 후앙, 그건 공정하지 않습니다. 전 모든 걸 이해하고 싶습니다. 이해를 못한다면 여기 이렇게 오는 일 자체가 시간낭비에 불과하다는 얘기가 되니까요."

"시간낭비에 불과하다!" 그는 내 말투를 흉내 내며 말했다. "정말이지 자만심이 하늘을 찌르는군."

돈 후앙은 일어서서 이제 오른쪽에 보이는 용암산 꼭대기까지 올라가야 한다고 말했다.

엄청나게 힘든 등반이었다. 그냥 걸어서 꼭대기까지 오르는 것이 아니라 밧줄의 도움도 받지 않고 맨손으로 위태위태하게 암벽을 기어올라야 했기 때문이다. 돈 후앙은 아래를 내려다보지 말라고 거듭 경고했다. 바위에서 미끄러지려는 나를 그가 위로 끌어올려준 적도 두 번이나 있었다. 돈 후앙 같은 고령자한테 도움을 받아야 한다는 사실이 엄청나게 당혹스러웠다. 너무 게을러서 운동을 안 한 탓에 몸 상태가 안 좋은 것 같다고 내가 변명했다. 그러자 개인적 힘이 일정 수준에 도달하면 그런 식의 육체적 운동이나 훈련은 불필요하며, 그런 사람은 단지 '안 하기'를 행하는 것만으로도 완전무결한 상태를 유지할 수 있다는 대답이 돌아왔다.

정상에 도달하자 나는 큰 대★ 자로 누웠다. 토하기 직전이었다. 돈 후앙은 예전에 그랬듯이 발을 써서 내 몸을 뒤집었다가 다시 원래 자세로 되돌리는 일을 되풀이했다. 그런 동작을 거듭하는 동안 나는 조금씩 균형을 되찾았다. 그러나 불안했다. 마치 뭔가가 갑자기 나타나기를 기다리고 있는 듯한 기분이었다. 무의식중에 두세 번 좌우를 두리번거렸다. 돈 후앙은 아무 말도 하지 않았지만 그도 내 시선이 향하는 곳을 바라보았다.

"그림자란 기묘한 물건이지." 그가 느닷없이 말했다. "그림자 하나가 우리를 따라오는 걸 알아차린 모양이군."

"그런 건 전혀 알아차리지 못했습니다." 나는 큰 소리로 반박했다.

그러자 돈 후앙은 자신에 찬 어조로, 내 몸이 나의 고집스러운 부인에도 불구하고 추적자의 존재를 깨달은 것은 사실이며, 그림자가 따라오는 것은 전혀 이상한 일이 아니니 걱정 말라고 나를 다독였다.

"그건 그냥 하나의 힘에 불과해. 이 산중은 그런 것들로 잔뜩 차 있지. 지난밤에 자네를 놀라게 했던 존재들 중 하나와 마찬가지야."

내가 실제로 그것을 지각할 수 있는지 묻자 그는 낮에는 단지 그 존재를 느낄 수만 있을 뿐이라고 말했다.

큰 바위가 늘어뜨리는 그림자 따위와는 무관한 존재를 왜 그림자라고 부르는지 설명해달라고 요청하자, 그는 양쪽 모두 같은 줄을 가지고 있으므로 두 가지 모두가 그림자인 것이 맞다고 대답했다.

돈 후앙은 우리 앞에 솟아 있는 길쭉한 바위를 가리켰다.

"저 바위의 그림자를 보게. 그림자는 저 바위인 동시에 바위가 아냐. 저 바위가 뭘 하는지를 알기 위해 관찰하는 건 '하기'이지만, 그 그림자를 관찰하는 건 '안 하기'일세.

그림자들은 문이나 마찬가지야. '안 하기'의 문이지. 예를 들어 식자는 사람들의 그림자를 관찰함으로써 그들 마음속 깊숙한 곳에 있는 감정을 알아낼 수 있다네."

"그런 것들은 움직입니까?"

"움직인다고 할 수도 있고, 세계의 줄들이 그것들 안에 보인다고 할 수도 있겠지. 그것들로부터 감정이 발산된다고 할 수도 있어."

"하지만 어떻게 그림자가 감정을 발산한단 말입니까?"

"그림자는 그냥 그림자에 불과하다고 믿는 건 '하기'야." 그는 설명했다. "이유야 어떻든 그건 멍청한 믿음일세. 이렇게 생각해보게. 이 세계의 모든 사물에는 우리가 모르는 일들이 엄청나게 많잖나. 따라서 그림자들도 마찬가지인 거야. 사실, 그것들을 그림자로 만드는 건 단지 우리의 '하기'일 뿐이야."

긴 침묵이 흘렀다. 뭐라고 말해야 할지 알 수 없었다.

"낮이 끝나가고 있군." 돈 후앙은 하늘을 올려다보며 말했다. "이 밝은 햇살을 써서 한 가지 더 연습할 것이 있어."

돈 후앙은 사람 크기의 뾰족한 바위들이 120에서 150센티미터쯤 간격을 두고 나란히 서 있는 곳으로 나를 이끌었다. 그것들에게서 10 미터 떨어진 곳에서 멈춘 그는 서쪽을 마주 보고 섰다. 그는 내가 서 있을 곳을 지정해준 다음 이 두 바위들이 떨어뜨리는 그림자를 보고 있으라고 지시했고, 휴식할 장소를 찾기 위해 지면을 훑어볼 때와 마찬가지로 두 눈을 모들떠야 한다고 지시했다. 그러면서, 휴식할 장소를 찾을 때는 눈의 초점을 맞추지 말고 주위를 바라보아야 하지만 그림자를 관찰할 때는 눈을 모들뜨면서도 뚜렷하게 초점을 맞춰야 하는 점이 다르다고 설명했다. 눈을 모들뜨는 것은 한 그림자의 상像 위에 다른 그림자의 상을 중첩시키기 위해서였다. 이를 통해 관찰자는 그림자들이 발산하는 모종의 느낌을 확인할 수 있다고 했다. 내가 그의 표현방식이 모호하다고 불평하자, 말로는 정확하게 형언할 수 없는 일이기 때문이라는 대답이 돌아왔다.

그가 지시한 대로 해봤지만 아무런 효과도 없었다. 나는 두통이 몰려올 때까지 악전고투했다. 그러나 돈 후앙은 나의 이런 실패에도 전혀 개의치 않는 기색이었다. 그는 둥그런 돔 모양을 한 산봉우리 꼭대기까지 올라가더니 나를 향해 작고 길쭉한 돌 두 개를 찾으라고 소리쳤고, 손을 써서 얼마나 큰 돌을 찾아와야 하는지를 알려 주었다.

나는 그런 돌 두 개를 찾아서 그에게 건넸다. 돈 후앙은 30센티미터쯤 떨어진 두 개의 암반 틈새에 돌을 하나씩 꽂아놓았다. 그는 나에게 그 앞에 서서 서쪽을 바라보게 하고, 이 두 돌의 그림자들을 상대로 같은 연습을 해보라고 말했다.

　그러자 이번에는 전혀 다른 결과가 나왔다. 나는 거의 즉각적으로 모들눈을 뜨고 두 그림자를 마치 합쳐진 하나의 그림자처럼 지각할 수 있었다. 일부러 두 개의 상을 합치려고 하지 않고 바라보기만 해도 믿기 힘들 정도의 깊이와 일종의 투명감을 가진 하나의 그림자를 볼 수 있다는 사실을 깨달았던 것이다. 나는 어안이 벙벙한 상태로 그것을 응시했다. 내 시선이 초점을 맺은 바위의 모든 구멍을 또렷하게 알아볼 수 있었다. 그리고 그 위에서 하나로 겹쳐진 한 그림자는 형언할 수 없이 투명한 일종의 막膜처럼 느껴졌다.

　이토록 아슬아슬하게 유지하고 있는 상을 놓칠까봐 두려워서 나는 눈을 깜박일 엄두조차 낼 수 없었다. 눈의 근육이 견디지 못해서 결국은 깜박일 수밖에 없었지만, 그래도 그 상세한 광경은 전혀 흔들리지 않았다. 오히려 각막에 습기가 공급된 탓에 상이 한층 더 또렷해졌다. 그 시점에서 나는 마치 한 번도 본 적이 없는 엄청난 높이의 산봉우리에서 모든 것을 바라보고 있는 듯한 느낌을 받았다. 또 시각의 초점을 흐리지 않고도 그림자 주위를 훑어볼 수 있다는 사실도 깨달았다. 한순간이긴 했지만 나는 내가 돌을 바라보고 있다는 사실을 망각했다. 나는 상상조차 해본 적 없는 광막한 세계에 착륙하고 있는 듯한 느낌을 맛보았다. 경이롭기 그지없는 이 지각은 딱 1초 정도만 지속되었고, 그 뒤로는 모든 느낌이 사라졌다. 반사적으로 고개를 들자 두 돌 위에 버티고 서 있는 돈 후앙의 모습이 눈에 들어왔다. 그는 자신의 몸으로 햇살을 가로막고 있었다.

내가 느꼈던 기이한 감각에 대해 이야기하자 돈 후앙은 내가 그 속에서 길을 잃으려는 것을 '보고' 연습을 중지시킬 수밖에 없었다고 설명했다. 그리고 우리 모두에게는 그런 종류의 감각이 몰려오면 거기에 빠져들어버리는 타고난 성향이 있다고 덧붙였다. 그는, 내가 그 감각에 빠져듦으로써 '안 하기'를 익숙한 '하기'로 바꾸기 직전까지 가버렸는데, 그 유혹에 굴복하지 않고 그 시각을 그대로 유지했어야만 했다고 말했다. 왜냐하면 '하기'는 일종의 굴복이기 때문이라는 것이다.

나는 어떤 경험을 하게 될지를 그가 미리 알려주었더라면 나았을 것이라고 불평했다. 그러자 그는 내가 두 그림자를 합치는 일에 성공할지의 여부를 미리 알 수는 없었다고 대답했다.

내가 이 '안 하기'에 대해 그 어떤 것보다도 더 큰 혼란을 느꼈다는 사실을 실토하자, 돈 후앙은 내가 이룩한 성과를 자랑스럽게 여겨도 좋다고 대답했다. 나는 단 한 번의 시도만으로 그의 지시를 성공적으로 수행했고, 세계를 축소함으로써 그것을 확대했기 때문이라고 말이다. 물론 세계의 줄을 실제로 더듬는 것과는 거리가 멀었지만, 나는 돌 그림자들을 올바르게 써서 '안 하기'의 문에 도달했다고 그는 말했다.

내가 축소함으로써 확대시켰다는 표현은 나의 호기심을 극도로 자극했다. 내가 눈의 초점을 맞췄던 작은 부분에 있던 다공성多孔性 돌의 세부는 너무나도 선명하고 명확했기 때문에 나는 둥근 산봉우리를 마치 광활한 세계처럼 지각했던 것이다. 그와 동시에 나의 시각이 돌의 상을 축소한 것도 사실이었다. 돈 후앙이 햇살을 가로막자 나는 평소와 같은 시각으로 되돌아갔던 것이다. 정확하기 그지없었던 세부는 흐릿해졌고, 구멍투성이의 돌에 나 있던 미세한 구멍들은 오히려 더 커졌고, 응고한 용암의 갈색 표면은 불투명해졌으며, 모든 사물은 그 돌을 진짜 세계로 만들었던 반짝이는 투명감을 상실했다는 뜻이다.

돈 후앙은 두 돌을 끄집어내어 깊이 갈라진 바위틈 속에 조심스레 집어넣고 그 돌들이 원래 있던 장소 위에서 서쪽을 향해 책상다리를 하고 앉았다. 그는 왼손으로 곁의 지면을 두드리며 와서 앉으라고 내게 지시했다.

우리는 한참 동안 아무 말도 나누지 않았다. 그런 다음 우리는 역시 침묵을 지키며 음식을 먹었다. 그가 갑자기 몸을 돌리며 내 '꿈꾸기'가 얼마나 진전되었는지를 물은 것은 해가 진 뒤의 일이었다.

처음에는 쉬웠지만, 지금은 꿈속에서 내 손을 찾지도 못해서 모든 것이 멈춰버린 상태라고 나는 보고했다.

"자네가 처음으로 '꿈꾸기'를 시작했을 때는 내 개인적인 힘을 썼기 때문에 쉬웠던 거야. 이제 자넨 텅 비어 있지만, 자네 자신의 힘을 축적할 수 있을 때까지 계속 노력해야 해. 알다시피 '꿈꾸기'는 꿈을 '안 하는' 행위이니까, 자네가 '안 하기'를 터득하기 시작하면 '꿈꾸기'에도 진척이 있을 걸세. 관건은 꿈속에서 손을 보려고 계속 노력하는 거야. 설령 그 일에 무슨 의미가 있다는 걸 자네가 받아들이지 못하더라도 말이야. 예전에도 말했지만 전사는 믿을 필요가 없어. 믿지 않고 계속 행동하는 한 전사는 '안 하기'를 수행하고 있기 때문이지."

우리는 잠시 서로를 바라보았다.

"'꿈꾸기'에 관해서는 자네에게 더 해줄 말이 없네." 돈 후앙은 말을 이었다. "나는 오직 '안 하기'에 관해서밖에는 얘기해줄 수 없으니까 말이야. 하지만 자네가 직접 '안 하기'에 도전한다면, '꿈꾸기' 속에서도 어떻게 해야 할지를 절로 알게 될 거야. 하지만 이 시점에서는 우선 자네의 두 손을 찾아내는 것이 필수적이네. 난 자네가 그럴 수 있다는 걸 확신해."

"글쎄요. 저도 저 자신을 믿을 수가 없어서."

"이건 누군가를 믿고 안 믿고의 문제가 아냐. 이 모든 일은 전사의 투쟁이라는 걸 잊지 말게. 자넨 앞으로도 계속 그렇게 투쟁해야 해. 자네 힘으로 그러지 못한다면 싸울 가치가 있는 적수를 이용하거나, 이미 자네를 따라다니고 있는 것 같은 맹우의 힘을 빌려서라도 말이야."

무의식중에 오른팔이 경련하듯 움직였다. 내 몸은 내가 생각하는 이상으로 더 많은 것을 알고 있다고 돈 후앙이 말했다. 왜냐하면 나를 좇아다니던 힘이 지금은 내 오른쪽에 있기 때문이라는 것이다. 그는 은밀한 말투로, 그 맹우가 오늘만 해도 두 번이나 내게 바싹 접근했고, 그럴 때마다 그가 직접 끼어들어서 막아야 했다고 덧붙였다.

"낮 동안 그림자들은 '안 하기'로 가는 문이야. 하지만 밤의 어둠 속에서는 '하기' 자체가 거의 이루어지지 않으니까 맹우를 포함한 모든 것이 그림자라네. 이 얘긴 자네에게 힘의 걸음걸이를 가르쳤을 때 이미 다 했어."

나는 큰 소리로 웃었다. 내 웃음소리는 나를 두려움에 빠뜨렸다.

"지금까지 자네에게 가르친 것들은 모두 '안 하기'의 어떤 측면들이었어. 전사는 세계의 모든 것에 대해 '안 하기'를 적용하지만, 나도 오늘 얘기해준 것 이상으로는 알려줄 수가 없군. 자네 몸이 직접 '안 하기'의 힘과 느낌을 발견할 수 있도록 하는 수밖에."

나는 또 발작적으로 킥킥 웃었다.

"자네가 경멸의 '하기'를 알고 있다고 해서 이 세계의 수수께끼를 경멸하는 건 바보짓이야." 돈 후앙은 진지한 얼굴로 말했다.

나는 그 누구도, 그 무엇도 경멸하고 있지 않다고 확언했다. 그러나 나는 돈 후앙이 생각했던 것 이상으로 무능했고, 신경이 곤두서 있었다.

"전 언제나 이런 식이었습니다. 그럼에도 불구하고 저는 변하고 싶습니다. 하지만 어떻게 그래야 하는 건지를 모르겠군요. 전 너무나도 부족합니다."

"스스로를 한심하다고 생각하는 건 나도 알아. 그건 자네의 '하기'야. 그 '하기'에 영향을 주기 위해 자네가 다른 '하기'를 터득할 것을 권하겠네. 지금부터 여드레 동안 자네 자신에게 거짓말을 하는 거야.

자네가 추하고 한심하고 부족하다는 진실을 곱씹는 대신에, 자기는 그 정반대라고 스스로에게 말하는 거야. 자네가 거짓말을 하고 있고, 자네는 아예 가망이 없다는 사실을 알면서도 말일세."

"하지만 돈 후앙, 그런 식으로 거짓말을 하는 것이 무슨 의미가 있습니까?"

"그러면 자넨 이 다른 '하기'에 집착하게 될지도 모르거든. 그럼 양쪽의 '하기'가 다 거짓이고 비현실적이며, 그런 것을 하나 골라서 매달려 있는 건 시간낭비라는 사실을 깨닫게 될 수도 있지. 유일한 현실이란 언젠가는 죽어야 하는 자네 내부의 존재, 딱 그거 하나뿐이라네. 그 존재에 도달하는 건 자기自己를 '안 하는' 행위야."

16
힘의 반지

1962년 4월 14일 토요일

돈 후앙은 조롱박의 무게를 가늠해보더니 먹을 것이 떨어졌으므로 이제 집으로 돌아가야 할 때가 되었다고 말했다. 그는 별것 아니라는 듯이 집으로 돌아가려면 적어도 이틀은 걸릴 것이라고 말했다. 돈 후앙 자신은 소노라 주가 아니라 국경의 소도시로 가서 볼 일이 있다고 했다.

나는 우리가 계곡을 따라 하산할 것으로 생각했지만 돈 후앙은 용암산의 북서쪽 고지를 향해 나아갔다. 한 시간쯤 걷다가 그는 깊은 협곡으로 나를 이끌었다. 협곡은 두 산봉우리가 밑동에서 거의 맞닿아 있는 부분에서 끝나 있었다. 거의 산 정상까지 이르는 경사면이 하나 보였다. 마치 두 봉우리를 비스듬하게 잇는 오목한 다리 같은 모양을 한 기묘한 경사면이었다.

돈 후앙은 경사면의 어느 지점을 가리켰다.

"저 부분을 뚫어지게 바라보게. 해의 각도도 얼추 맞는군."

그는 정오의 햇빛은 내가 '안 하기'를 터득하는 것을 도와줄 수 있다고 설명했다. 그런 다음 그는 옷의 꽉 조이는 부분들을 모두 느슨하게 풀고, 책상다리를 하고 앉아 그가 지목한 지점을 뚫어지게 바라보라고 명령했다.

하늘에는 구름이 거의 없었고 서쪽에는 하나도 없었다. 더운 날이었고, 눈부신 햇살이 굳은 용암 위로 쏟아지고 있었다. 나는 문제의 지점을 자세히 관찰했다.

오랫동안 관찰을 계속하다가 나는 특별히 찾아봐야 할 것이 있느냐는 질문을 했다. 돈 후앙은 성마르게 손을 흔들며 조용히 하라는 시늉을 했다.

피곤했다. 자고 싶었다. 눈을 반쯤 감았다. 간지러워서 비볐지만 땀으로 끈적거리는 탓에 눈이 따끔거렸다. 나는 반쯤 감은 눈 사이로 용암 봉우리들을 바라보았다. 갑자기 산 전체가 밝은 빛에 감싸였다.

눈을 가늘게 뜨면 산봉우리들 전체가 복잡한 빛의 섬유로 이루어진 것처럼 보인다고 돈 후앙에게 보고했다.

그는 가급적 숨을 적게 쉼으로써 빛의 섬유를 시야에서 놓치지 말고, 뚫어지게 바라보는 대신에 사면 바로 위쪽 지평선의 한 지점을 슬쩍 바라보기만 하라고 말했다. 나는 그의 지시에 따랐고, 끝없는 빛의 그물로 덮인 그 풍경을 시야에 계속 담아둘 수 있었다.

돈 후앙은 나직한 목소리로 빛의 섬유로 이루어진 부분 안에 있는 어두운 부분들을 골라낸 다음, 그런 부분을 찾아내는 즉시 눈을 뜨고 그 지점이 사면의 어떤 부분에 해당하는지를 확인해보라고 말했다.

그런 어두운 지점을 감지할 수가 없었기 때문에 나는 눈을 가늘게 떴다가 크게 뜨는 일을 여러 번 반복해보았다. 바싹 다가온 돈 후앙이 내 오른쪽의 어떤 지점을 가리켰고, 그런 다음 바로 앞쪽을 가렸다. 나는 자세를 바꿔보려고 했다. 보는 각도를 바꾸면 그가 가리킨 어둡다는 지점을 감지할 수 있을지도 모른다고 생각했기 때문이다. 그러나 돈 후앙은 내 팔을 부여잡으며 꼼짝도 말고 참을성 있게 보고만 있으라고 엄하게 꾸짖었다.

다시 눈을 가늘게 뜨자 또 빛의 그물이 보였다. 한순간 그것을 바라보다가 눈을 더 크게 떴다. 바로 그 순간 희미하게 우르릉 하는 소리 ㅣ 먼 곳을 지나가는 제트기 소리로 해석할 수도 있는 소리였다 ㅣ 가 들려오는가 싶더니, 내 눈앞의 산봉우리들 전체가 조그만 광점光點들로 이루어진 광활한 지역처럼 펼쳐졌다. 짧은 순간이긴 했지만 마치 굳은 용암에 박혀 있는 금속가루들이 한꺼번에 햇빛을 반사하기라도 한 듯한 광경이었다. 그러자 햇살이 희미해지더니 갑자기 주위가 어두워졌고, 산은 둔한 암갈색의 암괴巖塊로 변했다. 그와 동시에 바람이 강해지며 추워졌다.

몸을 돌려 해가 구름 뒤에 숨었는지를 확인해보고 싶었지만 돈 후앙은 내 머리를 꽉 잡고 못 움직이게 했다. 그는 내가 지금 여기서 고개를 돌린다면 산의 존재를, 우리 뒤를 따라온 맹우盟友를 흘긋 볼 수 있을지도 모른다고 말했다. 그런 모습을 보고도 견딜 수 있는 힘은 지금의 내게는 없다고 단언했고, 방금 내가 들은 우르릉 소리는 맹우가 자신이 왔음을 알리는 기이한 방식이라고 신중한 어조로 덧붙였다.

그런 다음 돈 후앙은 일어서서 지금부터 산의 사면을 오르겠다고 선언했다.

"어디로 가는 겁니까?" 나는 물었다.

돈 후앙은 그가 아까 어두운 부분으로 지목했던 지점을 가리키면서, '안 하기'를 통해 그곳이 힘의 중심 내지는 힘이 깃든 물건들을 찾아낼 수 있는 장소일 가능성이 있다는 사실을 알아냈다고 설명했다.

우리는 목표지점까지 힘겹게 올라갔다. 그러던 중 돈 후앙은 나보다 1미터쯤 앞선 곳에서 멈춰서서 꼼짝도 하지 않았다. 내가 다가가려고 하자 그는 멈추라는 손짓을 했다. 방향을 가늠하고 있는 기색이었다. 그의 뒤통수는 마치 산을 위아래로 훑어보고 있는 것처럼 움직였다. 곧 그는 자신 있는 걸음걸이로 어떤 바위 선반으로 올라갔고, 그곳에 앉더니 바위 선반 위에 깔린 흙을 손바닥으로 훑기 시작했다. 그는 손가락을 써서 선반 위로 돌출한 조그만 바위 주위의 흙을 걷어냈고, 나더러 나머지를 파내라고 명령했다.

내가 그 바위 조각을 파내자마자 그는 그것이 내게 속한 힘이 깃든 물체이므로 셔츠 속에 품고 있다가 나중에 잘 닦아서 잘 간수하라고 지시했다.

그 직후 우리는 협곡으로 내려가기 시작했고, 두 시간쯤 뒤에는 용암산 기슭에 펼쳐진 높은 고도의 사막에 도달했다. 돈 후앙은 빠른 걸음으로 나보다 3미터쯤 앞서 갔다. 해가 지기 직전까지 우리는 남쪽으로 이동했다. 서쪽 하늘에 뭉게구름이 깔린 탓에 해는 보이지 않았지만, 우리는 해가 지기 시작한 시점에서 걸음을 멈췄다.

그런 다음 돈 후앙은 방향을 바꿔가며 남동쪽으로 향했다. 언덕 하나를 넘었을 때 남쪽에서 우리를 향해 오는 네 명의 사내를 보았다.

나는 돈 후앙을 쳐다보았다. 야외를 돌아다니다가 다른 사람들을 만난 것은 이번이 처음이었기 때문에 어떻게 행동해야 할지 몰랐기 때문이다. 그러나 돈 후앙은 별로 개의치 않는 기색이었다. 그는 마치 아무 일도 아니라는 듯이 계속 걸어갔다.

사내들은 별로 급하지 않은 기색으로 우리 쪽으로 어슬렁거리며 걸어왔다. 그들이 가까워지자 네 명의 젊은 인디언인 것을 알 수 있었다. 그들은 돈 후앙을 알아보는 기색이었다. 돈 후앙은 스페인어로 그들에게 말을 걸었다. 청년들은 매우 나직하게 대답했고, 지극히 정중한 태도로 그를 대했다. 그들 중 한 사람만이 내게 말을 걸어왔다. 내가 그들과 말을 나눠도 되느냐고 돈 후앙에게 속삭이자 그는 고개를 끄덕였다.

일단 대화를 시작해보니 매우 우호적이고 말이 잘 통하는 친구들이었다. 특히 처음 내게 말을 걸어왔던 청년의 행동거지는 매우 친숙했다. 그들은 힘이 깃든 수정의 결정_{結晶}을 찾고 있었지만, 며칠 동안 용암산을 뒤져 보아도 찾지 못했다고 내게 말했다.

돈 후앙은 주위를 둘러보더니 2백 미터쯤 떨어진 바위투성이의 지점을 가리켰다.

"한동안 저기서 야영해도 좋겠군."

그는 그곳을 향해 걷기 시작했고, 우리는 그의 뒤를 따라갔다.

돈 후앙이 선택한 장소는 매우 험준해서 덤불조차도 나 있지 않았다. 우리는 바위 위에 앉았다. 돈 후앙은 모닥불을 피울 마른 가지를 찾아오겠다고 하며 좀 떨어진 곳에 있는 덤불 쪽으로 갔다. 나도 도우려고 했지만 그는 모닥불은 이 용감한 청년들을 위한 것이므로 내가 도와줄 필요는 없다고 속삭였다.

청년들은 내 주위에 둘러앉았다. 그중 한 명은 내게 등을 돌리고 있었다. 나는 왠지 모르게 당혹감을 느꼈다.

잠시 후 마른 가지 더미를 가지고 돌아온 돈 후앙은 청년들의 신중한 행동을 치하했고, 이들 모두가 주술사의 도제라고 내게 알려줬다. 여럿이서 힘이 깃든 물체를 사냥할 경우는 원형으로 앉고, 그 한복판에 두 사람이 등을 맞대고 앉는 것이 규칙이라고 그는 말했다.

청년 하나가 수정을 하나라도 찾았느냐고 내게 물었다. 나는 돈 후앙이 내게 그런 탐색은 한 번도 시킨 적이 없다고 대답했다.

돈 후앙은 커다란 바위 근처의 지점을 고르더니 모닥불을 피우기 시작했다. 청년들은 아무도 그를 도우려 하지 않았고, 그러는 대신 그를 주의 깊게 바라보고만 있었다. 모든 나뭇가지에 불이 붙자 돈 후앙은 바위에 등을 기대고 앉았다. 모닥불은 그의 오른쪽에 있었다.

무슨 일이 진행되고 있는지를 청년들은 잘 알고 있는 것이 분명했다. 그러나 나는 주술사의 제자들을 상대할 때의 절차에 관해 전혀 아는 바가 없었다.

나는 청년들을 관찰했다. 그들은 완벽한 반원을 이루고 돈 후앙을 마주 본 채로 앉아 있었다. 나는 돈 후앙이 나를 정면에서 마주 보고 있으며, 청년 두 사람은 내 왼쪽에, 나머지 두 사람은 내 오른쪽에 앉아 있다는 사실을 깨달았다.

돈 후앙은 내가 '안 하기'를 배우기 위해서 용암산에 와 있다고 그들에게 설명했고, 맹우盟友 하나가 우리 뒤를 따라오고 있다고 말했다. 첫마디부터가 매우 극적인 인상을 주었다. 내 생각은 옳았다. 청년들은 일제히 위치를 바꾸더니 왼쪽 발을 엉덩이에 깔고 앉았던 것이다. 그때까지만 해도 나는 그들의 자세에 신경을 쓰지 않았다. 모두 나처럼 책상다리를 하고 앉아 있다고 지레짐작했을 뿐이다. 돈 후앙 쪽을 흘끗 보니 그 역시 왼쪽 발을 깔고 앉아 있었다. 그는 턱을 아주 조금만 까닥이며 나의 앉은 자세를 지적했다. 나는 자연스러운 동작으로 왼쪽 발을 깔고 앉았다.

이런 자세는 상황이 확실하지 않을 때 주술사가 취하는 자세라는 얘기를 돈 후앙에게 한 번 들은 기억이 있었다. 그러나 이런 자세를 취할 때마다 나는 녹초가 되곤 했다. 그가 얘기를 하는 동안 줄곧 이런 자세를 취하고 있어야 한다니 내겐 너무 가혹한 일이라는 생각이 들었다. 돈 후앙은 나의 이런 약점을 완전히 간파하고 있는 듯했고, 청년들을 향해 간결한 어조로 설명하기 시작했다. 이 지역의 특정 장소로 가면 수정 결정들을 찾을 수 있으며, 일단 찾은 뒤에는 특별한 기술을 써서 그것들을 구슬림으로써 그 거처를 떠나도록 유도할 필요가 있다고 그가 말했다. 그런다면 그 수정 결정들은 그 사람과 하나가 되어 우리의 이해력을 초월한 힘을 발휘한다고 했다.

보통 수정 결정은 무리를 지은 상태로 발견되며, 발견자는 그것들 중에서 가장 길고 잘생긴 막대 결정을 골라내서 결정 본체에서 잘라

내야 한다고 돈 후앙은 말했다. 발견자는 그것들을 깎고 연마해서 뾰족하게 만들어야 하며, 오른손의 다섯손가락의 크기와 모양에 완전히 일치하도록 다듬어야 한다.

그러면 수정 결정들은 주술적인 무기가 된다고 그는 말했다. 보통은 그걸 던져서 누군가를 죽이는 데 쓰이는데, 그렇게 투척된 수정 결정은 적의 몸을 꿰뚫고 다시 원래 위치로 감쪽같이 돌아온다고 했다.

그런 다음 그는 보통 수정 결정들을 무기로 바꿀 수 있는 정령을 찾는 방법에 관해 얘기했는데, 가정 먼저 해야 할 일은 그 정령을 유인해낼 수 있는 길한 장소를 찾아내는 것이라고 했다. 그 장소는 언덕배기여야 하며, 공중에서 손바닥으로 땅을 쓸 듯이 움직였을 때 어떤 열기가 느껴지는 지점이었다. 그리고 그 지점에 모닥불을 피울 필요가 있었다. 맹우는 불길에 유인되며, 일련의 지속적인 소음으로서 현시顯示한다고 돈 후앙은 설명했다. 그런 맹우를 찾는 사람은 그 소음을 따라 그 맹우가 모습을 드러낼 때까지 걸어가다가, 그 맹우를 지면에 쓰러뜨려 제압해야 한다고 했다. 그 시점에서 그 맹우로 하여금 수정 결정들을 만지게 하면 그 수정에는 힘이 깃들게 된다.

이 용암산 부근에는 맹우와는 전혀 닮지 않은 다른 정령들이 활보하고 있다고 돈 후앙은 경고했다. 이것들은 아무 소리도 내지 않고 단지 휙 지나가는 그림자처럼 보일 뿐이며, 아무 힘도 갖고 있지 않다고 했다.

형형색색으로 채색된 깃털이라든지 아주 매끄럽게 연마된 수정 결정 따위를 쓰면 맹우의 주의를 끌 수 있지만, 긴 안목에서 보면 그 어떤 물체도 동일한 효력을 가진다고 돈 후앙은 덧붙였다. 왜냐하면 정말로 중요한 것은 물체를 찾는 것이 아니라 그 물체에 힘을 불어넣을 수 있는 정령을 찾는 일이기 때문이다.

"힘을 불어넣어줄 정령을 찾지 못한다면 아무리 아름답게 연마된 수정 결정을 가지고 있다 한들 무슨 소용이 있겠나?" 돈 후앙은 말했다. "반면, 수정을 갖고 있지 않은 상황에서 그런 정령을 찾아낸다면 어떤 물건이든 좋으니 그것이 지나가는 자리에 놓게. 정말로 아무것도 없다면 자네들 자지를 갖다 대도 좋아."

청년들은 킥킥 웃었다. 나한테 먼저 말을 걸었던 가장 대담해 보이는 청년은 큰 소리로 웃었다.

나는 돈 후앙이 책상다리를 하고 편하게 앉아 있다는 사실을 깨달았다. 다른 청년들도 모두 책상다리를 하고 앉아 있었다. 나도 좀더 편하게 고쳐 앉으려고 했지만, 왼쪽 무릎의 신경이 마비되었든가 근육이 굳어버린 듯했다. 결국은 일어서서 몇 분 동안 제자리 뜀을 해야 했다.

돈 후앙은 그런 나를 보며 농담을 던졌다. 내가 그와 함께 쏘다니기 시작한 이래 몇 년 동안이나 성당에 가서 고해告解를 하지 않은 탓에, 무릎 꿇는 법을 다 까먹었다고 말이다.

그의 이런 말은 청년들 사이에서 한층 더 큰 반향을 불러일으켰다. 그들은 경련하듯이 끅끅거리며 웃었다. 몇몇은 손으로 얼굴을 가리고 신경질적으로 킥킥거리기까지 했다.

"자네들에게 보여줄 것이 하나 있네." 청년들이 웃음을 그치자 돈 후앙은 잡담하듯이 말했다.

나는 그가 허리춤에 찬 주머니에서 힘이 깃든 물체를 꺼내 보여줄 것이라고 짐작했다. 그러자마자 청년들이 일제히 움직이는 것을 보고 나는 그들이 돈 후앙 주위로 몰려들고 있다고 생각했다. 그러나 내 예측은 빗나갔다. 그들 모두가 마치 일어서려는 것처럼 상체를 조금 수그렸지만, 일어서는 대신 왼쪽 발을 깔고 앉음으로써 내 무릎에 큰 부담을 주는 예의 불가사의한 자세를 취했던 것이다.

나도 가급적 자연스럽게 왼발을 깔고 앉았다. 왼발을 정말로 깔고 앉는 대신에 무릎을 반쯤 굽히고 있으면 아까보다는 무릎이 덜 아프다는 사실을 나는 깨달았다.

돈 후앙은 일어서서 커다란 바위 주위를 돌아서 자취를 감췄다.

내가 발을 깔고 앉는 동안 그는 땔감을 더 지펴놓고 일어선 듯했다. 방금 타기 시작한 새 나뭇가지들이 딱딱거리며 기다란 불길이 치솟았기 때문이다. 이것은 지독하게 극적인 효과를 발휘했다. 모닥불은 두 배로 커졌다. 그러자 돈 후앙이 바위 뒤에서 갑자기 뛰쳐나오더니 아까 서 있던 장소로 돌아와서 섰다. 나는 한순간 당혹감에 사로잡혔다. 돈 후앙은 묘한 모양의 검은 모자를 쓰고 있었다. 양쪽 끝이 뾰족하고 위는 둥그런 모자였다. 진짜 해적 모자가 아닌가 하는 생각이 떠올랐다. 그는 은빛으로 반짝이는 금속 단추 한 개로 저민, 연미복 같은 꼬리가 달린 검고 긴 외투를 입고 있었다. 한쪽 다리는 나무 의족이었다.

나는 슬며시 웃었다. 해적 복장을 한 돈 후앙은 정말로 우스꽝스럽게 보였기 때문이다. 이런 황야 한복판에서 어떻게 그런 의상을 손에 넣었는지 궁금했다. 아마 바위 뒤에 숨겨 놓았던 것이라고 나는 짐작했다. 여기에 한쪽 눈을 안대로 가리고 어깨 위에 앵무새를 얹어 놓는다면 완벽한 전형적 해적의 모습이 되겠다는 생각이 들었다.

돈 후앙은 오른쪽에서 왼쪽으로 천천히 시선을 돌리며 일동 모두를 바라봤다. 그런 다음 우리의 머리 위쪽으로 시선을 돌려 그 너머의 어둠을 응시했다. 그는 잠깐 그런 자세를 유지하다가 다시 바위 뒤로 돌아가서 자취를 감췄다.

그가 어떻게 걷는지를 제대로 보지는 않았지만, 나무 의족을 단 것처럼 보이기 위해 한쪽 무릎을 구부렸던 것이 틀림없었다. 그가 바위 뒤로 돌아갔을 때 구부린 다리를 보았을 수도 있겠지만, 그의 행동이 너무 괴이했던 탓에 세부까지는 미처 신경 쓸 여유가 없었다.

돈 후앙이 바위 뒤로 돌아간 바로 그 순간 불길이 사그라들었다. 실로 탁월한 타이밍이라는 생각이 들었다. 모닥불에 지핀 새 나뭇가지들이 다 타려면 얼마나 시간이 걸릴지를 미리 계산해놓고, 그 계산에 입각해서 모습을 드러냈다가 다시 퇴장한 것이 틀림없었다.

모닥불의 불길이 변화했다는 사실은 일동에게 매우 극적인 효과를 끼쳤다. 청년들 사이에서 불안한 듯한 웅성거림이 일었다. 불길이 작아지자 청년들은 일제히 왼발을 빼며 다시 책상다리 자세로 돌아갔다.

그러자마자 돈 후앙이 바위 뒤에서 나와 우리들 곁에 앉을 거라고 생각했지만 그는 모습을 드러내지 않았다. 나는 조급한 기분을 곱씹으며 기다렸다. 청년들은 무감동한 표정으로 앉아 있었다.

돈 후앙이 도대체 무슨 의도에서 이런 연극적인 행동을 했는지 도무지 알 수가 없었다. 나는 한참을 기다리다가 오른쪽에 앉아 있는 청년에게 낮은 목소리로 말을 걸어, 돈 후앙이 착용한 물건들 ― 괴상한 모자와 연미복 외투 ― 과 그가 나무 의족으로 걷고 있었다는 사실에서 뭔가 특별한 의미를 찾았냐고 물어보았다.

그 청년은 묘하게 멍한 표정으로 나를 쳐다보았다. 당혹해하는 기색이었다. 내가 질문을 되풀이하자 그의 곁에 앉아 있던 다른 청년이 나를 유심히 쳐다보며 귀를 기울였다.

두 청년은 완전히 혼란된 표정으로 서로의 얼굴을 쳐다보았다. 나는 그 모자와 나무 의족과 외투 때문에 돈 후앙이 마치 해적처럼 보이지 않았느냐고 다시 물었다.

그 무렵에는 네 청년 모두가 가까이 다가와서 귀를 기울이고 있었다. 그들은 낮게 킥킥거리며 불안한 듯이 몸을 뒤척였다. 다들 무슨 말을 해야 할지 모르겠다는 듯한 표정이었다. 가장 대담한 청년이 마침내 반응을 보였다. 그는 돈 후앙은 모자를 쓰고 있지도 않았고, 긴 외투를 입지도 않았으며, 특히 나무 의족을 딛고 서 있지는 않았다고 말했다. 그런 것들 대신 돈 후앙은 검은 두건이나 숄 같은 것을 머리에 뒤집어쓰고 수도사가 입는 것 같은 지면까지 내려오는 새까만 장의長衣를 걸치고 있었다고 그는 주장했다.

"아냐!" 다른 청년이 나직하게 내뱉었다. "두건은 쓰고 있지 않았어."

"맞아." 다른 청년들이 맞장구쳤다.

나한테 먼저 대답한 청년은 도저히 못 믿겠다는 표정으로 나를 쳐다보았다.

나는 방금 일어난 일을 모두가 함께 지극히 신중하고 침착하게 검토해볼 것을 제안했다. 돈 후앙이 자리를 피해준 것은 바로 우리가 그러기를 원하기 때문이라고 말이다.

가장 오른쪽에 앉아 있던 청년은 돈 후앙이 누더기를 걸치고 있었다고 말했다. 너덜너덜한 판초나 인디언이 입는 종류의 외투를 입고, 거의 모양을 알아볼 수 없을 정도로 우그러진 솜브레로 모자를 쓰고 있었다고 했다. 손에는 뭔가를 넣은 바구니를 들고 있었지만, 정확하게 무엇이었는지는 알 수 없었다고 했다. 그는 돈 후앙이 거지 차림을 하고 있었다기보다는 기이한 물건들을 잔뜩 들고 끝없이 이어진 여행길에서 돌아온 사람처럼 보였다고 덧붙였다.

검은 두건을 쓰고 있었다고 대답했던 청년은, 돈 후앙은 빈손이었고 머리카락이 길고 마구 헝클어져 있었다고 대답했다. 마치 방금 수도사를 죽이고 그 옷을 빼앗아 입었지만 원래 모습을 완전히 감추지는 못한 야만인 같았다고 말이다.

그러자 내 왼쪽에 앉아 있던 청년이 나직하게 웃더니 별 괴상한 소리들을 다 한다면서 돈 후앙은 방금 말에서 내린 유력인사 같은 복장을 하고 있었다고 말했다. 청년은 그가 승마용의 가죽제 각반과 커다란 박차가 달린 구두를 신고 있었고, 손에 든 말채찍으로 왼쪽 손바닥을 찰싹찰싹 치고 있었으며, 머리에는 챙이 달린 원추형의 치와

와 모자를 쓰고 있었고, 허리에는 45구경 자동권총 두 자루를 차고 있었다고 했다. 돈 후앙의 모습은 부유한 목장주(ranchero) 그 자체였다고 그는 주장했다.

가장 오른쪽에 앉아 있던 청년은 수줍게 웃으며, 자기가 무엇을 보았는지를 굳이 얘기하려고 하지 않았다. 나는 얘기해달라고 졸랐지만 다른 사람들은 크게 흥미를 느끼는 것 같지 않았다. 아무래도 그는 너무 수줍어서 말할 엄두를 못 내는 듯했다.

모닥불이 꺼지기 직전에 돈 후앙은 큰 바위 뒤에서 나왔다.

"이제 이 청년들이 자기 일을 하도록 놔줘야 하네." 그가 내게 말했다. "작별 인사를 하게나."

그는 그들을 보려고 하지 않고 내가 작별인사를 할 수 있도록 천천히 자리를 떴다.

청년들은 한 명씩 나를 포옹했다.

모닥불은 사그라들었지만 잉걸불이 밝게 빛나는 덕에 어느 정도 주위를 볼 수 있었다. 돈 후앙은 몇 걸음 떨어진 곳에 서 있는 검은 그림자였고, 청년들은 둥그렇게 모여 있는 또렷한 윤곽들이었다. 그들의 모습은 어둠을 배경으로 칠흑처럼 새까만 조각상들이 늘어서 있는 광경을 연상케 했다.

이 사건 전체가 내게 한꺼번에 영향을 끼친 것은 바로 이때였다. 나는 등골에 소름이 끼치는 것을 의식했다. 내가 돈 후앙에게 가자 그는 다급한 어조로, 청년들은 지금 이 순간 그림자의 원이므로 고개를 돌려 그쪽을 보면 안 된다고 말했다.

내 배는 밖에서 오는 힘을 느꼈다. 마치 누군가에게 와락 움켜잡힌 듯한 느낌이었다. 나는 참지 못하고 비명을 질렀다. 돈 후앙은 이 지역에는 너무나 많은 힘이 깃들어 있으므로 나는 '힘의 걸음걸이'를 쉽게 쓸 수 있을 거라고 속삭였다.

우리는 몇 시간 동안이나 그렇게 달렸다. 나는 다섯 번 넘어졌다. 돈 후앙은 내가 균형을 잃을 때마다 큰 소리로 수를 셌다. 마침내 그는 멈춰섰다.

"이제 앉아도 돼. 바위에 바싹 몸을 갖다 대고, 양손으로 배를 가리고 있게." 그는 내 귓가에 대고 속삭였다.

1962년 4월 15일 일요일

주위가 충분히 밝아오자마자 우리는 걷기 시작했다. 돈 후앙은 내가 차를 세워둔 장소로 나를 이끌었다. 나는 배가 고프긴 했지만 푹 쉰 덕에 원기가 충만한 상태였다.

우리는 차에 놓아두었던 크래커를 먹고 병에 든 광천수를 마셨다. 나는 질문을 하고 싶어서 좀이 쑤셨지만 돈 후앙은 자기 입술에 손을 대어 보였다.

오후 두세 시에 돈 후앙이 내려달라고 한 국경 도시에 도착했다. 우리는 점심을 먹으려고 식당으로 갔다. 식당은 텅텅 비어 있었다. 우리는 번잡한 큰길에 면한 창가 자리에 앉아 음식을 주문했다.

돈 후앙은 편안한 기색으로 앉아서 짓궂게 눈을 반짝였다. 이에 고무된 나는 질문 공세를 퍼붓기 시작했다. 주로 그의 변장에 관한 질문이었다.

"자네에게 나의 '안 하기'를 좀 보여줬던 거야." 이렇게 말하는 그의 눈은 빛을 발하는 것처럼 보였다.

"하지만 우리 중의 누구 하나도 같은 복장을 본 사람이 없습니다. 어떻게 그럴 수 있었던 겁니까?"

"그건 아주 간단해. 그것들은 위장에 불과했어. 우리가 하는 일은 어떤 의미에서는 모두가 위장이라네. 이미 말했듯이 우리가 하는 모든 일은 '하기'에 속해 있네. 식자는 모든 사람의 '하기'에 스스로를 걸침으로써 기이한 결과를 가져올 수 있지. 하지만 그건 실제로는 전혀 기이한 일이 아냐. 그걸 기이하게 느끼는 건 오직 '하기'에 갇혀 있는 사람들뿐이지.

그 청년들과 자네는 아직 '안 하기'를 자각하지 못했기 때문에 자네들을 속이는 일은 쉬웠지."

"하지만 어떻게 우리를 속였단 말입니까?"

"설명해줘도 이해 못할 거야. 자네가 그걸 이해할 방법은 전무하네."

"그래도 한 번 설명해주십시오. 돈 후앙, 부탁입니다."

"우리 모두가 태어날 때는 조그만 힘의 반지를 가지고 있다고 생각하게. 우리는 그 조그만 반지를 거의 태어나는 즉시 사용하지. 그래서 우리 모두는 태어날 때부터 이미 무엇인가와 결부되어 있고, 우리가 가진 힘의 반지는 다른 모든 사람들의 반지와 합류하게 돼. 바꿔 말해서, 우리가 가진 힘의 반지는 세계를 만들기 위해 세계의 '하기'에 끼워져 있는 거야."

"제가 이해할 수 있는 예를 하나 들어주시겠습니까."

"이를테면 자네와 내가 가진 힘의 반지는 지금 이 순간에는 이 방의 '하기'에 끼워져 있다네. 이 방을 만들고 있는 건 우리야. 우리가 가진 힘의 반지가 바로 이 순간에도 이 방을 자아내고 있는 거지."

"잠깐, 잠깐만요. 이 방은 그 자체로서 여기 존재하고 있습니다. 전 이 방을 만들어내고 있지 않습니다. 저는 전혀 한 일이 없지 않습니까."

돈 후앙은 나의 논쟁적인 어조에 그리 신경을 쓰는 투가 아니었다. 지극히 침착한 어조로 우리가 지금 있는 방은 모든 사람이 가진 힘의 반지에 의해 생성되고, 유지되고 있다고 대답했기 때문이다.

"우리 모두가 방이란 것의 '하기'를 알고 있는 건 어떤 식으로든 인생의 많은 부분을 방 안에서 보내기 때문이네. 반면에 식자는 다른 힘의 반지를 개발하지. 난 그걸 '안 하기'의 반지라고 부른다네. 왜냐하면 그 반지는 '안 하기'에 끼워져 있거든. 따라서 식자는 그 반지를 써서 다른 세계를 자아낼 수 있어."

젊은 웨이트리스가 우리가 주문한 음식을 가지고 오더니 미심쩍어하는 표정을 지었다. 돈 후앙은 내가 충분히 돈을 갖고 있다는 걸 알려야 할 듯하니 미리 돈을 내라고 속삭였다.

"자네를 미심쩍어하는 눈으로 보더라도 이상할 건 하나도 없어." 그는 폭소를 터뜨렸다. "정말이지 몰골이 말이 아니거든."

나는 웨이트리스에게 음식값을 지불하고 팁을 건넸다. 그녀가 떠나가자 나는 돈 후앙을 빤히 쳐다보며 대화의 실마리를 다시 찾아보려고 했다. 그가 도움의 손길을 뻗쳤다.

"자네가 이해하는 데 애를 먹는 건 또 하나의 힘의 반지를 아직 개발하지 못했고, 자네의 몸도 '안 하기'를 모르기 때문이야."

나는 이 말을 이해하지 못했다. 나의 마음은 지극히 실질적인 문제에 골몰하고 있었다. 오로지 돈 후앙이 실제로 해적 복장을 했는지 안 했는지의 여부를 알고 싶었던 것이다.

돈 후앙은 대답하는 대신 또 배를 잡고 웃었다. 나는 제발 설명해달라고 애원했다.

"하지만 방금 설명해주지 않았나." 그가 응수했다.

"그러니까, 아무 변장도 하지 않았다는 뜻입니까?"

"난 단지 내 힘의 반지를 자네 자신의 '하기'에 끼웠을 뿐이야. 그 뒤는 자네가 알아서 다 해줬지. 다른 친구들도 마찬가지고."

"정말이지 놀랍군요!" 내가 외쳤다.

"우리는 모두 '하기'에 동의하는 법을 배워서 알고 있어." 그는 나직한 어조로 말했다. "자넨 그런 동의가 불러오는 힘에 관해서 전혀 몰라. 다행히도 '안 하기' 역시 그에 못지않게 경이롭고 강력하지만 말이야."

나는 복부가 제멋대로 경련하는 것을 느꼈다. 나의 실제 경험과 그의 설명 사이에는 도저히 메울 수 없는 심연이 가로놓여 있었다. 그래서 언제나 그래왔듯이 궁극적인 방어책 ┃ 희미한 의구심과 불신, 그리고 '실은 돈 후앙과 그 청년들은 한통속이 되어 미리 짜놓은 각본대로 행동한 것이 아닐까?'라는 의문 ㅣ 으로 나를 지켜보려고 애썼다.

나는 화제를 바꿔 네 명의 도제들에 관해 물었다.

"그들이 그림자라고 저한테 말하신 거 맞죠?"

"그랬지."

"그들은 맹우였습니까?"

"아냐. 모두 내가 아는 사내의 도제였네."

"그런데 왜 그들을 그림자라고 불렀습니까?"

"왜냐하면 그 순간 그들 모두가 '안 하기'의 힘의 지배하에 있었기 때문이야. 그 친구들은 자네만큼 멍청하지는 않으니 자네가 알고 있던 것과는 전혀 다른 무엇인가로 변했던 거야. 바로 그런 이유에서 나는 자네가 그들을 바라보기를 바라지 않았던 거라네. 그랬더라면 다쳤을 거야."

더 이상 물어볼 말이 없었다. 배도 고프지 않았다. 돈 후앙은 왕성한 식욕을 발휘했고, 아주 기분이 좋은 듯했다. 그러나 나는 의기소침해진 상태였다. 갑자기 엄청난 피로가 몰려왔다. 나는 돈 후앙의 길이 내게는 너무나 고되다는 사실을 새삼 곱씹었다. 나는 주술사가 될 적성을 가지고 있지 않았다. 나는 그 생각을 실토했다.

"아마 메스칼리토와 한 번 더 만난다면 도움이 될지도 모르겠군."

나는 그런 것은 아예 염두에 두지도 않고 있으며, 그럴 생각 또한 추호도 없다고 강조했다.

"자네의 몸이 자네가 배운 모든 걸 수행하려면 자넨 극단적인 경험을 하는 수밖에 없어."

나는 인디언이 아니기 때문에 주술사의 기이한 삶을 살아갈 자격이 없는 것이 아니냐고 내가 반문했다.

"내가 하는 일을 모두 내려놓는다면 돈 후앙 당신의 세계에서도 좀 나은 삶을 살 수 있을지도 모릅니다. 당신과 함께 황야로 가서 함께 사는 방법도 있겠죠. 하지만 지금 저는 양쪽 세계에 다 발을 담그고 있기 때문에 어느 쪽에서도 쓸모가 없는 겁니다."

돈 후앙은 오랫동안 나를 응시했다.

"저건 자네의 세계야." 그는 창밖의 번화가를 가리키며 말했다. "자넨 저 세계에 속한 인물이지. 그리고 바로 저기, 저 세계가 자네의 사냥터야. 자기 세계의 '하기'에서 벗어날 방법은 없으니까, 전사는 자기 세계를 자기 사냥터로 만든다네. 사냥꾼으로서의 전사는 자기 세계가 써먹히기 위해서 만들어졌다는 걸 알아. 그래서 그 모든 면을 남김 없이 써먹는 거지. 그런 면에서 전사는 자기가 원하는 것은 뭐든지 가차 없이 빼앗아 쓰는 해적이나 다름없다네. 자신이 잡혀서 부림을 당하더라도 화를 내거나 개의치 않는다는 점만 제외하면 말이야."

17
싸울 가치가 있는 적수

1962년 12월 11일 화요일

내 덫들은 완벽했고 덫을 놓은 방식도 정확했다. 나는 토끼와 다 람쥐 같은 각종 설치류와 메추라기를 비롯한 새들을 목격했지만 하루종일 한 마리도 잡지 못했다.

이른 아침 집을 나오며 돈 후앙은 오늘은 '힘의 선물'을 받을 때까지 기다려야 한다고 말했다. 그는 그것이 내가 놓은 덫들로써 유인할 수 있을지도 모르는 매우 특별한 동물이며, 그 고기를 말리면 '힘의 음식'을 만들 수 있다고 설명했다.

돈 후앙은 깊은 생각에 잠긴 기색이었다. 지시를 한다거나 말 한 마디를 툭 던지는 일조차 없었다. 그가 입을 연 것은 해가 지기 직전의 일이었다.

"누군가가 자네의 사냥을 방해하고 있어." 그는 말했다.

"누가요?" 나는 깜짝 놀라 되물었다.

돈 후앙은 나를 쳐다보았고, 미소 지으면서 믿기지 않는다는 듯이 고개를 설레설레 흔들었다.

"마치 누군지 모르는 것처럼 행동하는군. 하루종일 알고 있었으면서."

나는 반박하려고 했지만 그래 봤자 소용없다는 것을 깨닫고 그만두었다. 그가 "라 카탈리나"라고 대답하리라는 것을 알고 있었기 때문이다. 만약 돈 후앙이 그런 종류의 지식을 얘기하는 것이라면 맞다, 나는 누가 그러는지를 알고 있었다.

"지금 집에 돌아가든가, 아니면 완전히 어두워질 때까지 기다렸다가 황혼을 써서 그녀를 잡든가 양자택일해야 하네."

그는 내가 결정해주기를 기다리는 듯한 기색이었다. 나는 돌아가고 싶었다. 나는 내가 쓰던 가느다란 밧줄을 모으기 시작했다. 돌아가겠다고 그에게 말하려던 찰나에 돈 후앙은 명령하는 듯한 어조로 내 말을 가로막았다.

"앉아. 그냥 여길 뜨는 쪽이 더 간단하고 냉정한 결정이겠지만, 이 경우는 좀 특이하기 때문에 머무는 것이 나을 것 같아. 이건 오직 자네를 위한 일이거든."

"그게 무슨 뜻입니까?"

"누군가가 자네를 콕 집어서 방해하고 있어. 그러니까 이제 그건 자네 일이 됐네. 나는 그런 인물이 누군지 알고, 자네도 그걸 알아."

"저한테 겁을 주시려는 겁니까."

"겁을 준 건 내가 아냐." 그는 웃으며 대꾸했다. "자넨 저기서 돌아다니고 있는 그 여자한테 겁을 먹은 거야."

돈 후앙은 마치 방금 한 말이 내게 영향을 끼치는 곳을 보려는 듯이 말을 멈췄다. 나는 내가 겁에 질렸다는 사실을 인정하는 수밖에 없었다.

한 달 전에 나는 '라 카탈리나'라고 불리는 여주술사와 끔찍한 대결을 벌인 적이 있었다. 내가 목숨을 걸고 그녀와 맞선 이유는 그녀가 돈 후앙의 목숨을 노리고 있으며 혼자 힘만으로는 그녀의 맹공격을 막아낼 수가 없다는 돈 후앙의 말을 철석같이 믿었기 때문이다. 내가 그녀와 접촉한 후, 돈 후앙은 실은 그녀가 그에게는 전혀 위협이 되지 않았으며, 그 모든 일은 속임수였다고 고백했다. 악의적인 장난이 아니라 나를 낚기 위한 덫이었다고 말이다.

그것은 너무나도 비윤리적인 술수였기에 나는 불같이 화를 냈다.

나의 분노에 찬 반응을 본 돈 후앙은 멕시코 노래들을 부르기 시작했다. 그가 인기가수들을 흉내 내며 부른 노래들은 하도 우스꽝스러워서 어느새 나는 어린애처럼 깔깔 웃고 있었다. 그는 몇 시간 동안이나 그런 식으로 나를 즐겁게 해주었다. 그가 웃기는 노래들을 그토록 많이 알고 있는 줄은 몰랐다.

"한 가지 얘기해줄 것이 있네." 마지막에 그는 이렇게 말했다. "속임수에 넘어가지 않는다면 우리는 아무것도 배우지 못할 거야. 나도 똑같은 일을 당했고, 누구든 같은 일을 당할 수 있어. 은사恩師라면 모름지기 제자를 그런 상황 직전으로 몰아가는 법을 알고 있어야 해. 은사는 제자에게 길을 보여주고 속임수를 써서 가르칠 수 있을 뿐이거든. 예전에도 나는 자네를 속인 적이 있었잖나. 내가 자네로 하여금 사냥에 다시 흥미를 갖도록 유도했던 걸 기억하지? 사냥에 열중한 탓에 약초 따위는 까맣게 잊어버렸다고 자네 입으로 말하지 않았나. 자넨 사냥꾼이 되기 위해 기꺼이 이런저런 일들을 할 용의가 있었어. 약초에 관해 배울 때는 할 생각이 없었던 일들까지 말이야. 이제는 살아남기 위해서 그보다 훨씬 더 많은 일을 해야 하네."

그는 나를 응시하다가 갑자기 웃음을 터뜨렸다.

"이건 정신 나간 짓입니다. 우린 합리적인 존재가 아닙니까."

"자넨 합리적이겠지. 하지만 난 아냐."

"물론 당신도 합리적입니다." 나는 주장했다. "돈 후앙, 당신은 제가 만난 가장 합리적인 사람들 중 하나입니다."

"알았어!" 그는 외쳤다. "다투지 말자고. 그래, 내가 합리적이라고 치지. 그래서 뭐?"

나는 우리 같은 합리적인 사람들이 왜 그 마녀를 대했을 때처럼 정신 나간 방식으로 일을 진행시킬 필요가 있느냐고 반박했다.

"맞아, 자넨 합리적이야." 돈 후앙은 격하게 말했다. "바꿔 말해서 자넨 자기가 이 세계에 관해 많은 걸 알고 있다고 믿고 있지. 하지만 정말 그렇게 많이 알고 있을까? 자넨 사람들의 행위를 본 것에 불과해. 자네의 경험은 다른 사람들이 자네에게 했거나 그 밖의 사람들에게 한 행위에만 국한되어 있어. 자넨 이 신비롭고 수수께끼에 가득 찬 세계에 관해 아무것도 모른다고."

돈 후앙은 차로 가자고 손짓했다. 우리는 근처의 멕시코 소도시로 갔다.

무슨 일을 할 작정인지는 물어보지 않았다. 그는 어떤 식당 옆에 차를 세우게 했고, 버스 정류장 겸 잡화점까지 걸어갔다. 돈 후앙은 내 오른쪽 앞을 나아가며 나를 이끌었다. 그러던 중 나는 갑자기 누군가가 내 왼쪽에서 함께 걷고 있다는 사실을 깨달았다. 그러나 내가 그쪽을 돌아보기 전에 돈 후앙이 갑자기 민첩한 동작으로 움직였다. 그는 마치 땅에서 무엇을 주우려는 듯이 허리를 굽혔고, 내가 그와 부딪쳐 거의 넘어질 뻔한 순간 내 겨드랑이 사이에 손을 넣었다. 그는 주차해둔 내 차까지 그렇게 나를 질질 끌어갔고, 내가 문을 열 때조차도 내 팔을 놓지 않았다. 나는 차 열쇠를 꽂느라고 잠시 허둥댔다. 문이 열리자 그는 나를 슬쩍 운전석으로 밀어 넣은 다음 조수석에 앉았다.

"저 잡화점 앞까지 천천히 가서 차를 세워." 그는 말했다.

내가 차를 세우자 그는 턱 끝으로 그쪽을 가리켜 보였다. 돈 후앙이 나를 부여잡았던 바로 그 장소에 '라 카탈리나'가 서 있었다. 나는 나도 모르게 움찔 몸을 뺐다. 여자는 차를 향해 두 걸음 걸어오더니 반항적인 자세로 그 자리에 섰다. 나는 그녀를 신중하게 훑어보고 그녀가 아름답다는 결론을 내렸다. 피부가 아주 가무잡잡했고 풍만하지만 근육질이고 강해 보이는 몸매를 가지고 있었다. 광대뼈가 눈에 띄는 둥근 얼굴에, 두 갈래로 땋은 칠흑 같은 머리카락을 길게 늘어뜨리고 있었다. 나를 놀라게 한 것은 그녀의 젊은 외모였다. 기껏해야 30대 초반으로밖에는 보이지 않았기 때문이다.

"저쪽에서 원한다면 가까이 오게 내버려둬." 돈 후앙이 속삭였다.

그녀는 내 차를 향해 서너 걸음 더 다가오더니 3미터쯤 떨어진 곳에서 멈춰섰다. 우리는 서로를 바라보았다. 그 시점에서 그녀는 전혀 위협적으로 보이지 않았다. 나는 미소 짓고 손을 흔들어 보였다. 그녀는 마치 수줍은 소녀처럼 킥킥 웃으며 입을 가렸다. 왠지 기뻤다. 내가 그녀의 외모와 행동에 대해 말하려고 돈 후앙에게 고개를 돌린 순간 그는 벽력 같은 고함을 질러 내 간담을 서늘하게 했다.

"빌어먹을, 저 여자한테 등을 돌리지 마!" 그는 격한 목소리로 말했다.

나는 재빨리 몸을 돌려 여자를 쳐다보았다. 그녀는 내 차로 두 걸음쯤 더 다가와서 창문에서 2미터도 채 떨어져 있지 않은 곳에 서 있었다. 미소 짓고 있다. 그녀의 이는 크고 희며 아주 깨끗했다. 그러나 어딘가 섬뜩한 미소였다. 우호적인 미소가 아니라 차가운 미소라고나 할까. 웃음기는 입에만 머물러 있었고, 그녀의 검고 차갑고 무표정한 눈은 나를 뚫어지게 바라보고 있었다.

온몸에 소름이 돋았다. 돈 후앙은 율동적으로 쿡쿡거리기 시작했다. 여자는 잠시 기다리는가 싶더니 뒷걸음질쳤고, 곧 인파 속으로 사라졌다.

우리는 차를 몰아 읍내를 떠났다. 돈 후앙은 내가 내 삶을 더 바짝 죄지 않는다면 그녀가 나를 버러지 밟듯이 밟아버릴지도 모른다고 말했다.

"자네를 위해 싸울 가치가 있는 적수를 찾아줬다고 했는데, 그게 바로 그 여자야."

돈 후앙은 내 사냥을 방해하는 그 여자를 어떻게 할지 결정하기
전에 우선 징조가 오기를 기다려야 한다고 말했다.

"까마귀를 보거나 그 울음소리를 들으면 우리가 기다려도 된다는
걸 확실히 알 수 있고, 또 어디서 기다려야 하는지도 알 수 있어." 그
가 덧붙였다.

돈 후앙은 천천히 제자리에서 360도 돌면서 빠짐없이 주위를 훑
어보았다.

"여긴 기다릴 수 있는 장소가 아냐." 그는 속삭였다.

우리는 동쪽을 향해 걷기 시작했다. 이미 상당히 어두워져 있었
다. 갑자기 내 뒤에 있는 높은 관목들 사이에서 두 마리의 까마귀가
날아오르더니 언덕 뒤로 사라졌다. 돈 후앙은 그 언덕이 우리 목표라
고 말했다.

그곳에 도달하자 돈 후앙은 다시 제자리에서 한 바퀴 몸을 돌린
뒤에 언덕의 남동쪽 기슭의 한 지점을 골랐다. 그는 1.5미터에서 1.8
미터 너비의 둥근 지점의 마른 가지와 잎사귀와 돌 부스러기 따위를
치웠다. 내가 도우려고 하자 그는 강하게 손사래를 치며 거부했다.
그는 입술에 손을 갖다 대며 조용히 하라는 몸짓을 했다. 작업이 끝
나자 돈 후앙은 나를 그 원 한복판으로 데려가서 언덕을 등지고 남쪽
을 마주 보게 했고, 자기가 하는 동작을 따라 하라고 내 귀에 대고 속
삭였다. 그는 오른쪽 발을 써서 율동적으로 지면을 쿵쿵 밟는 일종의

춤을 추기 시작했다. 같은 속도로 일곱 번을 쿵쿵거린 다음 그보다 빠르게 세 번 쿵쿵거리는 식이었다.

나도 그 리듬에 맞춰 쿵쿵거리려고 애썼고, 몇 번 서툴게 시도한 끝에 그럭저럭 같은 동작을 하는 데 성공했다.

"이건 어디에 쓰는 겁니까?" 나는 그의 귀에 대고 속삭였다.

돈 후앙은 내가 토끼가 발을 구르듯이 쿵쿵거리고 있기 때문에 이 근처를 돌아다니는 존재는 늦든 빠르든 그 소음에 유인되어 여기로 와서 무슨 일인지 확인하려고 할 것이라고 속삭였다.

내가 요령을 터득하자 돈 후앙은 쿵쿵거리는 것을 그만두었지만 나 보고는 계속 그렇게 하라고 지시하고, 손을 까닥이며 내가 내는 쿵쿵 소리에 장단을 맞췄다.

이따금 그는 머리를 오른쪽으로 조금 기울여서 신중하게 귀를 기울였다. 덤불 쪽에서 들려오는 소리에 주의하고 있는 기색이었다. 어떤 시점이 되자 그는 나더러 멈추라는 시늉을 하고 온 정신을 집중하며 서 있었다. 마치 당장에라도 벌떡 일어나서 눈에 보이지 않는 미지의 적을 향해 달려들기라도 할 듯한 기색이었다.

그런 다음 돈 후앙은 나를 향해 다시 쿵쿵거리라는 시늉을 해 보였다. 잠시 후 그는 다시 멈추라는 신호를 보냈다. 내가 그렇게 멈출 때마다 그는 온몸의 근육을 터질 것처럼 긴장시키며 듣는 일에 모든 신경을 기울였다.

갑자기 그는 내 곁으로 펄쩍 다가와서 내 귓가에 대고 황혼의 힘이 최고조에 달했다고 속삭였다.

나는 주위를 둘러보았다. 관목 덤불은 검은 덩어리처럼 보였다. 언덕이나 바위도 모두 마찬가지였다. 하늘은 짙은 파란색이었고, 구름은 모두 걷혀 있었다. 전 세계가 뚜렷한 경계를 결여한 거무스름한 윤곽들의 집합처럼 보였다.

멀리서 섬뜩한 짐승의 울음소리가 들려왔다. 코요테인지 밤새의 울음소리인지 확실하지 않았다. 너무나도 급작스럽게 들려와서 충분한 주의를 기울이지 못한 탓이다. 그러나 곁에 선 돈 후앙이 몸을 조금 움찔하는 것을 알 수 있었다.

"때가 됐군." 그는 속삭였다. "다시 쿵쿵거리게. 마음의 준비를 하고 있어. 그녀가 와 있네."

내가 맹렬하게 쿵쿵거리기 시작하자 돈 후앙은 황급하게 내 발등을 밟더니 긴장을 풀고 율동적으로 쿵쿵거리라는 시늉을 해 보였다.

"겁을 줘서 쫓아버리면 안 돼." 그는 내 귓가에 대고 속삭였다. "침착하라구. 정신을 바짝 차리고 있어."

돈 후앙은 다시 손으로 내가 내는 쿵쿵 소리에 장단을 맞추기 시작했다. 잠시 후 그가 다시 내 동작을 멈추게 하자 또 그 울음소리가 들렸다. 이번에는 언덕 위를 날아가는 새의 울음소리처럼 들렸다.

돈 후앙은 한 번 더 쿵쿵거리라고 지시했다. 내가 동작을 멈춘 순간, 왼쪽에서 뭔가가 버스럭거리는 듯한 묘한 소리가 들려왔다. 육중한 몸집을 가진 짐승이 마른 관목 덤불을 헤치고 지나갈 때 내는 듯한 소리였다. 순간적으로 곰의 모습이 뇌리에 떠올랐지만, 곧 나는 사막에는 곰이 살지 않는다는 사실을 깨달았다. 내가 돈 후앙의 팔을 움켜잡자 그는 나를 보며 씩 웃더니 입가에 손가락을 갖다 대며 조용히 하라는 시늉을 했다. 나는 왼편의 어둠 속을 응시했지만, 돈 후앙은 손짓으로 그러지 말라고 지시했다. 그는 내 머리 바로 위의 공간을 되풀이해서 가리켰고, 내 몸을 소리 없이 천천히 돌림으로써 검은 덩어리처럼 보이는 언덕을 마주 보게 했다. 돈 후앙은 쭉 뻗은 손으로 언덕의 한 지점을 줄곧 가리키고 있었다. 나는 그 지점에 시선을 고정시켰다. 그러자 갑자기 악몽에서 튀어나온 것 같은 검은 그림자가 나를 향해 펄쩍 달려들었다. 나는 비명을 지르며 뒤로 고꾸라졌다. 한순간 검은 물체의 윤곽이 검푸른 하늘과 겹쳐지더니 그대로 공중을 날아 우리 뒤쪽에 있는 덤불 속에 착지했다. 나는 육중한 몸이 덤불을 헤치고 지나가는 소리를 들었다. 섬뜩한 포효가 울려 퍼졌다.

돈 후앙은 나를 일으켜 세워, 어둠을 뚫고 내가 덫들을 두고 왔던 장소로 나를 이끌었다. 그는 내가 그것들을 모아서 분해하도록 한 다음에 그 조각들을 사방에 뿌렸다. 이런 작업을 하는 동안 그는 단 한마디도 하지 않았다. 그의 집으로 돌아갈 때도 우리는 아예 말을 나누지 않았다.

"뭘 얘기해줬으면 좋겠나?" 내가 몇 시간 전에 경험한 사건들을 설명해달라고 끈질기게 조르자 돈 후앙은 말했다.

"그건 뭐였습니까?"

"그게 누구였는지는 자네도 잘 알잖나. '그건 뭐였습니까?' 하는 식으로 얼버무리려고 하지 마. 중요한 건 무엇이 아니라 누구였는가야."

　나는 마음에 드는 설명을 하나 찾아냈다. 내가 본 물체는 연과 흡사했다. 따라서 누군가가 언덕 위로 그것을 띄웠고, 우리 뒤에 있던 다른 사람이 그것을 잡아당겨 지면으로 떨어뜨렸던 것이다. 그렇게 함으로써 검은 윤곽을 가진 물체가 15에서 20미터쯤 공중을 날아오는 듯한 효과를 만들어냈던 것이다.

　돈 후앙은 내 설명에 귀를 기울이더니 눈물을 흘리며 폭소했다.

　"그렇게 에둘러 말하지 말게. 요점을 말하라고. 그건 여자였나?"

　땅바닥에 쓰러진 내가 위를 올려다본 순간 긴 치마를 입은 여자의 검은 윤곽이 아주 느린 속도로 내 위를 뛰어넘는 것을 보았다는 사실을 시인하는 수밖에 없었다. 그러자마자 그 검은 윤곽은 마치 무엇인가에 의해 잡아당겨진 것처럼 엄청난 속도로 날아가더니 그대로 덤불에 부딪혔던 것이다. 사실, 연이었을지도 모른다는 생각이 떠오른 것은 바로 그 움직임 때문이었다.

　돈 후앙은 더 이상 그 사건에 관해 언급하기를 거부했다.

　다음날 그는 어떤 알 수 없는 용무를 처리하기 위해 떠났고, 나는 다른 지역에 있는 야키 친구들을 만나러 갔다.

1962년 12월 12일 수요일

내가 그 야키 거류지에 도착하자마자 잡화점 주인인 멕시코인이 오늘 밤 과달루페의 성모를 찬미하기 위해 그가 주최하는 축제(fiesta)에 쓰려고 전축과 스무 장의 음반을 빌렸다고 내게 자랑했다. 이곳의 야키 인디언들에게 예약 할부로 판 싸구려 의류의 대금을 받으러 한 달에 두 번 야키 거류지를 방문하는 훌리오라는 순회 판매원이 있는데, 그는 그를 통해 모든 준비를 마쳤다고 했다. 가게 주인이 여기저기 자랑을 해댄 탓에 그 사실은 이미 모르는 사람이 없었다.

훌리오는 오후 일찍 레코드플레이어를 가지고 와서 가게의 발전기에 연결했다. 그는 기계가 제대로 작동하는 것을 확인한 다음 음량을 최대한으로 올렸고, 어떤 스위치에도 손을 대지 말라고 잡화점 주인에게 신신당부하고는 스무 장의 음반을 정리하기 시작했다.

"음반 하나하나에 긁힌 상처가 몇 개 있는지 다 알고 있으니까 조심해야 해." 훌리오는 잡화점 주인에게 말했다.

"내 딸한테 얘기해두라고." 주인이 대답했다.

"당신 딸이 아니라 당신이 책임져야 해."

"그게 그거야. 음반을 바꿔 끼울 사람은 내 딸이거든."

훌리오는 잡화점 주인이 훼손된 음반 값을 물어주는 한 전축을 다루는 사람이 주인의 딸이든 누구든 그는 전혀 상관하지 않는다고 말했다. 주인은 훌리오와 언쟁을 벌이기 시작했다. 훌리오의 얼굴이 붉어졌다. 훌리오는 이따금씩 가게 앞에 모여든 야키 인디언 군중 쪽으로 얼굴을 돌리며 두 손을 들어올리거나 오만상을 찌푸림으로써 그가 느끼는 절망감과 좌절감을 표현했다. 급기야는 궁여지책으로 현금으로 보증금을 받아야겠다고 요구했다. 그의 이런 요구는 훼손된 음반의 정의에 관한 또 다른 긴 논쟁을 불러일으켰다. 훌리오는 권위적인 어조로 음반이 어떤 식으로 훼손되든 간에 신품 가격으로 보상받아야 한다고 선언했다. 잡화점 주인은 한층 더 화를 내며 전기 코드를 빼기 시작했다. 전축을 떼어내고 아예 파티 자체를 취소할 작정인 듯했다. 그는 잡화점 앞에 모여든 손님들을 향해 자기는 최선을 다해 훌리오와의 협상에 임했음을 강조했다. 바야흐로 파티는 시작되기도 전에 끝날 것처럼 보였다.

내가 머무는 집의 주인인 블라스라는 이름의 야키 인디언 노인은 가장 중요한 종교적 명절인 과달루페의 성모 축제조차도 마음대로 즐기지 못하는 야키 인디언들의 비참한 상황에 대해 큰 소리로 욕설 섞인 한탄을 늘어놓았다.

내가 나서서 도움을 주려고 하자 블라스는 내가 대신 보증금을 내준다면 잡화점 주인 쪽에서 앞장서서 음반들을 박살 낼 것이 뻔하다며 말렸다.

"제일 나쁜 건 바로 저 자식이야. 보증금을 내게 내버려두라고. 평소에 우릴 그렇게 쥐어짜면서, 그깟 푼돈을 아까워해?"

긴 논의를 거친 끝에 ㅣ 묘하게도 그곳에 모인 사람들 모두가 훌리오 편을 들었다 ㅣ 가게 주인은 양측이 받아들일 수 있는 조건에 도달했다. 보증금을 내지는 않지만 음반과 전축이 상할 경우 책임을 지겠다고 약속했던 것이다.

홀리오의 모터사이클이 먼지를 일으키며 떠나갔다. 근처에 있는 고객들의 집에 들러 수금을 할 작정인 듯했다. 그들이 이 잡화점으로 와서 가진 돈을 몽땅 술 사는 데에 써버리기 전에 미리 돈을 받아낼 심산이라고 블라스는 말했다. 그가 이런 말을 했을 때 잡화점 뒤에서 한 무리의 인디언들이 나타났다. 블라스는 그들을 보더니 웃기 시작했다. 다른 사람들도 웃음을 터뜨렸다.

블라스는 이 인디언들이 바로 홀리오의 고객들이며, 홀리오가 떠날 때까지 가게 뒤에 숨어 있었던 것이라고 내게 말했다.

파티는 일찌감치 시작되었다. 잡화점 주인의 딸은 턴테이블 위에 음반을 올려놓고 톤암을 내려놓았다. 찌익 하는 날카로운 소리와 지직직거리는 잡음이 들리더니 귀청이 찢어질 듯한 트럼펫 소리와 기타 반주 소리가 흘러나왔다.

파티는 음반들을 최대 음량으로 틀어놓는 식으로 진행되었다. 네 명의 멕시코인 청년이 가게 주인의 두 딸과 다른 세 멕시코인 처녀들과 춤을 추었다. 야키 인디언들은 춤을 추지 않고 즐거운 표정으로 춤추는 사람들의 동작을 바라보고 있었다. 그냥 싸구려 테킬라를 퍼마시며 구경을 하는 것만으로도 즐거운 기색이었다.

나는 안면이 있는 모든 사람들에게 술을 한 잔씩 샀다. 국외자인 나를 보고 분개하는 사람이 나오는 것을 원하지 않았던 나는 인디언들 사이를 누비며 말을 걸고 술을 권했다. 나의 이런 작전은 내가 술에 전혀 입을 대지 않았다는 사실을 그들이 모르고 있는 동안에는 잘

먹혀들었다. 그러나 그들은 그 사실을 깨닫자마자 일제히 기분 나빠하는 기색을 보였다. 마치 내가 여기에 속하지 않는다는 사실을 집단적으로 깨달은 듯했다. 인디언들은 매우 퉁명스러워졌고, 의미심장한 눈으로 나를 보았다.

그와 동시에 인디언들 못지않게 술에 취한 멕시코인들도 내가 전혀 춤을 추지 않는다는 사실을 깨달았다. 그들은 인디언들보다 더 화를 내는 기색이었고, 매우 공격적으로 변했다. 그중 한 사람은 내 팔을 부여잡고 전축 쪽으로 억지로 끌어가기까지 했다. 다른 사람은 테킬라 한 잔을 가득 따라놓고 단번에 들이킴으로써 내가 '마초'임을 증명해 보이라고 종용했다.

나는 시간을 벌기 위해 마치 이 모든 상황이 즐겁다는 듯이 멍청한 웃음을 터뜨렸고, 우선 춤을 춘 다음에 술을 마시겠다고 말했다. 멕시코 청년 하나가 노래 제목을 큰 소리로 말하자 전축을 맡은 처녀가 음반 더미를 뒤지기 시작했다. 여자들은 대놓고 술을 마시지는 않았지만 조금 알딸딸한 기색이었고, 음반을 턴테이블에 끼우는 데도 애를 먹었다. 멕시코 청년이 그녀가 고른 음반이 트위스트 음악이 아니라고 지적하자 그녀는 올바른 음반을 찾으려고 또 음반 더미를 뒤적였다. 그러자 모든 사람들이 나를 내버려두고 일제히 그녀 주위로 몰려들었다. 그 덕에 나는 밝게 조명된 곳을 떠나 잡화점 뒤로 달려감으로써 그들로부터 도망치는 데 성공했다.

30미터쯤 떨어진 덤불 사이에 서서 앞으로 어떻게 할지를 생각했다. 피곤했다. 차를 타고 집으로 돌아가야겠다는 생각이 들었다. 나는 차를 세워둔 블라스의 집을 향해 걷기 시작했다. 천천히 차를 몬다면 아무도 내가 떠났다는 사실을 알아차리지 못할 것이다.

전축을 맡은 사람들이 아직도 올바른 음반을 찾아내지 못했다는 점은 명백했다. 여전히 스피커가 지지직거리는 소리밖에는 들리지 않았기 때문이다. 이윽고 귀청을 찢을 듯한 트위스트 곡이 울려 퍼지는 것을 듣고 나는 웃었다. 방금 내가 있던 곳을 돌아본 그들이 그제야 내가 사라졌다는 사실을 깨달았을 것이라고 생각했기 때문이다.

반대 방향에서 잡화점 쪽을 향해 걸어오는 사람들의 어두운 그림자가 보였다. 나는 그들을 지나칠 때마다 "부에나스 노체스"라고 인사했다. 모두 안면이 있는 사람들이었기 때문에 나는 그들에게 멋진 파티였다고 말했다.

길이 급격하게 꺾이는 곳에 당도하기 전에 두 명과 더 마주쳤다. 모르는 사람들이었지만 나는 인사를 건넸다. 전축에서 흘러나오는 귀청을 찢을 듯한 음악은 길 위에서도 가게 앞에서 들었을 때 못지않게 컸다. 구름이 짙게 깔린 탓에 별도 안 보이는 껌껌한 밤이었지만 잡화점의 밝은 조명 덕에 주위가 상당히 잘 보였다. 블라스의 집에 거의 다 오자 나는 더 빨리 걷기 시작했다. 그때 길이 꺾이는 지점에서 길 왼쪽에 앉아 있거나 쭈그리고 있는 사람의 검은 그림자를 목격했다. 한순간 나보다 먼저 파티를 떠나온 사람인가 하는 생각이 들었다. 아무래도 길가에서 쭈그리고 볼일을 보고 있는 듯했다. 묘한 느낌이었다. 이곳 사람들은 보통 무성한 덤불로 들어가서 용변을 해결한다. 나는 앞에 있는 사람이 누구든 간에 술에 취해 있는 것이라고 짐작했다.

길이 꺾이는 지점에 도달한 나는 "부에나스 노체스"라고 인사를 건넸다. 그러자 그 인물은 섬뜩하고 거친 비인간적인 포효를 발했다. 온몸의 털이 곤두서는 것을 느꼈다. 나는 얼어붙었다가, 다음 순간에는 빠르게 걷기 시작했다. 그쪽을 흘끗 보았다. 검은 그림자는 반쯤 일어서고 있었다. 여자였다. 그녀는 몸을 앞으로 수그리고 있었다. 그 자세로 몇 걸음 걷더니 껑충 뛰었다. 내가 달리기 시작하자 여자는 내 곁에서 마치 새처럼 깡충깡충 도약하며 따라왔다. 블라스의 집에 도착했을 때는 내 앞길을 가로막기까지 했다. 거의 몸이 닿을 정도였다.

나는 집 앞에 있는 조그만 마른 도랑을 뛰어넘어 엉성한 문을 박차고 들어갔다.

블라스는 이미 집에 와 있었다. 나는 무슨 일이 있는지를 얘기했지만 그는 별로 신경을 쓰는 기색이 아니었다.

"작심하고 자네를 놀렸던 거야." 그는 걱정 말라는 듯이 말했다. "인디언들은 원래 외국인들을 놀리기 좋아하지."

그러나 이 경험은 나를 너무나도 불안하게 만들었다. 다음날 예정대로 집에 가지 않고 차를 몰고 다시 돈 후앙의 집으로 갔을 정도로 말이다.

돈 후앙은 늦은 오후에 집에 돌아왔다. 나는 그가 입을 열 틈도 주지 않고, 블라스의 의견을 포함해서 내가 경험한 것을 한꺼번에 털어놓았다. 돈 후앙의 얼굴이 어두워졌다. 나의 상상일지도 모르지만 왠지 걱정스러운 표정이었다.

"블라스가 하는 말을 고스란히 믿으면 안 돼." 그는 진지한 어조로 말했다. "그치는 주술사들 사이에서 벌어지는 다툼에 관해서는 전혀 모르니까 말이야.

그 그림자가 자네 왼쪽에 있다는 사실을 깨달은 순간 자넨 사태의 심각성을 깨달았어야 했어. 그렇게 도망치지도 말았어야 했고."

"그럼 어떻게 하란 말입니까? 그냥 그 자리에 서 있는다든지?"

"그래. 전사가 보통 인간이 아닌 적수를 만났을 때는 그 자리에 머무르며 저항해야 하네. 그는 오로지 그런 행동을 통해서만 무적의 존재가 될 수 있어."

"무슨 얘기를 하시는 겁니까?"

"자네가 싸울 가치가 있는 적수와 세 번째로 만났다는 얘기를 하고 있는 걸세. 그녀는 자네를 쫓아다니면서 자네가 약점을 노출하는 순간이 오기를 기다리고 있었어. 이번에는 거의 자네를 잡기 직전까지 갔고."

나는 불안감이 솟구치는 것을 느끼고 나를 불필요한 위험에 빠뜨린 돈 후앙을 탓했고, 그가 나를 가지고 잔인한 게임을 하고 있다고 불평했다.

"보통 사람에게 같은 일이 일어났다면 잔인하다고 탓할 수도 있겠지. 하지만 사람은 일단 전사로 살아가기 시작한 순간부터 보통 사람이기를 멈추네. 게다가 난 자네를 가지고 놀거나, 자네를 놀리거나 괴롭힐 목적으로 싸울 가치가 있는 적수를 찾아준 게 아니라 그런 존재가 있으면 자네에게 박차를 가할 수 있다고 생각했을 뿐이야. '라 카탈리나' 같은 적수를 상대해야 한다면 자넨 내가 지금까지 가르쳐준 걸 모조리 동원해야 할지도 모르거든. 달리 대안이 없다는 뜻이야."

우리는 한동안 침묵했다. 돈 후앙의 말은 나의 내면에 엄청난 불안감을 몰고 왔다.

잠시 후 그는 내가 "부에나스 노체스"라고 인사한 뒤에 들었던 포효를 가능한 한 정확하게 흉내 내보라고 말했다.

그 소리를 흉내 내려다가 내 입에서 터져나온 울부짖는 듯한 기이한 소리가 들리자 나는 두려움에 사로잡혔다. 돈 후앙은 그 소리가 우스웠던 듯했다. 거의 숨도 못 쉬고 폭소했기 때문이다.

잠시 후 그는 그때 일어났던 일을 모두 재구성해보라고 말했다. 내가 뛴 거리, 처음 그 여자와 마주쳤을 때의 거리, 내가 집에 도달했을 때 그녀와 나 사이의 거리, 그리고 그녀가 깡총깡총 도약하기 시작한 지점 따위를 말이다.

"뚱뚱한 인디언 여자라면 그렇게 깡총깡총 뛰었을 리가 없어." 돈 후앙은 이 모든 변수를 음미해본 뒤에 말했다. "그렇게까지 멀리 달려왔을 수도 없고."

그는 나더러 깡총 뛰어보라고 말했다. 나는 그런 식으로는 한 번에 120센티미터를 뛰는 것이 고작이었다. 당시의 내 추정이 옳았다면, 그 여자는 한 번 뛸 때마다 적어도 3미터의 지면을 뛰어넘었다는 얘기가 된다.

"물론 지금부터는 정신을 바짝 차리고 경계해야 한다는 건 잘 알겠지." 돈 후앙은 매우 절박한 어조로 말했다. "그 여자는 자네가 아무것도 모르고 약해져 있을 때 자네의 왼쪽 어깨를 치려고 할 거야."

"전 어떻게 해야 합니까?"

"불평해봤자 아무 소용도 없어. 이 시점부터 가장 중요한 건 자네 삶의 전략이야."

나는 돈 후앙이 하는 말에 전혀 집중할 수가 없었다. 그냥 기계적으로 받아 적고 있을 뿐이었다. 그는 한참을 침묵하더니 귀 뒤쪽이나 목덜미에 혹시 통증을 느끼지는 않는지 물었다. 내가 느끼지 않는다고 대답하자 그는 내가 이 두 부위에 불편한 느낌을 받는다면 내가 어설프게 행동한 탓으로 '라 카탈리나'의 공격에 부상을 입었다는 뜻이라고 말했다.

"그날 밤 자네가 한 일 전부가 어설펐어. 우선 자넨 시간을 때우려고 그 파티에 갔어. 마치 그럴 만한 시간 여유가 있는 것처럼 말이야. 그 탓에 자네는 약해졌어."

"파티에도 참석하지 말라는 뜻입니까?"

"그런 뜻이 아냐. 어디든 자네가 가고 싶은 곳으로 가도 돼. 하지만 그럴 경우에는 그 행위에 완전히 책임을 지란 뜻이야. 전사는 전략적으로 살아가야 하네. 그런 식의 파티나 모임에 참석하는 건 오로지 전략이 그걸 요구할 때에 한해서야. 물론 그럴 경우 그는 모든 것을 완전히 통제하고, 그가 필요하다고 간주하는 모든 행위를 행한다는 점은 말할 나위도 없고."

돈 후앙은 나를 뚫어지게 바라보더니 미소 지었고, 손으로 얼굴을 가리고는 나직하게 웃었다.

　"자넨 정말이지 지독한 딜레마에 빠져 있군. 자네의 적수는 자네를 추적 중이고, 자네는 난생처음으로 되는 대로 행동할 수가 없게 되었으니. 이번에 자넨 완전히 다른 '하기'를 터득해야 해. 전략의 '하기'를 말이야. 이렇게 생각하게. 자네가 만약 '라 카탈리나'의 맹공에서 살아남는다면 자넨 언젠가 자네의 '하기'를 바꾸도록 강제해준 그녀에게 감사해야 할 거야."

　"그런 끔찍한 소리가 어디 있습니까! 만약 제가 살아남지 못한다면 어떻게 하라고요?"

　"전사는 결코 그런 생각에 빠지는 법이 없네. 같은 인간들을 상대로 행동할 때 전사는 전략의 '하기'를 따르고, 그 '하기'에서 승리나 패배 따위 없어. 그 '하기'에서는 오직 행동만이 있을 뿐이네."

　나는 전략의 '하기'가 무엇을 수반하는지를 물어봤다.

　"사람들에게 휘둘리지 않는 행동을 수반하지. 이를테면 그 파티에서 자넨 어릿광대였지만, 그건 자네의 목적을 수행하기 위한 행동이 아니었어. 자넨 단지 거기 있던 사람들에게 휘둘린 것일 뿐이야. 자넨 아무 통제력도 없었기 때문에 결국 그들에게서 도망쳐야 했지."

　"그럼 어떻게 행동했어야 옳았단 말입니까?"

　"아예 참석하지 않거나, 뭔가 특정한 행동을 하기 위해서 갔어야 했어.

　멕시코인들하고 법석을 떤 뒤에 자네는 약해졌고, '라 카탈리나'

는 바로 그 빈틈을 노렸던 거야. 그래서 길가에서 자네를 기다리고 있었던 거지.

하지만 자네의 몸은 뭔가가 이상하다는 걸 알고 있었어. 그럼에도 불구하고 자넨 그녀에게 말을 걸었지. 그건 정말로 어리석은 행동이었어. 그런 종류의 조우에서는 적수에게 단 한 마디의 말도 건네면 안 되네. 그러고 나서 자네는 그녀에게 등을 돌렸는데, 그건 더 끔찍한 행동이었어. 그런 다음에는 그녀에게서 도망쳤는데, 그건 생각할 수 있는 최악의 행동이었어! 그녀 자신도 서툴렀다는 점은 명백하네. 유능한 주술사라면 바로 그 자리에서 자네를 깔아뭉갰을 거야. 자네가 등을 돌리고 도망친 순간에 말이야.

따라서 자네에게 남은 유일한 방어책은 버티고 서서 자네의 춤을 추는 선택밖에는 없어."

"어떤 춤을 얘기하시는 겁니까?"

그는, 전에 내게 가르쳐준 '토끼 발 구르기'는 전사가 일생 동안 연마하고 강화하는 춤의 첫 번째 동작이며, 그는 지상에서의 마지막 저항에서 바로 그 춤을 춘다고 말했다.

한순간 나는 묘하게 명징한 기분에 사로잡혔다. 잇달아 생각이 떠올랐다. 첫 번째 대결에서 '라 카탈리나'와 나 사이에서 벌어졌던 일은 어떤 층위에서는 명백하게 현실이었으며, 그녀가 정말로 나를 따라다니고 있을 가능성도 무시할 수 없었다. 이런 생각은 돈 후앙이 나를 속이고 있으며, 내가 목격한 기이한 일들을 그가 어떤 식으로든 꾸며냈을지도 모른다는 희미한 의심으로 이어졌다.

돈 후앙은 갑자기 하늘을 올려다보더니 그 여자 주술사를 찾아가서 확인할 시간 여유가 아직 있다고 말했다. 그는 우리가 그냥 차를 타고 그녀의 집을 지나칠 것이기 때문에 위험은 거의 없을 거라고 장담했다.

"자넨 그 여자의 모습을 꼭 확인해봐야 해. 그러면 어떤 식으로든 자네 마음속의 의구심이 모두 사라질 거야."

손에서 땀이 계속 배어 나오는 통에 수건으로 계속 닦아야 했다. 우리는 차에 올라탔다. 돈 후앙은 국도로 들어갔다가 폭이 넓은 비포장도로로 들어가라고 지시했다. 나는 비포장도로 한가운데를 달렸다. 무거운 트럭이나 트랙터가 남긴 바퀴 자국이 너무 깊어서 높이가 낮은 나의 차는 도로 좌우를 나아갈 수가 없었기 때문이다. 우리는 자욱한 먼지에 에워싸인 채로 천천히 전진했다. 도로를 평탄하게 하기 위해 깔아놓은 거친 조약돌들이 비를 맞고 흙과 뭉쳐져 있는 탓에 내 차의 금속 바닥은 흙이 말라붙은 돌들과 쾅쾅 부딪쳤다.

작은 다리에 도달할 무렵 돈 후앙은 속도를 늦추라고 말했다. 다리 위에 앉아 있던 네 명의 인디언들이 우리에게 손을 흔들었다. 아는 사람인지 아닌지는 알 수 없었다. 차가 다리를 지나자 길은 완만하게 꺾였다.

"저게 그 여자 집이야." 돈 후앙은 높은 대나무 울타리를 두른 흰 집을 눈으로 가리키며 속삭였다.

돈 후앙은 유턴해서 길 한복판에 차를 세우게 하고, 미심쩍은 차를 보면 그 여자가 얼굴을 드러낼지도 모르니 기다려보자고 말했다.

우리는 10분쯤 그 자리에 머물렀다. 내게는 끝없이 지속되는 것처럼 느껴진 시간이었다. 돈 후앙은 한 마디도 하지 않고 미동도 없이 앉은 채로 그 집을 바라보았다.

"저기 왔어." 그가 이렇게 말한 순간 갑자기 그의 몸이 튀어올랐다.

나는 열린 현관문 너머로 방 안에 서 있는 여자의 검고 불길한 윤곽을 보았다. 집 안은 어두웠고, 여자의 검은 윤곽을 한층 더 강조해주는 역할밖에는 하지 않았다.

몇 분 뒤에 여자는 어두운 실내에서 나와, 문간에 서서 우리를 바라보았다. 우리는 잠깐 그녀를 바라보았다. 곧 돈 후앙은 차를 몰고 떠날 것을 지시했다. 나는 망연자실한 상태였다. 길가에서 깡총깡총 뛰던 바로 그 여자가 틀림없음을 맹세할 수 있었다.

반 시간 뒤에 차가 다시 포장된 국도로 들어서자 돈 후앙이 말했다.

"어때? 모습을 알아봤나?"

나는 대답하지 않고 한참을 주저했다. 그렇다고 대답할 경우 내가 져야 할 책임이 두려웠다. 나는 조심스럽게 말을 골라가며, 너무 어두워서 완전히 확신할 수는 없었다고 대답했다.

돈 후앙은 웃으며 내 머리를 툭 쳤다.

"그 여자가 맞지. 안 그래?"

돈 후앙은 내가 대답할 시간을 주지도 않고 입가에 손가락을 갖다 대며 조용히 하라는 시늉을 했다. 그는 내 귓가에 대고 지금은 무슨 말을 해도 무의미하며, '라 카탈리나'의 맹공에서 살아남으려면 지금까지 배운 것을 모조리 동원해야 한다고 속삭였다.

제2부

익스틀란으로 가는 길

18

주술사의 힘의 반지

1971년 5월에 나는 도제 자격으로는 마지막으로 돈 후앙을 방문했다. 나의 방문 목적은 지난 10년 동안의 그것과 하등 다르지 않았다. 바꿔 말해서, 다시 그와 친숙하게 교류할 작정이었던 것이다.

돈 후앙은 친구인 마사텍 인디언 주술사 돈 헤나로와 함께 앉아 있었다. 여섯 달 전에 방문했을 때도 나는 이 두 사람을 함께 만난 적이 있다. 언제나 그렇게 함께 있는지 물어볼까 말까 망설이고 있을 때, 돈 헤나로는 자기는 북쪽 사막을 워낙 좋아하기 때문에 내가 도착할 시간에 맞춰서 방금 도착했다고 설명했다. 두 사람은 마치 은밀한 비밀을 숨기고 있는 듯한 표정으로 웃음을 터뜨렸다.

"난 단지 자네를 보려고 돌아왔다네." 돈 헤나로가 말했다.

"사실이야." 돈 후앙이 맞장구쳤다.

나는 돈 헤나로를 향해 지난번에 방문했을 때 그가 억지로 '세계를 멈추는' 법을 가르쳐주려고 한 탓에 정말 혼이 났다고 말했다. 그가 두렵다는 사실을 우호적인 말투로 넌지시 알렸던 것이다. 그러자 돈 헤나로는 어린애처럼 발버둥치고 몸을 마구 흔들며 미친 듯이 웃었다. 돈 후앙도 내 시선을 피하며 웃고 있었다.

"돈 헤나로, 또 그렇게 저를 도울 생각은 아니시죠?" 나는 물었다.

이 질문은 두 사람을 글자 그대로 포복절도하게 만들었다. 돈 헤나로는 웃으면서 땅바닥 위를 데굴데굴 구르다가 엎드렸고, 급기야는 배를 땅에 대고 헤엄을 치기 시작했다. 그의 그런 행동을 보았을 때, 나는 이제 모든 것이 끝장임을 각오했다. 이유는 알 수 없었지만, 바로 그 순간 나의 몸은 마침내 종말이 왔다는 사실을 자각했던 것이다. 그것이 어떤 종류의 종말인지는 알 수 없었지만 말이다. 모든 것을 극적으로 받아들이려는 나의 개인적인 성향에다 과거에 돈 헤나로를 만났을 때의 무시무시한 기억까지 가세하면서, 나는 바야흐로 내 삶이 종말에 다다랐음을 확신했다.

지난번에 이곳을 방문했을 때 돈 헤나로는 나를 '세계를 멈추기' 직전의 상태로까지 몰아갔다. 그런 그의 노력은 너무나 기괴하고도 노골적이었던 탓에 돈 후앙도 마침내는 나더러 떠나라고 명령해야 했을 정도였다. 돈 헤나로가 시연해보인 '힘'이 너무나도 경이롭고 너무나도 당혹스러웠던 나머지 나는 자신을 처음부터 완전히 재평가하지 않을 수가 없게끔 강요받았다. 나는 집으로 돌아가서 도제 수업을 시작했을 무렵에 내가 남긴 기록을 다시 검토해보았고, 그 과정에서 형언할 수 없는 과정을 통해 새로운 감정이 자리 잡는 것을 느꼈다. 방금 돈 헤나로가 땅 위에서 헤엄치는 것을 목격하기까지는 그 사실을 완전히 자각하고 있지는 않았지만 말이다.

땅 위에서 헤엄치는 돈 헤나로의 행위 ― 이것은 그가 지금까지 내 눈앞에서 보여주었던 기괴하고 황당무계한 행동들과도 일맥상통했다 ― 는 일단 납작 엎드리는 동작으로 시작되었다. 돈 헤나로의 몸은 너무 심하게 웃는 나머지 숫제 경련하고 있었다. 이윽고 그는 발차기 동작을 시작했고, 급기야는 거기 맞춰 노를 젓는 것처럼 양팔을 움직이기 시작했다. 돈 헤나로는 마치 볼베어링을 가득 담은 판자를 배에 깐 사람처럼 방바닥 위를 미끄러지기 시작했다. 그러면서 그는 여러 번 방향을 바꿨고, 나와 돈 후앙 주위를 돌며 돈 후앙의 집 앞을 한 군데도 빠뜨리지 않고 돌아다녔다.

돈 헤나로는 예전에도 내 앞에서 어릿광대처럼 행동한 적이 있었다. 그리고 그가 그런 행동을 할 때마다 돈 후앙은 내가 '보기(see)' 직전까지 갔다고 장담했다. 그럼에도 불구하고 내가 '보는' 일에 결국 실패한 것은 내가 돈 헤나로의 모든 행동을 합리적인 관점에서 설명하려고만 고집했기 때문이었다. 그러나 이번에는 정신을 바짝 차리고 있었기 때문에, 나는 눈앞에서 벌어지는 일을 설명하거나 논리적으로 이해하려는 노력을 하지 않고 그냥 그를 바라보았을 뿐이다. 그러나 망연자실한 기분에 빠지는 것만은 어쩔 수 없었다. 돈 헤나로는 실제로 배와 가슴을 써서 지면 위를 지치고 있었다. 그런 광경을 바라보고 있던 중에 내 눈은 가운데로 모이기 시작했다. 불안감이 솟구쳤다. 지금 일어나는 일을 설명하지만 않는다면 나는 '보게' 될 것임을 확신했다. 이런 생각은 엄청난 고뇌의 감정을 몰고 왔다. 신경이 너무나 날카로워진 탓에 어느새 나는 예전처럼 합리적인 설명을 하려는 충동에 사로잡혀 있었다.

돈 후앙은 그런 나를 관찰하고 있었던 것이 틀림없다. 갑자기 내 어깨를 툭 쳤기 때문이다. 나는 반사적으로 그를 향해 몸을 돌리며 한순간 돈 헤나로에게서 시선을 뗐다. 다시 돈 헤나로에게 고개를 돌렸을 때, 그는 또다시 내 곁에 서 있었다. 고개를 한쪽으로 조금 기울인 탓에 그의 턱은 내 오른쪽 어깨에 거의 닿아 있었다. 나는 그를 빤히 쳐다보다가 화들짝 놀라며 뒤로 껑충 물러섰다.

돈 헤나로는 짐짓 놀란 표정을 지었다. 그 표정이 너무나도 우스꽝스러웠던 나머지 나는 웃음의 발작에 사로잡혔다. 그러면서도 내 웃음이 정상적이 아니라는 사실을 자각하지 않을 수가 없었다. 내 복부 한복판에서 시작된 신경성 경련으로 인해 온몸이 덜덜 떨렸다. 돈 헤나로가 내 배 위에 손을 올려놓자 발작적인 경련은 멈췄다.

"카를로스 요 녀석은 엄살이 왜 이리 심한지!" 돈 헤나로는 짐짓 뚱한 어조로 외쳤다.

그런 다음 그는 돈 후앙의 목소리와 태도를 흉내 내며 말했다. "전사는 결코 그런 식으로 웃지 않는다는 걸 모르나?"

너무나 완벽한 돈 후앙 흉내였다. 나는 더 크게 웃는 수밖에 없었다.

두 사람은 함께 자리를 떴다. 그리고 두 시간쯤 지난 정오 무렵이 되어서야 돌아왔다.

그들은 돈 후앙의 집 앞 흙마당에 앉았지만 아무 말도 하지 않았다. 졸리고 피곤하여 거의 방심한 듯한 기색이었다. 그들은 오랫동안 꼼짝도 하지 않았는데, 그러는 동안은 너무나 편안하고 느긋해 보였다. 돈 후앙은 마치 정말로 잠든 것처럼 조금 입을 벌리고 있었지만, 나는 그가 무릎 위에서 깍지 낀 손의 엄지를 율동적으로 움직이는 것을 보았다.

나는 앉은 자세에서 안절부절못하며 몸을 뒤척였지만 잠시 뒤에는 평온한 기분에 빠져들었다. 그러다가 잠들어버린 듯하다. 나는 돈 후앙이 쿡쿡거리며 웃는 소리를 듣고 잠에서 깼다. 눈을 뜨자 두 사람이 나를 빤히 쳐다보고 있었다.

"말수가 줄었다 싶으면 자버리는군." 돈 후앙은 웃으며 말했다.

"아무래도 그런 것 같군요." 나는 말했다.

돈 헤나로는 눕더니 공중을 향해 발길질을 하기 시작했다. 또 예의 혼란스러운 어릿광대짓을 시작할 작정인가 하는 생각이 들었지만, 다음 순간 그는 다시 책상다리를 하고 앉았다.

"지금쯤은 자네도 응당 알고 있어야 할 사실이 하나 있네." 돈 후앙이 말했다. "나는 그걸 1입방 센티미터의 기회라고 부르지. 전사든 아니든 간에 우리는 모두 가끔씩 눈앞에 1입방 센티미터의 기회가 튀어나오는 걸 본다네. 일반인과 전사의 차이는, 전사는 그걸 자각하고 있다는 점이야. 알다시피 전사의 책무 중 하나는 정신을 바짝 차리고 언제든 준비를 갖추고 있는 것이지. 그래서 이 1입방 센티미터의 기회가 튀어나오면 그걸 움켜잡을 수 있는 민첩함과 힘을 발휘할 수 있는 거지.

기회, 행운, 개인적 힘, 기타 무슨 이름으로 부르든 상관없지만, 그건 실로 기이하다고 할 수밖에 없는 현상이라네. 눈앞에 마치 뽑아달라는 듯이 조그만 작대기가 튀어나오는 느낌이라고나 할까. 보통 사람이라면 너무 바쁘거나, 딴 데 정신이 팔려 있거나, 또는 너무 멍청하고 게을러서 그게 1입방 센티미터의 기회라는 사실을 깨닫질 못해. 반면에 언제나 정신을 바짝 차리고 견실한 삶을 사는 전사라면 그걸 움켜쥘 수 있는 탄력과 대처능력을 갖고 있는 법이지."

"자네 삶은 아주 견실한가?" 돈 헤나로가 느닷없이 물었다.

"그렇다고 생각합니다." 나는 확신에 찬 어조로 대답했다.

"그럼 자네도 1입방 센티미터의 행운을 뽑을 수 있을 거라고 생각하는 거야?" 돈 후앙은 믿지 못하겠다는 투로 되물었다.

"언제나 뽑고 있다는 생각이 듭니다만."

"자네가 아는 것들에 대해서만 정신을 바짝 차리고 있다는 생각이 드는데." 돈 후앙이 말했다.

"이건 제 착각일지도 모르지만, 지금까지 살아오면서 요즘만큼 정신을 바짝 차리고 산 적은 없었던 것 같습니다." 본심이었다.

돈 헤나로는 기특하다는 듯이 고개를 끄덕였다.

"맞아." 그는 혼잣말을 하듯이 나직한 목소리로 말했다. "귀여운 카를로스는 정말로 바짝 정신을 차리고 있어. 아주 초롱초롱해요."

나는 그들이 나를 어르고 있다는 인상을 받았다. 혹시 정신을 바짝 차리고 있다는 나의 주장이 신경에 거슬리기라도 했던 것일까.

"자랑할 생각은 아니었습니다." 나는 말했다.

돈 헤나로는 눈썹을 추켜올리며 콧구멍을 부풀렸다. 그는 내가 쥔 공책을 흘끗 보더니 무엇인가를 끼적이는 시늉을 했다.

"카를로스는 정신을 아주 바짝 차린 것 같아." 돈 후앙이 돈 헤나로에게 말했다.

"정신을 너무 바짝 차린 건지도 모르겠어." 돈 헤나로는 내뱉었다.

"그럴 공산이 커 보이는군." 돈 후앙은 시인했다.

이런 식의 대화에 어떻게 끼어들어야 할지 감을 잡을 수 없었기 때문에, 나는 침묵을 지켰다.

"내가 자네 차를 못 가게 멈췄을 때의 일을 기억해?" 돈 후앙이 대뜸 말했다.

너무나 느닷없는 데다가 대화 내용과는 전혀 관련이 없는 질문이었다. 이것은 돈 후앙이 이제 차를 놓아주었다고 말할 때까지 내가 차의 시동을 걸지 못했던 사건에 관한 언급이었다.

어떻게 그런 일을 잊을 수 있겠느냐고 내가 대꾸했다.

"그건 별것 아니었어." 돈 후앙이 무덤덤한 말투로 말했다. "정말이지 아무 일도 아니었어. 헤나로, 내 말이 맞지?"

"맞아." 돈 헤나로는 무덤덤하게 대꾸했다.

"돈 후앙, 그게 도대체 무슨 말입니까?" 나는 항의조로 말했다. "그날 당신이 했던 일은 정말로 제 이해력을 완전히 벗어난 일이었습니다."

"그렇다면 별것 아니었다는 얘기잖아." 돈 헤나로가 응수했다.

두 사람은 껄껄 웃었다. 잠시 후 돈 후앙이 내 등을 두들겼다.

"헤나로는 자네 차를 멈추는 것보다 훨씬 더 나은 일을 할 수 있어. 헤나로, 그렇지?"

"그래." 돈 헤나로는 어린애처럼 입술을 삐죽 오므리며 대답했다.

"더 나은 일이라니, 무슨 일을?" 나는 가급적 침착한 목소리를 내려고 노력하며 말했다.

"헤나로는 자네 차를 통째로 가져갈 수 있어!" 돈 후앙이 우렁찬 목소리로 말했다. 그리고 같은 어조로, "헤나로, 사실이지?"라고 물었다.

"사실이야!" 돈 헤나로가 외쳤다. 인간의 목청에서 이토록 큰 목소리가 나오는 것을 들은 것은 난생처음이었다.

나는 무의식중에 펄쩍 뛰어올랐다. 몸이 서너 번 신경질적으로 경련했다.

"제 차를 통째로 가져가다니, 그게 무슨 뜻입니까?" 나는 물었다.

"헤나로, 그게 무슨 뜻이야?" 돈 후앙이 물었다.

"내가 카를로스 차의 시동을 건 다음 타고 가버린다는 뜻이었겠지." 돈 헤나로는 전혀 설득력이 없는 진지한 표정으로 대답했다.

"헤나로, 그럼 이 친구 차를 가져가." 돈 후앙이 농담투로 부추겼다.

"가져갔어!" 돈 헤나로는 얼굴을 찌푸리며 삐딱한 표정으로 나를 보았다.

나는 그가 얼굴을 찌푸렸을 때 눈썹이 꿈틀거리고 눈에는 짓궂고 날카로운 표정이 떠오른 것을 보았다.

"잘했어!" 돈 후앙이 침착하게 말했다. "그럼 거기로 가서 차를 구경하자고."

"그래!" 돈 헤나로가 맞장구쳤다. "거기로 가서 차를 구경하자고."

그들은 아주 느린 동작으로 일어섰다. 나는 어떻게 해야 할지를 몰라 잠시 주저했지만, 돈 후앙은 나를 향해 일어나라고 손짓했다.

우리는 돈 후앙의 집 앞에 있는 작은 언덕을 올라가기 시작했다. 돈 후앙은 내 오른쪽, 돈 헤나로는 내 왼쪽에서 걷고 있었다. 두 사람 모두 나보다 2미터쯤 앞서 있었기 때문에 그들의 모습은 언제나 내 시야에 들어 있었다.

"차를 구경하자고." 돈 헤나로가 또다시 말했다.

돈 후앙은 마치 눈에 보이지 않는 실을 자아내는 것처럼 손을 움직였다. 돈 헤나로도 같은 행동을 하며 "차를 구경하자고"라고 되풀이해 말했다. 그들은 일종의 도약에 가까운 걸음걸이로 걸었다. 보폭이 평소보다 길었고, 앞에 있지만 눈에 보이지는 않는 물체를 내리치거나 툭툭 치는 것처럼 두 손을 움직이고 있었다. 돈 후앙이 이런 어릿광대 같은 행동을 하는 것을 난생처음 본 나는 시선을 어디에 두어야 할지를 모를 정도로 당황했다.

언덕배기에 오른 나는 내가 차를 세워둔 언덕기슭을 내려다보았다. 50미터쯤 떨어진 곳이었다. 그 순간 나는 충격을 받고 위장이 움츠러드는 것을 느꼈다. 차가 없었다! 나는 언덕을 뛰어 내려갔다. 내 차는 어디에도 보이지 않았다. 한순간 나는 엄청난 혼란에 빠졌다. 뭐가 뭔지 알 수 없었다.

아침에 이곳에 도착했을 때부터 내 차는 그 공터에 주차되어 있었다. 30분쯤 전이었을 것이다. 그 뒤에는 메모장을 가지러 한 번 차로 간 적이 있었다. 낮의 열기가 너무 뜨거워서 차의 창문들을 모두 열어두려고 했지만, 근처에 모기를 위시한 날벌레들이 워낙 많은 것을 보고 마음을 바꿔 평소처럼 문을 잠가두었던 것이다.

다시 사방을 둘러보았다. 내 차가 씻은 듯이 사라졌다는 사실을 도저히 받아들일 수가 없었다. 나는 공터 가장자리까지 걸어갔다. 돈 후앙과 돈 헤나로도 나를 따라오더니 내 곁에 서서 나와 똑같은 행동을 했다. 차가 어디 있는지 알아보려는 듯이 사방을 둘러보았다는 뜻이다. 나는 고양감이 솟구치는 것을 느꼈지만, 곧 이 감정은 곧 어리둥절하고 짜증스러운 감각으로 바뀌었다. 두 사람은 나의 이런 감정 변화를 눈치챈 기색이었고, 마치 양손으로 밀가루 반죽을 비비는 듯한 시늉을 하며 내 주위를 돌기 시작했다.

"헤나로, 그 차는 어떻게 됐다고 생각해?" 돈 후앙이 온화한 말투로 물었다.

"내가 다른 데로 몰고 갔지." 돈 헤나로는 이렇게 대꾸하더니 기어를 넣고 운전대를 돌리는 시늉을 하며 나를 경악하게 만들었다. 그는 마치 좌석에 앉아 있는 것처럼 무릎을 구부리고, 몇 초 동안 근육의 힘만으로 그 자세를 유지했던 것이다. 그런 다음 그는 오른발에 체중을 싣고 클러치를 밟는 시늉을 했다. 그는 입으로 모터가 도는 소리를 냈고, 급기야는 차바퀴가 노면의 돌출부에 부딪쳤을 때처럼 몸 전체를 위아래로 흔들기 시작했다. 마치 운전대에 매달리다시피 하며 좌석 위에서 상하로 흔들리는 서투른 운전자를 정말로 보고 있는 듯한 기분이었다.

돈 헤나로의 팬터마임은 경이롭다고밖에는 할 수 없었다. 돈 후앙은 너무 웃어서 숨을 헐떡였다. 나도 함께 웃고 싶었지만 긴장을 풀 수가 없었다. 위협당한 듯한 불편한 기분이었다. 일찍이 느껴본 적이 없는 불안감이 나를 사로잡았다. 나는 몸의 내부가 불타오르는 듯한 느낌을 받았다. 나는 지면의 돌멩이들을 걷어차기 시작했다. 그리고 급기야는 무의식적이고 예측 불가능한 분노에 가득 차서 그것들을 집어서 마구 내던지기 시작했다. 마치 실제로는 내 바깥에 존재하던 분노가 갑자기 몰려와서 내 주위를 에워싼 듯한 느낌이었다. 그러자 짜증스러운 기분은 처음 느꼈을 때만큼이나 불가해하게 사라져버렸다. 깊이 숨을 들이마시자 기분이 나아졌다.

나는 돈 후앙을 똑바로 바라볼 엄두를 내지 못했다. 내 분노를 이런 식으로 표출했다는 사실이 곤혹스러웠지만, 그와 동시에 왠지 웃고 싶었다. 돈 후앙은 내 곁으로 오더니 등을 툭툭 쳤다. 돈 헤나로는 내 어깨 위에 팔을 얹었다.

"괜찮아!" 돈 헤나로가 말했다. "얼마든지 스스로에게 도취해도 좋아. 자네 코를 주먹으로 갈기고 코피를 흘려도 된다고. 그런 다음 돌멩이를 집어들어서 자네 이를 부러뜨리라고. 그럼 정말로 기분이 좋아질 거야! 그것도 모자란다면 저기 큰 바위 위에 있는 돌로 자네 불알을 짓뭉개는 수도 있어."

돈 후앙은 쿡쿡거리며 웃었다. 나는 이렇게 한심한 행동을 해버린 것이 창피하다고 털어놓았다. 도대체 뭐에 씌었는지 알 수가 없었다. 돈 후앙은 내가 무슨 일이 일어나고 있는지를 정확하게 알고 있지만 단지 모르는 척하고 있을 뿐이며, 나를 화나게 만든 것은 바로 그런 가식이라고 대답했다.

돈 헤나로는 평소와는 딴판으로 동정적이었다. 그는 내 등을 계속 두들겼다.

"누구든 경험하는 일이야." 돈 후앙은 말했다.

"그게 무슨 뜻입니까, 돈 후앙?" 돈 헤나로는 내 목소리를 흉내 내며 툭하면 돈 후앙에게 질문 공세를 펼치는 내 버릇을 조롱했다.

돈 후앙은 부조리한 대답으로 응수했다. "세계가 위아래로 뒤집혔을 때 우리는 똑바로 서 있지만, 세계가 똑바로 서 있을 때 우리는 뒤집혀 있어. 하지만 세계와 우리 양쪽이 다 똑바로 서 있으면 우린 우리가 뒤집혀 있다고 생각하는 법이지…" 그가 이런 식으로 영문 모를 말을 늘어놓는 동안 돈 헤나로는 메모를 하는 나의 모습을 흉내 냈다. 그는 눈에 보이지 않는 메모장에 글을 끼적였다. 콧구멍을 부풀리며 바쁘게 손을 움직이면서도, 크게 뜬 눈으로 돈 후앙을 뚫어지게 바라본다. 돈 헤나로는 대화의 자연스러운 흐름을 끊지 않으려고 메모장을 안 보면서 글을 쓰는 나의 평소 습관까지 그대로 흉내 내고 있었다. 포복절도할 정도로 흡사 실황 같은 광경이었다.

갑자기 마음이 가벼워지면서 기분이 아주 좋아졌다. 그들의 웃음소리가 나를 편하게 해주었다. 나는 긴장을 풀고 배를 잡고 웃었다. 그러나 다음 순간 내 마음은 불안과 혼란과 짜증스러움이 뒤섞인 새로운 상태에 돌입했다. 무슨 일이 일어났든 간에 도저히 일어날 수 없는 일이 일어났다는 생각이 들었다. 사실, 내가 주변세계를 지각하기 위해 동원하는 논리적 질서에 의하면 상상할 수도 없는 사건이 일어난 것이 맞다. 그럼에도 불구하고 지각하는 존재로서의 나는 내 차가 그곳에 없다고 지각하고 있었다. 그러자 돈 후앙이 피력한 불가해한 현상을 목격했을 때는 언제나 그랬듯이, 내가 통상적인 모종의 수단을 동원한 속임수에 빠졌다는 생각이 머리에 떠올랐다. 지금까지 내 마음은 스트레스를 받으면 부지불식간에 이처럼 일관적이고 똑같은 반응을 되풀이해왔다. 나는 돈 후앙과 돈 헤나로가 내 차를 몰래 옮겨놓기 위해서 얼마나 많은 공모자들을 필요로 했을지를 따져보기 시작했다. 평소의 강박적인 버릇대로 내가 차의 문들을 잠갔다는 데 대해서는 절대적인 확신이 있었다. 수동 브레이크도 걸어놓았고, 기어도 넣어두었고, 운전대의 잠금장치도 걸려 있었다. 따라서 내 차를 움직이려면 차체를 직접 들어올리는 수밖에 없었을 것이다. 이 두 사람만으로는 그런 작업에 필요한 힘을 도저히 낼 수 없다는 확신이 있었다. 따라서 그들과 미리 모의한 누군가가 내 차 안으로 침입해서 배터리와 엔진을 직결하는 방법으로 시동을 걸고 다른 곳으로 차를 몰고 갔을 가능성을 생각해볼 수도 있다. 그러나 그들에게 그런 특수한 지식을 동원할 능력이 있을 것 같지는 않았다. 따라서 이 경우 내가 내놓을 수 있는 유일한 설명은, 그들이 내게 최면을 걸었을 가능성이었다. 그들이 내게 보여준 동작이 너무나도 희한하고 수상쩍었던 나머지 나는 합리화의 소용돌이 속에 빠져들었다. 나는 그들의 최면에 걸려 변성의식상태로 돌입한 것이 틀림없다. 과거에 돈 후앙과 함께 있었을 때의 경험에 비추어보건대, 그런 상태에 빠진

사람은 일관된 시간감각을 유지하지 못한다. 내가 여태껏 경험한 모든 비일상적 현실 상태에서도 시간은 결코 항구적인 순서에 맞춰 흐르는 법이 없었다. 그러므로 최대한 주의하고 있으면 순차적인 시간감각을 상실하는 것을 자각하는 순간이 오리라는 것이 내가 내린 결론이었다. 이를테면 어떤 순간에는 산을 바라보고 있다가, 다음 순간에는 어느새 반대 방향의 골짜기를 바라보고 있다는 사실 | 나는 몸을 돌린 기억이 전혀 없는데도 | 을 깨닫는 경우와 마찬가지다. 그러므로 그런 종류의 일이 실제로 내게 일어난다면 내 차를 둘러싼 사건은 아마 일종의 최면술에 의한 것으로 치부할 수 있다는 생각이 들었다. 나는 현시점에서 내가 할 수 있는 유일한 일은 모든 세부를 하나도 빼놓지 않고 철두철미하게 관찰하는 것이라고 다짐했다.

"제 차는 어디 있습니까?" 나는 두 사람을 향해 말했다.

"헤나로, 차는 어디 있지?" 돈 후앙은 진지하기 그지없는 표정으로 물었다.

돈 헤나로는 지면의 돌멩이들을 들어올리고 그 아래를 들여다보기 시작했다. 그는 내가 차를 세워두었던 평탄한 지점 전체를 샅샅이 뒤졌다. 열에 들뜬 듯한 동작으로 돌 하나하나를 모조리 뒤집어 보는 것이었다. 이따금 화난 시늉을 하며 덤불을 향해 돌을 내던지기까지 했다.

돈 후앙은 이런 광경을 이루 말할 수 없이 즐기는 기색이었다. 그가 킥킥거리고, 껄껄 웃는 모습을 보건대 아예 내가 곁에 있다는 사실조차 까맣게 잊은 듯했다.

돈 헤나로는 짐짓 좌절한 기색으로 돌을 뒤집고 내던지는 짓을 계속하다가, 상당히 큰 바위와 마주쳤다. 차를 세워두었던 공터에서는 유일하게 크고 무거운 바위였다. 그는 그것을 뒤집으려고 했지만 바위는 너무 무거웠던 데다가 땅 깊숙이 박혀 있었다. 돈 헤나로는 용을 쓰며 헐떡이더니 급기야는 땀을 뻘뻘 흘리기 시작했다. 결국 그는 그 바위 위에 털썩 앉더니 큰 소리로 돈 후앙에게 도움을 요청했다.

돈 후앙은 나를 돌아보고 활짝 웃으며, "어이, 헤나로를 도와주러 가자구" 하고 말했다.

"저기서 뭘 하고 있는 겁니까?" 나는 물었다.

"자네 차를 찾고 있잖아." 돈 후앙은 무덤덤하고 사무적인 어조로 대꾸했다.

"하느님 맙소사! 저런 바위 밑에서 무슨 차를 찾아내겠다는 겁니까?" 내가 반박했다.

"하느님 맙소사! 왜 안 된다는 건데?" 돈 헤나로가 응수했다. 두 사람은 일제히 폭소를 터뜨렸다.

세 사람의 힘을 합쳐도 바위는 꿈쩍도 하지 않았다. 돈 후앙은 집으로 가서 지렛대로 쓸 수 있는 굵은 각목 같은 것을 찾아오자고 제안했다.

집으로 걸어가면서 나는 그들의 행동이 부조리함을 지적하고, 나를 상대로 무슨 일을 할 작정인지는 모르겠지만 불필요한 짓이라고 말했다.

돈 헤나로는 나를 찬찬히 훑어보았다.

"헤나로는 아주 철두철미한 사내야." 돈 후앙은 진지한 표정으로 말했다. "자네 못지않게 철저하고 꼼꼼하지. 아무리 사소한 일이라도 모두 확인하지 않고서는 못 배기는 성격이라고 자네 입으로도 말한 적이 있잖나. 헤나로도 자네하고 똑같은 일을 하고 있는 거야."

돈 헤나로는 내 어깨를 툭툭 치면서, 돈 후앙의 말은 전적으로 옳으며 사실 그는 나를 닮고 싶어하는 것이라고 말했다. 그는 광기 어린 눈빛으로 나를 바라보며 콧구멍을 부풀렸다.

돈 후앙은 박장대소하며 모자를 땅에 내던졌다.

굵은 각목을 찾아 집 주위를 한참 돌아다니던 돈 헤나로는 마침내 길고 상당히 굵은 통나무를 발견했다. 원래는 집의 기둥으로 쓰이던 것이었다. 그는 그것을 어깨에 둘러메고 우리와 함께 다시 차를 세워두었던 장소로 되돌아가기 시작했다.

작은 언덕 쪽으로 가던 오솔길이 구부러지면서 차를 세워뒀던 곳이 보이는 지점에 도달했을 때, 내 머리에 갑자기 어떤 통찰이 떠올랐다. 내가 그들보다 먼저 내 차를 볼 것이라는 예감이 들었던 것이다. 나는 재빨리 언덕 자락을 내려다보았다. 그러나 차는 없었다.

돈 후앙과 돈 헤나로는 내 속마음을 알아차렸던 것이 틀림없다. 폭소를 터트리며 내 뒤를 쫓아왔기 때문이다.

산자락에 내려가자마자 두 사람은 지렛대를 쓰기 시작했다. 나는 그들을 흘긋 보았다. 도저히 이해할 수 없는 행동이었다. 그들은 일하는 시늉만 하는 것이 아니라 실제로 큰 바위를 뒤집어서 그 밑에 내 차가 있는지를 알아내려고 애를 쓰고 있었던 것이다. 마냥 구경만 하기도 좀 뭐했기 때문에 나는 그들의 작업에 합류했다. 두 노인은 숨을 헐떡이며 기합소리를 냈다. 돈 헤나로는 코요테처럼 울부짖기까지 했다. 두 사람 모두 땀으로 흠뻑 젖어 있었다. 나는 그들의 몸, 특히 돈 후앙의 몸이 얼마나 강인한지를 실감했다. 두 사람 옆에서는 나는 볼품없게 군살이 늘어진 젊은이에 불과했다.

조금 뒤에는 나도 땀을 비 오듯 흘리고 있었다. 마침내 우리가 바위를 뒤집는 데 성공하자 돈 헤나로는 보는 사람이 돌아버릴 정도로 끈기 있고 철저하게 바위 밑의 흙을 살폈다.

"아니, 여긴 없어." 돈 헤나로는 선언했다.

그러자마자 두 노인은 지면에서 데굴데굴 구르며 폭소했다.

나는 불안한 웃음소리를 냈다. 돈 후앙은 마치 고통스러운 경련에 사로잡힌 것처럼 얼굴을 가리고 온몸을 들썩이며 웃고 있었다.

"그럼 이젠 어느 방향으로 가야 할까?" 한참 휴식을 취한 뒤에 돈 헤나로가 말했다.

돈 후앙은 턱으로 한 방향을 가리켰다.

"어디로 가는 겁니까?" 나는 물었다.

"자네 차를 찾으러!" 돈 후앙은 이렇게 대꾸했지만 웃지는 않았다.

우리는 관목림으로 들어갔다. 두 사람은 이번에도 내 좌우에서 움직였다. 몇 미터도 채 들어가지 않았을 때 돈 헤나로가 멈추라는 시늉을 했다. 그는 몇 걸음 떨어진 둥근 덤불 쪽으로 살금살금 걸어간 다음 덤불 안쪽의 나뭇가지들을 잠깐 훑어보더니 여기에는 차가 없다고 말했다.

우리는 잠시 더 걸었다. 그러던 중 돈 헤나로가 조용히 하라는 손 짓을 하더니 발끝으로 서서 양팔을 머리 위로 들어올리며 등을 한껏 구부려 보였다. 양손의 손가락을 짐승의 발톱처럼 구부리고 있었다. 내가 서 있는 곳에서 돈 헤나로의 몸은 마치 알파벳의 s자처럼 보였 다. 그는 한순간 그 자세를 유지하다가 지면에 떨어져 있던 마른 잎 사귀가 달린 작고 긴 나뭇가지를 향해 마치 다이빙하듯이 머리부터 뛰어들었다. 그는 신중하게 그것을 집어올리고 훑어보더니 차가 이 곳에도 없다는 말을 되풀이했다.

우리가 한층 더 깊은 덤불 속으로 들어서자 돈 헤나로는 덤불 안 쪽을 들여다보았다. 그는 여러 그루의 작은 팔로베르데paloverde 관목 을 타고 올라가서 그 잎사귀들을 자세히 훑어보았고, 역시 그곳에도 차는 없다는 결론을 내렸다.

한편 나는 내가 만지거나 목격한 것들을 하나도 빠짐없이 자세하 게 기록하고 있었다. 나를 둘러싼 세계의 순차적이고 질서정연한 모 습은 과거와 마찬가지로 연속적이었다. 나는 손을 뻗어 바위와 덤불 과 관목을 만졌다. 한쪽 눈으로 눈앞의 풍경을 바라보다가 다른 눈으 로 먼 풍경을 바라보기까지 했다. 이런 식으로 모든 것을 점검해보았 지만 나는 지금 예전에도 일상적으로 수십 번이나 그래왔던 것처럼 관목림을 걷고 있다는 결론을 내리는 수밖에 없었다.

돈 헤나로는 배를 깔고 엎드리더니 우리에게도 그렇게 하라고 했 다. 그가 깍지 긴 손 위에 턱을 얹자 돈 후앙도 같은 자세를 취했다. 두 사람 모두 지면이 볼록 튀어나와서 조그만 언덕처럼 보이는 부분들을 응시했다. 돈 헤나로가 갑작스럽게 오른손으로 땅을 쓰는 듯한 동작을 하더니 무엇인가를 잡았다. 그도, 돈 후앙도 서둘러 일어섰다. 돈 헤나로는 주먹 쥔 손을 앞으로 내밀고 우리더러 와서 보라는 시늉을 했다. 그는 천천히 손을 펼쳤다. 반쯤 펼쳤을 때 손바닥에서 검고 커다란 물체가 튀어나갔다. 너무나도 급작스러운 움직임이었던 데다가 물체의 크기 또한 엄청났기 때문에 나는 반사적으로 펄쩍 물러나다가 고꾸라질 뻔했다. 돈 후앙이 내 몸을 부축해주었다.

"차가 아니라 빌어먹을 파리였어." 돈 헤나로가 투덜거렸다. "미안해!"

두 사람 모두 나를 자세히 훑어보았다. 그들은 내 앞에 서 있었고, 나를 정면에서 바라보는 대신 곁눈질하며 보고 있었다. 그들은 한참 동안 이런 식으로 나를 바라보았다.

"그건 파리였어. 맞지?" 돈 헤나로가 내게 물었다.

"그랬다는 생각이 듭니다." 나는 대답했다.

"생각하지 마." 돈 후앙은 엄한 어조로 명령했다. "자넨 뭘 봤나?"

"까마귀만큼 큰 것이 손바닥 위에서 튀어나오는 것을 봤습니다."

나의 대답은 내가 실제로 지각한 것과 일치했다. 농담으로 한 말이 아니었지만 두 사람은 나의 대답을 마치 오늘 들었던 가장 우스꽝스러운 말인 것처럼 받아들였다. 그들은 껑충껑충 뛰며 숨이 멎을 것처럼 웃어댔다.

"카를로스도 이젠 충분히 본 것 같아." 돈 후앙이 말했다. 너무 웃어서 목소리가 쉬어 있었다.

돈 헤나로는 슬슬 내 차를 찾아줄 수 있을 것 같다고 말했고, 점점 더 그런 느낌이 강해지고 있다고 덧붙였다. 돈 후앙은 우리가 있는 곳의 지형이 너무 험준하기 때문에 이런 곳에서 차를 찾아내는 것은 별로 바람직하지 않다고 말했다. 돈 헤나로는 모자를 벗더니 허리에 찬 주머니에서 꺼낸 짧은 끈을 써서 목끈을 조정했고, 양모로 만든 허리띠를 모자챙에 달린 노란 장식술에 연결했다.

"난 이 모자로 연을 만들 거야." 돈 헤나로는 내게 말했다.

그런 광경을 바라보면서도 나는 그가 농담을 하고 있다는 사실을 알고 있었다. 나는 연에 관해서라면 전문가를 자처할 정도의 지식을 가지고 있었다. 소싯적에 실로 복잡한 연들을 직접 만들어본 경험이 있기 때문에 밀짚모자의 챙 정도로는 바람에 견디기에 너무 약하다는 것을 확신하고 있었다. 반면에 밀짚모자의 머리 부분은 너무 깊어서 바람이 들락거릴 것이 뻔했다. 이런 물건이 연처럼 하늘을 나는 것은 불가능하다.

"자넨 저게 날지 못할 거라고 생각하는군. 안 그래?" 돈 후앙이 물었다.

"못 날 거라고 확신합니다." 나는 대답했다.

돈 헤나로는 이 말에 개의치 않고 긴 끈을 그의 모자연에 연결했다.

바람이 센 날이었다. 돈 헤나로는 돈 후앙이 모자를 들고 있는 동안 줄을 끌며 내리막길을 달려갔다. 그러자 그 빌어먹을 물건은 실제로 하늘을 날았다!

"연, 저 연을 봐!" 돈 헤나로가 외쳤다.

모자는 한두 번 아래로 까닥였지만 여전히 공중에 떠 있었다.

"저 연에서 눈을 떼지 말게." 돈 후앙은 단호한 어조로 말했다.

한순간 현기증을 느꼈다. 연을 바라보는 동안 옛 시절의 기억이 고스란히 되돌아왔기 때문이다. 마치 어린 시절의 바람 부는 고향 언덕으로 돌아가서 정말로 연을 날리고 있는 듯한 기분이었다.

이 회상은 잠깐 동안이나마 나를 완전히 집어삼켰고, 그 와중에 나는 시간감각을 잃어버렸다.

나는 돈 헤나로가 뭐라고 외치는 것을 들었고 모자가 위아래로 까닥거리다가 내 차가 있는 곳의 지면으로 떨어지는 것을 보았다. 이 모든 일들이 한꺼번에, 너무나도 빠르게 일어났기 때문에 정확히 무슨 일이 일어났는지는 뚜렷이 인식할 수가 없었다. 머리가 핑핑 돌면서 멍해졌다. 내 마음은 극도로 혼란스러운 광경의 이미지를 유지하고 있었다. 돈 헤나로의 모자가 내 차로 변하는 것을 보았든지, 아니면 모자가 내 차 위로 떨어지는 광경을 본 것 같았다. 나는 후자 쪽을 믿고 싶었다. 돈 헤나로가 모자를 날려보냄으로써 내 차가 있는 곳을 가리켰다는 식으로 말이다. 어차피 어느 쪽도 경악스럽다는 점에서는 차이가 없었지만 말이다. 그럼에도 내 마음은 원래의 정신적 균형을 유지하기 위해 그런 자의적인 세부에 집착하고 있었다.

"그것과 싸우려 들지 마." 돈 후앙이 말하는 것이 들렸다.

나의 내부에서 무엇인가가 위로 떠오르려고 하는 것을 느꼈다. 마치 잠이 들 때처럼 온갖 사념과 심상이 제어 불가능한 파도처럼 몰려왔다. 나는 망연자실한 눈으로 내 차를 응시했다. 차는 30미터쯤 떨어진 편평한 암반 위에 서 있었다. 마치 누군가가 방금 그곳에 가져다놓은 듯한 느낌이었다. 나는 달려가서 그것을 점검하기 시작했다.

"빌어먹을!" 돈 후앙이 외쳤다. "차를 바라보지 마! **세계를 멈추라고!**"

다음 순간, 마치 꿈속에서 듣는 것처럼 그의 고함소리가 들려왔다. "헤나로의 모자! 헤나로의 모자!"

나는 그들을 쳐다보았다. 그들은 나를 정면에서 바라보고 있었다. 뚫어지게 바라보고 있었다. 나는 위장에 찌르는 듯한 통증을 느꼈다. 그러자마자 두통과 구토감이 몰려왔다.

돈 후앙과 돈 헤나로는 흥미로운 듯이 나를 바라보고 있었다. 나는 차 옆에 잠시 앉아 있다가 거의 반사적으로 문의 자물쇠를 열고 돈 헤나로가 뒷좌석으로 들어갈 수 있게 해주었다. 돈 후앙도 따라 들어가서 그의 곁에 앉았다. 평소 돈 후앙은 운전석 옆에 앉기 때문에 묘한 느낌이었다.

나는 일종의 몽롱한 상태에 빠져 돈 후앙의 집으로 차를 몰았다. 전혀 평소의 내가 아니었다. 뱃속이 지독하게 울렁거렸고, 구토감이 치민 탓에 도저히 맑은 정신을 유지할 수가 없었다. 나는 기계적으로 운전을 계속했다.

뒷좌석에서 돈 후앙과 돈 헤나로가 어린애들처럼 웃고 킥킥거리는 소리가 들렸다. 돈 후앙이 내게 묻는 소리가 들려왔다. "집이 가까워졌어?"

그제서야 나는 길에 주의를 기울였다. 실제로 상당히 그의 집에 가까운 곳이었다.

"조금 뒤에는 도착할 겁니다." 나는 중얼거렸다.

그들은 폭소를 터뜨렸고, 급기야는 박장대소하기 시작했다.

마침내 집에 도착하자 나는 반사적으로 차 밖으로 뛰쳐나가서 그들을 위해 뒷문을 열어주었다. 돈 헤나로가 먼저 나오더니 이토록 유쾌하고 순조로운 드라이브는 난생처음이었다면서 나를 치하했다. 돈 후앙도 같은 말을 했다. 나는 그들에게 거의 주의를 기울이지 않았다.

나는 차문을 잠그고 가까스로 집 안으로 들어갔다. 잠들기 전에 돈 후앙과 돈 헤나로가 껄껄 웃는 소리를 들었다.

19
세계 멈추기

다음날 아침 일어나자마자 나는 돈 후앙에게 질문을 퍼붓기 시작했다. 그는 집 뒤꼍에서 장작을 패고 있었지만 돈 헤나로의 모습은 보이지 않았다. 돈 후앙은 얘기할 일은 아무것도 없다고 대꾸했다. 나는 내가 초연한 상태를 유지하면서 아무런 설명도 원하거나 요구하지도 않고 돈 헤나로의 '땅 짚고 헤엄치기'를 관찰했지만, 그런 자제심은 실제로 무슨 일이 일어났는지를 이해하는 데는 아무 도움도 되지 않았다는 점을 지적했다. 그리고 내 차가 사라진 뒤에는 반사적으로 그 사실을 논리적으로 설명해보려는 욕구에 사로잡혔지만, 그 또한 아무 도움도 되지 않았다고 말했다. 논리적인 설명을 해달라는 나의 끈질긴 요구는 돈 후앙을 난처하게 하려고 되는 대로 떠올린 것이 아니라, 다른 모든 생각을 압도할 정도로 깊숙이 나의 내부에 각인된 것이라서 나도 어쩔 수 없다고 말이다.

"마치 병 같은 거라고나 할까요." 나는 말했다.

"그런 병은 없어." 돈 후앙은 담담하게 대답했다. "오로지 자기도

취만이 있을 뿐이야. 그리고 자넨 모든 걸 설명하려는 행위에 도취하지. 자네에게 설명은 더 이상 필요하지 않은데도 말이야."

나는 내가 질서와 이해라는 조건 하에서만 제대로 기능할 수 있다고 주장했다. 도제수업을 받으면서 나는 스스로의 성격을 극단적으로 변화시켰으며, 그런 일이 가능했던 것은 내가 그렇게 변화해야 하는 이유를 나 자신에게 논리적으로 설명할 수 있었기 때문이었다는 사실을 돈 후앙에게 적시했다.

돈 후앙은 나직하게 웃었다. 한동안 그는 아무 말도 하지 않았다.

"자넨 정말로 영리해." 이윽고 그가 말했다. "언제나 자신이 있던 곳으로 돌아가니까 말이야. 하지만 이젠 그런 일은 끝났어. 자넨 더 이상 돌아갈 곳이 없거든. 나는 더 이상 그 무엇도 자네에게 설명해주지 않을 거야. 헤나로가 어제 자네에게 뭘 했든 간에, 그건 자네 몸을 상대로 한 일이었어. 그러니까 뭐가 뭔지 알고 싶으면 자네 몸에 물어보라고."

돈 후앙의 말투는 상냥했지만 전에 없이 초연했다. 그 탓에 나는 물밀 듯한 고독감에 사로잡혔다. 나는 나의 이런 슬픈 감정을 토로했다. 돈 후앙은 미소를 지으면서 내 손을 살짝 쥐었다.

"우리는 둘 다 죽어야 하는 존재라네." 그는 나직하게 말했다. "더 이상 예전처럼 함께 일할 시간은 없어. 이제 자네는 내가 가르쳐준 '안 하기'를 총동원해서 '세계를 멈춰야' 하네."

돈 후앙은 또 내 손을 쥐었다. 굳건하고 우호적인 감촉이었다. 애정을 가지고 지켜보고 있으니 안심하라는 듯한 느낌을 주는 동시에, 그 무엇에도 흔들리지 않는 확고한 의지의 표명이었다.

"이것이 자네를 향한 나의 제스처야." 그는 잠시 더 내 손을 잡은 채로 말했다. "이제는 자네 혼자서 저 우호적인 산들로 가야 해." 그는 턱으로 남동쪽에 멀리 보이는 산맥을 가리켜 보였다.

돈 후앙은 하산해서 다시 여기로 돌아와도 좋다고 내 몸이 말할 때까지 산속에 머물러 있어야 한다고 말했다. 그러고는 더 이상 아무 말도 하지 말고, 꾸물거리지도 말라는 듯이 내 차 쪽으로 나를 슬쩍 밀었다.

"거기 가서 전 뭘 해야 합니까?" 나는 물었다.

돈 후앙은 대답하지 않고 단지 고개를 설레설레 저으며 나를 바라보았을 뿐이었다.

"더 이상은 안 돼." 이윽고 그가 말했다.

그러고는 손가락으로 남동쪽을 가리켰다.

"저기로 가게." 그는 단호한 어조로 말했다.

나는 차를 몰고 남쪽으로 갔다가 동쪽을 향했다. 돈 후앙을 태운 차를 몰고 언제나 지나치던 길이었다. 나는 흙길이 끝나는 지점 근처에 차를 세워두고 낯익은 산길을 따라 예의 높은 대지臺地까지 올라갔다. 그러나 여기서 무엇을 해야 할지는 알 수 없었다. 그래서 그냥 어슬렁거리며 쉴 장소를 찾아보기로 했다. 그러던 중 나는 갑자기 내 왼쪽에 있는 작은 지점을 의식했다. 표토表土의 화학적 성분 탓인지 왠지 다른 부분과 달라 보였지만, 그곳에 초점을 맞춰 응시해보아도 딱히 차이를 느낄 수는 없었다. 나는 그곳에서 1미터쯤 떨어진 곳에 서서 돈 후앙이 평소에 내게 권고하던 것처럼 그냥 '느껴'보려고 했다.

그렇게 한 시간 쯤 꼼짝도 않고 우뚝 서 있었다. 머릿속의 잡념이 점점 줄어들다가 급기야는 나 자신과의 대화조차도 멈췄다. 그러자 불편한 느낌이 찾아왔다. 이 느낌은 내 복부에 국한되어 있는 듯했고 내가 문제의 지점을 마주 볼 때면 더 강해지는 듯했다. 나는 그 지점이 혐오스러웠던 나머지 자리를 떴다. 나는 눈을 감고 주위를 훑어보기 시작했고, 조금 걸어가다가 넓고 납작한 바위와 마주쳤다. 나는 그 앞에 멈춰섰다. 딱히 이 바위에 매력적인 부분이 있는 것은 아니었다. 특별한 색채라든지 광채도 보이지 않았다. 그러나 나는 이 바위가 왠지 좋았다. 몸도 편했다. 나는 신체적인 편안함을 느끼고, 거기에 잠시 앉아 있기로 했다.

나는 그런 식으로 무슨 일을 해야 할지도, 무엇을 예상해야 할지도 전혀 모르는 상태에서 높은 대지와 주위의 산중을 정처 없이 돌아다녔다. 땅거미가 질 무렵에는 납작한 바위로 돌아왔다. 이곳에서라면 안전하게 밤을 새울 수 있다는 사실을 나는 알고 있었다.

다음날 나는 동쪽의 고산지대로 더 깊숙이 들어갔다. 늦은 오후가 되자 한층 더 높은 대지臺地와 마주쳤다. 예전에도 온 적이 있는 곳 같다는 생각이 들었다. 위치를 가늠하려고 주위를 둘러보았지만 모두 낯선 산봉우리들뿐이었다. 나는 황량한 바위투성이의 대지 가장자리에서 휴식을 취할 수 있는 적절한 장소를 신중하게 골라서, 그곳에 앉았다. 아주 따스하고 평온한 기분이었다. 음식을 먹으려고 조롱박을 털어보았지만 비어 있었다. 그래서 물을 좀 마셨다. 미지근하고 퀴퀴한 물이었다. 이제는 딱히 할 일이 없기 때문에 돈 후앙의 집으로 돌아가는 수밖에 없다는 생각이 들었다. 나는 지금 당장 돌아가야 하나 망설이며 바닥에 엎드린 채로 팔에 머리를 얹었다. 왠지 불편에서 여러 번 자세를 바꾸다 보니 어느새 서쪽을 마주보고 있었다. 해는 이미 기울고 있었다. 눈이 뻐근했다. 지면을 내려다보던 중 나는 검고 커다란 딱정벌레를 발견했다. 딱정벌레는 짐승 똥으로 만든, 자기 몸보다 두 배는 더 커 보이는 둥그런 경단을 밀며 조그만 바위 뒤에서 나왔다. 나는 오랫동안 그 움직임을 관찰했다. 딱정벌레는 내게는 신경 쓰지 않고 바위와 식물 뿌리와 올록볼록한 지면 위로 경단을 굴렸다. 내가 존재한다는 사실을 전혀 모르는 기색이었다. 그러자 문득 딱정벌레가 나의 존재를 깨닫지 못했다고 확신할 수 있는 근거는 어디에도 없다는 생각이 떠올랐다. 이런 생각은 내 세계와는 대조적인 이 벌레의 세계의 성질에 관한 일련의 논리적인 고찰로 이어졌다. 딱정벌레와 내가 같은 세계 안에 있으면서도, 서로의 세계가 동일하지 않다는 점은 명백했다. 나는 관찰에 몰입하며 돌과 바위 틈새를 넘어 경단을 운반하는 딱정벌레의 엄청난 힘에 경탄했다.

한참을 그렇게 계속 관찰하다가 문득 주위가 고요한 것을 자각했다. 들리는 소리라고는 관목 가지와 잎사귀 사이를 쉭쉭 스치는 바람 소리뿐이었다. 고개를 들자마자 나는 무의식중에 재빨리 왼쪽을 보았다. 몇 걸음 떨어진 곳에 있는 바위 위에서 희미한 그림자 또는 깜박임 같은 것이 흘끗 보였다. 처음에는 신경을 쓰지 않았지만, 잠시 후 나는 그 깜빡임이 내 왼쪽에 위치해 있었다는 사실을 퍼뜩 깨닫고 다시 왼쪽을 흘끗 보았다. 이번에는 바위 위에 있는 그림자를 뚜렷하게 지각할 수 있었다. 나는 그 즉시 그림자가 지면으로 흘러내리며 마치 잉크가 압지에 흡수되듯이 땅속으로 빨려 들어간 것만 같은 기괴한 인상을 받았다. 등골이 오싹했다. 죽음이 나와 딱정벌레를 바라보고 있었다는 생각이 뇌리를 스쳤다.

딱정벌레를 다시 찾아보았지만 어디에도 보이지 않았다. 목적지에 도달해서 지면에 난 구멍에 경단을 떨어뜨린 듯했다. 나는 매끄러운 바위 위에 얼굴을 갖다 댔다.

딱정벌레가 깊은 구멍 속에서 나오더니 내 얼굴에서 한 뼘쯤 떨어진 지점에서 멈춰섰다. 잠깐 나를 바라보는 것 같았다. 딱정벌레가 나의 존재를 지각했다는 생각이 들었다. 어쩌면 내가 내 죽음의 존재를 지각하고 있는 것처럼 말이다. 딱정벌레와 나는 사실 그리 큰 차이가 없었다. 죽음은 저 바위 뒤에서 우리 둘 모두를 그림자처럼 살금살금 쫓아오고 있지 않은가. 한순간 믿을 수 없을 정도의 고양감이 솟구쳤다. 딱정벌레와 나는 동등했다. 어느 쪽도 다른 쪽보다 우월하거나 하지 않았다. 죽음이 우리를 평등하게 만들어주고 있기 때문이다.

그 순간에 느낀 고양감과 환희가 너무나 압도적이어서 나는 흐느껴 울기 시작했다. 돈 후앙의 말이 옳았다. 그의 말은 언제든지 옳았다. 나는 실로 신비로운 세계에 살고 있었으며, 그곳에 있는 모든 것과 마찬가지로 나 자신은 실로 신비로운 존재였다. 그럼에도 나는 딱정벌레보다 더 중요한 존재는 아닌 것이다. 나는 눈물을 닦았다. 손등으로 눈물을 훔치던 중에 한 사내 ｜ 또는 사내 모양을 한 것 ｜ 를 보았다. 오른쪽으로 50미터쯤 떨어진 곳이었다. 나는 상체를 일으키고 똑바로 앉아서 더 분명하게 보려고 애썼다. 거의 지평선까지 내려간 석양이 발하는 노란 빛 때문에 잘 보이지 않았다. 그때 괴상한 포효가 들려왔다. 먼 상공을 지나가는 제트기의 폭음과도 비슷한 소리였다. 내가 주의를 기울이자 포효는 길게 꼬리를 끄는 날카롭고 금속적인 소음으로 바뀌더니 곧 넋을 빼놓을 듯한 낮고 음악적인 소리로 변했다. 이것은 전류가 흐르는 전선이 윙윙거리며 진동하는 소리에 가까웠다. 전기를 띤 두 개의 구球가 하나로 합쳐지거나, 전기가 흐르는 두 개의 네모난 금속 블록이 서로 비벼대다가 마찰면이 완전히 일치해서 쿵 하고 바닥에 떨어지는 이미지가 뇌리에 떠올랐다. 나는 내 시선을 피해 숨으려고 하는 사람처럼 보이는 그것을 다시 한 번 뚫어지게 바라보았지만 여전히 덤불 앞에서 뭔가 검은 것이 어른거린다는 느낌이 전부였다. 눈부신 햇빛을 가리려고 두 손을 이마에 댄 순간, 햇빛의 광도가 변하면서 나는 내가 본 것이 그림자와 잎사귀가 만들어낸 착시현상에 불과하다는 사실을 깨달았다.

시선을 돌리자 빠른 걸음으로 지면 위를 침착하게 가로지르는 코요테의 모습이 눈에 들어왔다. 코요테는 내가 사람을 보았다고 생각한 지점 근처를 지나가고 있었다. 코요테는 남쪽으로 50미터쯤 갔다가 멈춰서서 몸을 돌리더니 나를 향해 걸어오기 시작했다. 두어 번 고함을 질러 쫓아보려고 했지만 코요테는 계속 다가왔다. 한순간 불안감을 느꼈다. 혹시 코요테는 광견병에 걸려 미쳤을지도 모른다는 생각이 떠올라서, 만에 하나 공격받을 경우 내 몸을 지키기 위해 돌을 모아둬야겠다는 생각까지 했다. 코요테가 3 내지 5미터 거리까지 접근했을 때 나는 코요테에게서 동요한 기색이 전혀 보이지 않는다는 사실을 깨달았다. 동요하기는커녕 침착하고 전혀 두려워하지 않는 기색이었다. 코요테는 걸음걸이를 늦추더니 1미터에서 1미터 반밖에 떨어지지 않은 지점에서 멈춰섰다. 우리는 서로를 빤히 쳐다보았다. 그러자 코요테는 한층 더 가까이 다가왔다. 코요테의 갈색 눈은 맑고 우호적이었다. 내가 바위 위에 앉자 코요테는 거의 나와 닿을 정도로 가까운 곳으로 와서 섰다. 나는 망연자실한 상태였다. 야생 상태의 코요테를 이토록 가까이서 본 것은 난생처음이었다. 그때 내 머리에 떠오른 것이라고는 이 코요테에게 말을 걸어야겠다는 생각뿐이었다. 나는 우호적인 개를 상대하듯이 말을 걸기 시작했다. 그러자 코요테가 내게 '말했다'는 생각이 들었다. 내게는 코요테가 방금 내게 대꾸했다는 절대적인 확신이 있었다. 내 머릿속은 너무나도 혼란스러웠지만, 그런 감정 따위에 대해 숙고할 여유는 없었다. 코요테가 또다시 '말했기' 때문이다. 코요테는 인간이 입으로 하는 식으로 말을 한 것은 아니었다. 그것은 오히려 상대가 말하고 있다는 '느낌'에 더 가까웠다. 그러나 애완동물이 주인과 의사소통을 하는 것처럼 보일 때의 느낌과는 또 달랐다. 코요테는 실제로 뭐라고 말했다. 코요테는 내게 어떤 사념을 전달했고, 그 결과 실제로 말을 하는 것과 가까운 형태의 의사소통이 이루어졌던 것이다. 내가 '작은 코요테야, 어떻게 지내니?'라고 물으니 코요테는 '난 잘 있었는데, 그쪽은 어때?'라고 대답하는 것을 들은 듯한 기분이 들었다. 그런 다음 코요테는 같은 말을 되풀이했다. 나는 펄쩍 뛰듯이 일어섰다. 코요테는 전혀 움직이지 않았다. 내가 갑자기 벌떡 일어났음에도 불구하고 놀란 기색조차도 없었다. 두 눈은 여전히 맑고 상냥했다. 코요테는 땅에 배를 대고 엎드리더니 고개를 갸우뚱하며 물었다. '왜 두려워해?' 나도 땅에 앉아 코요테를 마주 보았다. 그리고 지금까지 살아오면서 일찍이 경험해본 적이 없었던 기이한 대화를 나누기 시작했다. 이윽고 코요테는 내가 여기서 뭘 하는지를 물었고, 나는 '세계를 멈추기 위해서' 이곳으로 왔다고 대답했다. 코요테는 '케 부에노!'(정말 멋지군!)라고 대답했다. 그 순간 나는 코요테가 2개국어를 말한다는 사실을 문득 깨달았다. 명사와 동사는 영어였지만, 접속사와 감탄사는 스페인어를 쓰고 있었던 것이다. 혹시 내 앞에 있는 코요테는 치카노(멕시코계 미국인) 코요테가 아닌가 하는 생각이 뇌리를 스쳤다. 이런 생각이 너무나도 웃겼던 나머지 나는 거의 히스테리에 가까운 폭소를 터뜨렸다. 그제서야 나는 지금 눈앞에서 일어나고 있는 일이 얼마나 황당무계한지를 실감하고 아찔한 느낌을 맛보았다. 코요테가 일어섰다. 서로 눈이 맞았다. 나는 코요테의 눈을 뚫어지게 응시했다. 코요테의 두 눈이 나를 끌어당기는 것 같은 느낌이 온 순간, 코요테의 몸이 무지갯빛으로 변했다. 코요테는 빛을 발하기 시작했다. 마치 10년 전에 내가 경험했던 또 하나의 사건 ┃ 페요테의 영향하에서, 보통의 개가 영원히 잊지 못할 무지갯빛의 존재로 변신하는 광경을

414

목격했을 때의 경험 | 을 내 마음이 재현하고 있는 듯한 느낌이었다. 마치 코요테가 내 마음속에서 그런 회상을 유발했고, 불려온 그 사건의 기억이 코요테의 몸에 그대로 겹쳐진 듯한 느낌이랄까. 코요테는 물이 흐르듯이 유동적인 빛을 발하는 존재였다. 그 광채는 눈이 부실 정도였다. 두 손을 들어 눈을 가리고 싶었지만 몸이 꼼짝도 하지 않았다. 빛을 발하는 존재는 나 자신의 어떤 뚜렷하지 않은 일부와 접촉했고, 그 순간 나의 몸은 형언할 수 없는 따스함과 행복감에 휩싸였다. 마치 그 접촉에 의해 온몸이 폭발하듯이 산산조각 난 느낌이었다. 나는 그 자리에서 얼어붙었다. 발이나 다리, 그 밖의 어떤 부분도 움직일 수 없었지만, 무엇인가가 내가 꼿꼿하게 등을 세우고 앉아 있을 수 있도록 지탱해주고 있었다.

얼마나 그런 자세를 유지하고 있었는지는 알 수 없다. 잠시 후 광채를 발하는 코요테와 내가 앉아 있던 언덕배기가 녹아서 사라졌다. 나는 더 이상 아무 사념도, 감정도 느끼지 않았다. 모든 것이 스러졌다. 나는 자유롭게 부유하고 있었다.

갑자기 무엇인가가 내 몸을 때리는 느낌이 왔다. 온몸을 무엇인가 따스한 것이 에워싸는 것을 느꼈다. 나는 햇살이 내 몸 위로 쏟아지고 있는 것을 자각했다. 서쪽 먼 곳에 위치한 산들이 희미하게 보였다. 해는 거의 지평선에 닿아 있었다. 그것을 똑바로 바라보자 곧 '세계의 줄들'이 보였다. 눈부신 빛을 발하는, 무수히 많은 새하얀 선線들이 내 주위의 모든 것을 종횡으로 뒤덮고 있는 경이로운 광경을 실제로 지각했던 것이다. 문득 나는 속눈썹 사이로 굴절된 햇빛을 보고 있는 것일지도 모른다는 생각이 들었다. 그래서 눈을 깜박이고 다시 보았다. 빛을 발하는 줄들은 여전히 그곳에 있었고, 주위 풍경 위에 겹쳐 있거나 아예 거기서 나오고 있는 것처럼 보였다. 나는 고개를 돌리며 이 믿기 힘든 새로운 세계를 둘러보았다. 고개를 돌려 해를 외면해도 줄들은 여전히 그 자리에 그대로 남아 있었다.

나는 그 언덕배기에서 영원에 가까운 시간 동안 황홀경에 빠져 있었지만, 실제로는 해가 지평선에 닿는 불과 몇 분 동안만 그랬던 것인지도 모른다. 하지만 내게 그 시간은 정말로 영원하게 느껴졌던 것이다. 나는 뭔가 따스하고 기분 좋은 것이 나 자신의 몸에서 스며나오는 것을 느꼈다. 나는 비밀을 하나 발견했다는 사실을 깨닫고 있었다. 너무나도 단순한 비밀이었다. 미지의 감각이 밀물처럼 밀려오는 것을 느꼈다. 지금까지 살아오면서 일찍이 이토록 지고한 희열을, 평온함을, 모든 것을 아우르는 통찰을 경험한 적이 없었지만, 새로 발견한 이 비밀은 말로 표현하기는커녕 생각하는 것조차 불가능했다. 그러나 내 몸은 그것을 알고 있었다.

그 뒤에는 잠들었든가 의식을 잃었던 것 같다. 다시 정신을 차리자 바위땅 위에 누워 있었다. 나는 일어섰다. 내가 예전부터 줄곧 보아 온 낯익은 세계였다. 주위가 어두워지고 있었다. 나는 반사적으로 차를 세워둔 곳으로 돌아가기 시작했다.

다음날 아침 도착했을 때 돈 후앙은 홀로 있었다. 돈 헤나로가 어디 갔는지 묻자 어딘가 근처로 가서 자기 일을 보고 있을 거라는 대

416

답이 돌아왔다. 나는 대뜸 나의 경이로운 경험들에 관해 보고하기 시작했다. 돈 후앙은 흥미진진한 기색으로 귀를 기울였다.

"한 마디로 말해서 자넨 '세계를 멈췄던' 거야." 그는 내 이야기가 끝나자 말했다.

우리는 잠시 침묵했다. 이윽고 돈 후앙은 내가 돈 헤나로에게 고맙다는 인사를 해야 한다고 말했다. 평소와는 달리 무척이나 만족한 기색이었다. 그는 웃음을 터트리며 연거푸 내 등을 두드렸다.

"하지만 어떻게 코요테가 말을 할 수 있는 건지 도무지 모르겠습니다."

"그건 말이 아니었어."

"그럼 뭐였단 말입니까?"

"자네의 몸은 처음으로 이해했어. 하지만 자넨 그것이 애당초 코요테가 아니었고, 그게 자네나 내가 말하는 것처럼 말하지는 않았다는 사실을 깨닫지 못했던 거야."

"하지만 돈 후앙, 그 코요테는 정말로 말을 했단 말입니다!"

"멍청한 소리 하지 말게. 10년이나 배워 온 건 다 어디로 갔나. 어제 자넨 '세계를 멈췄고,' '보았을' 가능성조차 있어. 마법의 존재가 자네에게 말을 걸었고, 자네의 몸은 그걸 이해할 수 있었어. 세계가 붕괴한 덕에 말이야."

"그 세계는 오늘의 세계와 마찬가지였습니다만."

"아니, 그건 사실이 아냐. 오늘은 코요테들이 자네에게 말을 걸지도 않고, 자넨 세계의 줄들을 '볼' 수도 없잖나. 어제 자네가 그럴 수 있었던 건 단지 자네 안에서 무엇인가가 멈췄기 때문이야."

"제 안에서 멈췄다는 게 뭡니까?"

"어제 자네 안에서 멈춘 건 이 세계가 어떤 것인지에 관해 다른 사람들에게서 들은 것들일세. 알다시피 우리는 태어난 순간부터 다른 사람들로부터 세계란 이러이러한 것이라는 말을 줄곧 들으며 자란다네. 따라서 우린 그들이 한 말대로 세계를 보는 수밖에 없는 거야."

우리는 서로를 쳐다보았다.

"어제 자네가 본 세계는 주술사들이 말하는 세계가 되었네." 돈 후앙은 말을 계속했다. "그 세계에서는 코요테들도 말을 하지. 예전에도 언급했듯이 거기서는 사슴, 방울뱀, 나무, 그 밖의 모든 생물들이 말을 한다네. 하지만 난 자네가 '보는' 법을 터득하기를 원해. '보는' 행위는 당사자가 보통 사람들의 세계와 주술사들의 세계 사이를 슬쩍 비집고 들어갈 때만 일어난다는 사실을 자네도 이젠 깨달았을지도 모르겠군. 자넨 지금 이 두 세계의 딱 중간 지점에 와 있어. 어제 자네는 코요테가 자네에게 말을 걸었다고 믿었지. '볼' 줄 모르는 주술사라면 모두 그렇게 믿었을 거야. 하지만 '볼' 줄 아는 사람은 그런 식으로 믿는다는 건 주술사들의 영역에 못 박히는 것과 마찬가지라는 걸 알아. 같은 맥락에서, 코요테가 말을 할 리가 없다고 믿는 건 보통 사람들의 영역에 못 박히는 거라네."

"그렇다면 보통 사람들의 세계도, 주술사들의 세계도 실제로는 존재하지 않는다는 뜻입니까?"

"양쪽 모두 실제로 존재해. 자네에게 반응할 수도 있고. 이를테면

418

자넨 알고 싶은 걸 뭐든지 그 코요테에게 물어볼 수 있었고, 그런다면 그 코요테는 자네에게 대답하는 수밖에 없었을 거야. 유일하게 아쉬운 점은 코요테는 신뢰할 수 없다는 사실이지만 말이야. 그 녀석들은 장난꾼(trickster)들이거든. 신뢰할 수 있는 반려동물을 얻지 못한 것은 자네의 운이야."

돈 후앙은 코요테는 내 일생의 반려가 되어 주겠지만, 주술사들의 세계에서 코요테를 친구로 가진다는 것은 별로 바람직한 일이 아니라고 설명했다. 엄청나게 훌륭한 반려가 되어줄 수 있는 방울뱀과 말을 나눴다면 정말로 이상적이었을 것이라고 그는 말했다.

"내가 자네라면 코요테는 결코 신뢰하지 않을 걸세." 돈 후앙은 이렇게 덧붙였다. "하지만 자넨 나하고는 다르니, 나중에 가서는 코요테 주술사가 될 가능성조차 있겠군."

"코요테 주술사가 뭡니까?"

"코요테 형제들에게서 많은 걸 끌어낼 수 있는 주술사이지."

나는 더 질문을 하고 싶었지만 그는 멈추라는 시늉을 했다.

"자넨 세계의 줄들을 봤어. 빛을 발하는 존재도 보았고. 이제 자넨 맹우를 만날 준비가 거의 된 상태야. 물론 자넨 덤불 속에서 본 그 사내가 맹우라는 걸 알고 있어. 자넨 그것이 제트기처럼 포효하는 것도 들었어. 맹우는 들판 가장자리에서 자네를 기다리고 있을 걸세. 내가 그 들판으로 자네를 데려가주지."

우리는 한참 동안 침묵했다. 돈 후앙은 깍지 낀 손을 배 위에 올려 놓고 엄지손가락들을 거의 눈에 띄지 않을 정도로 움직이고 있었다.

"헤나로도 우리와 함께 그 골짜기로 가야 해." 느닷없이 그가 말했다. "자네가 '세계를 멈추는' 걸 도와준 사람은 그 친구이니까 말이야."

돈 후앙은 날카로운 눈으로 나를 보았다.

"한 가지만 더 얘기해주지." 그는 이렇게 말하며 웃었다. "어차피 이젠 상관없으니까 말이야. 지난번에 헤나로는 자네 차를 보통 사람들의 세계에서 한 치도 움직이지 않았다네. 그 친구는 단지 자네가 주술사들처럼 세계를 바라보도록 강제했을 뿐이야. 그리고 그 세계에는 자네 차는 없었어. 헤나로는 자네의 확고한 신념을 누그러뜨리고 싶어했다네. 그 친구가 한 어릿광대짓은 모든 걸 이해하려는 것이 얼마나 황당한 행위인지를 자네의 몸에게 직접 알려주기 위한 것이었어. 헤나로가 연을 날렸을 때 자넨 거의 '보기' 직전까지 갔다네. 나중에 자넨 자네의 차를 찾아냈는데, 그때 자넨 양쪽 세계에 있었어. 우리가 배가 터질 지경으로 웃었던 건, 차를 찾아냈다고 생각한 장소에서 우리를 차에 태운 다음 집으로 돌아가고 있다고 자네가 정말로 믿어버렸기 때문이라네."

"하지만 돈 헤나로는 어떻게 주술사들처럼 세계를 바라보도록 저를 강제할 수가 있었나요?"

"나도 그 자리에 있었잖나. 헤나로도 나도 그 세계를 알고 있어. 일단 그 세계를 안 뒤에 그걸 다시 불러오고 싶으면 내가 예전에 주술사들이 갖고 있다고 말했던 그 또 다른 힘의 반지를 쓰기만 하면 돼. 헤나로는 손가락을 튕기는 것만큼이나 쉽게 그럴 수 있지. 그 친구가 자네에게 바위 뒤집는 일을 시킨 건 자네의 생각이 산만해진 틈을 타서 자네의 몸이 '볼' 수 있게 만들기 위해서였어."

나는 지난 사흘 동안 일어난 사건들은 세계에 대한 나의 관념을 돌이킬 수 없을 정도로 무너뜨려놓았다고 대답했다. 돈 후앙을 알고 지낸 지난 10년 동안 그토록 큰 감명을 받은 적은 없다고 말이다. 환각성 식물을 섭취했을 때도 이 정도는 아니었다.

"힘이 깃든 식물들은 단지 보조적인 것에 지나지 않았네." 돈 후앙은 말했다. "정말로 중요한 건 '볼' 수 있다는 걸 몸이 깨달을 때야. 그런 뒤에야 비로소 우리가 매일 바라보는 세계는 단지 하나의 기술記述이자 묘사에 불과하다는 걸 터득할 수 있는 거지. 난 처음부터 줄곧 자네에게 그걸 보여주고 싶었던 거야. 맹우와 맞붙어 씨름할 때까지 시간 여유가 거의 없다는 점이 유감이지만 말이야."

"꼭 맹우와 씨름을 해야 합니까?"

"그걸 피할 방법은 없네. '보기' 위해서는 주술사들이 세계를 바라보는 방식을 터득해야 하니 맹우를 소환하는 수밖에 없어. 일단 소환하면 맹우는 무조건 올 거야."

"맹우를 소환하지 않고 제게 '보는' 법을 가르쳐주실 수는 없었습니까?"

"그럴 수는 없었어. '보기' 위해서는 우선 뭔가 다른 방식으로 세계를 바라보는 법을 터득해야 하고, 내가 아는 다른 방식이라고는 주술사의 방식밖에는 없으니까 말이야."

20
익스틀란으로 가는 길

돈 헤나로는 정오 무렵에 돌아왔다. 돈 후앙의 제안으로 우리 세 사람은 차를 타고 어제 내가 갔던 산맥 쪽으로 갔다. 우리는 같은 길을 따라 올라갔지만, 내가 그랬던 것처럼 높은 대지에서 멈춰서는 대신 산의 나지막한 정상까지 계속 올라갔다. 그런 다음 우리는 편평한 골짜기로 내려가기 시작했다.

높은 언덕 정상에서 쉬기 위해 멈춰섰다. 돈 헤나로가 장소를 골라주자 나는 그들과 함께일 때면 언제나 그래왔듯이 반사적으로 돈 후앙을 오른쪽, 돈 헤나로를 왼쪽에 두고 삼각형을 이루는 형태로 앉았다.

사막의 관목들은 물기를 머금고 아름답게 반짝이고 있었다. 짧은 봄비가 내린 덕에 선명한 초록색이었다.

"지금부터 헤나로가 자네에게 얘기를 해줄 거야." 돈 후앙이 느닷없이 말했다. "처음으로 자기 맹우를 만났을 때의 얘기이지. 그렇지, 헤나로?"

어딘가 구슬리는 듯한 어조였다. 돈 헤나로는 나를 쳐다보더니 입이 둥그런 구멍 모양이 될 때까지 입술을 오므렸다. 그는 혀를 구부려 입천장에 대더니 마치 경련의 발작에 사로잡힌 것처럼 입을 열었다 닫았다 했다.

돈 후앙은 그런 그를 보며 큰 소리로 웃었다. 나는 어떻게 반응해야 할지 알 수 없었다.

"뭘 하고 있는 겁니까?" 나는 돈 후앙에게 물었다.

"암탉이잖아!" 그는 말했다.

"암탉?"

"저 입, 저 친구의 입을 보라고. 저건 암탉 엉덩이이고, 지금 알을 낳으려는 중이야."

돈 헤나로의 입의 경련은 점점 더 격렬해지는 것처럼 보였다. 광인을 연상케 하는 기묘한 눈빛이었다. 그는 조금씩 입을 열었다. 마치 둥그런 구멍이 경련하면서 열리는 듯한 모습이었다. 그는 켁 하는 소리를 내더니 손을 안쪽으로 구부린 채로 팔짱을 꼈고, 주저 없이 대뜸 가래침을 뱉었다.

"빌어먹을! 알이 아니었어." 돈 헤나로는 걱정스러운 표정으로 말했다.

그의 자세와 얼굴에 떠오른 표정이 너무나도 우스꽝스러운 나머지 나는 웃지 않을 수가 없었다.

"자, 헤나로는 거의 알을 낳을 뻔 했으니 이제 자기 맹우를 처음 만났을 때의 얘기를 해줄 거야." 돈 후앙이 재촉했다.

"글쎄." 돈 헤나로는 별로 생각이 없는 듯했다.

나는 얘기해달라고 간청했다.

돈 헤나로는 일어서서 기지개를 켰다. 뼈마디에서 뚝뚝하는 소리가 났다. 그는 다시 앉았다.

"맹우와 처음으로 씨름을 한 건 내가 젊었을 적의 일이었어." 마침내 그가 운을 뗐다. "이른 오후였던 걸로 기억해. 난 동이 트고 나서 줄곧 밭에서 일하다가 집으로 돌아가던 참이었지. 갑자기 덤불 뒤에서 맹우가 튀어나오더니 내 앞을 가로막더군. 나하고 씨름을 하려고 기다리고 있었던 거야. 나는 등을 돌리고 그냥 오려다가 문득 내겐 그와 겨뤄볼 만한 힘이 충분히 있다는 생각이 들었어. 하지만 두려웠지. 등골에 오싹 소름이 끼치고, 목은 나무판자처럼 딱딱해졌으니까 말이야. 아참, 그게 준비가 됐다는 징조야. 그러니까, 목이 딱딱해지는 거 말이야."

돈 헤나로는 셔츠 자락을 들어올려 자기 등을 보여주었다. 그는 목덜미와 등과 두 팔의 근육에 불끈 힘을 넣었다. 실로 잘 발달한 근육이었다. 마치 그 만남을 기억하는 순간 상체의 모든 근육이 활성화되기라도 한 듯한 느낌이었다.

"그런 상황에서는 언제나 입을 다물어야 해."

돈 헤나로는 돈 후앙을 돌아보며 "안 그래?"라고 물었다.

"응." 돈 후앙이 침착하게 대답했다. "맹우를 움켜잡을 때 오는 충격은 워낙 강렬하기 때문에 무의식중에 혀를 깨물거나 이를 부러뜨릴 수 있거든. 허리를 곧게 펴고, 땅바닥에 발을 단단히 디디고 있어야 해."

돈 헤나로는 일어서서 올바른 자세가 어떤 것인지를 알려주었다. 두 팔을 아래로 늘어뜨린 채로 손가락들을 조금 구부리고, 무릎도 조금 구부린 자세였다. 편하지만 땅을 단단히 디디고 있는 듯한 모습이었다. 그는 잠깐 동안 그 자세를 취했고, 이내 앉으려는가 싶더니 갑자기 앞을 향해 엄청난 거리를 도약했다. 마치 발꿈치에 달린 용수철을 써서 껑충 뛴 듯한 느낌이었다. 너무나도 갑작스런 그의 움직임에 놀란 나머지 나는 뒤로 고꾸라졌다. 그런 와중에도 나는 돈 헤나로가 사내 또는 사내의 모습을 한 무엇인가를 움켜잡았다는 뚜렷한 인상을 받았다.

나는 몸을 일으켜 다시 앉았다. 돈 헤나로는 여전히 온몸을 팽팽하게 긴장시킨 상태였다. 곧 그는 몸의 힘을 갑자기 풀더니 다시 원래 있던 자리로 돌아가서 앉았다.

"카를로스는 방금 자네의 맹우를 '보는' 데 성공했어." 돈 후앙이 무덤덤하게 말했다. "하지만 여전히 약한 탓에 쓰러져버리더군."

"그게 정말이야?" 돈 헤나로는 순진한 어조로 물으며 콧구멍을 부풀렸다.

돈 후앙은 내가 그것을 '보았다'고 장담했다.

돈 헤나로는 또다시 앞으로 도약했고, 나는 그 기세를 못 이기고 옆으로 쓰러졌다. 그의 도약은 전광석화처럼 빠르게 이루어졌기 때문에 어떻게 앉은 자세에서 그렇게 벌떡 일어서서 앞으로 껑충 뛸 수 있는지 도무지 이해할 수가 없었다.

두 사람 모두 큰 소리로 웃었다. 잠시 후 돈 헤나로의 웃음소리는 코요테의 울부짖음으로밖에는 들리지 않는 소리로 바뀌었다.

"맹우를 움켜잡기 위해서 헤나로 만큼 도약을 잘해야만 한다고 생각하지는 말게." 돈 후앙은 주의하듯이 말했다. "헤나로가 저렇게 도약을 잘하는 건 맹우의 도움을 받았기 때문이야. 자넨 그냥 땅에 단단히 발을 디디고 충격을 견뎌내면 돼. 도약 직전 헤나로가 취했던 자세를 취한 다음에, 앞으로 펄쩍 뛰어서 맹우를 움켜잡는 거야."

"먼저 목에 건 메달에 입을 맞춰야지." 돈 헤나로가 끼어들었다.

돈 후앙은 짐짓 준엄한 말투로, 내가 메달 따위는 목에 걸고 있지 않다고 대답했다.

"그럼 이 친구 공책은?" 돈 헤나로는 끈질기게 물고 늘어졌다. "공책을 어떻게든 해야 하잖아 ㅣ 펄쩍 뛰기 전에 어딘가에 내려놓든지, 아니면 그걸 써서 맹우를 두들겨 패기라도 해야 하는 거 아냐?"

"맙소사!" 돈 후앙은 진심으로 놀란 표정을 지어 보였다. "그 생각은 아예 떠오르지도 않았어. 사상 최초로 맹우가 공책에 두들겨맞고 쓰러지는 꼴을 볼 수도 있겠군."

돈 후앙의 홍소哄笑와 돈 헤나로의 코요테 울부짖는 소리가 사그러들자 분위기가 매우 유쾌해졌다.

"돈 헤나로, 당신이 맹우를 움켜잡은 뒤에는 무슨 일이 일어났습니까?" 나는 물었다.

"강렬한 충격을 받았어." 돈 헤나로는 잠깐 주저하다가 말했다. 머릿속에서 생각을 정리하고 있는 것 같았다.

"설마 그런 것이리라고는 꿈에도 생각 못했거든." 그는 말을 이었다. "그건 뭐랄까, 뭐랄까, 뭐랄까… 내 능력으로는 도저히 설명할 수 없는 거였어. 내가 움켜잡으니까 그건 빙빙 돌기 시작했어. 맹우는 나까지 빙빙 돌게 만들었지만 나는 손을 놓지 않았지. 엄청난 속도와 힘으로 공중에서 빙빙 도는 바람에 주위를 제대로 볼 수도 없을 지경이었어. 안개가 낀 것처럼 모든 게 몽롱했지. 그렇게 쉬지도 않고 빙빙, 빙빙, 빙빙 돌았던 거야. 그러다가 갑자기 내가 땅을 딛고 서 있다는 걸 깨달았어. 그래서 내 몸을 훑어보았지. 맹우는 나를 죽이지 않았고, 난 멀쩡했어. 아무렇지도 않았던 거야! 그제서야 난 내가 성공했다는 걸 깨달았다네. 마침내 내게도 맹우가 생겼던 거야. 난 좋아서 펄쩍펄쩍 뛰었다네. 정말이지 그 기분이란! 이루 말할 수 없는 기분이었지!

그러고는 내가 어디 있는지를 알려고 주위를 둘러보았네. 낯선 곳이었거든. 아무래도 맹우는 나를 공중으로 끌고 가서 처음에 빙빙 돌기 시작했던 지점에서 멀리 떨어진 곳에다 나를 떨어뜨리고 간 것 같았어. 대충 방향을 가늠해보니 우리 집은 동쪽에 있는 것 같아서 그쪽을 향해 걷기 시작했다네. 아직 이른 시각이었어. 난 맹우와 그리 오랫동안 씨름하지는 않았던 거야. 얼마 되지 않아 오솔길에 닿았는데, 여자들과 남자들이 무리지어 내 쪽으로 다가오는 것이 보였어. 인디언들이더군. 마사텍 인디언들인 것 같았어. 그치들은 나를 에워싸더니 어디로 가느냐고 묻더군. 그래서 난 '익스틀란에 있는 집으로 가는 중입니다'라고 대답했어. 누군가가 '길을 잃었나' 하고 물어보길래 '그렇습니다'라고 대답했지. 그러자 누군가가 '그런데 왜 이리로 오는 거야? 익스틀란은 이쪽이 아니라 저쪽에 있어. 우리도 거기로 가는 중일세'라고 말하더군. 그러자 모두가 '우리와 함께 가세! 먹을 것도 있어!'라고 말하더군."

돈 헤나로는 말을 멈추고 마치 내가 질문하기를 기다리는 듯한 표정으로 나를 쳐다보았다.

"흠, 그래서 어떻게 됐습니까? 그들과 함께 갔습니까?"

"아니, 함께 가지 않았어. 왜냐하면 그치들은 진짜가 아니었거든. 그치들이 내게 오자마자 난 알아차렸다네. 말하는 목소리도 그랬고, 친근하게 나를 대하는 태도도 미심쩍었지. 특히 나더러 함께 가자고 말했을 때는 말이야. 그래서 난 부리나케 도망쳤네. 그치들은 나를 부르면서 제발 돌아오라고 외치더군. 그렇게 간청하는 소리에 자칫 돌아설 뻔했지만 난 계속 달렸네."

"어떤 존재들이었습니까?" 나는 물었다.

"사람들이지 뭐겠나." 돈 헤나로는 잘라 말했다. "진짜가 아니라는 점을 제외하면 말이야."

"유령 같은 거야." 돈 후앙이 설명했다. "허깨비 같은 거지."

"그렇게 계속 가다 보니까 좀 자신감이 돌아오더군." 돈 헤나로는 말을 이었다. "익스틀란은 내가 가는 방향에 있다는 걸 알고 있었어. 그러던 중에 나를 향해 산길을 내려오는 두 사내를 보았다네. 역시 마사텍 인디언처럼 보였는데, 장작을 가득 실은 당나귀를 끌고 있었어. 두 사람은 나를 지나치며 '안녕하십니까'라고 말하더군.

'안녕하십니까!' 나도 이렇게 말하고 계속 걸었어. 두 사내는 나한 테는 주목하지 않고 그냥 가던 길을 가더군. 나는 걸음을 늦추고 슬 쩍 그들을 돌아보았어. 역시 나한테는 신경 쓰지 않고 가던 길을 가 고 있더라고. 진짜 사람인 듯했어. 난 그 친구들한테 달려가면서 '잠 깐, 잠깐!'이라고 외쳤네.

그치들은 멈춰서서 당나귀 양쪽에 섰어. 마치 짐을 지키려는 것처 럼 말이야.

'실은 산속에서 길을 잃어서요.' 난 이렇게 말했네. '익스틀란은 어 느 쪽입니까?' 그러자 그치들은 자기들이 가던 쪽을 가리켰어. 사내 하나가 '거기까지 가려면 멀었어'라고 말하더군. '저 산봉우리들의 반대편까지 내려가야 하거든. 나흘에서 닷새는 족히 걸릴 거야.' 그 러고는 등을 돌리고 계속 걸어가더군. 난 그들이 진짜 인디언들이라 고 확신하고 함께 가게 해달라고 간청했어.

그래서 한동안 함께 걸어갔는데, 사내 하나가 꾸러미를 풀더니 내 게 음식을 권하더군. 난 그 자리에서 얼어붙었어. 자기 음식을 먹으 라고 권하는 태도가 어딘가 엄청나게 부자연스러웠거든. 난 온몸으 로 두려움을 느꼈고, 그대로 도망치기 시작했어. 그러자 그들은 내 등 뒤에다 대고 자기들하고 같이 가지 않으면 산속에서 죽을 테니까 같이 가야 한다고 부추겼어. 그치들이 점점 더 집요하게 유혹하기 시 작했지만 난 혼신의 힘을 다해 그들에게서 도망쳤지.

난 계속 걸었네. 내가 제대로 익스틀란을 향해 가고 있고, 그 허깨 비들은 나를 옳은 길에서 벗어나게 하고 싶어한다는 걸 알고 있었거든.

도중에 그런 존재를 여덟 명 더 만났지. 그치들은 내 결심이 확고 부동하다는 걸 눈치챘던 것 같아. 길가에 서서 애원하듯이 나를 바라 봤거든. 대다수는 아무 말도 하지 않았지만, 여자인 경우는 동료들보 다는 더 대담해서 나더러 가지 말라고 직접 졸랐고, 몇몇은 길가에서 장사를 하는 진짜 장사꾼들처럼 음식이나 그 밖의 물건들을 내게 보 여주기까지 했어. 하지만 난 멈춰서지도 않았고, 그쪽을 바라보지도 않았어.

늦은 오후가 되었을 무렵에 예전에 와본 적이 있는 듯한 골짜기에 도착했네. 어딘가 낯익어 보였다고나 할까. 하지만 그게 사실이라면 난 익스틀란의 남쪽에 와 있다고 봐야 했어. 올바른 방향을 가늠하기 위해서 낯익은 지형이 없는지 찾아보려고 했을 때, 염소 몇 마리를 몰아가고 있는 어린 인디언 소년을 보았네. 일곱 살쯤 됐고, 그 나이 때의 나와 다르지 않은 복장을 하고 있었어. 사실, 아버지의 염소 두 마리를 돌보던 때가 생각날 정도였지.

난 잠시 그 아이를 바라보았네. 소싯적에 내가 그랬던 것처럼 혼자 서 뭐라고 중얼중얼하다가 자기 염소들한테 말을 걸더군. 나도 염소 를 다뤄봐서 아는데, 아주 능숙한 솜씨였어. 철저하면서도 신중했다 고나 할까. 과하게 간섭하지도 않고, 거칠지도 않게 잘 다루는 거지.

그래서 말을 걸어보기로 했네. 내가 큰 소리로 부르니까 그 아이 는 펄쩍 놀라면서 좀 떨어진 곳에 있는 큰 바위 뒤로 도망쳐서는 나 를 훔쳐보더군. 당장에라도 전력을 다해 도망칠 기세였어. 난 그 아이가 마음에 들었네. 나를 두려워하는 기색이었지만 자기 염소들을 데리고 도망칠 만한 분별이 있었어.

나는 오랫동안 그 아이와 말을 나눴다네. 내가 길을 잃었고, 익스틀란으로 가는 길이 어딘지를 모르겠다고 했지. 우리가 있는 곳의 이름이 뭔지를 물으니 여긴 내가 생각하는 곳이 맞다는 대답이 돌아왔어. 난 더 이상 헤매지 않아도 된다는 걸 알고 크게 기뻐했네. 내 몸을 눈 깜짝할 새에 이렇게까지 멀리 움직일 수 있다니, 내 맹우의 힘은 도대체 어느 정도일까 하는 생각도 했어.

난 아이에게 고맙다고 말하고 다시 걷기 시작했네. 아이는 아무렇지도 않은 듯이 은신처 밖으로 걸어 나오더니 잘 보지 않으면 거의 알아차릴 수 없는 오솔길로 염소떼를 몰고 가기 시작했어. 골짜기로 내려가는 길처럼 보이더군. 난 다시 그 아이를 불렀는데, 이번에는 도망가지 않았어. 하지만 내가 그쪽으로 가니까 너무 다가온다 싶었던지 덤불 속으로 껑충 뛰어들어가더군. 난 그 아이의 신중한 태도를 칭찬하고 다시 질문하기 시작했어.

'이 길은 어디로 이어지니?' 그러자 아이는 '아래쪽으로요'라고 대답했네. '넌 어디 사는데?' '저기 아래쪽에요.' '저기로 내려가면 집들이 많아?' '아뇨, 하나밖에 없어요.' '다른 집들은 어디 있는데?' 그 아이는 또래 소년들이 흔히 그러듯이 무심한 태도로 골짜기 반대편을 가리키더군. 그런 다음 염소들을 몰고 길을 내려가기 시작했어.

'잠깐 기다려.' 내가 말했네. '난 배도 고프고 힘도 다 빠졌으니 네 가족들에게 데려다주지 않겠니?'

'가족은 없어요.' 어린 소년이 그렇게 말하는 걸 듣고 화들짝 놀랐네. 이유는 모르겠지만, 그 아이의 목소리는 나를 망설이게 만들었어. 아이는 내가 망설이는 걸 보더니 멈춰서서 내게 몸을 돌리고 이렇게 말했네. '집엔 지금 아무도 없어요. 삼촌은 외출했고 작은어머니는 밭으로 일하러 갔어요. 우리 집엔 먹을 게 많아요. 아주 많죠. 날 따라와요.'

난 거의 슬픔에 가까운 감정을 느꼈네. 그 어린 소년도 결국은 허깨비였던 거야. 그 말투와 열성적인 태도 탓에 정체가 들통 난 거지. 허깨비들은 나를 잡지 못해 안달하고 있었지만 난 두렵지 않았네. 난 여전히 맹우와의 만남 탓에 반쯤 마비된 듯한 상태였어. 난 내 맹우나 허깨비들에게 화를 내고 싶었지만 어떤 이유에선지 예전처럼 화를 낼 수가 없었어. 그래서 그러기를 포기한 거지. 그래서 슬퍼해보려고 했다네. 그 아이가 맘에 들었거든. 하지만 슬퍼질 수도 없었기 때문에 그것도 포기했어.

나는 내겐 맹우가 있기 때문에 허깨비들은 나를 건드릴 수 없다는 걸 퍼뜩 깨달았어. 난 그 아이를 따라 산길을 내려갔네. 다른 허깨비들이 금세 나타나서 벼랑에서 발을 헛디디게 하려고 했지만 내 의지는 그치들보다 더 강했어. 허깨비들도 그걸 느낀 것 같아. 그 뒤로는 더 이상 나를 귀찮게 하지 않았으니까 말이야. 잠시 뒤에는 그냥 내가 가는 길에 서 있더군. 간혹 가다가 나를 향해 달려들곤 했지만 난 의지의 힘으로 그들을 멈추게 했지. 그런 뒤에는 아예 날 건드리려고 하질 않더군."

돈 헤나로는 오랫동안 아무 말도 하지 않았다.

돈 후앙이 나를 쳐다보았다.

"그 뒤에는 어떻게 됐습니까, 돈 헤나로?" 나는 물었다.

"계속 걸어갔지." 그는 당연하다는 듯이 말했다.

할 얘기를 다 했으니 더 이상 덧붙일 것이 없다는 듯한 투였다.

나는 길에서 만난 사람들이 음식을 권하자마자 어떻게 허깨비임을 직감했는지를 물어보았다.

돈 헤나로는 대답하지 않았다. 음식이 있어도 없는 척하거나, 음식에 관련된 일에 큰 의미를 부여하는 것이 마사텍 인디언들의 풍습이냐고 나는 캐물었다.

돈 헤나로는 그들의 말투, 열심히 그를 유인하려고 하는 그들의 태도, 그리고 음식에 관해 말하는 방식에서 그들이 허깨비라는 실마리를 얻었고, 그가 그럴 수 있었던 것은 맹우가 그를 도와줬기 때문이라고 대답했다. 혼자 힘으로는 결코 이상한 낌새를 알아차리지 못했을 것이라고 그는 덧붙였다.

"그 허깨비들도 맹우였습니까?"

"아니. 그냥 사람들이었어."

"사람들이라고요? 방금 허깨비라고 하시지 않았습니까."

"더 이상 진짜가 아니라는 뜻이었어. 내 맹우와 조우한 뒤로는 그 어떤 것도 진짜가 아니었지."

우리는 한참 동안 침묵했다.

"그 경험은 최종적으로 어떤 결말을 맞았습니까?"

"최종적으로 어떤 결말을 맞았느냐고?"

"그러니까, 당신은 언제, 어떻게 익스틀란에 도착했습니까?"

내가 이렇게 말하자마자 두 사람은 웃음을 터뜨렸다.

"그게 자네가 생각하는 최종적 결말이로군." 돈 후앙이 끼어들었다. "그럼 이런 식으로 얘기해주지. 헤나로의 여행에는 최종적인 결말이 없어. 최종적인 결말 따위는 존재하지 않아. 헤나로는 아직도 익스틀란으로 가는 중이거든!"

돈 헤나로는 날카로운 눈으로 나를 흘끗 보고는 고개를 돌려 남쪽 먼 곳을 바라보았다.

"난 결코 익스틀란에 도달하지 못할 거야." 그는 말했다.

단호하지만 거의 속삭임에 가까운 나직한 목소리였다.

"하지만 감정상으로는… 감정상으로는 앞으로 한 발짝만 더 가면 된다는 느낌을 받을 때가 가끔 있어. 하지만 결코 그러지는 못하겠지. 길을 가면서도 예전에 알던 익숙한 곳이 하나도 눈에 띄지 않으니까 말이야. 그 무엇도 더 이상 예전과 같지 않거든."

돈 후앙과 돈 헤나로는 서로를 마주 보았다. 어딘가 무척 쓸쓸해 보이는 표정이었다.

"익스틀란으로 가는 길에서 마주치는 여행자들은 모두 허깨비들 뿐이야." 돈 헤나로는 나직하게 말했다.

나는 돈 후앙을 쳐다보았다. 돈 헤나로의 말을 이해할 수 없었기 때문이다.

"헤나로가 익스틀란으로 가면서 만나는 사람들은 모두 덧없는 존재들뿐이라는 뜻이네." 돈 후앙은 설명했다. "자네를 예로 들어볼까. 자넨 허깨비야. 자네의 감정이나 자네의 열성은 모두 사람의 세계에 속한 것들뿐이지. 그래서 헤나로는 익스틀란으로 가는 길에서는 허깨비 여행자들밖에는 만나지 못한다고 한 거라네."

그제서야 나는 돈 헤나로의 여정이 은유라는 사실을 퍼뜩 깨달았다.

"그렇다면 당신의 여정은 현실이 아니란 얘기로군요." 나는 말했다.

"그건 현실이야!" 돈 헤나로가 불쑥 말했다. "현실이 아닌 건 다른 여행자들이지."

그는 턱으로 돈 후앙을 가리키며 단호한 어조로 말했다. "저 친구는 유일하게 현실이야. 세계가 현실인 건 오직 이 친구와 함께 있을 때뿐일세."

돈 후앙이 미소를 지었다.

"헤나로가 자네에게 이런 얘기를 해준 건, 어제 자네가 '세계를 멈췄기' 때문이라네. 또 그는 자네가 '보는' 데 성공했다고 생각하고 있지만, 자넨 워낙 멍청해서 자기가 그랬는지 안 그랬는지도 모르고 있어. 자넨 정말로 괴상한 친구지만, 늦든 빠르든 '볼' 거라고 지금까지 줄곧 내 입으로 얘기하지 않았나. 하여튼 간에, 다음 기회에 맹우와 만나면 │ 물론 이건 다음 기회가 온다면 말이지만 │ 자넨 그것과 씨름을 해서 길들여야 해. 그 충격에서 살아남을 수 있다면 │ 자넨 강하고 전사처럼 살아왔기 때문에 필시 그럴 수 있을 거라고 확신하네만 │ 자넨 미지의 땅에 와 있다는 걸 깨닫게 될 거야. 그러면 자넨 로스앤젤레스로 돌아가고 싶어하게 될 거야. 그건 누구나 느끼는 자연스러운 욕구이지. 하지만 로스앤젤레스로 돌아가는 길 따위는 없네. 자넨 거기에 남겨두고 온 것들을 영원히 잃어버렸으니까 말이야. 물론 그땐 주술사가 되어 있겠지만, 그조차도 아무 도움이 안 돼. 그런 상황에서는 우리가 사랑했거나, 증오했거나, 갈구했던 모든 것을 뒤에 두고 왔다는 사실이 가장 중요하게 느껴지기 마련이니까 말이야. 하지만 사람의 감정은 죽거나 바뀌지 않으니까 주술사는 다시 고향으로 돌아가려고 하는 걸세. 거기에 도달하는 일은 결코 없고, 지상의 그 어떤 힘도, 죽음조차도 그가 사랑하던 장소와 물건과 사람들에게 그를 돌려보내줄 수는 없다는 사실을 알면서도 말이야. 헤나로는 자네에게 바로 그런 얘기를 해준 거라네."

돈 후앙의 설명은 마치 촉매처럼 작용했다. 돈 헤나로가 해준 이야기의 완전한 의미가 갑자기 나를 강타한 것은, 내가 돈 헤나로의 이야기를 나 자신의 삶에 결부시켜 생각하기 시작했을 때였다.

"제가 사랑하는 사람들은 어떻게 됩니까?" 나는 돈 후앙에게 물었다. "그들에겐 어떤 일이 일어납니까?"

"모두 남겨두고 와야 해."

"하지만 그들도 예전처럼 다시 돌아올 수는 없습니까? 제 힘으로 구출해서 함께 데려온다든지 해서?"

"없어. 자네의 맹우는 미지의 세계들로 자네를 날려 보낼 테니까 말이야."

"하지만 저는 로스앤젤레스로 돌아갈 수 있지 않습니까? 버스나 비행기를 타고 말입니다. 로스앤젤레스는 여전히 그곳에 존재할 겁니다. 안 그렇습니까?"

"물론이지." 돈 후앙은 웃으며 말했다. "만테카Manteca도, 테메큘라Temecula도, 투손Tucson도 모두 그곳에 남아 있을 거야."

"테카테Tecate도." 돈 헤나로가 진지하기 그지없는 어조로 덧붙였다.

"피에드라스 네그라스Piedras Negras도, 트란키스타스Tranquitas도 있을 거야." 돈 후앙은 빙그레 웃으며 말했다.

돈 헤나로는 다른 도시 이름들을 또 말했고, 돈 후앙 역시 다른 도시 이름들을 열거했다. 그러면서 그들은 실로 우스꽝스럽고 도저히 있을 것 같지도 않은 도시와 소도시의 이름들을 열심히 찾아내기 시작했다.

"맹우와 빙빙 돌다 보면 세계에 대한 관념이 바뀔 거야." 돈 후앙이 말했다. "그게 단지 관념에 불과하다는 걸 깨닫는 거지. 그게 바뀌면, 세계 자체가 바뀔 걸세."

돈 후앙은 내가 예전에 그에게 시를 읽어주었던 일을 언급하면서 다시 한 번 낭독해보라고 말했다. 그가 그 시에 포함된 몇몇 단어를 언급하자 후앙 라몬 히메네스의 시들을 그에게 몇 편 읽어줬던 일이 생각났다. 그중에서 돈 후앙이 마음에 두고 있었던 것은 'El Viaje Definitivo', 즉 '마지막 여행'이라는 제목의 시였다. 나는 그 시를 읊었다.

… 그리고 나는 떠나리라. 그러나 새들은 남아서 노래하고
초록 나무가 자란 내 정원도 남고
그 우물도 그대로 남아 있으리라.
오후가 되면 파랗고 평화로운 하늘이 펼쳐지며
종탑의 종도 지금 이 오후처럼 울려 퍼지리라.
나를 사랑해준 사람들은 언젠가는 죽겠고
해가 바뀌면 읍내의 모습도 바뀌겠지만
나의 영혼은 언제나 꽃이 만발한 이 정원 구석에서
그리움 사무친 채로 돌아다니리라.

"그게 바로 헤나로가 말한 감정이야." 돈 후앙은 말했다. "주술사
가 되려면 정열적이어야 해. 그리고 정열적인 인물은 세속적인 소유
물이나 소중하게 여기는 것들을 갖고 있기 마련이지 ㅣ 그런 것들조
차 없다면, 단지 그가 걷는 길이라도 말이야.

헤나로가 자네에게 해준 얘기는 바로 그런 뜻이었어. 헤나로는 익
스틀란에 소중한 것들을 두고 왔다네. 고향, 친지들, 그밖에 소중하
게 여기던 모든 것들을 말이야. 그리고 지금 그는 그런 감정들 속에
서 거니는 중이고, 본인이 말했듯이 이따금 익스틀란에 거의 도달할
때가 있지. 우리들 모두가 같은 걸 가지고 있어. 헤나로에게 그건 익
스틀란이고, 자네에겐 로스앤젤레스이고, 내겐…"

나는 돈 후앙이 자기 얘기를 해주는 것을 듣고 싶지 않았다. 그는
마치 내 마음을 읽은 듯이 말을 멈췄다.

혜나로는 탄식하며 시의 첫 구절을 조금 고쳐서 인용했다.

"나는 떠났노라. 그리고 새들은 뒤에 남아서 노래했노라."

한순간 나는 고뇌와 형언할 수 없는 고독감이 우리 세 사람을 엄습하는 것을 느꼈다. 나는 돈 혜나로를 쳐다보았고, 정열적인 사내인 그가 그토록 소중하게 여기고 그토록 사랑하던 것들을 수도 없이 많이 뒤에 남겨두고 왔다는 사실을 절감했다. 그 순간, 나는 돈 혜나로가 회상回想의 힘이 너무나 강해진 나머지 걷잡을 수 없이 폭주하다가 급기야는 흐느껴 울기 직전에 이르렀다는 뚜렷한 인상을 받았다.

나는 서둘러 눈을 돌렸다. 돈 혜나로의 정열과 비할 나위 없는 고독감은 나를 울게 만들었다.

나는 돈 후앙을 쳐다보았다. 그는 나를 응시하고 있었다.

"오직 전사만이 앎의 길에서 살아남을 수 있다네. 왜냐하면 전사란 인간이라는 사실의 끔찍함과 인간이라는 사실의 경이로움 사이에서 균형을 잡을 수 있는 존재이기 때문이지."

나는 두 사람을 번갈아 바라보았다. 두 사람의 눈은 맑고 평온했다. 그들의 눈은 나의 내부에 압도적인 그리움의 감정을 불러일으켰다. 내가 감정을 주체 못하고 당장에라도 눈물을 쏟아내려던 찰나, 걷잡을 수 없었던 감정의 파도가 저지되었다. 그 순간 나는 '보았다'고 생각한다. 눈앞에서 거대한 파도 같은 인간의 고독함이 눈에 보이지 않는 은유의 벽에 가로막혀 얼어붙는 것을 보았던 것이다.

나의 슬픔은 너무나도 압도적이었던 탓에 되려 고양감이 몰려왔다. 나는 그것을 포용했다.

돈 헤나로는 미소를 지으며 일어섰다. 돈 후앙도 일어서서 상냥한 태도로 내 어깨에 손을 얹었다.

"여기 자네를 두고 가겠네. 뭐든 자네가 적절하다고 생각하는 일을 하게나. 맹우는 들판 가장자리에서 자네를 기다리고 있을 걸세."

그는 멀리 보이는 검은 골짜기를 가리켰다.

"아직 때가 아니라고 생각한다면 굳이 안 가도 돼." 그는 말을 이었다. "억지로 한다고 해서 얻을 건 아무것도 없으니까 말이야. 살아남을 작정이라면 자넨 수정처럼 명징한 동시에 완벽한 확신을 가지고 있어야 하네."

돈 후앙은 내게 시선을 주지 않고 자리를 떴다. 그러나 돈 헤나로는 두 번 뒤를 돌아보며 눈을 끔벅하고 턱을 움직여 전진하라는 시늉을 했다. 나는 그들의 모습이 멀어져 보이지 않을 때까지 바라보고 있다가, 차를 세워둔 곳으로 가서 그곳을 떠났다. 아직 때가 아님을 알고 있었기 때문이다.

돈 후앙의 유산

> 어떤 사상의 가치는 그것을 주장한 인물의 진지함과는 아무런 관계가 없다
> 네. 사실, 덜 진지하면 진지할수록 그 사상은 추상적으로 순수해질 공산이 크
> 지. 본인의 욕구와 욕망과 편견에 물들지 않으니까 말이야.
>
> — 오스카 와일드, 『도리언 그레이의 초상』

본서 『익스틀란으로 가는 길』은 카를로스 카스타네다의 『Journey
to Ixtlan: The Lessons of Don Juan』(1972)의 한국어 완역판이며,
2014년에 정신세계사에서 번역 출간된 제1작 『돈 후앙의 가르침』
(The Teachings of Don Juan, 1968)에서 제2작 『초인수업』(A Separate Reality,
1971)으로 이어지는 〈돈 후앙 3부작〉의 대미를 장식하는 작품이다.

남미 출신의 젊은 인류학도가 자의반 타의반으로 멕시코 야키 인
디언 주술사의 제자가 되는 과정을 기록한 논문으로 시작된 시리즈
가 1970년대의 영어권 독서계를 휩쓴 세계적인 베스트셀러의 자리
에 오르고, 10년 남짓한 기간 동안 서구의 정신문화를 글자 그대로
감화시킨 전말에 대해서는 비교적 잘 알려져 있다.[*] 그러나 일약 유

---

[*] 이 부분에 관해서는 『돈 후앙의 가르침』의 작가 서문과 권말의 역자 해설을 참조하기 바란다.

명인이 된 카스타네다가 1973년 5월 〈타임〉지의 인터뷰에 응한 직후 학자가 되는 것을 포기하고 거의 완전한 은둔 생활에 들어간 이유가 무엇인지는 여전히 추측의 영역에 머물러 있다고 해도 과언이 아니다. 오로지 저작물을 통해서만 외부와 소통하던 카스타네다가 또다시 일반 대중 앞에 모습을 드러낸 것은 20여 년 후인 1995년에 인디언 스승인 돈 후앙 마투스의 가르침을 체계화한 텐서그리티Tensegrity 운동을 개시하면서부터였다. 구르지예프의 신성한 춤(Sacred Dance)을 방불케 하는 몸동작들에 일련의 호흡법을 결합한 듯한 이 새로운 수행 지침은, 일각에서는 "뉴에이지 에어로빅"이라는 야유를 받으면서도 실천적인 가르침에 목말라하던 독자들의 호응을 불러일으켰다. 그러나 카스타네다 철학의 또 한 축을 이루는 하드보일드하면서도 매력적인 우주론에 심취했던 식자층까지 끌어들이기에는 여러모로 부족한 점이 많다는 것이 중론이다.

한편, 카스타네다의 학문적 엄정성에 꾸준하게 의혹을 제기해왔던 미국의 인류학계는 명실공히 뉴에이지의 구루guru의 자리에 올라 있었던 그의 이런 행보를 상업주의적 동기에서 비롯된 노골적인 컬트화化로 간주했고, 뒤늦게나마 카스타네다가 남긴 기록은 결국 북중미 선주민의 실제 문화를 다룬 진정한 민속지라기보다는 (빈약한) 문헌 연구와 현지 조사를 바탕으로 (풍부한) 문학적 상상력을 발휘한 창작물이라는 반응을 보였다. 저자 사후인 2006년 BBC에서 방영되어 열성 추종자들을 격앙케 한 인류학 다큐멘터리『Tales from the Jungle: Carlos Castaneda』는 관계자들의 인터뷰를 바탕으로 학계의 이런 관점을 확대해석한 영상물로, 2차 자료로서는 일정한 가치를 가지고 있지만 너무 짧고 단정적인 탓에 그의 책들, 특히 초기작들이 지금도 왜 그토록 많은 독자들을 매료하는지를 만족스럽게 설명하지는 못했다.* 야키 부족 출신의 주술사(brujo)임을 자처하는 돈 후앙의 가르침이 카발라와 그노시스 주의를 필두로 하는 동서양의 다양한 가르침과의 교점을 다수 내포하고 있다는 지적은 예전부터 있었음에도 불구하고, 베일에 싸여 있던 돈 후앙의 샤머니즘적 '전통'에 대해 카스타네다 본인은 단 한 번도 심각한 의문을 제기한 적이 없다는 사실도 논점을 흐리는 데 일조했다.

초기작들을 둘러싼 이런 혼란의 가장 큰 원인은 열정적이고 재기발랄하지만 일개 학부생에 불과했던 카스타네다의 논문을 단행본으로 출간한다는 UCLA 인류학과의 이례적인 결정과도 밀접한 관련이 있으며, 그런 결정의 배경에는 세대 간 충돌의 여파로 격렬하게 소용돌이치던 60년대 말 캘리포니아의 자유로운 문화적 토양이 있었다. 결과적으로 대학 출판국에 의한 〈돈 후앙 3부작〉의 출간은 필드워크의 형태를 갖추고는 있었지만 문화인류학의 틀을 이미 상당 부분 벗어나 있던 카스타네다의 저작에 대해 모종의 정통성을 부여해준 동시에, 학술적 관점이라는 일종의 정언적 족쇄를 부과했다고도 할 수

---

* 이 다큐멘터리는 1편과 2편의 주요 소재였지만 3편인 본서에 이르러 저자에 의해 그 필수성이 부정된 환각 식물의 사용이 비트 세대의 마음을 사로잡았다는 점을 지적하고 있다. 그 부정적 측면에 관심이 있는 독자들은 〈르몽드 디플로마티크〉 온라인 한국어판 65호에 실린 기사 '아마존에 불어닥친 샤머니즘 열풍'을 일독하기를 권한다.

있다.* 본서에서도 카스타네다는 환각성 약초의 경이로운 효과에 경악하고 전전긍긍하면서도, 마땅히 주관적이어야 할 개인적 체험의 '객관적'인 기술記述에만 집착하는 경향 — 본인이 인정했듯이 이것은 일종의 심리적 방어기제이기도 했지만 — 을 끝끝내 버리지 못한다. 불초 제자 카스타네다의 이런 모습은 독자들의 눈에는 답답하다 못해 종종 희극적으로까지 비치곤 하지만, 역설적으로 그의 이런 성향이 주요 동인을 제공하는 동시에 해당 분야에서는 보기 드물었던 '현장감'의 강화로 이어졌다는 사실 또한 부인할 수 없다.

그러나 카스타네다는 박사논문인 동시에 서정성 짙은 문학작품으로서도 높은 평가를 받은 『익스틀란으로 가는 길』의 후반부에서 학자가 아닌 구도자로서의 길을 택했음을 시사하며 깊은 여운을 남겼으며, 그 직접적인 연장선상에 있는 제4작 『힘 이야기』(Tales of Power, 1974)에서의 경험을 기점으로 "지상을 떠나간" 스승 돈 후앙의 뒤를 이어 고대 톨텍 주술사들의 비의秘儀를 전수받았음을 선언하기에 이른다. 이 극적인 회심回心을 통해 판명된 '가르침'의 메커니즘과 돈 후앙의 정체는 기존 독자들로 하여금 초기 3부작의 내용을 재독 삼독하게 하고, 재평가하게 만들었을 정도로 강렬한 반전을 내포하고 있었으며, 『힘 이야기』가 시리즈 전체를 통틀어 가장 인상적이며 중요

---

* 〈돈 후앙 3부작〉이 대학의 울타리를 넘어 진정한 대중적 베스트셀러의 자리에 오른 것은 초기 3부작을 한데 묶은 보급판 페이퍼백들이 대량으로 서점에 깔리기 시작한 1970대 초반부터였다.

한 저작으로 평가받는 것은 바로 그런 이유에서다. 제3작까지만 읽은 독자들의 이해를 위해 첨언하자면, 사막의 오두막에 사는 가난한 인디언 주술사(brujo)의 이미지를 고수하던 돈 후앙은 실제로는 스페인의 멕시코 정복 이전부터 현대까지 몇 세기 동안이나 면면히 맥을 이어 온 수행 집단 — 본서의 주요 등장인물인 돈 헤나로는 이 집단의 일원이다 — 의 지도자였고, 그런 사실을 까맣게 모르는 채로 '현지 조사'를 위해 자신을 방문한 카스타네다의 조합점* 위치를 마치 자동차 기어를 넣듯이 조작했다고 알려져 있다. 그렇게 유발한 특정한 비일상적 의식 상태를 매개 삼아서, 몇 년에 걸친 수행 기간에 걸쳐 제자의 잠재의식 — 돈 후앙의 표현을 빌리자면 '몸' — 속에 또 다른 종류의 '가르침'을 꾸준하게 주입해놓았던 것이다.『돈 후앙의 가르침』이래 카스타네다를 여러 번 엄습한 인지적, 육체적 혼란은 바로 이 불완전한 기억 상태에서 비롯된 것이었다.

따라서『익스틀란으로 가는 길』출간 전후의 카스타네다에게 주어진 지상과제는 의식과 무의식의 경계를 의도적으로 무너뜨림으로써 그가 기억하는 스승의 일상적인 가르침과 불완전하게밖에는 기억하지 못하는 비일상적인 가르침을 하나로 통합하는 것이었다. 그

---

* assemblage point. 조합점이란 전 우주에 편재遍在한 에너지의 '실' 일부를 볼록렌즈처럼 모아 인간의 오라에 연결해주는 특정 지점을 가리키며, 돈 후앙은 인간이 지각하는 모든 현실=세계는 전적으로 이 조합점의 위치에 의해 결정된다고 가르쳤다.

리고 그 과정에서 그는 유아 시절부터 주위 사람들에 의해 반강제적으로 각인된 강고한 인지의 틀을 해체하고, 소거함으로써 물질적 현실인 토날tonal과 비일상적 현실인 나왈nagual 사이를 왕래할 수 있는 능력을 스스로 일굴 필요가 있음을 절감한다. 그런 맥락에서 볼 때, 본서의 수행적 핵심을 이루는 '세계 멈추기'와 '보기'가 카스타네다가 언급한 '인지적 혁명'에 선행하는 필요조건이었음은 말할 나위도 없다.

김상훈

카를로스 카스타네다 저작 목록

1. The Teachings of Don Juan: A Yaqui Way of Knowledge (1968)
   — 『돈 후앙의 가르침』 - 멕시코 야키 족의 초월적 지식체계 (정신세계사, 2014)
2. A Separate Reality: Further Conversations with Don Juan (1971)
   — 『초인수업』 - 인디언 스승 돈 후앙, 빛의 세계를 말하다 (정신세계사, 2014)
3. Journey to Ixtlan: The Lessons of Don Juan (1972) - 본서
4. Tales of Power (1974)
5. The Second Ring of Power (1977)
6. The Eagle's Gift (1981)
7. The Fire From Within (1984)
8. The Power of Silence: Further Lessons of Don Juan (1987)
9. The Art of Dreaming (1993) — 『자각몽, 또 다른 현실의 문』 (정신세계사, 2011)
10. Magical Passes: The Practical Wisdom of the Shamans of Ancient Mexico (1998)
11. The Wheel of Time: Shamans of Ancient Mexico, Their Thoughts About Life, Death and the Universe (1998)
12. The Active Side of Infinity (1999)